서법 書法

中國 西安(長安)의 문화유산

Xi'an Relics Essence_Calligraphy

서書 법法
中國 西安(長安)의 문화유산

초판인쇄 2016년 1월 29일
초판발행 2016년 1월 29일

엮은이 시안시문물보호고고학연구소
옮긴이 중국문물전문번역팀
펴낸이 채종준
진 행 박능원
기 획 조가연
편 집 박미화
디자인 조은아
마케팅 황영주, 김지선

펴낸곳 한국학술정보(주)
주 소 경기도 파주시 회동길 230(문발동513-5)
전 화 031-908-3181(대표)
팩 스 031-908-3189
홈페이지 http://ebook.kstudy.com
E-mail 출판사업부 publish@kstudy.com
등 록 제일산-115호(2000. 6. 19)

ISBN 978-89-268-7127-0 94910
978-89-268-6263-6 (전11권)

한국학술정보(주)의 학술 분야 출판 브랜드입니다.

서법 書法

中國 西安(長安)의 문화유산

시안시문물보호고고학연구소 엮음
중국문물전문번역팀 옮김

한국학술정보

한눈에 보는 중국 시안(西安, 長安)의 문화유산

시안(西安, 長安)은 중국 고대문명의 발상지로 역사상 13왕조의 왕도인바 중국 전통문화의 산실이라고 할 수 있다. 주(周)·진(秦)·한(漢)·당(唐)나라 등의 수도로서 청동기(青銅器)를 비롯한 각종 옥기(玉器)와 금은기(金銀器), 불교조각상(佛教彫刻像), 당삼채(唐三彩), 도용(陶俑), 자기(瓷器), 회화(繪畫), 서예(書藝) 등 수많은 문화유산을 남기고 있다. 그러나 이러한 문화유산은 여러 박물관이나 문화재연구소에서 분산 소장하고 있어 한눈에 감상할 수가 없다.

시안을 답사했을 때 중국의 지역연구기관으로서 시안 지역의 유적·왕릉·건축물 등 역사문화유적의 보호와 연구를 담당하고 있는 시안시문물보호고고소(西安市文物保護考古所)에서 정리하고, 세계도서출판시안공사(世界圖書出版西安公司)에서 발행한 『西安文物精華(시안문물정화)』를 접한 바 있다. 이번에 출간된 『中國 西安(長安)의 문화유산』 시리즈는 이를 번역·출판한 것으로, 이를 통하여 시안의 문화유산을 한눈에 감상할 수 있게 되었다. 이 책은 전문가들이 몇 년간에 걸쳐 시안의 문화유산 가운데 에센스를 선정, 회화·금은기·옥기·당삼채·불교조각상·자기·청동거울·도용·청동기·서예·도장(圖章) 등으로 분류하여 집대성한 것이다. 중국어를 해득하지 못하는 이들을 위해 각종 문화유산에 대한 상세한 해설을 실어 이해를 돕고 있으며, 화질이 좋아 원서보다도 선명하게 문화유산을 접할 수 있게 되었다.

특히 회화편은 원서보다도 화질이 선명하여 그림의 색감이 더 살아나며, 청동기와 동경(銅鏡)도 세밀한 부분이 더 입체적으로 드러나고 있다. 회화편의 경우, 그림을 보고 있노라면 한국화의 주제나 기법이 어디서 영향을 받았는지를 확연하게 알 수 있어 한국의 회화를 이해하는 데도 많은 도움이 될 것이다. 청동기와 동경의 경우, 한국의 그것과 공통점과 차이점을 비교해보는 재미를 느낄 수 있으며, 불교조각상과 자기의 경우에도 중국과 한국의 공통점과 차이점을 한눈에 살펴볼 수 있다. 이와 같이 『中國 西安(長安)의 문화유산』 시리즈는 중국의 문화유산을 감상하고 이해하는 것뿐만 아니라 한국의 문화유산과의 비교를 통하여 두 전통문화 간의 공통점과 차이점을 느낄 수 있다.

실크로드의 기점인 시안은 중국뿐만 아니라 서역의 많은 문화유산을 소장하고 있으나 이곳의 문화유산을 감상하려면 박물관이나 미술관에 직접 가야만 하고, 중요한 유물을 모두 보기 위해선 여러 번 발품을 팔아야 한다. 이에 『中國 西安(長安)의 문화유산』 시리즈는 한눈에 중국의 우수한 문화유산을 감상하면서 눈의 호사를 누리고, 중국의 전통문화를 제대로 이해하는 계기가 될 것이다.

2015년
前 문화체육관광부 장관
現 고려대학교 한국사학과 교수
최광식

중국 시안(西安, 長安)의 유구한 역사를 보여주다

시안(西安, 長安)은 중국의 역사에서 다양한 별명을 갖고 있다. 중화문명의 발상지, 중화민족의 요람, 가장 오래된 도시, 실크로드의 출발지 등이 그것이다. 시안의 6천 년 역사 가운데 왕도(王都, 혹은 皇都)의 역사가 1천 2백년이었다는 사실도 시안을 일컫는 또 다른 이름이 될 수 있다. 즉, 시안은 남전원인(藍田原人)의 선사시대부터 당(唐) 시기 세계 최대의 도시 단계를 거쳐 근대에 이르기까지 중화의 역사, 종교, 군사, 경제, 문화, 학예 등 분야 전반에 걸쳐 가히 대륙의 중심에 서 있어 왔다고 할 수 있다. 그만큼 시안은 역사의 자취가 황토 고원의 두께만큼 두껍고, 황하의 흐름만큼 길다고 할 것이다.

시안시문물보호고고소(西安市文物保護考古所)에서 엮은 『西安文物精華(시안문물정화)』 도록 전집은 이와 같은 시안의 유구한 역사와 그 문화사적인 의미를 잘 보여주고 있다. 첫째, 발굴 및 전수되어 온 문화재들이 병마용(兵馬俑), 자기(瓷器), 인장(印章), 서법(書法), 옥기(玉器), 동경(銅鏡), 청동기(青銅器), 회화(繪畫), 불상(佛像), 금은기물(金銀器物) 등 다양할 뿐 아니라, 시안만이 가지는 역사 배경의 특징을 심도 있게 관찰할 수 있는 분야의 문화재가 집중적으로 수록되어 있다. 각 권의 머리말에서 밝히고 있듯이 이 문화재의 일부는 시안 지역의 특징을 이루는 것들을 포함하면서 다른 일부, 예컨대 자기는 당시 전국의 물품들이 집합되어 있어 그 시기 중국 전체의 면모를 보여주기도 한다는 것이다. 둘째, 당 이후 중국 역사의 주된 무대는 강남(江南)으로 옮겨갔다고 할 수 있는데, 이 문화재들은 시안이 여전히 역사와 문화의 중심축에서 크게 벗어나지 않고 있음을 보여준다. 문인 취향의 서법, 인장 및 자기들이 이를 말해준다고 할 수 있다. 셋째, 이 문화재들은 병마용의 경우처럼 대부분이 해당 예술사에서 주로 다루어질 수준의 것들이지만 다른 일부, 예컨대 회화 같은 경우는 그러한 수준에서 다소 벗어난 작품들로 보이기도 한다. 그러나 이 경우 이 문화재들은 해당 예술사 분야에서 대표성을 갖는 작품들이 일류 작가의 범작(凡作)들과 이류 작가의 다른 주제와 기법을 통하여 어떻게 조형적 가치와 대표성을 가질 수 있는가를 되비쳐줌과 동시에 중국적인 조형 의식의 심층을 엿볼 수 있게 한다는 사료적 가치가 있다고 평가할 수 있다.

이러한 시안의 방대하고 의미 있는 문화재를 선명한 화상과 상세한 전문적 설명을 덧붙여 발간한 것을 한국학술정보(주)에서 한국어 번역본으로 출간, 한국의 관련 연구자와 문화 애호가들에게 시의적절하게 제공하게 된 것은 매우 다행스럽고 보람된 일이라 생각한다. 향후 이를 토대로 심도 있는 연구가 진행되고, 이웃 문화권에 대한 일반 독자들의 이해가 깊어질 수 있기를 기대하면서 감상과 섭렵을 적극적으로 추천하는 바이다.

2015년 관악산 자락에서
서울대학교 미학과 교수
박낙규

장안(長安)은 전기적 색채를 띤 도시로서 마르코 폴로의 여행기에 나오는 고대 '비단길'의 시작점이자 중앙아시아, 서아시아 내지 지중해 각국으로 뻗어나가 2천 년 전에 동서양 문명을 이어주었던 중심축이기도 하다. 또한 교통이 사통팔달하고 경제교류가 활발한 곳으로 카이로, 아테네, 로마와 함께 세계 4대 문명고도(古都)로 불린다. 관중(關中)평원에 위치한 장안은 은빛 뱀 같은 여덟 물줄기가 성을 에워싸고 종남산(終南山)이 구불구불 뻗어 철옹성을 이루었다. 이곳은 대지의 원점이자 제왕의 도시로 중화민족의 수많은 영웅호걸과 선현들을 키워냈다.

일찍 6, 7천 년 전 신석기시대에 부지런하고 용감한 선민들은 이곳에 백록원(白鹿原)을 등지고 산하(滻河)를 마주한 반파촌(半坡村)을 이루어 생활하면서 우수한 민족문화를 창조하였다. 이들은 중국 고대 건축의 '人(인)'자형 풍격과 '목조를 골격으로 하고 흙으로 벽을 바르는' 구축방식을 만들어냈고 세계에서 처음으로 조를 심었으며 중국 서법(書法)의 첫 페이지를 열기도 하였다. 이들은 석묵이나 짐승의 털로 만든 붓으로 신비롭고 정교한 그림부호를 그렸는데 이는 한자의 원조가 되었다. 그리고 시안 린퉁(臨潼) 강자이(姜寨)는 문방사우의 발원지로서 여기서 출토된 벼루에는 아직도 석묵의 흔적이 그대로 남아 있다.

기원전 약 11세기 즈음, 무왕(武王)이 리허(灃河) 동쪽 호경(鎬京)에 도읍을 정하면서 중국 고대 정치, 경제, 문화 중심지로서 장안의 역사적 위치가 확립되었다. 천백여 년 동안 서주(西周), 진(秦), 서한(西漢), 신(新), 서진(西晉), 전조(前趙), 전진(前秦), 후진(後秦), 서위(西魏), 북주(北周), 수(隋), 당(唐) 등 13개 왕조가 선후하여 이곳을 도읍지로 하였다. 우월한 지리적 위치와 역사적 누적으로 인해 장안의 문화유산은 지극히 풍부하다. 고적과 유물이 지상, 지하에 넘쳐날 뿐만 아니라 완벽하면서도 체계적이어서 '천연 역사박물관'이라 불린다.

당왕조는 당시 세계적으로도 가장 강대한 제국으로 서쪽으로 중앙아시아 사막, 동쪽으로 신라, 일본에까지 막대한 영향을 미쳤다. 당왕조는 현종(玄宗)의 개원성세(開元盛世)에 이르러 절정에 달하였으나 화무십일홍(花無十日紅)이라 얼마 뒤 755년 안사의 난을 기점으로 경제, 정치 상황이 급격히 나빠졌다. 전란이 빈번하고 사회가 불안정하여 번화하던 장안도 점차 쇠락하기 시작하면서 정치, 경제, 문화 중심지로서의 위치를 잃게 되었다. 도읍지가 동쪽으로 이동되면서 인구와 문화 역시 대량으로 옮겨가게 되었는데 그중 옥기, 청동기 및 종이와 비단을 재료로 한 서화(書畫) 예술품들은 옮기기 쉬운 까닭에 여러 정객, 상인, 문인들에 의해 대량으로 반출되었다. 비록 상황이 이렇다 할지라도 장안 내지 전체 산시(陝西) 지역에는 여전히 풍부한 예술품들이 남아 있다.

특히 국내외 전문가, 학자, 예술가들의 관심을 한 몸에 받고 있는 시안시 문물부문에는 많은 역대의 유물진품이 소장되어 있다. 상고시대의 도기 · 청동기, 역대의 비각(碑刻) · 문헌, 고대 전적(典籍) 등에는 중국의 휘황찬란한 과거와 천년고도(千年古都)의 성황이 그대로 기록되어 있다. 특별히 주목해야 할 것으로 시안시문물보호고고학연구소(이하 '시안고고학연구소'라 칭함)에는 수 · 당(隋 · 唐)에서 명 · 청(明 · 淸)까지의 종이 · 비단 서화작품이 다수 소장되어 있는데 특히 명 · 청대의 작품이 더욱 풍부하다. 최근에 시안고고학연구소에서는 수많은 역대 서법 유물 가운데 백여 점의 우수한 작품을 간추려 책으로 출판하였다. 희망컨대 이러한 전통 서법의 눈부신 성과를 담고 있는 예술작품들이 예술적인 측면에서 국내외 독자들의 시안에 대한 인식을 넓히는 데 일조하기를 바란다.

당대(唐代)에는 불교가 흥성함에 따라 불경을 베껴 쓰는 일도 날로 발전하였다. 본서에 수록된 〈묘법연화경권(妙法蓮華經卷)〉은 당대의 소해(小楷) 대표작으로 필법이 정묘하고 풍격이 전아하다. 또 다른 〈법화경잔권(法華經殘卷)〉은 빈틈없는 가운데 기민함이 있어 실용성과 예술성의 일치를 이루었다. 이러한 경권은 웅위하고 고졸하며 힘 있고 엄숙하여 당대 '경생(經生, 불경을 베껴 쓰는 사람)'들의 서법 풍모를 엿볼 수 있을 뿐만 아니라 불경 서법을 연구하고 감상할 수 있는 중요한 자료가 될 것이다.

본서에서 독자들은 많은 명 · 청대 서예가의 우수한 작품들을 볼 수 있다. 명대 사람 진헌장(陳獻章)은 영남(嶺南)에서 이름난 서예가이자 이학가(理學家)요, 시인이다. 그는 띠풀을 묶어 붓으로 써 '모룡(茅龍)'이라 부르기도 하였다. 일가를 이룬 그의 서법은 형태가 곧고 기세가 분방하며 필의(筆意)가 가득하고 기이함이 넘쳐난다. 명대 이학가 왕수인(王守仁)도 저명한 서예가로 서법은 대부분 행초(行草)를 위주로 하였다. 삼원(三原) 사람 마리(馬理)는 명대 관학(關學)의 대표인물이다. 서위(徐渭)는 명대 걸출한 화가로 시, 서법, 희곡 등 여러 분야에 조예가 깊었다. 문징명(文徵明)은 서화(書畫)로 이름을 날려 심주(沈周), 당인(唐寅), 구영(仇英)과 함께 '오문사걸(吳門四傑)'로 불렸고 당백호(唐伯虎), 축지산(祝枝山), 서정경(徐禎卿)과 함께 '강남사대재자(江南四大才子)'로도 불렸다. 문징명은 서법에 있어서 특별히 옛 법을 따라 조문민[趙文敏, =조맹부(趙孟頫)]과 비견되고 '신리초묘(神理超妙)'의 예술적 경지에 올랐다. 동기창(董其昌)은 명대 후기 서화대가로 관직은 재상에 이르렀으며 서법은 미불(米芾)을 비롯하여 이옹(李邕), 서호(徐浩), 안진경(顏眞卿), 유공권(柳公權), 양응식(楊凝式) 등의 필의가 깃들어 있어 후에 일가를 이루었다. 왕탁(王鐸)은 자가 각사(覺斯)이며 하남(河南) 맹진(孟津)에서 태어나 일명 왕맹진이라고도 불린다. 동기창과 어깨를 나란히 하여 '남동북왕(南董北王, 남쪽의 동기창, 북쪽의 왕탁)'이라 불렸으며 그가 쓴 〈의산원첩(擬山園帖)〉은 일본에 전해져 큰 반향을 일으켰는데 일본 서법계에서는 일류 서예가로 통하였다.

청대는 서법의 중흥기로 서예가가 많은데 본서에 수록된 청대의 작품은 그야말로 풍성하다. 명대에서 청대로 접어들던 시기의 저명한 사상가이자 의학가인 부산(傅山)은 겸하여 서화와 전각에도 능하였다. 그의 서법은 깊고 두터운 저력을 지니고 있는데 행서는 웅혼하고 힘 있으며 초서(草書)는 유연하고 강건하다. 본서에서는 그의 세 작품을 실었는데 모두 길이 빛날 명작이다. 화음(華陰) 사람 왕홍찬(王弘撰)은 학자인 동시에 서화 감상가로 대학자 고염무(顧炎武)와는 깊은 우정을 나누었다. 그가 소장했던 송대(宋代) 탁본 〈화산비(華山碑)〉는 현재 베이징(北京)고궁박물원에 소장되어 있다. 그의 서법은 '이왕[二王, 서예가 왕희지(王羲之), 왕헌지(王獻之) 부자]'을 따름으로써 격조가 있다. '양주팔괴(揚州八怪)'의 한 사람인 정섭(鄭燮)은 난초와 대나무 그림이 정묘하기 그지없다. 서법 또한 진서[眞書, 해서(楷書)] · 초서 · 예서(隸書) · 전서(篆書)를 하나로 융합하여 '육분반서(六分半書)'로 불리는 기이한 글자체를 만들어냈는데 이는 서법예술에서의 대담하고 독창적인 창조이다.

청대(清代) 사람 왕주(王澍), 장조(張照), 온의(溫儀) 역시 신중한 학문태도, 뛰어난 서법작품으로 후학들이 본받아야 할 본보기로 거듭났다. 관직이 재상에 이르렀던 유용(劉墉)은 서법에 깊이가 있고 힘이 있는데 먹이 종이 뒷면을 적실 정도라 후대 서예가들이 추숭(推崇)하였다. 서예가 왕문치(王文治)의 서법은 시원하고 수려하며 운치가 남달라 유용과 함께 '농묵 재상, 담묵 탐화(探花)'라 일컬어졌다. 청대 서예가 옹방강(翁方綱)은 금석(金石) 고증에 뛰어나고 학식이 풍부하였다. 한성(韓城) 사람 왕걸(王傑)은 청대에 장원급제한 사람으로 글재주가 뛰어났으며 관직은 내각학사(內閣學士)에 이르렀다. 그의 서법 또한 빼어나 국내외적으로 이름을 알렸다. 건륭(乾隆)연간의 진사(進士) 계복(桂馥)은 서화, 전각에 능하고 특히 예서가 특출하였다. 그의 작품은 듬직하고 웅혼하며 힘차 보인다. 서예가 전점(錢坫)은 특히 소전(小篆)에 능하였는데 만년에 왼손으로 쓴 작품은 정묘하기 그지없다. 만족(滿族) 서예가 철보(鐵保)는 왕희지의 서법을 익혀 성친왕(成親王), 유용, 옹방강과 병칭하여 청대 사대학사(四大學士)로 불렸다. 이름난 학자 완원(阮元)의 서법 역시 칭송이 자자하였는데 그가 쓴 『남북서파론(南北書派論)』, 『북비남첩론(北碑南帖論)』은 모두 서법사에서 영향력 있는 저서들이다. 장정제(張廷濟)는 청대 서예가로 금석 고증에 일가견이 있었다. 장문도(張問陶)

는 서법, 그림, 시 모두에 조예가 깊었다. 진홍수(陳鴻壽)는 예서가 가장 뛰어났으며 도장도 잘 새겼는데 유명한 '서냉팔가(西冷八家)' 가운데 한 사람이다. 비학(碑學)이론가 포세신(包世臣)은 청대 서예가, 전각가인 등석여(鄧石如)의 스승으로 저서로는 『예주쌍집(藝舟雙楫)』이 있다. 하소기(何紹基)의 서법은 안진경의 필법을 이어받아 필세가 활달하고 파책(波磔)이 많아 안씨(顏氏) 서파(書派)의 걸출한 대표이다. 옹동화(翁同龢)는 충성과 절의 및 강직한 성품으로 세간의 주목을 받았다. 서법에서는 안진경을 스승으로 하고 자기만의 개성을 더하였다. 그의 글씨는 함축적이고 소박하며 중후한 느낌이 있는데 임의로 쓴 시문 원고에서도 그의 웅혼하고 듬직한 서풍(書風)이 엿보인다.

산시(陝西)의 유명한 교육가이자 이학가인 하서린(賀瑞麟) 역시 서법에 능하였는데 당대(當代) 전서(篆書)의 대가 유자독(劉自櫝)의 스승이기도 하다. 청대 말기 학자 유월(兪樾)은 서풍에 있어서 옛것을 추앙하였으며 전서 · 예서에 능하였는데 특히 예서가 빼어났다. 그는 심지어 편지, 원고에서마저도 예서를 흘려 썼는데 전형적인 예서벽(癖)을 지니고 있었다. 본서에는 유월의 작품 〈어촌(漁村)에게 보내는 시〉를 실었다. 조지겸(趙之謙)은 위비(魏碑)를 교본으로 삼아 서법을 익혔으며 동시에 탁월한 화가이기도 하다. 오대징(吳大徵)은 감별과 고증에 능할 뿐만 아니라 전각과 서화에도 일가견이 있어 만청(晩淸)시기 조정의 기인으로 불렸다. 오창석(吳昌碩)은 이름난 서예가, 전각가, 화가, 시인으로 제백석(齊白石)와 함께 '남오북제(南吳北齊)'로 불렸다. 예천(醴泉) 사람 송백로(宋伯魯)는 관직이 어사(御史)에 이르렀으며 유신(維新)운동의 지지자이기도 하였다. 서화가 빼어났는데 80세 고령에도 수박씨에 소해(小楷)로 칠언시를 적어 넣을 수 있었다. 중국 근대의 저명한 사상가, 서예가, 서학(書學)이론가 강유위(康有爲)의 저서 『광예주쌍집(廣藝舟雙楫)』은 중국 서법사에서 그 영향이 지대하다. 그리고 왕국유(王國維)와 함께 중국 근대의 국학대사로 불리는 나진옥(羅振玉)은 '갑골사당(甲骨四堂)'의 한 사람으로 갑골문 연구의 기초를 닦아 놓았다. 본서에는 그의 뛰어난 서법작품 두 편을 실었다. 근대 민주혁명의 선구자이자 유명한 시인이며 일본인들에게 '광대초성(曠代草聖)'이라 불리는 서법대가 우우임(于右任)의 서법작품은 드높은 기세, 소박함과 자연스러움, 웅대함과 수려함으로 사람들에게 감동을 준다. 그야말로 산시(陝西)에서 세계에로 나아간 대사(大師)이다. 지금은 그의 서법풍격이 새로운 유파(流派)를 형성하여 커다란 영향을 미치고 있다. 장초(章草)대사 왕세당(王世鏜)은 담사동(譚嗣同), 당재상(唐才常)과 친구 사이로 유신운동이 실패한 후 산시에 들어오게 되었다. 그 후 30년간 장초를 연구하였으며 저서로는 『고결집자(稿訣集字)』가 있다. 우우임으로부터 "옛날의 장지(張芝)이자 오늘날의 색정(索靖)이다. 3백 년간 그와 비견될 자가 없다"란 평을 듣기도 하였다. 산시 사람 여욕립(茹欲立)은 중화민국 시기 심계부장(審計部長)으로 강인하고 곧은 성격의 소유자였다. 우우임의 동창이기도 한 그는 서법 저력이 대단하였다. 산시성(陝西省) 한인(漢陰) 사람 심윤묵(沈尹默)은 근대에 왕희지의 서법을 이어받은 걸출한 대가이다. 동시에 1930년대의 뛰어난 시인으로 저서로는 『이왕서법관규(二王書法管窺)』 등이 있다.

특히 언급해야 할 것으로 본서에는 일반적으로 '서법' 부문에서 이름을 알린 명가가 아닌 이들의 작품도 수록되었다. 이를테면 민족영웅 임칙서(林則徐)의 〈미란서옥(味蘭書屋)〉은 필력이 웅혼하고 과감하면서도 근엄하고 힘이 있어 위엄 있는 풍채와 기상이 엿보인다. 근대 중국에서 가장 명성이 자자하고 동시에 가장 이론이 분분한 역사인물 중 한 명인 증국번(曾國藩)의 진귀한 손 편지와 주련(柱聯)에서는 그의 단단한 전통 첩학(帖學) 기초를 엿볼 수 있다. 그리고 만청시기 군계 · 정치계의 중요한 인물, 양무파(洋務派) 지도자 중 한 명인 좌종당(左宗棠)이 쓴 칠언시 두 폭은 풍격이 호매하고 필력이 웅건하다. 이러한 역사인물의 서법을 배우고 감상하면서 독자들은 그들의 세월 속에서 다져진 경험과 튼실한 국학 수양을 내심 느낄 수 있을 것이다.

본서는 세인들이 미처 볼 수 없었던 역대 명가, 대가들의 우수한 작품을 수록하였다. 그 외 첨가된 서법에 대한 논평은 몇몇 편집자들의 빼어난 글솜씨로 본서만의 독특한 시각을 제공하였는데 독자들의 공감을 얻기 바란다. 20년 전 시안시 문물국의 직원이었던 나로서는 시안시의 문화 · 문물에 대하여 시종 애틋한 감정을 가지고 있어왔다. 본서 출판에 즈음하여 서문을 부탁받아 이렇게 간략하게나마 글을 써 마음을 표한다.

시안교통대학 예상관(藝湘館)에서

중밍산(鐘明善)

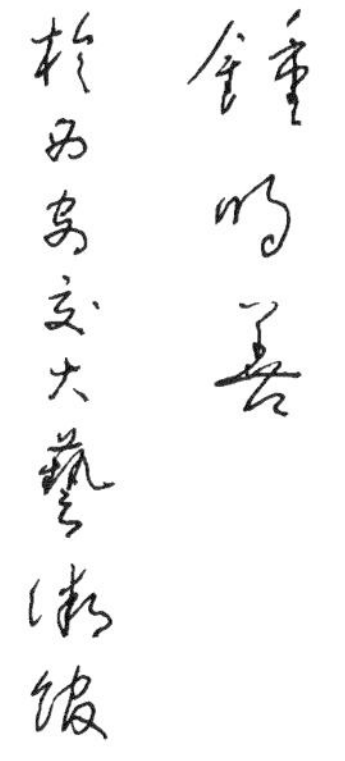

序言

这是一段永远的传奇。这里是马可波罗笔下古丝绸之路的起点，通往中亚，西亚并地中海各国，成为两千多年前东西方文明融合交流的枢纽。这里交通千国，吐纳万物，与开罗，雅典，罗马并称世界四大文明古都。长安，地处关中平原，雄踞秦川之上，八水绕城，恰似银蛇，终南蜿蜒，固若屏障。这里是大地的原点，龙盘虎踞的帝王之都，养育了中华民族无数高贵而又勇武的英傑先哲。

早在六千年前的新石器时代，我们勤劳勇敢的先民在此建造了一个背靠白鹿原，前临浐河水的美丽村落＿半坡村，创造了优秀的民族文化。他们发端了我国古代建筑的『人』字形风格和『木骨泥墙』的构筑方式，证明了我国是世界上最早培植粟的国家。他们翻开了中国书画的第一页，用石墨、兽毛笔勾画出了神秘精巧的图画符号，成为汉字的远祖。西安临潼姜寨更是『文房四宝』的源头，这里出土的砚台上还残留着石墨的痕迹。

公元前约十一世纪，武王在沣河东岸建都镐京，从此开创了长安作为中国古代政治，经济，文化中心的历史地位。先后有西周，秦，西汉，新，西晋，前赵，前秦，后秦，西魏，北周，隋，唐等十三个朝代在这里建都，时间跨度达一千一百余年之久。优越的地理位置和深厚的历史积淀使长安的文化遗产极其丰富，古迹文物遍布地上地下，完整而系统，被誉为『天然的历史博物馆』。

唐朝成为当时世界上最强大的帝国，西至中亚沙漠，东到新罗，日本，无不受其深刻影响。唐朝的鼎盛在玄宗时达到了巅峰，出现了历史上著名的『开元盛世』。然而好景不长，公元七五五年安史之乱爆发，唐朝的经济政治状况急转直下，战乱频繁，社会动荡不靖，原本繁华的长安城逐渐衰落，失去了其政治，经济，文化中心的地位。随着都城的东迁，人口与文化亦大量迁移销蚀，很多玉器，青铜器以及以纸，绢等为材料的书画艺术品因便于携带被历代政客，商贾，文人陆续带走。然而即便如此，长安乃至整个陕西地区仍然留下了灿若繁星的浩瀚艺术精品。

引起国内外专家，学者，艺术家关注的西安市文物部门更保留了很多历代文物珍品。上古陶器，青铜器，历代碑刻，历史文献，古本典籍等都记录着我们民族昔日的辉煌和千年古都的盛况。值得一提的是，西安市文物保护考古所还珍藏有大量的纸本，绢本书画作品，时代跨度从隋唐以至明清，尤以明清为丰浩。最近，西安市文物保护考古所的专家们从数量浩繁的历代书法文物中精选了百余件优秀的名家珍品结集出版，希望这些体现传统书学灿烂光芒和辉煌成就的艺术瑰宝能让海内外朋友从艺术的侧面继续认识西安。

唐朝佛教兴盛，写经事业随之蓬勃发展，本书收录的《妙法莲花经卷》堪称唐代写经小楷的传世代表作，笔法精妙，书风典雅。《法华经残卷》则在严谨中暗含灵便，实现了实用性与艺术性的高度统一。这些经卷壮美高古，清劲森严，可令读者一睹唐代『经生』书法的风貌，是研习赏鉴写经书法的重要资料。

在这部《西安文物精华＿书法》中，你会看到许多明清书家的精品。明人陈献章是岭南极负盛名的书法家，理学家和诗人，他束茅代笔称『茅龙』，自成一家，形立势奔，意足奇溢。明朝理学家王守仁也是著名书法家，书法多以行草为主。三原人马理是明朝关学的代表人物之一。徐渭是明代傑出画家，在诗，书，戏曲等领域也有很深造诣。文征明更以书画名重一时，与沈周，唐寅，仇英并列，合称『吴门四傑』；与唐伯虎，祝枝山，徐祯卿并称『江南四大才子』；文征明书法刻意学古，达到了『可比肩赵文敏』，『神理超妙』的艺术境界。董其昌是明后期书画大家，官至宰相，其书法既有米芾，又有李邕，徐浩，颜真卿，柳公权，杨凝式等人的笔意，『始以米芾为宗，后自成一家』。王铎，字觉斯，生于河南孟津，又称王孟津，与董其昌齐名，有『南董北王』之称，其《拟山园帖》传入日本，轰动一时，被日本书坛列为第一流的书法家。

清代书道中兴，书家众多，此册收录清代遗墨可谓丰富。明清之际著名思想家，医学家傅山兼工书画篆刻，其书法传统功底深厚，行书苍劲有力，草书婀娜刚健，本书收录了他的三幅作品，为传世佳作。华阴人王弘撰（山史）既是学者又是书画鉴赏家，与大学者顾炎武交厚。他藏宋拓《华山碑》现珍藏于北京故宫博物院，其书法属『二王』一路，书卷气浓。更有『扬州八怪』之一的郑燮，其兰竹精妙无双，其字融真，草，隶，篆于一体，被称为『六分半书』，是在书法艺术上的大胆独创。清人王澍，张照，温仪也以他们严谨的治学精神，精湛的书法作品成为后学师法的楷模。刘墉官至宰相，书法遒厚骨劲，力透纸背，为后代书家推崇；书家王文治书法有潇疏秀逸之神韵，与刘墉并称『浓墨宰相，淡墨探花』。清代书法家翁方纲精于金石考据之学，学识广博。韩城人王傑是清朝状元，文才过人，官至内阁学士，其书法亦为世所重，誉享海外。乾隆年间进士桂馥，善书画，篆刻，尤擅隶书，其作品沉稳雄厚，力感精盛。书法家钱坫尤工小篆，晚年左手作篆精绝。满族书法家铁保，书学王羲之体系，与成亲王，刘墉，翁方纲共称为清四大学士。著名学者阮元，书作亦受世人称道，所做《南北书派论》，《北碑南帖论》均是书学史上有影响的著述。张廷济为清代书法家，亦精于金石考据之学。张问陶对书，画，诗均造诣精深。陈鸿寿书法以隶书最著名，印章也刻得很好，是著名的『西泠八家』之一。碑学理论家包世臣是清代书法家，篆刻家邓石如之师，著有《艺舟双楫》。何绍基的书作从颜真卿得笔法，字势之精神而以活泼波磔出之，是颜书流派中之傑出代表。翁同龢以忠义耿直为世人称道，其字师颜，但他写得含蓄朴茂，气息淳厚；其诗文手稿虽然率意为之，然而亦可看出他雄厚，沉稳的书风。

陕西著名教育家，理学家贺瑞麟精于书道，是当代篆书大师刘自椟先生之师。清末学者俞樾书风尚古，工篆，隶，而尤以隶书为最，甚至连尺牍，书稿也多以隶书草写而成，是一位典型的隶书癖，本书就收有俞樾的作品《隶书赠渔村》。赵之谦书法师法魏碑，同时也是一位卓有成就的画家。吴大澂精于鉴别，考据，亦工篆刻和书画，被称为晚清朝廷奇人。吴昌硕是近世著名书法家，篆刻家，画家，诗人，与齐白石并称为『南吴北齐』。醴泉人宋伯鲁官至御史，是维新运动的支持者，擅长书画，八十高龄还能在一个西瓜籽的内壳里以小楷写七言诗。近代著名思想家，书法家，书学理论家康有为，其论著《广艺舟双楫》在中国书法史上影响深远。还有与王国维并称中国近代承前启后之国学大师罗振玉，为『甲骨四堂』之一，是甲骨文研究的奠基者，本书收录有两幅他的书法精品。近代民主革命先驱，著名诗人，被日本朋友誉为『旷代草圣』的一代书法大师于右任先生的书法作品以其宏大气魄，朴素自然，雄豪婉丽令人感动。他是由三秦大地走向世界的大师，当今以书法风格形成流派而影响最大的就是他。章草大师王世镗与谭嗣同、唐才常是好友，维新运动失败后入陕，三十年研究章草，著有《稿诀集字》，被于右任先生评为『古之张芝，今之索靖，三百年来，世无与并。』陕西人茹欲立曾任民国时期审计部长，性格耿直倔强，是于右任先生的同学，其书法传统功力甚厚。陕西汉阴人沈尹默是近代师法王羲之的傑出大家，亦是三十年代著名诗人，著有《二王书法管窥》等。

值得一提的是，本书还收录了一些通常并非以『书法』闻名的名家之作。如民族英雄林则徐的《味兰书屋》，笔力雄劲，果敢谨健，笔下透出凛然正气；近代中国最显赫又最有争议的历史人物之一曾国藩的珍贵手札及对联，可令读者见其深厚的传统帖学基础；还有晚清军政要臣，洋务派领袖之一左宗棠的两幅七言联，风格豪迈，笔力雄健。从学习，鉴赏这些历史人物的书法作品中，读者能感受到他们世事沧桑的历练和扎实的国学修养。

本书不但收录了历代名家大师诸多世人无缘得见之精品，而其中附录的点评文字也是几位编者的妙悟而使本书有了独特的视角，以期引起读者的共鸣。二十年前我是西安市文物局的一名工作人员，对西安市文化，文物事业素有感情。该书出版，朋友们邀我作序。草此小文，谈点情况，说点感想，勉之为序。

鍾明善

於西安交大藝術館

1

시안(西安)지역은 역대 13개 왕조의 도읍지로서 지상과 지하에 많은 진귀한 유물이 남겨져 있다. 이 방대한 문화유산은 각 성(省), 시(市), 현(縣)급 박물관 내지 개인 수집가들에 의해 소장되어 있다. 그중 시안고고학연구소의 소장품만 해도 13만 점이나 된다. 이러한 지하유물은 대부분 산시(陝西)에서 출토된 것으로 일개 시급 문박(文博)단위에 이처럼 많은 소장품이 있다는 것이 특별히 놀랄 일은 아니다. 당대(唐代)에서 근대까지의 묵적(墨跡) 8천여 점이 아직까지도 진품과 위조품이 뒤섞인 채 창고 속에 방치되어 있다는 것이 오히려 더욱 놀랍다. 이러한 것들은 자금 · 인력 · 장소 등의 제한으로 인해 감별 · 정리 · 연구 · 출판 · 전시를 하지 못한 채 빛이 바래고 있다. 특히 문물고고학이 크게 발전하고 서화예술품 연구와 소장시장이 활기찬 오늘날, 이러한 상황은 안타깝기까지 하다.

8천여 점의 서화 소장품 가운데 서법작품만 놓고 보더라도 당대(唐代)의 불경 진적(眞跡)이 있는가 하면 명대(明代) 서위(徐渭), 이몽양(李夢陽), 진헌장(陳獻章), 문징명(文徵明), 왕총(王寵), 동기창(董其昌), 왕양명(王陽明), 명말 청초의 부산(傅山), 왕택(王鐸), 왕우단(王又旦), 왕홍찬(王弘撰), 귀장(歸莊), 달중광(笪重光), 청말 및 중화민국 시기의 완원(阮元), 포세신(包世臣), 하소기(何紹基), 조지겸(趙之謙), 오창석(吳昌碩), 임칙서(林則徐), 옹동화(翁同龢), 강유위(康有爲), 우우임(于右任) 등 대가, 명가들의 진적(眞迹)도 있다. 작가 수와 작품의 질과 양은 각 국가급 박물관 전체 규모와는 비견할 바가 아니지만 상시 전시품과 비교할 때 결코 뒤지지 않는다. 이 진귀한 서법 소장품들은 빛을 볼 기회가 한 차례 있었으나 유감스럽게도 놓치고 말았다. 국가문물국에서는 1983년에서 1990년 6월까지 고대 서화 감정 7인조를 파견하여 전국 각지를 돌아다니며 공적 · 사적 소장품들을 감정하게 하였다. 감정 결과, 진품은 『중국고대서화목록(中國古代書畫目錄)』에, 우수한 작품은 『중국고대서화도목(中國古代書畫圖目)』에 수록하였는데 이 두 책에 수록된 시안고고학연구소의 고대 서법작품은 몇 점밖에 되지 않는다. 그 까닭을 물었더니 대략 네 가지 원인이 있다고 하였다. 첫째, 본 연구소에 대한 경시 때문이다. 서북 자그마한 시급 단위에 이렇게 많은 양의 고품격 고대 서화작품이 있을 리 만무하다 생각하여 7인조 중 일부만 잠깐 와서 소수 소장품만 보고 갔다. 그러고는 성도(成都)에서 각 단위에서 자체적으로 선별하여 보낸 작품에 대해서만 집중적으로 감정하였다. 둘째, 이미 작성된 소장품 목록과 그 속에 지정된 등급 및 분류를 지나치게 믿었기 때문이다. 사실 전에 지정된 등급 및 분류에는 많은 감별 착오와 누락된 부분이 있어 전혀 근거가 되지 못했다. 셋째, 원래 지정된 등급대로라면 전문가에게 보여줄 작품은 극소수뿐이었다. 넷째, 작품 범위의 문제였다. 감정 7인조는 작품의 범위를, 고대를 착안점으로 하여 아래로 해파(海派)까지 포함시키고 해파 동시대 또는 조금 늦은 대가들은 모두 제외시켰다. 바로 상술한 원인으로 인해 많은 진적, 우수한 작품들이 천재일우의 기회를 놓쳤던 것이다. 7인조 조직자 셰천셴(謝辰先)이 『중국고대서화도목』 후기에서 "특히 순회하면서 감정하는 가운데서도 일부 작품은 누락되었다. 개별 지역, 개별 단위 인사들은 이 작업의 중요성을 인지하지 못한 관계로 불필요한 우려심 때문에 소장하고 있는 중요한 작품에 대해 비밀을 고수한 채 끝까지 감정조 전문가에게 내보이지 않았다. 그리하여 '도목'에 수록할 수가 없었다"라고 언급한 바와 같이 감정작업에 대한 인식 부족은 당시의 보편적 현상이었다. 이러한 결함을 오늘날 식자들이 보완해 주기를 바란다.

시안고고학연구소에서 펼쳐낸 『시안물물정화』 총서에서는 서법을 단독 한 권으로 내놓게 되었다. 이렇게 함으로써 산시 문화사업 건설뿐만 아니라 중국서법사에 대한 연구, 소장 및 감정 내지 민족서법예술 전통에 대한 계승에도 큰 힘을 보탤 수 있으리라 믿는다.

2

본 연구소에 소장된 서법작품은 대체적으로 아래와 같은 네 가지로 분류할 수 있다.

1) 몇 년간 고고학 연구팀이 발굴해낸 지하문물 가운데 당대(唐代)의 불경 묵적(墨跡), 이를테면 〈묘법연화경잔권(妙法蓮花經殘卷)〉 등이다.

2) 문화대혁명 전 개인 수집가들의 소장품 내지 시안시 문물상점에서 수집한 역대 서법묵적이다. 여기에는 당대 둔황(敦煌) 불경 두루마리와 이몽양, 왕양명, 문징명, 동기창, 왕택, 부산, 옹동화, 오창석, 황빈홍(黃賓虹) 등의 서법작품이 있다.

3) 명 · 청 및 중화민국 시기, 산시에서 관리로 있던 사람 또는 산시에 체류하거나 잠깐 들렸던 서예가들이 남긴 묵적이다. 여기에는 강희(康熙)시기 산시 포정사(布政司) 달예선(達禮善), 건륭(乾隆)시기 협판(協辦) 섬감총독(陝甘總督) 유통훈(劉統勳), 산시 안찰사(按察使) 유용(劉墉), 간저우(乾州) · 우궁(武功) 현령 전점(錢坫), 광서(光緖)시기 산시순무(巡撫) 조홍훈(曹鴻勳) 그리고 잠깐 산시에 체류하였던 임칙서, 강유위 등의 묵적이 있다.

4) 명 · 청 이래 산시지역의 사대부, 학자, 서예가들이 남긴 작품이다. 여기에는 명대 관중학파 주요 인물 마리(馬理), 명말청초 유민(遺民)학자 왕홍찬, 청대 초기 논단에서 왕어양(王漁洋)과 어깨를 나란히 하였던 대시인이며 강희시기 연하십자(輦下十子) 가운데 한 사람인 왕우단, 건륭시기 장원급제하여 재상의 위치에까지 올랐던 왕걸(王傑), 가경(嘉慶)시기 군기대신(軍機大臣) · 동각대학사(東閣大學士) 왕정(王鼎), 청대 말기 한림편수(翰林編修) 송백로(宋伯魯), 국민원로 우우임 등의 작품이 있다. 동향이란 끈끈한 정을 유대로 산시의 수집가들은 그들의 서법묵적을 무척 아꼈는데 이 또한 산시 지방문화예술사를 연구하는 데에 귀중한 문헌자료가 될 것이다.

위 네 가지 중에서 아래 두 가지가 특수한 경우로 본 연구소 소장품의 특징이라 하겠다.

3

본서에 수록된 일부 작품들은 서법을 연구하는 데 있어 독특한 가치가 있다.

1) 마리 〈행초(行草) 7언시 축(軸)〉

마리는 관중학파의 권위자로 진적이 남아 있는 것은 오직 이 한 점뿐이므로 희귀성이 있다.

2) 이몽양 〈행서 시 권(卷)〉

편폭이 길 뿐만 아니라 서법에는 옛 의취가 넘쳐흐르는 것이 성당(盛唐) 시기 안진경 서법의 풍격이 있다.

3) 서위 〈용계호편(龍溪號篇)〉

이는 서위가 출옥한 뒤 북상하면서 쓴 작품이다. 그의 일대기 연구에 있어 중요한 문헌 자료는 아니지만 서법이 다채롭고 정신력을 집중하여 문필이 유창하며 생동적인 것이 수작에 속한다.

4) 동기창 〈선열(禪悅) 권〉, 〈호구(虎丘)에서의 달맞이 권〉

동기창 서법 가운데서 자신이 가장 만족해하고 가장 다채로운 작품으로 평생 선(禪)에 대한 깨달음을 서법에 녹여내었던 증거이기도 하다.

5) 부산 행초 세 폭

생기가 넘치고 외관 상태가 새것처럼 완벽하며 거침없이 휘호(揮毫)한 대표적인 작품들이다. 그 외 아들 부미(傅眉)의 7언시 주련 역시 보기 드문 우수한 작품이다.

6) 왕우단 〈약왕묘(藥王廟) 책(冊)〉

왕우단은 청대 초기 시단에서 중요한 위치를 차지하는데 청대 초기 주이존(朱彛尊)과 중화민국시기 양계초(梁啓超)는 그의 시를 더없이 추숭하였다. 그러나 그의 서법작품은, 필자가 알고 있는 바로는 두 점밖에 전해지지 않고 있으며 그중 하나가 본서에 수록된 것이고 다른 하나는 허양(合陽)의 당원싱(党文興) 선생이 소장하고 있다. 이 초서 작품은 37세에 쓴 것으로 생기가 넘치고 필의가 약동적이며 완만하고 자유자재인 것이 이미 성숙한 기운이 있다. 비범한 솜씨를 가졌지만 애석하게도 50세의 나이로 일찍 졸하여 서법 명성이 시와 정치적 명성에 묻히게 되었다. 이 작품은 청대 서법사를 연구하는 데 있어 중요한 사료적 가치가 있다.

7) 왕홍찬은 명말청초의 유민으로 관학(關學)의 중요한 인물이다. 그의 서법은 저력이 대단하고 필력이 힘 있고 단단하며 풍격이 강직한 것이 자신의 절개와 맞아떨어진다. 본서에는 그의 여섯 작품을 수록하였는데 아마 왕홍찬 작품으로는 소장 수량이 가장 많을 것이다.

8) 강유위는 1924년에 산시에서 강학하였는데 그때 당시 큰 반향을 일으켰다. 이 기간에 많은 묵적을 남겼으며 본 고고학연구소에서는 그중 3점을 소장하고 있다. 그 가운데 〈송백로에게 보내는 5언시 주련〉은 절절한 감정이 담기고 서법이 아름다워 일반적인 교제용 작품과는 다른 차원이다. 그의 일대기와 서예를 연구하는 데 있어 모두 일정한 사료적 가치가 있다.

9) 우우임은 중화민국시기 가장 영향력 있는 서예가 중 한 명이다. 본 연구소에는 그의 작품 수십 점이 소장되어 있다.

10) 이 외에 특히 주목할 작품으로는 완원의 행초 족자이다. 얼핏 보면 분위기, 필획구조, 필법이 임산지(林散之)와 아주 비슷한데 불가사의한 일이다. 그리하여 완원의 현전하는 만년의 행초 필적을 모두 찾아본 결과 확실히 진적임이 확인되었다. 이로써 임산지 서체의 기본 면모와 풍격, 특징이 사실은 많은 부분에서 완원을 따랐음을 알 수 있다.

11) 황빈홍의 금문(金文)서법은 빼어난바 수백 년 이래 그를 따를 자가 없지만 이를 알고 있는 사람은 많지 않다. 본 연구소에 소장된 족자 3점은 그의 중기 우수한 작품이다.

12) 옹동화의 행해(行楷)작품 4점과 전점의 전서작품 4점에는 이들의 중년에서 임종 전 절필할 때까지 각 단계 작품이 망라되었다. 모두 심혈을 기울인 작품들로 반복적으로 음미하다 보면 서법대가의 생명의 궤적과 서법 수련과정 및 날로 무르익어 가는 공력이 돋보인다.

이 밖에 부자 서예가 부산 · 부미, 유통훈 · 유용, 숙질 서예가 전대흔(錢大昕) · 전점, 증조부 · 조부 · 손자 3대 서예가 하능한(何凌漢) · 하소기 · 하유박(何維朴) 등 일가족의 서법작품이 이 책에 수록되었다. 이들 작품을 감상하다 보면 가학(家學)의 뿌리와 흥망성쇠 및 변화의 흔적을 엿볼 수 있으며 많은 계시를 얻을 수 있다. 이 역시 본 연구소 소장품의 또 다른 특징이기도 하다.

상술한 바와 같이 이 서법 소장품들은 아직까지 세상에 선보이지 못한 관계로 선배 전문가들의 감정 결과를 근거로 삼을 수 없었다. 본서에 수록된 작품들은 원 편집자들이 제공한 작품을 기반으로 하고, 본인의 다년간 서화에 대한 감정, 연구, 실천경험에 근거하여 창고에 보관되어 있던 대량 원작에 대해 새롭게 감정하고 간추리고 보충하여 최종적으로 확정지은 것이다. 혹시라도 진위 감정에서 오류가 있다면 모든 책임은 본인에게 있다.

본서에는 모두 130점의 서법작품을 수록하였는데 그중에는 당대의 불경 2점과 명 · 청대에서 중화민국시기까지 87명 서예가들의 작품 128점이 포함된다.

한 사람의 작품을 여러 점 싣는 경우, 예를 들어 동기창, 왕홍찬, 온의, 유용, 하소기, 강유위, 우우임 등의 경우에는 편폭의 제한 때문에 3~4개 정수만 골라 실었다.

역사적으로 이름난 학자, 관리, 문화명인의 경우는 서예 가치가 높은 작품만 수록하였다.

시간적 범위는 당대(唐代)에서 중화민국까지이다.

문자 부분, 즉 작가에 대한 간단한 소개, 작품 해석, 평가 분석 부분은 간결하면서 정확하게 표현하기 위해 노력하였다. 서예가들의 서법의 뿌리, 조예, 서법사에서의 위치와 영향, 풍격, 특징 및 작품을 창작하게 된 배경지식에 대하여 고루 평가 분석하고 소개하여 독자들이 작품을 연구하고 감상하는 데 도움을 주려 하였다. 시간 관계로 여러 사람이 나누어 쓰다 보니 글의 서술방식에 차이가 있음에도 불구하고 독자들이 감상하는 데 보탬이 되길 바란다.

2006년 3월 13일 시안 미술학원에서

왕페이(王飛)

前言

（一）

西安地区是文物重镇，历史上十三个王朝在这里建都，在地面与地下，遗留下了大量的珍贵文物，这笔数量巨大的文化遗产分藏于省，市，县各级博物馆及私人藏家之手。仅西安市文物保护考古所的藏品数量就达十三万件之多。这些地下文物大量出土在陕西，一个市级文博单位能有如此大的收藏量，是不足为奇的，所奇者，在这个文物保护考古所的库房里，静静地沉睡着八千余件真赝混杂的从唐至近代的字画墨迹！由于经费，人力，场馆所限一直未能得到鉴别，清理，研究，出版，展出，公诸于世。在文物考古事业空前发达，书画艺术品研究与收藏市场异常活跃的今天，真可说是一大奇事了。

在八千余件书画藏品中，仅以书法而论，有唐人写经真迹，有明代徐渭，李梦阳，陈宪章，文征明，王宠，董其昌，王阳明，明末清初傅山，王铎，王又旦，王弘撰，归庄，笪重光，清末民国时期阮元，包世臣，何绍基，赵之谦，吴昌硕，林则徐，翁同龢，康有为，于右任等大家，名家的真迹遗墨，其人数之众，作品数量之多，质量之高，虽整体上不能与各大国家级博物馆相比，但与各大博物馆常规陈列之展品比，在许多方面竟毫不逊色。

这批珍贵的书法藏品，其实曾经可以有一次公开面世的历史机缘，但令人遗憾地错过了。一九八三至一九九〇年六月，由国家文物局组织的全国古代书画巡回鉴定七人小组，到全国各地鉴定公私收藏，其认定的真品收入《中国古代书画目录》，佳品收入《中国古代书画图目》，然收入两书中的西安文物保护考古所的古代书法作品，仅数件而已。询其所以，约有四端：一是轻视，不以为西北一个市级文博单位会有一定数量高质量的古代书画作品，七人小组不曾全部来陕，只个别其他成员匆匆看过少数藏品而已。然后在成都由各单位自行提供作品集中鉴定；二是误信藏品目录原定级别分类，不知原定级别分类，实误定，错鉴，遗漏甚多，不足为凭；三是按照原定级别，所提供给专家鉴定的作品只能是极少数而已；四是着眼点问题，七人鉴定小组着眼点在古代，以海派为下限，而与海派同时或稍晚的大家是不在鉴定范围之内的。由于这些原因使得许多真迹，佳品，精品错过了千载难逢的机遇。正如当年七人小组组织者谢辰先在《中国古代书画图目》后记中所言『特别是即使在巡回鉴定工作过程中，也有少数作品被遗漏。在个别地区，有个别单位的同志，由于不理解此项工作的重要意义，出于一种不必要的顾虑，对本单位收藏的一些重要作品保密，始终不肯拿出来给鉴定组专家鉴定，因而在《图目》中未能收入。』可见这在当时是一个较普遍的现象，历史的缺憾只能由今天有识之士来弥补了。

西安市文物保护考古所组织编著的这套《西安文物精华》系列图书，将书法列为一卷，公诸于世，不仅对于陕西文化事业建设是一件功德无量的大事，对于中国书法的历史研究、收藏鉴定，对民族书法艺术优良传统的承传亦具有重大的意义。

（二）

西安市文物保护考古所收藏的书法作品，大体上可分为下面四种情形：

一，历年来考古队所发掘地下文物中之唐代写经墨迹，如本书所收《妙法莲花经残卷》。

二，文革前各私人收藏家收藏及原西安市文物商店所征收之历代书法墨迹。如唐代敦煌写经长卷和李梦阳，王阳明，文征明，董其昌，王铎，傅山，翁同龢，吴昌硕，黄宾虹等人的书法作品。

三，明清及民国时期在陕西为官，或曾旅居，游历陕西的书法家所遗留的墨迹，如康熙时陕西布政使达礼善；乾隆时协办陕甘总督刘统勋；陕西按察使刘墉及曾任乾州，武功县令的钱坫；光绪时任陕西巡抚的曹鸿勋；旅居游历陕西的林则徐，康有为等均有墨迹流传于陕西。

四，明清以来，陕西地区的士大夫，学者和书法家所留传之作品。如明代关中学派主要人物马理；明末清初遗民学者王弘撰；清初论坛与王渔洋齐名的大诗人，康熙辇下十子之一的王又旦；乾隆朝状元官至宰相的王傑；嘉庆朝军机大臣，东阁大学士王鼎；清末翰林编修宋伯鲁；国民元老于右任等，因乡邦之谊，其书法墨迹向为陕西藏家所宝爱，亦为研究陕西地方文化艺术史之最宝贵文献。

在四种情形中，尤以后两种最为特殊，为西安市文物保护考古所收藏书法作品之一大特色。

（三）

本册所收书作对于书学研究有独特价值者:

马理《行草七绝诗轴》。马理为关中学派泰斗，而书迹传世仅见此一件，殊为珍贵。

李梦阳《行书诗卷》，不仅篇幅长，且书法古意盎然，有盛唐颜书遗风。

徐渭《龙溪号篇》为徐渭出狱获释后北上之作。不特为研究其生平事迹之重要文献史料，且书法精采，神融笔畅，飞扬生动，为其平生傑作之一。

董其昌《禅悦卷》，《虎丘玩月卷》为董其昌书法中最为惬意，最为精采之作，是其毕生援禅入书的现身说法之作。

傅山行草三幅，神采奕奕，品相完好如新，淋漓酣畅，具有代表性的意义。此外其子傅眉之七言对联亦为不经见之作。

王又旦《药王庙叙册》。王又旦在清初诗坛有重要地位，清初朱彝尊与民国梁启超对其诗均推崇备至。然其书法作品存世就笔者所知有两件，一为此册，一为合阳党文兴先生所藏。此册草书为其三十七岁所书，神采奕奕，笔意飞动，婉转自如，已有老成气象，足见其才华非凡，惜其年仅五十而亡，书名为诗名政声所掩，此册公诸于世对于清代书法史的研究有重要意义。

王弘撰为明末清初之遗民，关学之重要人物，其于书法亦工力甚深，骨力劲硬，风骨崚嶒，与其气节相表里。本所藏其书法六幅之多，当有王书收藏之冠。

康有为一九二四年来陕讲学，曾引起轩然大波。康有为在此期间留下许多墨迹，本所所收三件，其中《赠宋伯鲁五言联》，情深意长，书法精美，非一般应酬之作可比，对于研究康有为之生平事迹与书艺均有一定的史料价值。

于右任为民国时期最具影响的书法大家之一。本所藏其作品多达数十件，当为于右任作品重要收藏单位之一。

此外尤可注意者为阮元《行草立轴》，乍观之，气息，结体，笔法颇似林散之，真不可思议之事。然进而遍观阮之传世晚年行草书迹，确为真足迹无疑，由此可知，林散之书体基本面目风格特征，实多出自阮元。

黄宾虹金文书法成就非凡，数百年来无人能及，然识者寡，本所收藏三件立轴，为其中期精意之作。

翁同龢四件行楷作品，钱坫四件篆书作品，从其中年至临终绝笔各个阶段，均其精心之作，反复玩味，可见一个书法大家生命自然历程及书法修练进程与年俱进之必然轨迹。

除此而外，聚父子书法如傅山，傅眉，刘统勋，刘墉；叔侄书法如钱大昕，钱坫；曾祖，祖，孙三代如何凌汉，何绍基，何维朴书作于一室，复收于一集，亦可观其家学渊源，盛衰变迁之迹象。给人颇多启示。则为本所藏品之又一大特色。

（四）

如前所述，这批书法藏品从未公开面世，无前辈权威专家鉴定之结论可依，本书所选作品是在原编选者所提供的初选作品的基础上，依本人多年来对书画鉴定，研究，实践经验，面对库存大量原作，重新鉴定，汰选，补充，最终确定的。若有真伪鉴定失当之处，理应由本人负责。

本集共收书法作品一百三十幅，其中唐人写经两件，明清至民国八十七位书法家的作品一百二十八件。

对于一人有多幅作品者，如董其昌，王弘撰，温仪，刘墉，何绍基，康有为，于右任等，限于篇幅，只选其中最精者，以三至四件为限。其余只能割爱了。

对于历史上著名的学者，显宦，文化名人之墨迹，只选其中书法艺术价值较高者。

所选时间范围，上起唐代写经墨迹，下限止于活动于民国时期的书法家。

至于文字部分包括作者生平简介，作品释文，评析，则力求简练，准确；对所述书法家的书学渊源，造诣，在书法史上的地位影响，风格特色及作品创作的背景知识，均作必要的评析与交待，以便于读者研究鉴赏。因时间紧促，文字出多人之手，文风不尽统一，称量是否得当，不敢以为定评，仅供读者参考可耳。

王　非

二00六年三月十三日于西安美术学院

Contents

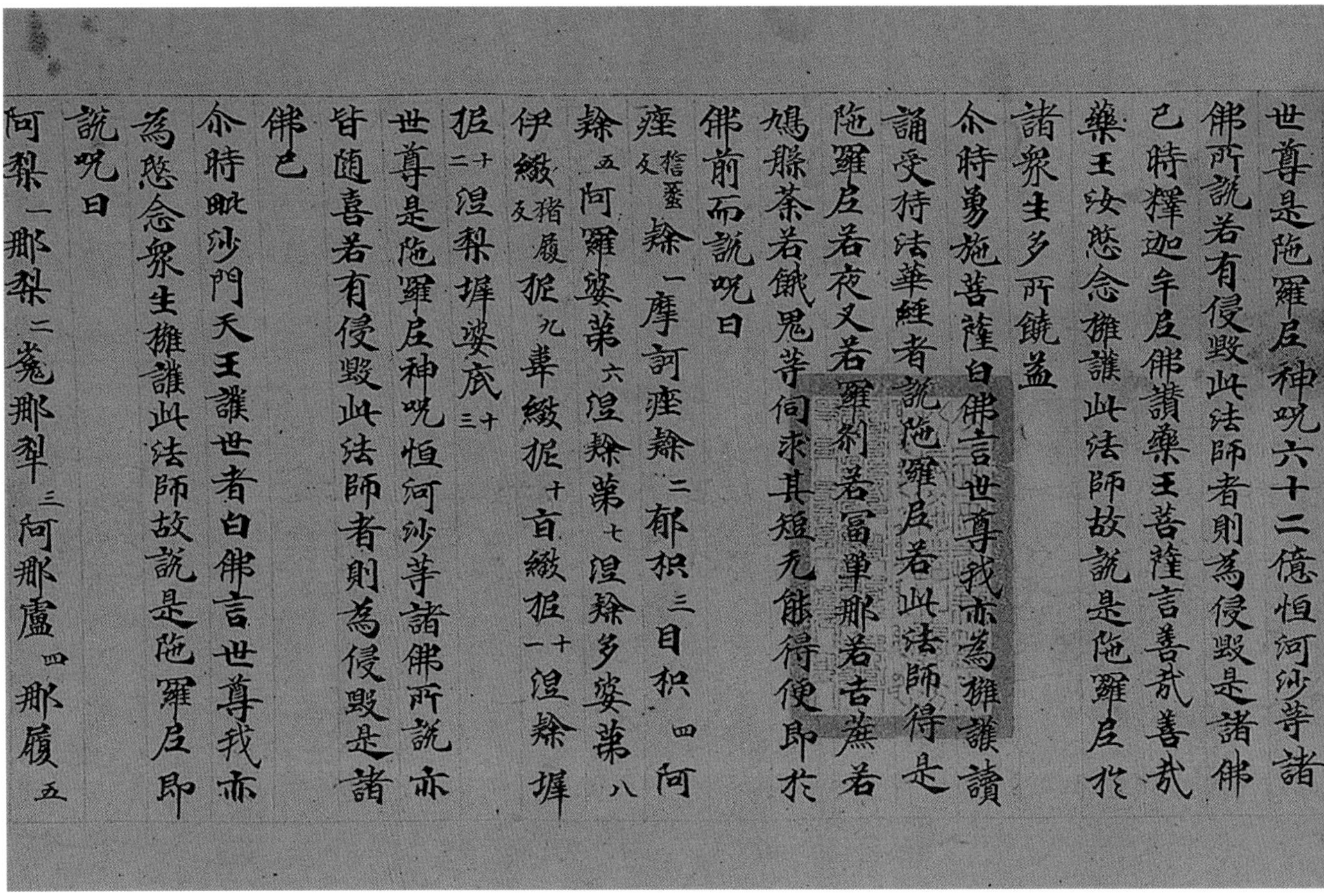
世尊是陁羅尼神呪六十二億恒河沙等諸
佛所說若有侵毀此法師者則爲侵毀是諸佛
已時釋迦牟尼佛讚藥王菩薩言善哉善哉
藥王汝愍念擁護此法師故說是陁羅尼於
諸衆生多所饒益
尒時勇施菩薩白佛言世尊我亦爲擁護讀
誦受持法華經者說陁羅尼若此法師得是
陁羅尼若夜叉若羅刹若富單那若吉蔗若
鳩槃荼若餓鬼等伺求其短无能得便即於
佛前而說呪曰
痤誓蠡反隸一 摩訶痤隸二 郁枳三 目枳四 阿
隸五 阿羅婆第六 涅隸第七 涅隸多婆第八
伊緻猪履反柅九 韋緻柅十 旨緻柅十一 涅隸墀
柅十二 涅犁墀婆底十三
世尊是陁羅尼神呪恒河沙等諸佛所說亦
皆隨喜若有侵毀此法師者則爲侵毀是諸
佛已
尒時毗沙門天王護世者白佛言世尊我亦
爲愍念衆生擁護此法師故說是陁羅尼即
說呪曰
阿梨一 那梨二 㝹那梨三 阿那盧四 那履五

001

묘법연화경(妙法蓮華經) 제8사경(寫經) 수권(手卷)

당대(唐代) 종이
세로 25cm 가로 521.2cm
검인(鈐印): 돈황현인(敦煌縣印), 분순안숙겸관수제병비도지관방(分巡安肅兼管水制兵備道之關防)
[만주어(滿洲語), 한어(漢語) 이중 관인]

이 두루마리는 당대 사람이 쓴 『묘법연화경』 제8사경으로 보존상태가 양호하고, 권말에는 청대 사람이 쓴 발문 두 편이 적혀 있다. 첫 번째 발문 내용은 "광서(光緖) 31년(1905년) 가을 7월 초 7일 분순안숙사자(分巡安肅使者) 서석기(徐錫琪)가 주천(酒泉) 절서(節署)에서 삼가 열람함"이고 동시에 '분순안숙겸관수제병비도지관방'이란 만주어, 한어 이중 관인이 찍혀 있다. 두 번째 발문내용은 "화령동지가지(花翎同知銜知) 돈황현사(敦煌縣事) 전(前) 이부주정(吏部主政) 초북(楚北) 왕종한(汪宗瀚)이 삼가 열람함"이고 '돈황현인'이란 도장이 찍혀 있다.

왕종한은 자가 율암(栗庵)으로 통산(通山) 사람이다. 광서 16년(1890년) 진사가 되었고, 금석학(金石學)에 뛰어났다. 돈황 장경동(藏經洞)이 발견된 지 3년째 되던 해인 1902년에 왕종한은 돈황 지현(知縣)으로 부임하였고 왕원록(王圓籙)은 그에게 장경동의 상황에 대하여 아뢰었다. 같은 시기에 감숙학정(甘肅學政) 엽창치(葉昌熾)도 장경동에 관하여 알게 되었다. 1903~1904년 사이 왕종한은 엽창치에게 불경 두루마리 일부와 그림을 선물하였다. 광서 30년(1904년) 3월 감숙 포정사(布政司)에서는 왕종한에게 명하여 장경동을 점검하는 동시에 봉인하게 하였다. 왕종한이 엽창치에게 선물한 비단그림에는 "광서 30년 4월 초 명을 받고 점검한 불경 두루마리와 그림"이란 제사(題詞)가 적혀 있다. 1907년 스타인이 처음으로 돈황에 이르러 장효완(蔣孝琬)과 함께 왕종한을 방문하였다. 이때 왕종한은 천불동(千佛洞) 역사에 대하여 이야기하며 동시에 8년 전 왕(王) 도사가 발견한 장경동 상황에 대해서도 누설하게 된다. 이는 결국 스타인 등이 장경동 유물을 대량으로 수탈하는 데 일조하였다.

이 불경 두루마리는 1907년 돈황 공문서들이 대량으로 반출되기 전에 왕종한 등이 발문을 쓴 진귀한 유물로 그 가치가 대단하다. 『묘법연화경』은 『법경(法經)』이라고도 하는데 지의(智顗, 538~597년)가 천태종을 개창할 때 사용한 기본 경전이다. 이 두루마리는 당대 사경의 전형적인 모습을 가지고 있다. 옅은 황토색 종이에 담묵의

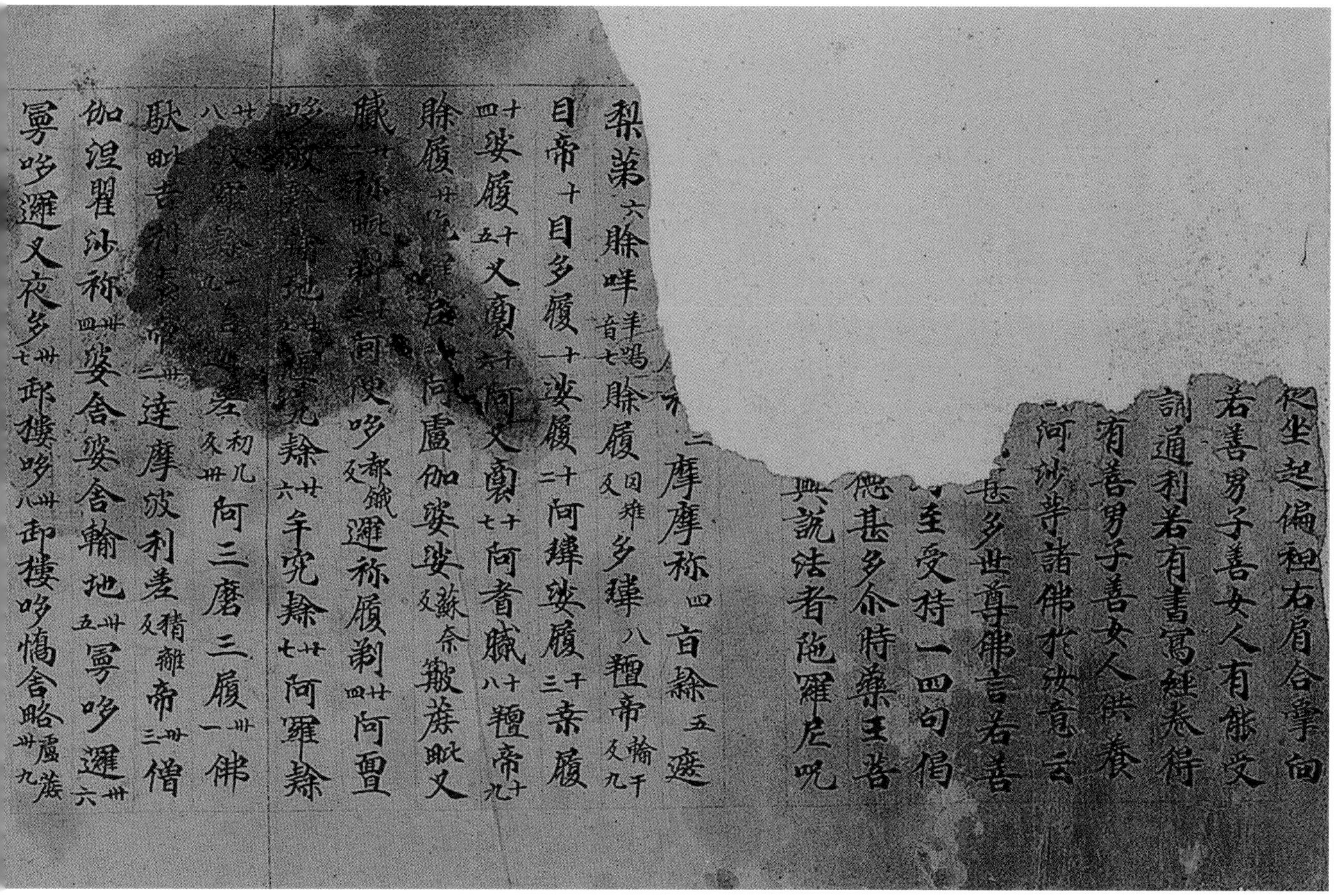

가느다란 선으로 행을 나누어 적었으며 권수(卷首)와 권미(卷尾)에는 글을 쓴 사람의 이름과 날짜가 적혀 있지 않다. 수일에 걸쳐 완성된 경문은 당대 사경 해서체(楷書體)로 점획이 정묘하고 힘 있으며 시원시원하다. 형태는 수려함 속에 질박함이 있고 운치가 빼어나며 기운이 전문을 관통하였다. 유물적 · 예술적 가치가 매우 높은 작품이다.

醯六 醯七 醯八 醯九
寧上我頭上莫惱於法師若夜叉若羅剎若
餓鬼若富單那若吉蔗若毗陀羅若揵馱若
烏摩勒伽若阿跋摩羅若夜叉吉蔗若人吉
蔗若熱病若一日若二日若三日若四日乃
至七日若常熱病若男形若女形若童男形
若童女形乃至夢中亦復莫惱即於佛前而
說偈言
若不順我呪　惱亂說法者　頭破作七分　如阿梨樹枝
如殺父母罪　亦如押油殃　斗秤欺誑人　調達破僧罪
犯此法師者　當獲如是殃
諸羅剎女說此偈已白佛言世尊我等亦當
身自擁護受持讀誦修行是經者令得安隱
離諸衰患消眾毒藥佛告諸羅剎女善哉善
哉汝等但能擁護受持法華名者福不可量
何況擁護具足受持供養經卷華香瓔珞末
香塗香燒香幡蓋伎樂然種種燈蘇燈油燈
諸香油燈蘇摩那華油燈瞻蔔華油燈婆師
迦華油燈優鉢羅華油燈如是等百千種供
養者皋諦汝等及眷屬應當擁護如是法師
說此陀羅尼品時六万八千人得无生法忍

言汝等當憂念汝父為現神變若得見者心
必清淨或聽我等往至佛所於是二子念其
父故踊在虛空高七多羅樹現種種神變於
虛空中行住坐臥身上出水身下出火身下
出水身上出火或現大身滿虛空中而復現
小小復現大於空中滅忽然在地入地如水
履水如地現如是等種種神變令其父王心
淨信解
時父見子神力如是心大歡喜得未曾有合
掌向子言汝等師為是誰誰之弟子二子白
言大王彼雲雷音宿王華智佛今在七寶菩
提樹下法座上坐於一切世間天人眾中廣
說法華經是我等師我是弟子父語子言我
今亦欲見汝等師可共俱往於是二子從空
中下到其母所合掌白母父王今已信解堪
任發阿耨多羅三藐三菩提心我等為父已
作佛事願母見聽於彼佛所出家修道尒時
二子欲重宣其意以偈白母
願母放我等　出家作沙門　諸佛甚難值　我等隨佛學
如優曇波羅　值佛復難是　脫諸難亦難　願聽我出家
母即告言聽汝出家所以者何佛難值故於

阿梨一 那梨二 㝹那梨三 阿那盧四 那履五
拘那履六
世尊以是神呪擁護法師我亦自當擁護持
是經者令百由旬内无諸衰患
尒時持國天王在此會中與千万億那由他
乹闥婆衆恭敬圍遶前詣佛所合掌白佛言
世尊我亦以陁羅尼神呪擁護持法華經者
即說呪曰
阿伽祢一 伽祢二 瞿利三 乹陁利四 旃陁利
五 摩蹬耆六 常求利七 浮樓莎抳八 頞底九
世尊是陁羅尼神呪卌二億諸佛所說若有
侵毀此法師者即爲侵毀是諸佛已
尒時有羅刹女等一名藍婆二名毗藍婆三
名曲齒四名華齒五名黑齒六名多髮七名
无厭足八名持瓔珞九名睪諦十名奪一切
衆生精氣是十羅刹女與鬼子母并其子及
眷屬俱詣佛所同聲白佛言世尊我等亦欲
擁護讀誦受持法華經者除其衰患若有伺
求法師短者令不得便即於佛前而說呪曰
伊提履一 伊提泯二 伊提履三 阿提履四 伊
提履五 泥履六 泥履七 泥履八 泥履九 泥履

說此陁羅尼品時六万八千人得无生法忍
妙法蓮華經妙莊嚴王本事品第廿七
尒時佛告諸大衆乃往古世過无量无邊不
可思議阿僧祇劫有佛名雲雷音宿王華智
多陁阿伽度阿羅呵三藐三佛陁國名光明
莊嚴劫名喜見彼佛法中有王名妙莊嚴其
王夫人名曰淨德有二子一名淨藏二名淨
眼是二子有大神力福德智慧久脩菩薩所
行之道所謂檀波羅蜜尸波羅蜜羼提波羅
蜜毗梨耶波羅蜜禪波羅蜜般若波羅蜜方
便波羅蜜慈悲喜捨乃至卅七品助道法皆
悉明了通達又得菩薩淨三昧日星宿三昧
淨光三昧淨色三昧淨照明三昧長莊嚴三
昧大威德藏三昧於此三昧亦悉通達尒時
彼佛欲引導妙莊嚴王及愍念衆生故說是
法華經時淨藏淨眼二子到其母所合十指
爪掌白言願母往詣雲雷音宿王華智佛所
我等亦當侍從親覲供養禮拜所以者何此
佛於一切天人衆中說法華經宜應聽受母
告子言汝父信受外道深著婆羅門法汝等

音宿王華智佛告四衆言汝等見是妙莊嚴
王於我前合掌立不此王於我法中作比丘
精勤脩習助佛道法當得作佛号娑羅樹
王國名大光劫名大高王其娑羅樹王佛有
无量菩薩衆及无量聲聞其國平正功德如
是其王即時以國付弟王與夫人二子并諸
眷屬於佛法中出家脩道王出家已於八万四
千歲常勤精進脩行妙法華經過是已後得
一切淨功德莊嚴三昧即昇虛空高七多羅
樹而白佛言世尊此我二子已作佛事以神
通變化轉我邪心令得安住於佛法中得見世
尊此二子者是我善知識爲欲發起宿世善
根饒益我故來生我家
尒時雲雷音宿王華智佛告妙莊嚴王言如
是如是如汝所言若善男子善女人種善根
故世世得值善知識其善知識能作佛事示教
利喜令入阿耨多羅三藐三菩提大王當知
善知識者是大因緣所謂化導令得見佛發
阿耨多羅三藐三菩提心大王汝見此二子
不此二子已曾供養六十五百千万億那由他
恒河沙等諸佛親近恭敬於諸佛所受持法

大菩薩无量无邊不可稱數從東方來所經
諸國普皆震動雨寶蓮華作无量百千万億種
種伎樂又與无數諸天龍夜叉乾闥婆阿脩
羅迦樓羅緊那羅摩睺羅伽人非人等大衆
圍繞各現威德神通之力到娑婆世界耆闍
崛山中頭面禮釋迦牟尼佛右遶七帀白佛
言世尊我於寶威德上王佛國遥聞此娑婆
世界說法華經與无量无邊百千万億諸菩
薩衆共來聽受唯願世尊當爲說之若善男
子善女人於如來滅後云何能得是法華經
佛告普賢菩薩若有善男子善女人成就四
法於如來滅後當得是法華經一者爲諸佛
護念二者殖諸德本三者入正定聚四者發
救一切衆生之心善男子善女人如是成就
四法於如來滅後必得是經
尒時普賢菩薩白佛言世尊於後五百歲濁
惡世中其有受持是經典者我當守護除其
衰患令得安隱使无伺求得其便者若魔若
魔子若魔女若魔民若爲魔所著者若夜叉
若羅刹若鳩槃荼若毗舍闍若吉蔗若富單
那若韋陁羅等諸惱人者皆不得便是人若

母即告言聽汝出家所以者何佛難值故於
是二子白父母言善哉父母願時往詣雲雷
音宿王華智佛所親覲供養所以者何佛難
得值如優曇鉢羅華又如一眼之龜值浮木
孔而我等宿福深厚生值佛法是故父母當
聽我等令得出家所以者何諸佛難值時亦
難遇彼時妙莊嚴王後宮八万四千人皆悉
堪任受持是法華經淨眼菩薩於法華三昧
久已通達淨藏菩薩已於无量百千万億劫
通達離諸惡趣三昧欲令一切衆生離諸惡
趣故其王夫人得諸佛集三昧能知諸佛秘
密之藏二子如是以方便力善化其父令心
信解好樂佛法於是妙莊嚴王與群臣眷屬
俱淨德夫人與後宮婇女眷屬俱其王二子
與四万二千人俱一時共詣佛所到已頭面
礼足遶佛三帀却住一面
尒時彼佛為王說法示教利喜王大歡悅尒
時妙莊嚴王及其夫人解頸真珠瓔珞價直
百千以散佛上於虛空中化成四柱寶臺臺
中有大寶牀敷百千万天衣其上有佛結跏
趺坐放大光明尒時妙莊嚴王作是念佛身

恒河沙等諸佛親近恭敬於諸佛所受持法
華經愍念邪見衆生令住正見妙莊嚴王即
從虛空中下而白佛言世尊如來甚希有以
功德智慧故頂上肉髻光明顯照其眼長廣
而紺青色眉間豪相白如珂月齒白齊密常
有光明脣色赤好如頻婆菓
尒時妙莊嚴王讚歎佛如是等无量百千万
億功德已於如來前一心合掌復白佛言世
尊未曾有也如來之法具足成就不可思議
微妙功德教戒所行安隱快善我從今日不
復自隨心行不生邪見憍慢瞋恚諸惡之心
說是語已礼佛而出佛告大衆於意云何妙
莊嚴王豈異人乎今華德菩薩是其淨德夫
人今佛前光照莊嚴相菩薩是哀愍妙莊嚴
王及諸眷屬故於彼中生其二子者今藥王
菩薩藥上菩薩是是藥王藥上菩薩成就如
此諸大功德已於无量百千万億諸佛所殖
衆德本成就不可思議諸善功德若有人識
是二菩薩名字者一切世間諸天人民亦應
礼拜佛說是妙莊嚴王本事品時八万四千
人遠塵離垢於諸法中得法眼淨

娑婆阿婆多尼十脩阿婆多尼十一僧伽婆履叉尼
十二僧伽涅伽陁尼十三阿僧祇十四僧伽婆伽地十五帝
隸阿惰僧伽兜略盧遮阿羅帝波羅帝十六薩婆
僧伽三摩地伽蘭地十七薩婆達摩脩波利剎帝
十八薩婆薩埵樓馱憍舍略阿㝹伽地十九辛阿毗
吉利地帝廿

世尊若有菩薩得聞是陁羅尼者當知普賢
神通之力若法華經行閻浮提有受持者應
作此念皆是普賢威神之力若有受持讀誦
正憶念解其義趣如說脩行當知是人行普
賢行於无量无邊諸佛所深種善根為諸如
来手摩其頭若但書寫是人命終當生忉利
天上是時八万四千天女作眾伎樂而来迎
之其人即著七寶冠於婇女中娛樂快樂何
況受持讀誦正憶念解其義趣如說脩行若
有人受持讀誦解其義趣是人命終為千佛
授手令不恐怖不墮惡趣即往兜率天上彌
勒菩薩所彌勒菩薩有卅二相大菩薩眾所
共圍繞有百千万億天女眷屬而於中生有
如是等功德利益是故智者應當一心自書
若使人書受持讀誦正憶念如說脩行世尊

上普賢若於後世受持讀誦是經典者是人
不復貪著衣服卧具飲食資生之物所願不
虛亦於現世得其福報若有人輕毀之言汝
狂人耳空作是行終无所獲如是罪報當世
世无眼若有供養讚嘆之者當於今世得現
果報若復見有受持是經者出其過惡若實
若不實此人現世得白癩病若有輕咲之者當
世世牙齒踈缺醜脣平鼻手脚繚戾眼目角
睞身體臭穢惡瘡膿血水腹短氣諸惡重病
是故普賢若見受持是經典者當起遠迎當
如敬佛說是普賢勸發品時恒河沙等无量
无邊菩薩得百千万億旋陁羅尼三千大千
世界微塵等諸菩薩具普賢道佛說是經時
普賢等諸菩薩舍利弗等諸聲聞及諸天龍
人非人等一切大會皆大歡喜受持佛語作
礼而去

妙法蓮華經卷第八

光緒三十一年秋七月朔七日
分巡安肅使者徐錫祺敬閱
於酒泉節署

花翎同知銜知敦煌縣事前吏部主政楚北汪宗翰敬閱

那若韋陁羅等諸惱人者皆不得便是人若
行若立讀誦此經我尒時乘六牙白象王與
大菩薩衆俱詣其所而自現身供養守護安
慰其心亦為供養法華經故是人若坐思惟
此經尒時我復乘白象王現其人前其人若
於法華經有所忘失一句一偈我當教之與
共讀誦還令通利尒時受持讀誦法華經者
得見我身甚大歡喜轉復精進以見我故即
得三昧及陁羅尼名為旋陁羅尼百千万億
旋陁羅尼法音方便陁羅尼得如是等陁羅
尼世尊若後世後五百歲濁惡世中比丘比
丘尼優婆塞優婆夷求索者受持者讀誦者
書寫者欲脩習是法華經者於三七日中應一
心精進滿三七日已我當乘六牙白象王與无
量菩薩而自圍遶以一切衆生所喜見身現
其人前而為說法示教利喜亦復與其陁羅
尼呪得是陁羅尼故无有非人能破壞者亦
不為女人之所惑亂我身亦自常護是人唯
願世尊聽我說此陁羅尼呪即於佛前而說
呪曰
阿檀地 途賣反一 檀陁婆地 二 檀陁婆帝 三 檀陁鳩

若使人書受持讀誦正憶念如說脩行世尊
我今以神通力守護是經於如來滅後閻浮
提內廣令流布使不斷絕
尒時釋迦牟尼佛讚言善哉善哉普賢汝能
護助是經令多所衆生安樂利益汝已成就
不可思議功德深大慈悲從久遠來發阿耨
多羅三藐三菩提意而能作是神通之願守
護是經我當以神通力守護能受持普賢菩
薩名者普賢若有受持讀誦正憶念脩習書
寫是法華經者當知是人則見釋迦牟尼佛
如從佛口聞此經典當知是人供養釋迦牟尼
佛當知是人佛讚善哉當知是人為釋迦牟
尼佛手摩其頭當知是人為釋迦牟尼佛衣
之所覆如是之人不復貪著世樂不好外道
經書手筆亦復不喜親近其人及諸惡者若
屠兒若畜猪羊雞狗若獵師若衒賣女色是
人心意質直有正憶念有福德力是人不為
三毒所惱亦復不為嫉妬我慢邪慢增上慢所
惱是人少欲知足能脩普賢之行普賢若如
來滅後後五百歲若有人見受持讀誦法華
經者應作是念此人不久當詣道場破諸魔

十號具足所可說法初中後善其最後佛未
出家時有八王子一名有意二名善意三名
无量意四名寶意五名增意六名除疑意七
名嚮意八名法意是八王子威德自在各領
四天下是諸王子聞父出家得阿耨多羅三
藐三菩提悉捨王位亦隨出家發大乘意常
脩梵行皆為法師已於千万佛所殖諸善本
是時日月燈明佛說大乘經名无量義教菩
薩法佛所護念說是經已即於大衆中結跏
趺坐入於无量義處三昧身心不動是時天
雨曼陁羅華摩訶曼陁羅華曼殊沙華摩訶
曼殊沙華而散佛上及諸大衆普佛世界六
種震動尒時會中比丘比丘尼優婆塞優婆
夷天龍夜叉乾闥婆阿脩羅迦樓羅緊那羅

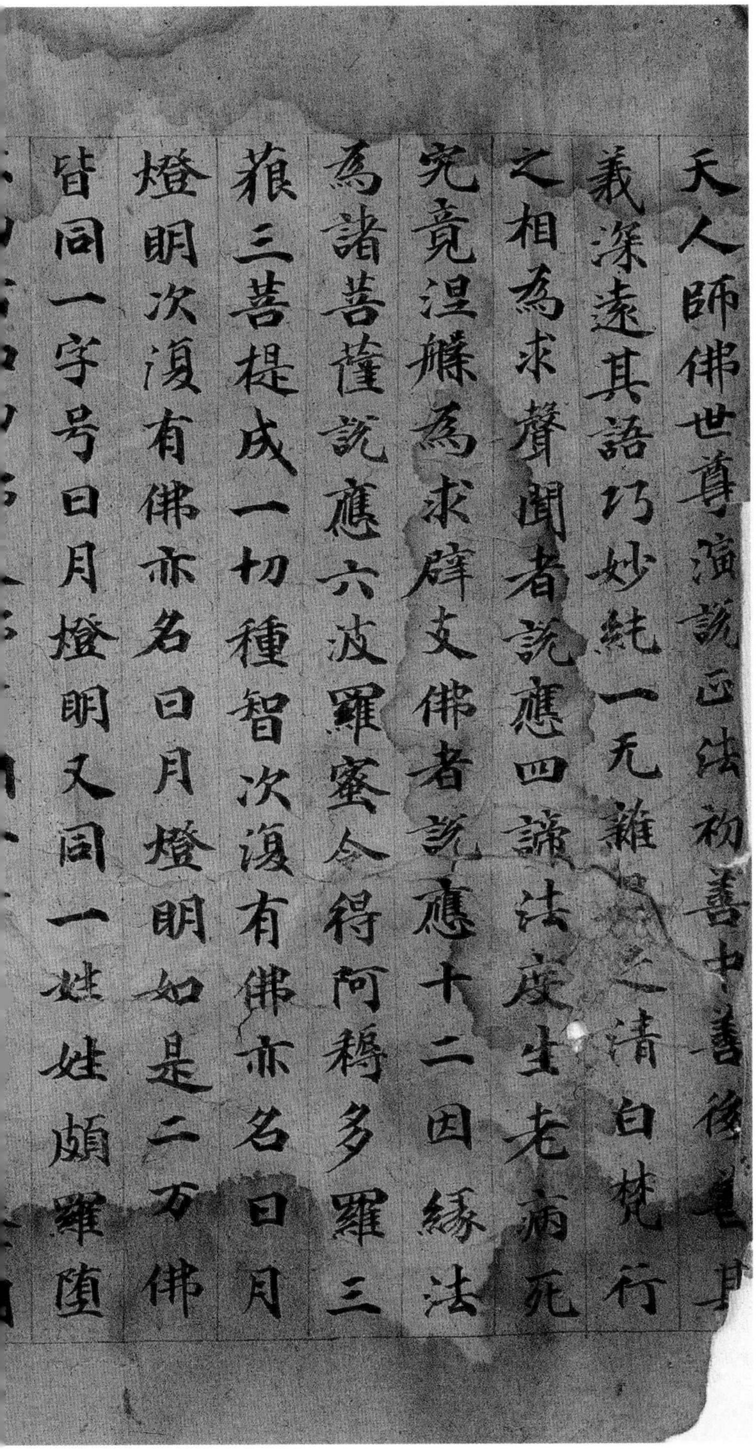
天人師佛世尊演説正法初善中善後善其
義深遠其語巧妙純一无雜具足清白梵行
之相為求聲聞者説應四諦法度生老病死
究竟涅槃為求辟支佛者説應十二因緣法
為諸菩薩説應六波羅蜜令得阿耨多羅三
藐三菩提成一切種智次復有佛亦名日月
燈明次復有佛亦名日月燈明如是二万佛
皆同一字号日月燈明又同一姓姓頗羅墮

002

법화경(法華經) 잔권(殘卷)

당대(唐代) 종이
세로 26.5cm 가로 40cm

이 잔권은 불경『법화경』을 쓴 것으로 날짜와 쓴 사람의 이름은 적혀 있지 않다. 남은 것은 23행으로 행마다 17자이며 담묵의 가느다란 선에 의해 나뉘었다. 종이 질은 두껍고도 연하며 단단하고도 질기다. 표면은 부드럽고 균일하며 반질반질하고 빛에 비춰보아도 결이 보이지 않는다. 시기가 오래된 관계로 침수되고 산화되어 포장(包漿)을 형성하였다. 경문은 글자체와 묵색이 고담(古淡)하고 필획구조가 엄정하며 점획이 힘 있고 두껍다. 또한 형체가 옹골지고 필세가 준엄하며 필력이 돋보이고 묵색의 농담이 확연하다. 서법이 가진 풍격, 풍모, 재료, 출처 등을 종합적으로 보았을 때 당대 중 · 말기 사경(寫經)작품이 확실하며 그중에서도 우수한 작품이다.

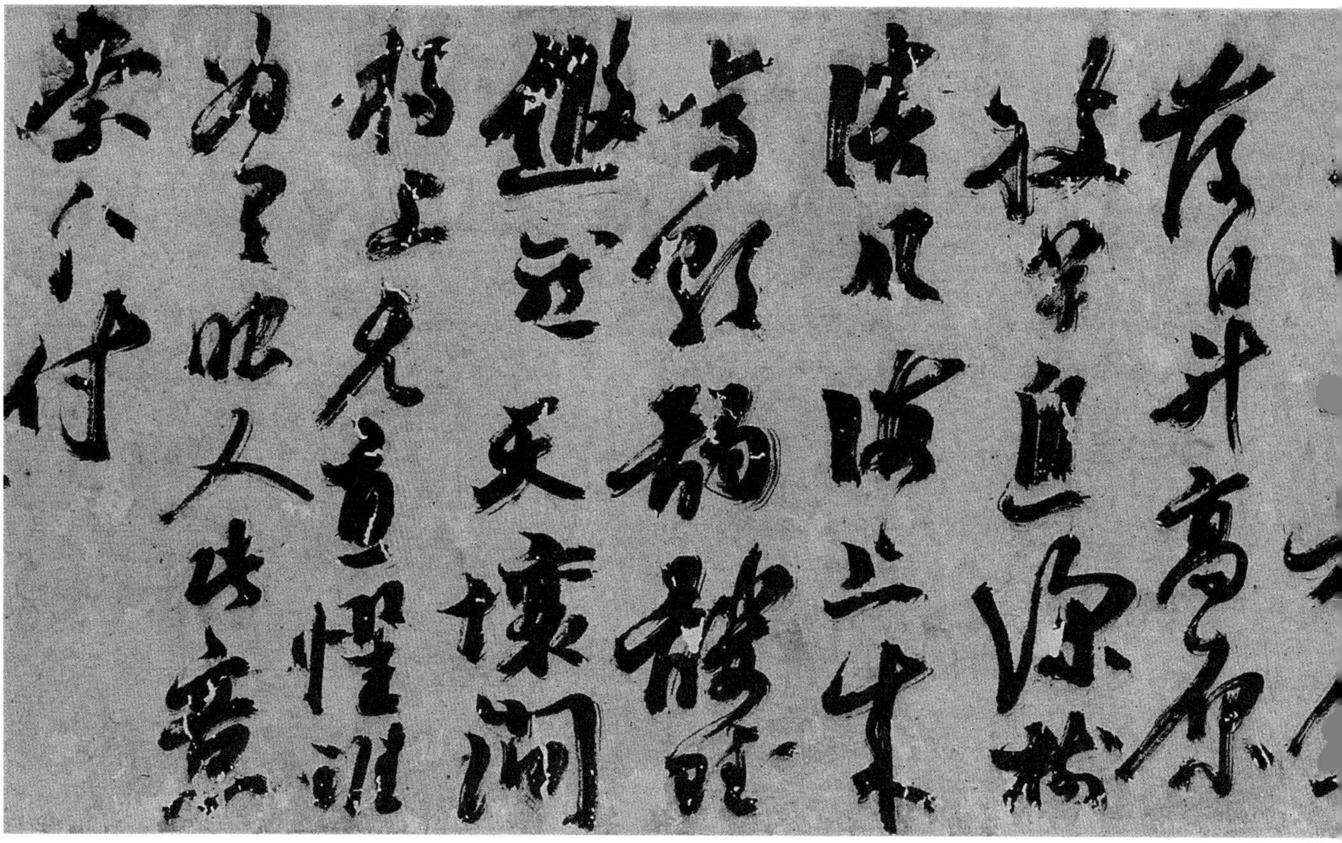

003

진헌장(陳獻章) 행초서 5언시 권(卷)

명대(明代) 종이
세로 29.7cm 가로 298cm

久不作選, 偶爾拈筆三首.

妻子難棄捐, 往來費還答. 我無負郭田, 何以供伏臘.

大烹羅牛羊, 小烹飫鵝鴨. 至味苟不存, 瓜畦甘荷鍤.

落日升高原, 投竿息深樹. 淡風海上來, 高歌髑髏賦.

悠然天壤間, 獨上無直懼. 誰爲有眼人, 此意奈分付.

羲和不停車, 朝出暮復沒. 衆物各有盈, 吾意自超脫.

東望羅浮山, 光輝照溟渤. 道遠不可征, 誰知此心得.

東南六十縣, 乃在岭海間. 斯民日疲困, 盜賊紛相搏.

仁義久不施, 別离愁我顔. 竿頭百尺竿[* 원본의 '간(竿)'자 오른쪽 점은 삭제하였음]線, 可以擊東山.

未別情如何, 已別情尤邈. 豈無尺素書, 遠寄天一角.

江門臥烟艇, 酒醒蓑衣薄. 明月照古松, 淸風洒孤鶴.

白沙(인장 불완전함).

진헌장(1428~1500년)은 자가 공보(公甫)이고 호가 석재(石齋), 석옹(石瓮)이다. 광동(廣東) 신회(新會) 사람이었으나 후에 강문(江門) 백사촌(白沙村)에 이사했으므로 백사선생 또는 진백사라 불렀다. 정묘(丁卯, 1447년)연간에 향시(鄕試)에 합격하였으며 19세 때 두 번이나 회시(會試)에 응하였으나 합격하지 못하고 백사에 은거하였다. 그 후 강서(江西)의 오여필[吳與弼, 빙군(聘君)]을 스승으로 삼고 이낙지학(伊洛之學)을 가르치면서 더는 과거 길에 오르지 않았다. 성화(成化) 18년(1482년), 경성에서 불러들였지만 예부(禮部)시험을 보려 하지 않고 어머님을 모셔야 한다고 삼가 아뢰었다. 조정에서는 특별히 한림원(翰林院) 검토(檢討) 직을 내렸지만 얼마 뒤 백사 벽옥루(碧玉樓)로 돌아와 독서 · 강학하였다. 이후에도 여러 차례 천거하였지만 끝내 출사하지 않았다. 졸한 뒤 문공(文恭)이란 시호를 내렸다. 명 만력(萬曆) 13년에 조서를 내려 공묘에 사직을 올림으로써 역대 성현들과 한자리를 하게 되었다. 백사는 평생 심성지학(心性之學)에 힘쓰고 주요하게 '징심(澄心)'을 연마하여 왕양명(王陽明) 전에 남송(南宋) 육구연(陸九淵)의 관점을 계승한 기초에서 명대 심학(心學)의 문을 열었다. 명대 사상사에서 아래위를 잇는 연결고리로 중요한 위치에 있다.

진헌장은 특히 '모룡서(茅龍書)'로 이름을 날렸다. 제자 장익(張翊)은 『백사선생행상(白沙先生行狀)』에서 "(선생은) 산에 거주하였는데 필이 없어 띠풀을 묶어 사용하였다. 만년에 전문적으로 사용하여 일가를 이루었으니 당시 '모필자(茅筆字)'라 불렀다. 한 조각이라

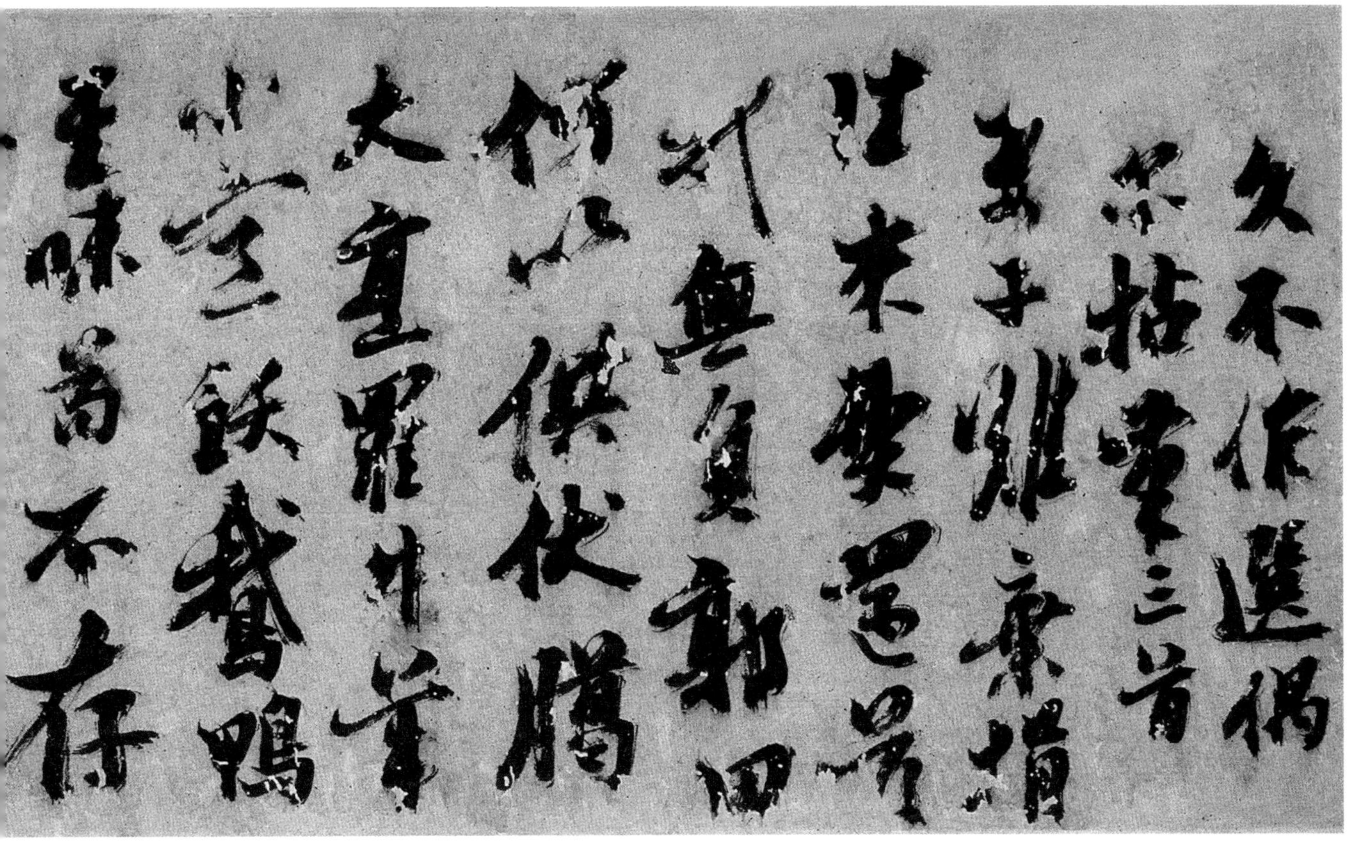

도 얻으면 가보로 소장하였는데 교남(交南, 현 베트남 경내) 사람은 서법 한 점을 비단 수척(數尺)과 바꾸기도 하였다"라고 적고 있다. 백사 본인 또한 무척이나 자긍심을 가지고 "띠풀은 꽤 쓸모가 있어 경지에 오르니 신공(神工)이라 하는구나", "모룡(茅龍)이 거위 굴에서 뛰쳐나가는 듯하다"라 하였다.

이 작품의 제목을 진헌장이 쓴 긴 두루마리라 하였는데 실제로는 5언시 다섯 수로 총 46행, 212자이다. 두 부분을 이어 표구한 것으로 앞 세 수('誰知此心得'까지)가 한 부분이고 뒤 두 수가 다른 한 부분이다. 다섯 번째 시는 진헌장 문집에 수록된 시로 유방백(劉方伯)을 동산(東山)에서 배웅하며 지은 것이다. 이 두루마리 권수에는 장안 유휘(劉暉)가 소전(小篆)으로 쓴 글이 있고 권미에는 금단(金壇) 풍후(馮煦), 산양(山陽) 오회청(吳懷淸), 장안 유휘, 모정걸(毛正傑), 인화(仁和) 엽이개(葉爾愷) 등 다섯 사람이 1925년에 쓴 제발이 있다. 포수(包首) 바깥쪽 비단에는 '진백사 선생 유묵(遺墨) 을축(乙丑) 여름 송백로(宋伯魯) 서담(署曇)'이란 발문이 적혀 있다.

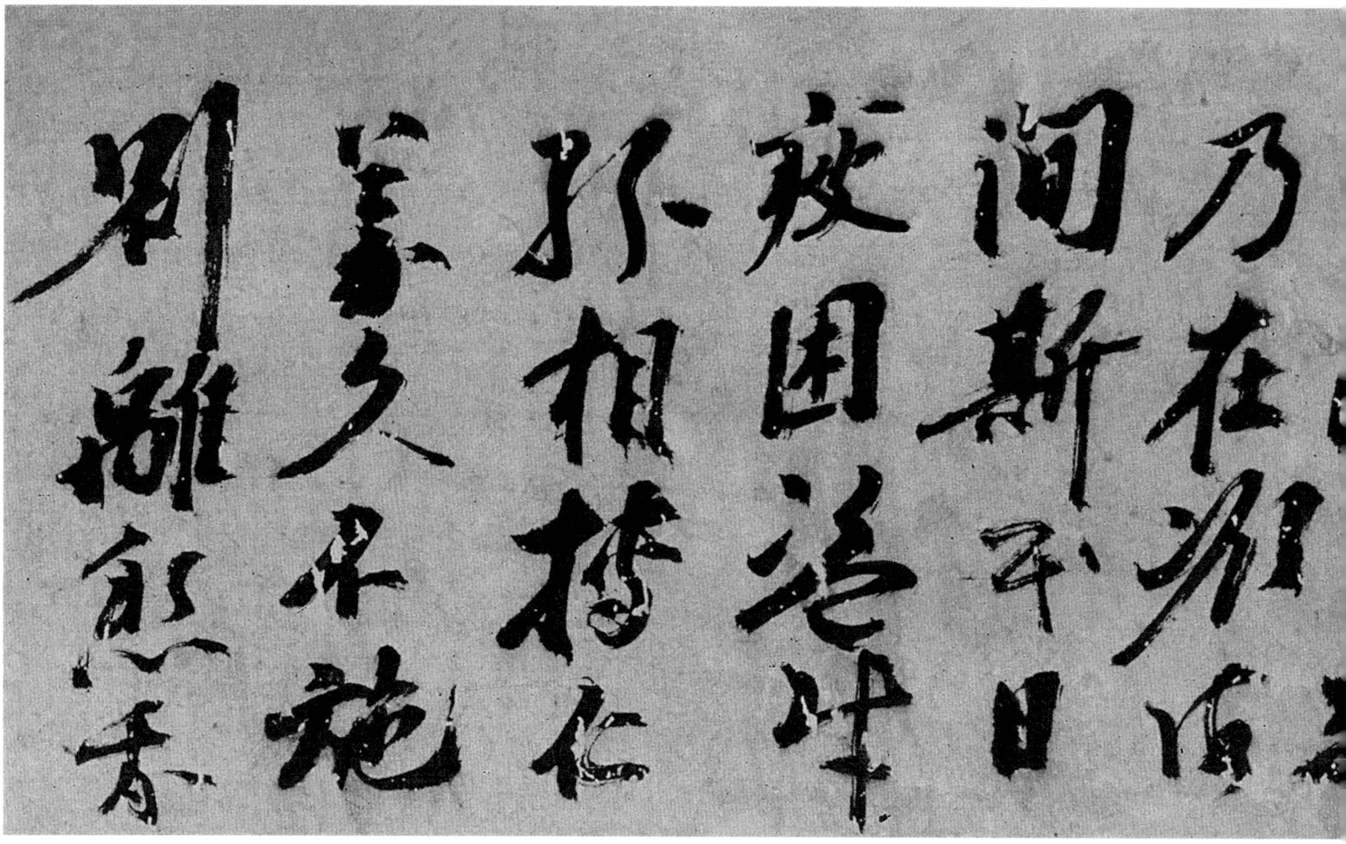

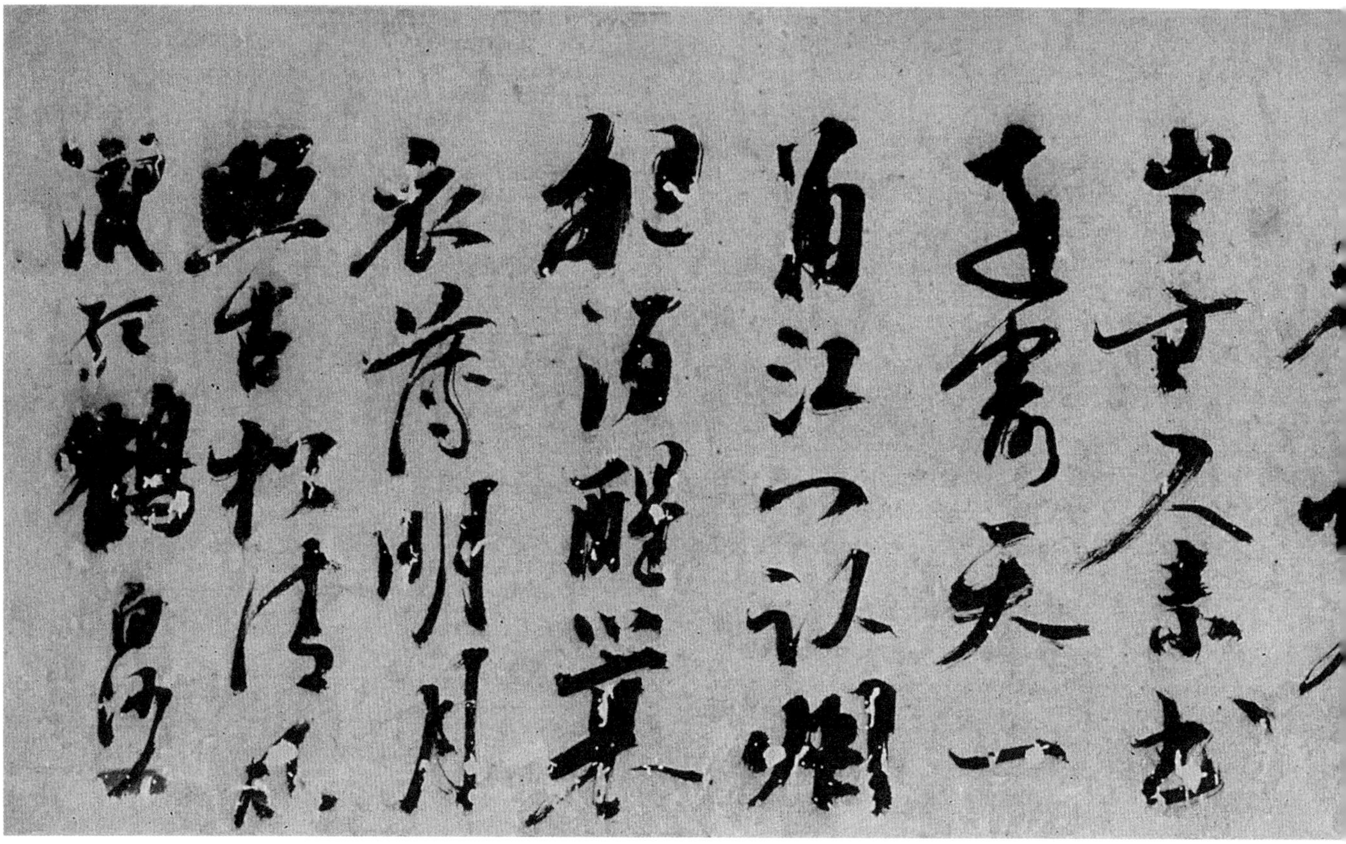

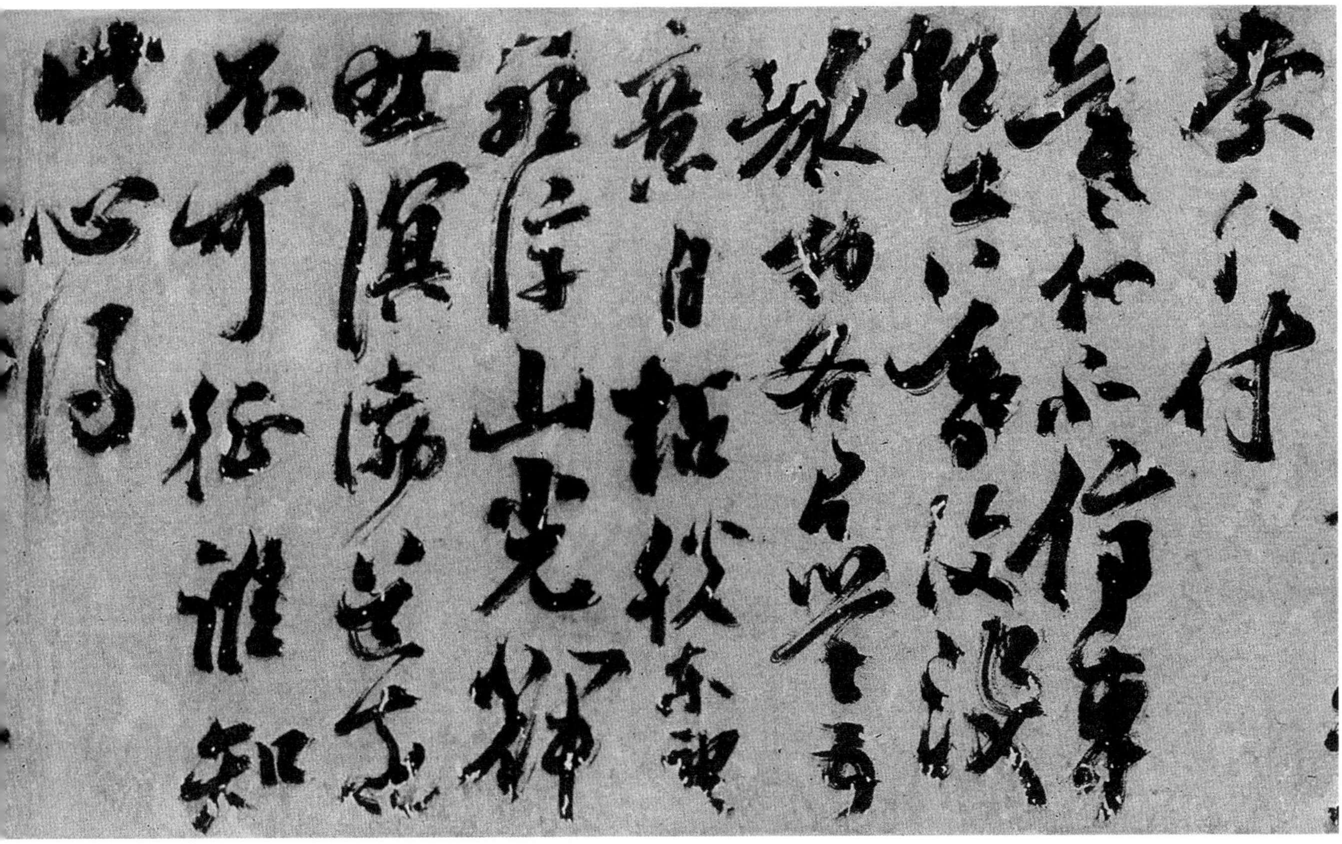

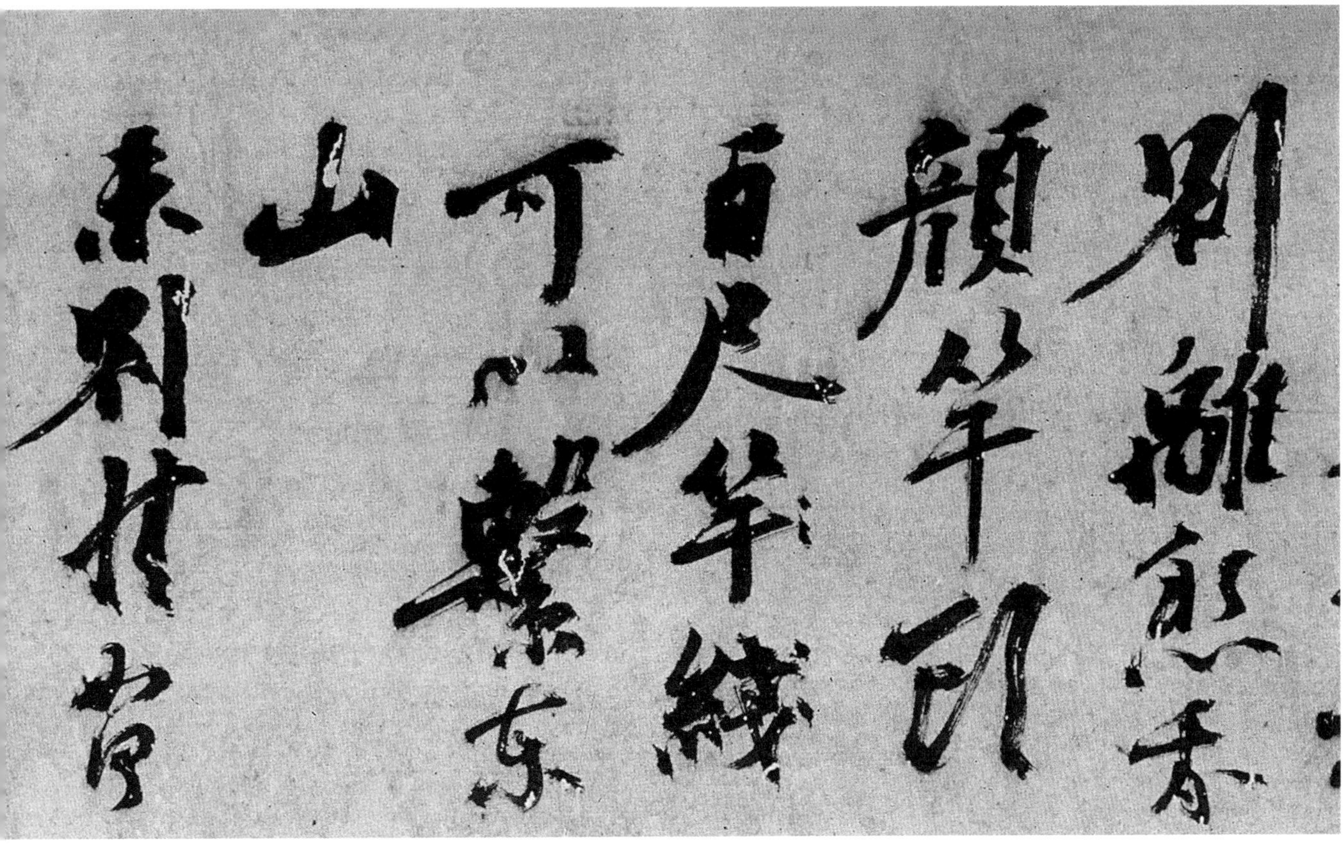

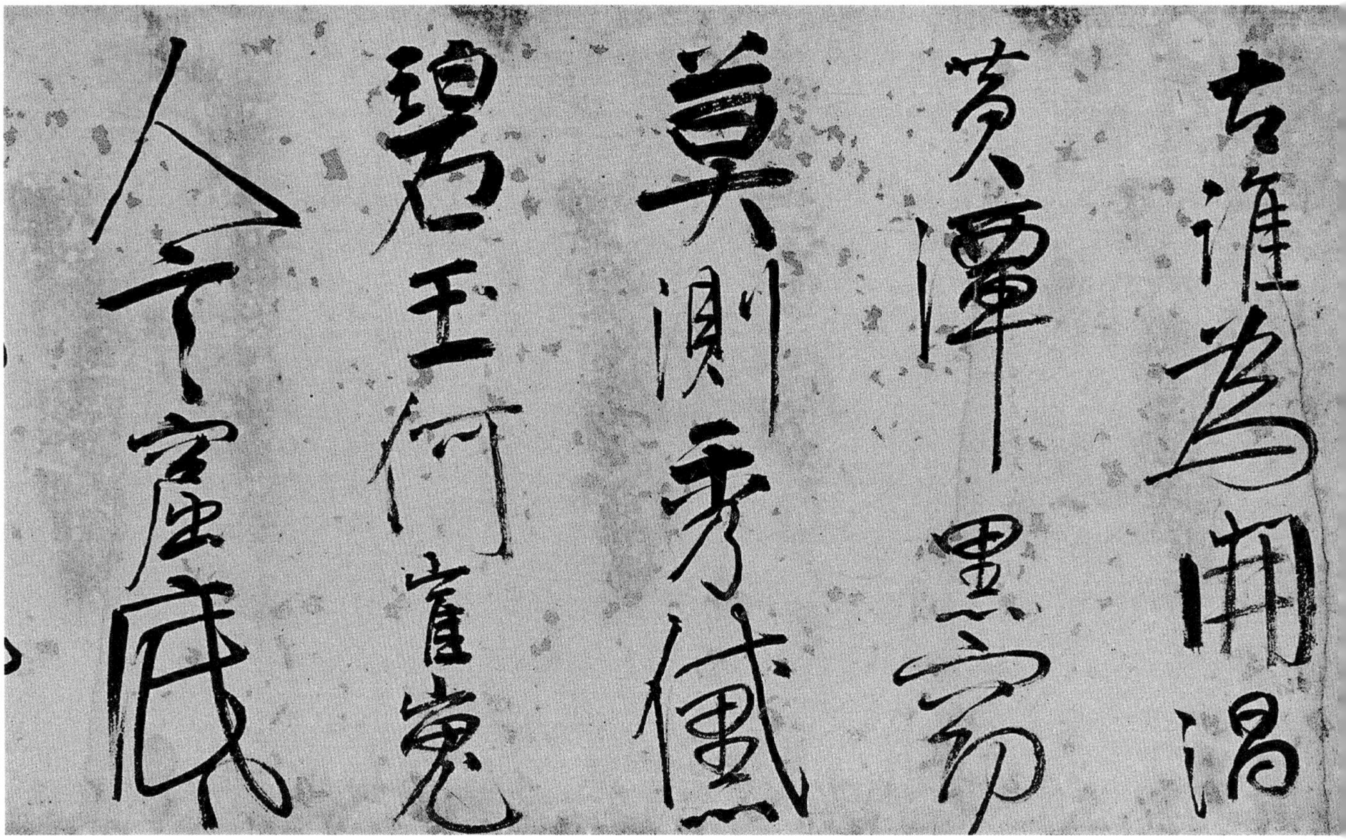

004

이몽양(李夢陽) 행서 시 권(卷)

명(明) 정덕(正德) 7년(1512년) 종이
세로 78.4cm 가로 779.5cm
검인(鈐印): 헌길(獻吉), 북림서옥(北林書屋)

游棲賢山謌

雷泉峽激石巃嵸，日湍山滔回光動，於嗟此壯觀，萬古誰爲開，淐黃潭黑窈莫測，秀黛碧玉何崔嵬，人言窟底有龍臥，氣吐白晝常風雷，去年重九登吹臺，翹望名山思嫋娜，今年今日誰料吾，醉語窮山躡磥砢，拂衣欲上萬仞壁，濯纓還就孤崖坐，秋風吹林猿狖語，浮橋橫空裊相拄，嵐寒細飄瀑布雪峯雲破碎芙蓉裂，金支瑤草眞有無，縹渺仙灯暮明滅，君不見此橋今千年，谷冷迹絶無人烟，岩劖苔蝕石漠漠，太白紫陽俱我前，對此不須更慘愴，明朝且上香爐顚.

士兵行

豫章城樓飢啄鳥，黃狐踉蹌追赤狐，北風北來江怒湧，士兵攫人人叫呼，城外之民從城內，塵埃不見章江途，花裙蠻奴逐婦女，奪其釵環嗔酒沽，父老向前語蠻奴，愼勿橫行王法誅，華林姚源諸賊徒，金帛山堆子女俱，汝能破之惟汝欲，犒賞有酒羊牛猪，大者陞官珮綬趨，蠻奴怒言萬里入，爾都爾生我生屠，我屠勁弓毒矢莫敢何，意氣似欲無彭湖，彭湖翩翩飄白旗，輕舠蔽江陸走車，黃雲捲地春草死，烈火誰分瓦與珠，寒崖日月豈盡照，大邦鬼魅難久居，天下有道四夷守，此輩可使亦可虞，嗚呼！何況士官妻妾偕，美酒大肉吹笙竽.

大明正德七年春二月廿八日，北郡李夢陽書.

이몽양은 자가 헌길(獻吉), 호가 공동자(空同子)로 경양[慶陽, 현 감숙(甘肅)에 속함] 사람이다. 홍치(弘治) 6년(1493년), 섬서(陝西) 향시에서 장원급제하고 이듬해에 진사(進士)가 되었다. 홍치 11년, 호부주사(戶部主事)에 임하였다가 낭중(郎中)에 나아갔다. 홍치 18년 4월 장학령(張鶴令)을 탄핵한 관계로 금의위(錦衣衛)에 투옥되었다. 정덕 원년(1506년) 상서(尙書) 한문(韓文)을 대신하여 유근(劉瑾)을 탄핵하는 주장(奏章)을 올려 산서(山西) 포정사(布政司)로 좌천되고 얼마 안 되어 다른 일 때문에 투옥되었다가 강해(康海)의 구명으로 겨우 풀려났다. 유근이 패하자 다시 원래 관직에 복직되었다가 강서(江西) 제학부사(提學副使)에 임하였다. 그러나 또다시 주신호(朱宸濠)를 대신하여 『양춘서원기(陽春書院記)』를 쓴 탓에 면직당하며 얼마 지나지 않아 졸하였다.

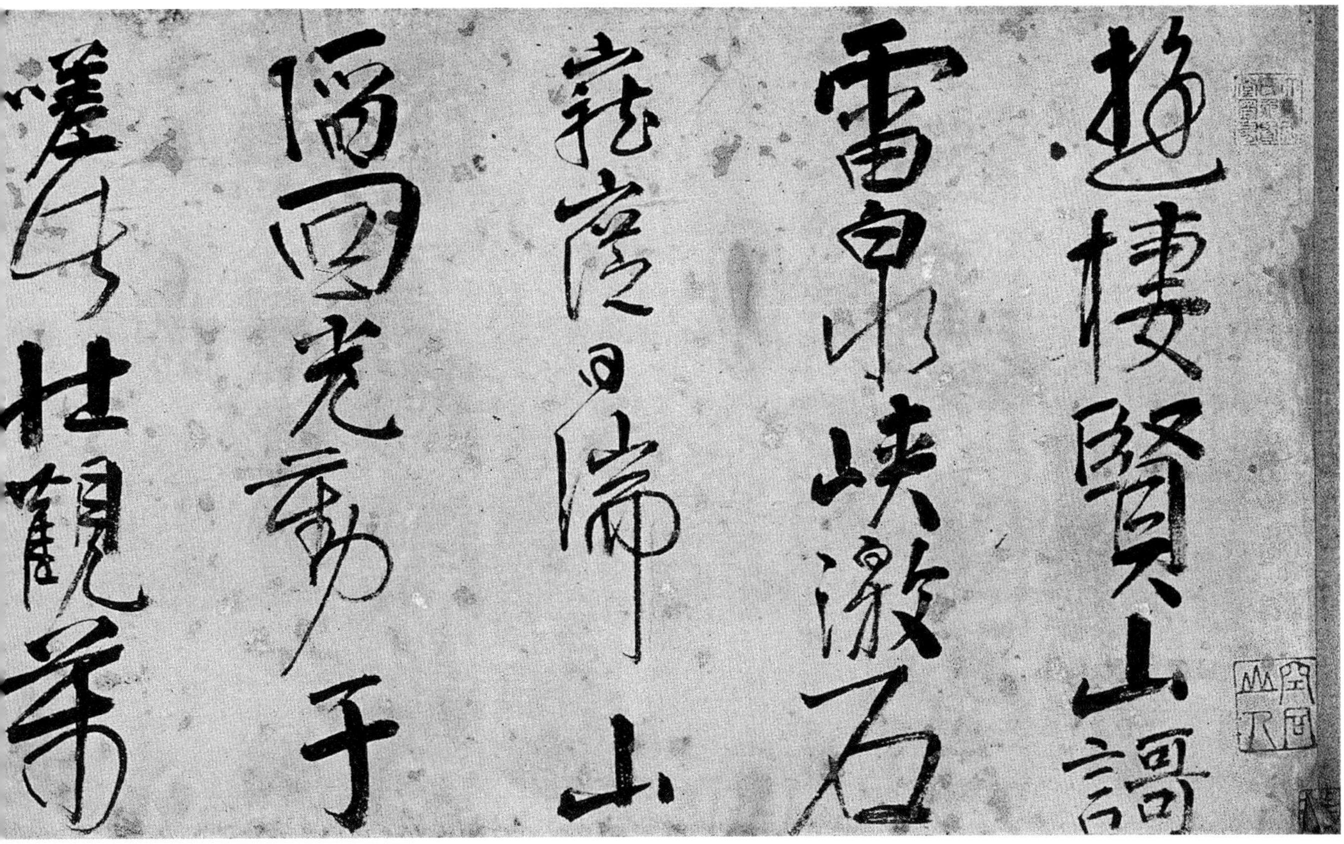

『명사(明史)』에서 "몽양은 재사(才思)가 웅건한데 복고를 주창하였다. 하경명(何景明), 변공(邊貢), 서정경(徐禎卿)과 병칭하여 '홍정사걸(弘正四傑)'이라 불리며 이 네 사람은 다시 강해, 왕구사(王九思), 왕정상(王廷相)과 함께 '전칠자(前七子)'라 불리기도 하였다. 온 나라에 이름을 날렸으며 세상을 내려다보는 기세가 있었으니 한때 문단에서는 종주(宗主)로 받들었다. 저서로는 『공동자집(空同子集)』이 있다"라고 적고 있다.

이몽양은 시를 논하는 데 있어 "격조가 높아야 하고 음률이 우아해야 하며 기운이 시원하여야 한다. 또한 자구가 꾸밈이 없어야 하며 소리가 달콤해야 하고 사고에 창의성이 있어야 하며 정감이 넘쳐야 하는" 등 7가지 어려움이 있다고 하였다. 이 서법작품을 놓고 볼 때 그의 시론과 마찬가지로 송대(宋代)를 가볍게 여기고 성당(盛唐)의 유풍을 좇아 안진경(顔眞卿)의 행초를 본받았다. 속인들과는 다른 빼어난 필치로 그의 시론 중 7가지 항목으로 글자를 평할 때 그에 부합하지 않는 것이 없으니 그야말로 시와 서법이 같은 논조이고 마음의 소리를 그대로 서법에 표현한 듯싶다.

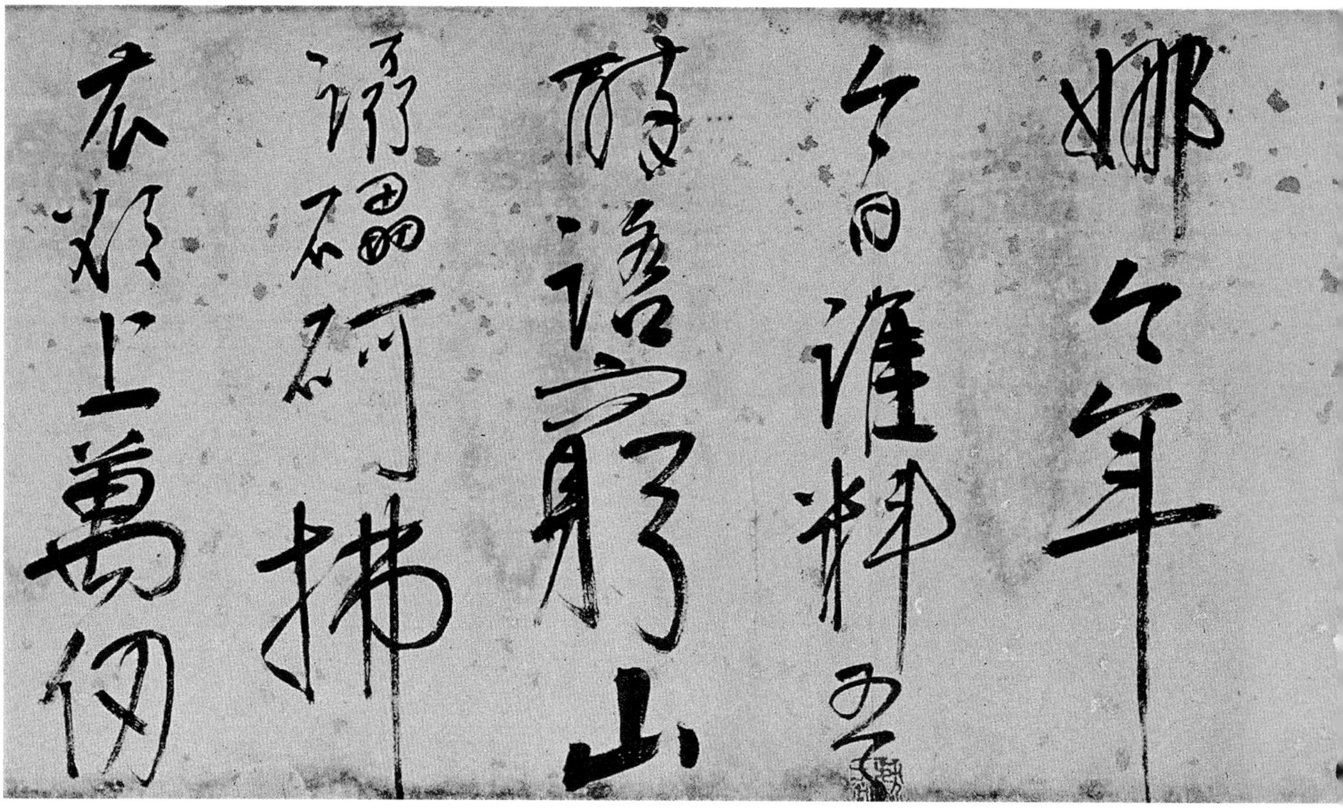

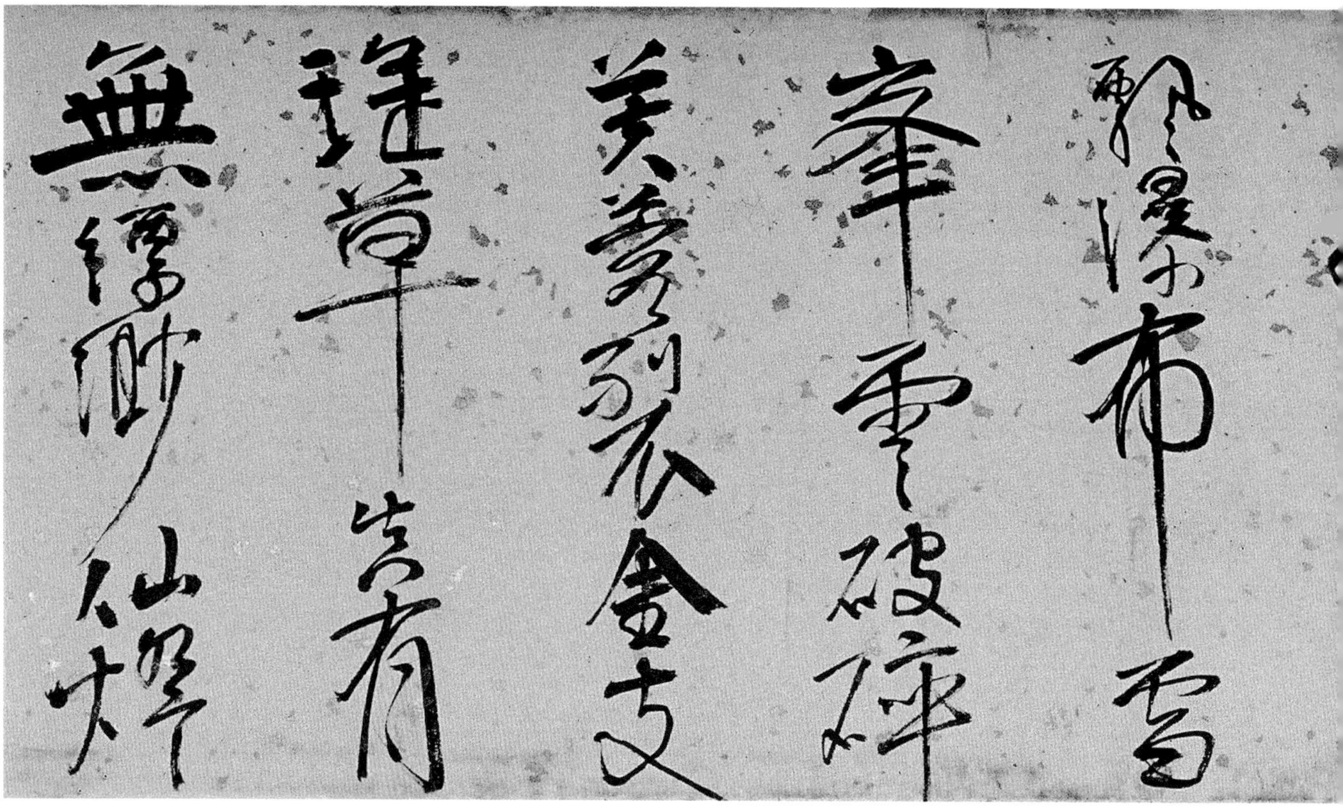

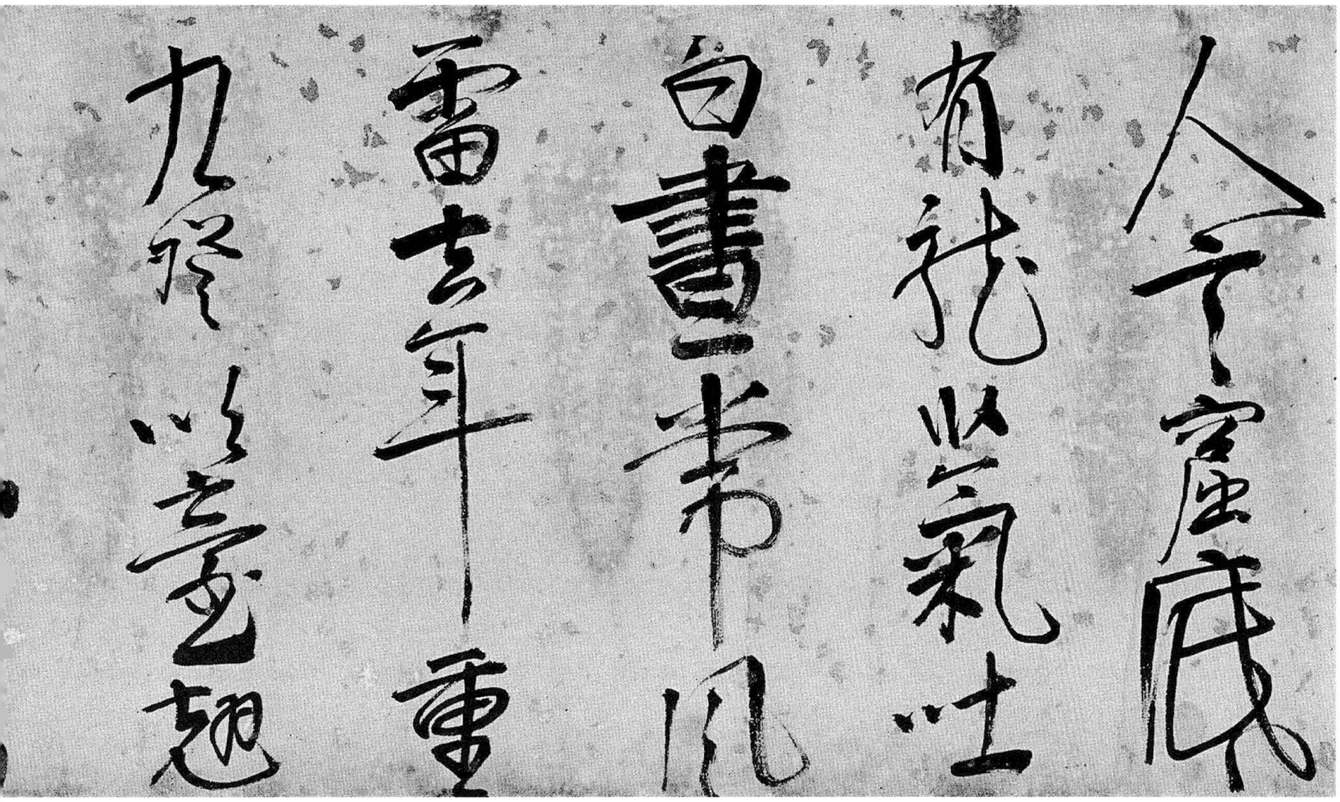

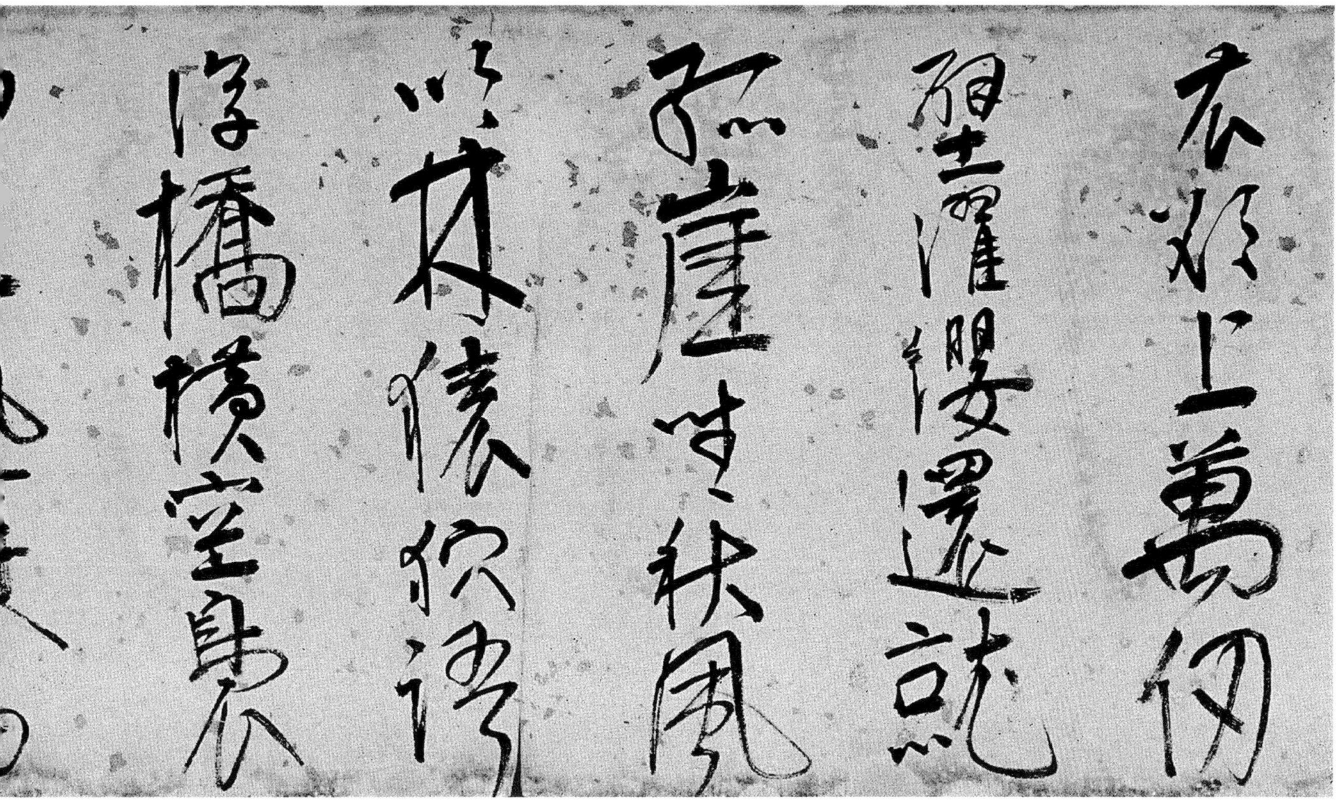

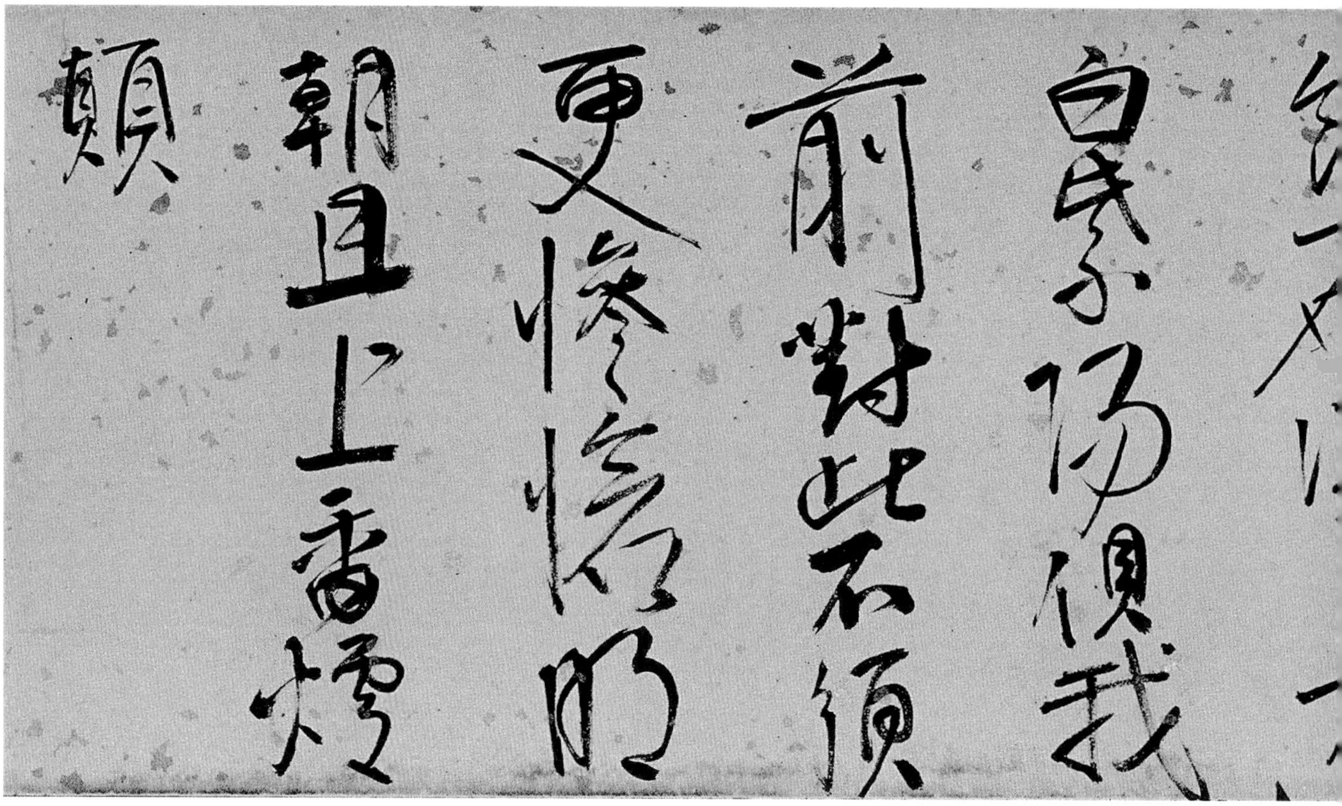

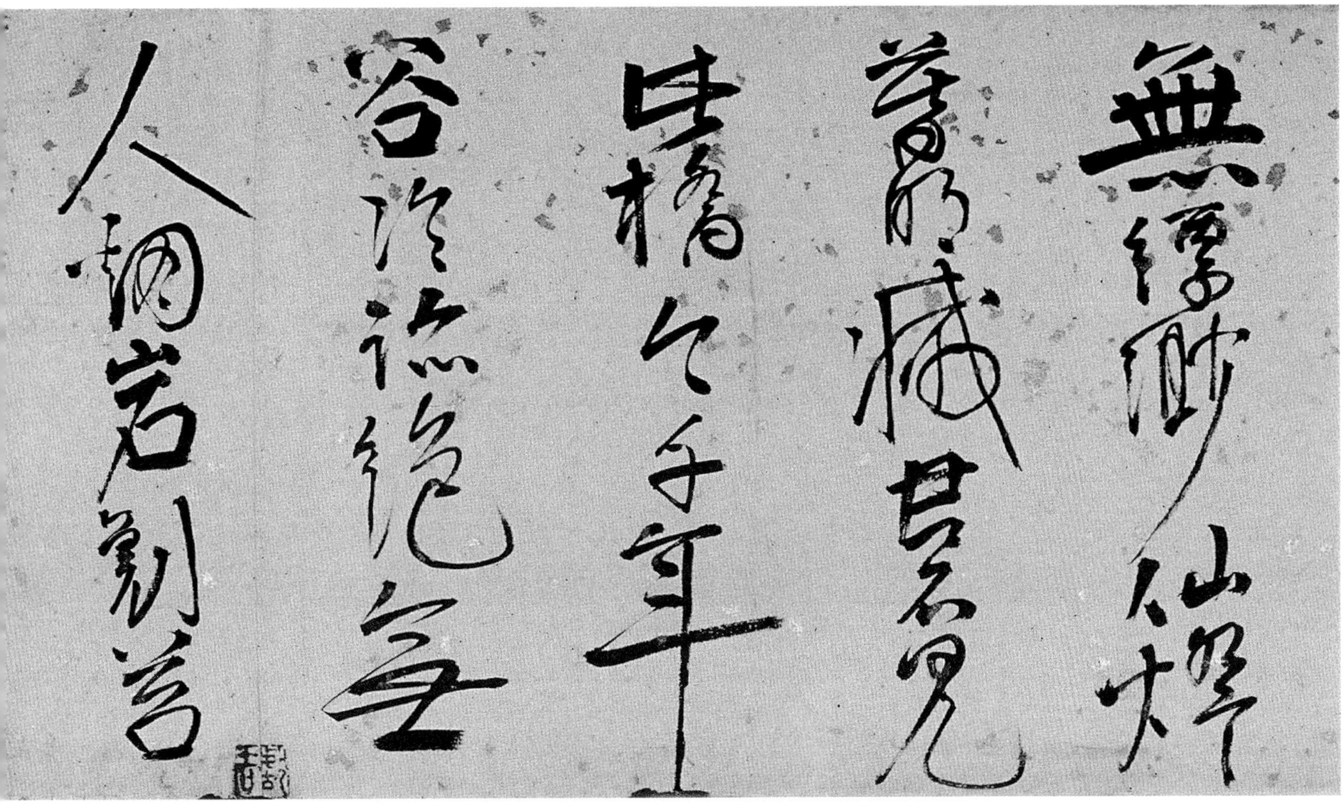

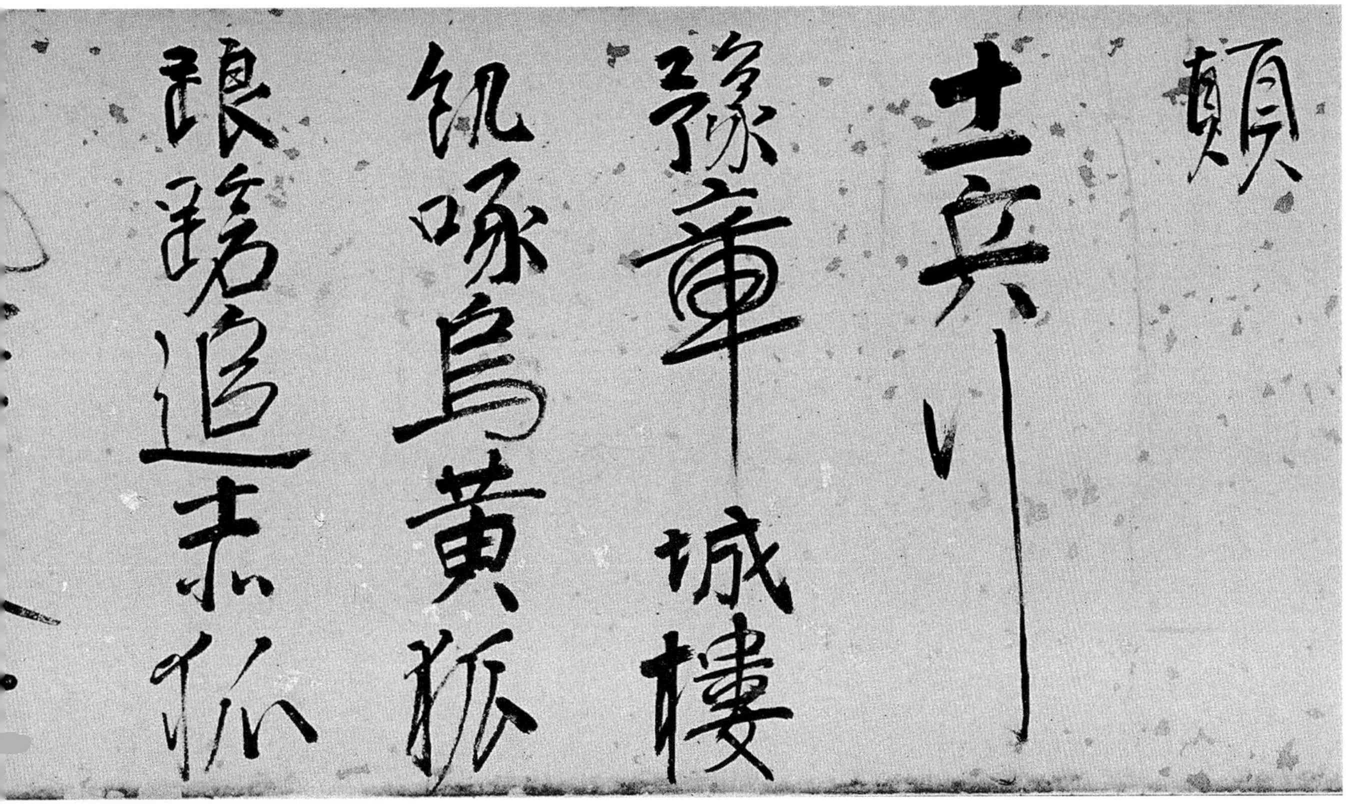

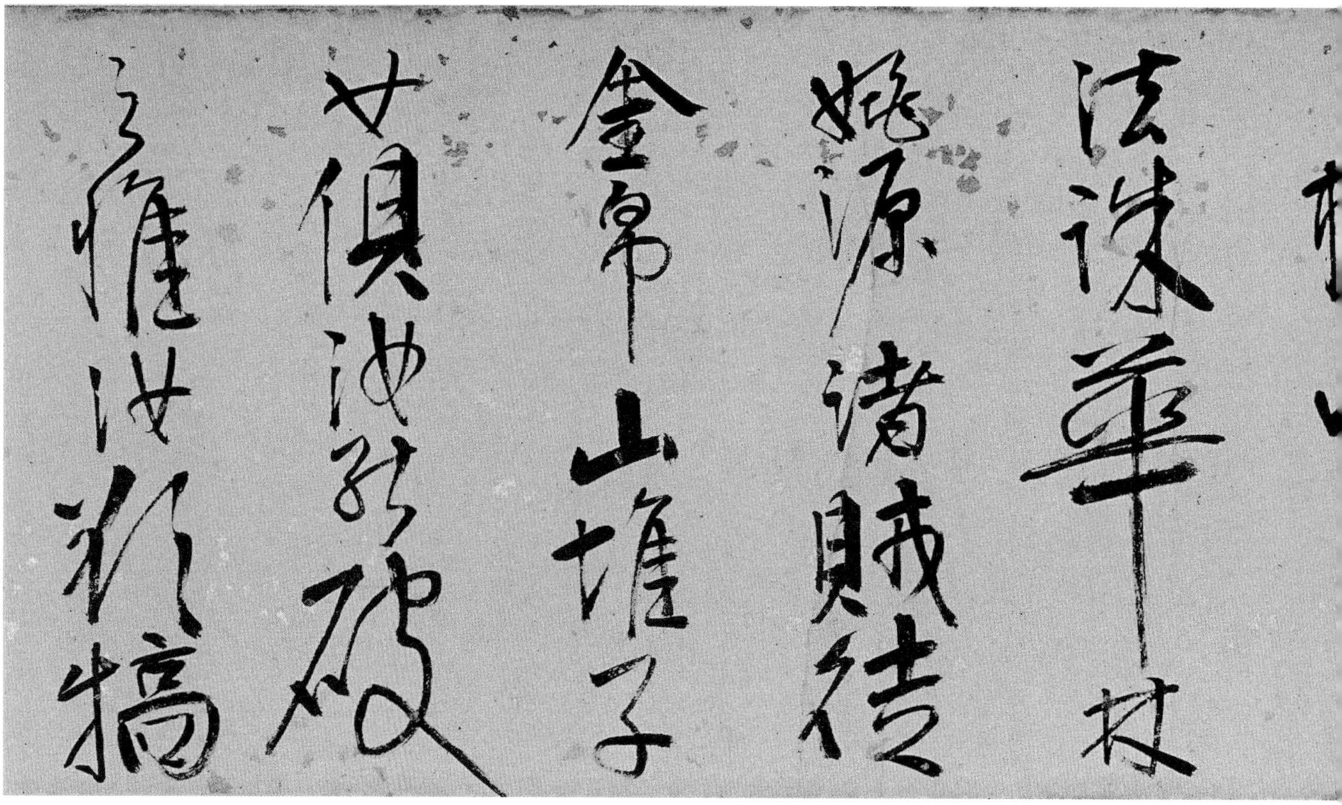

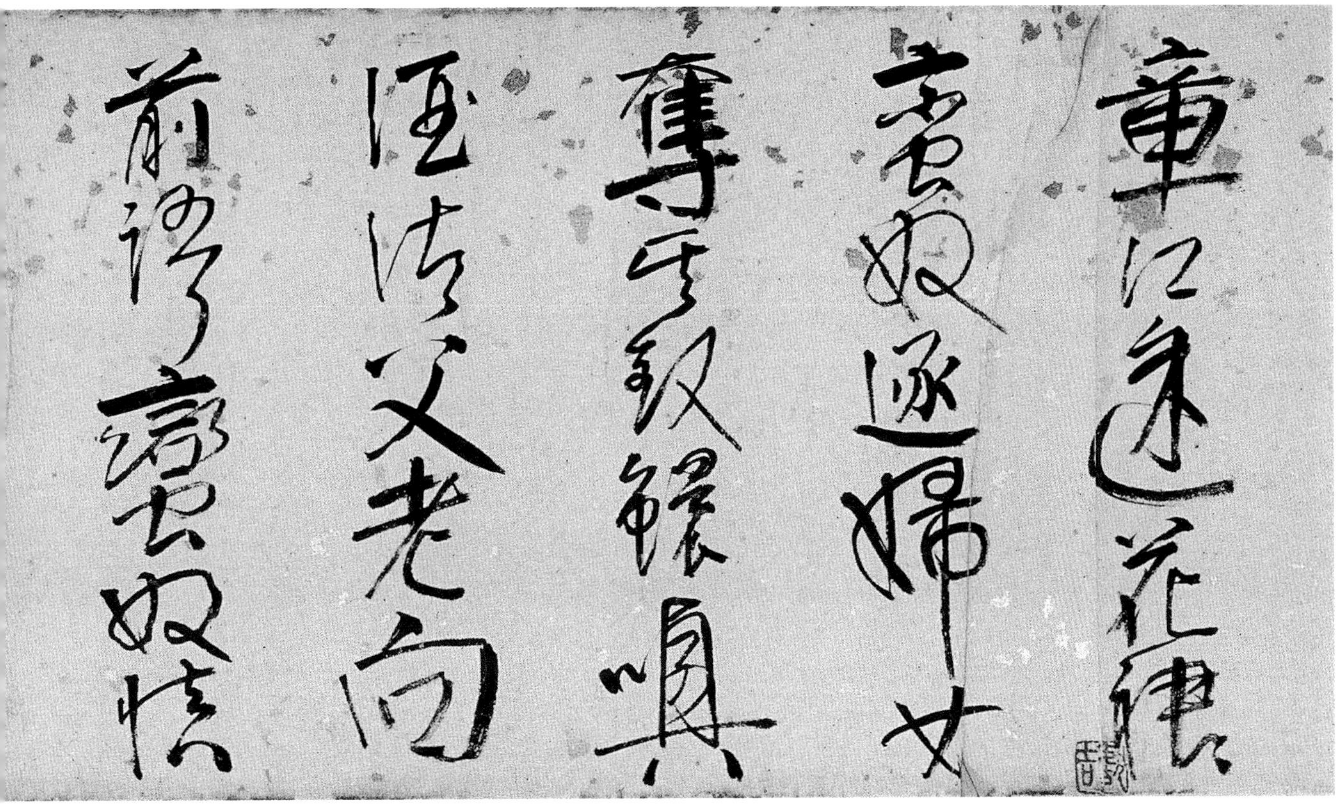

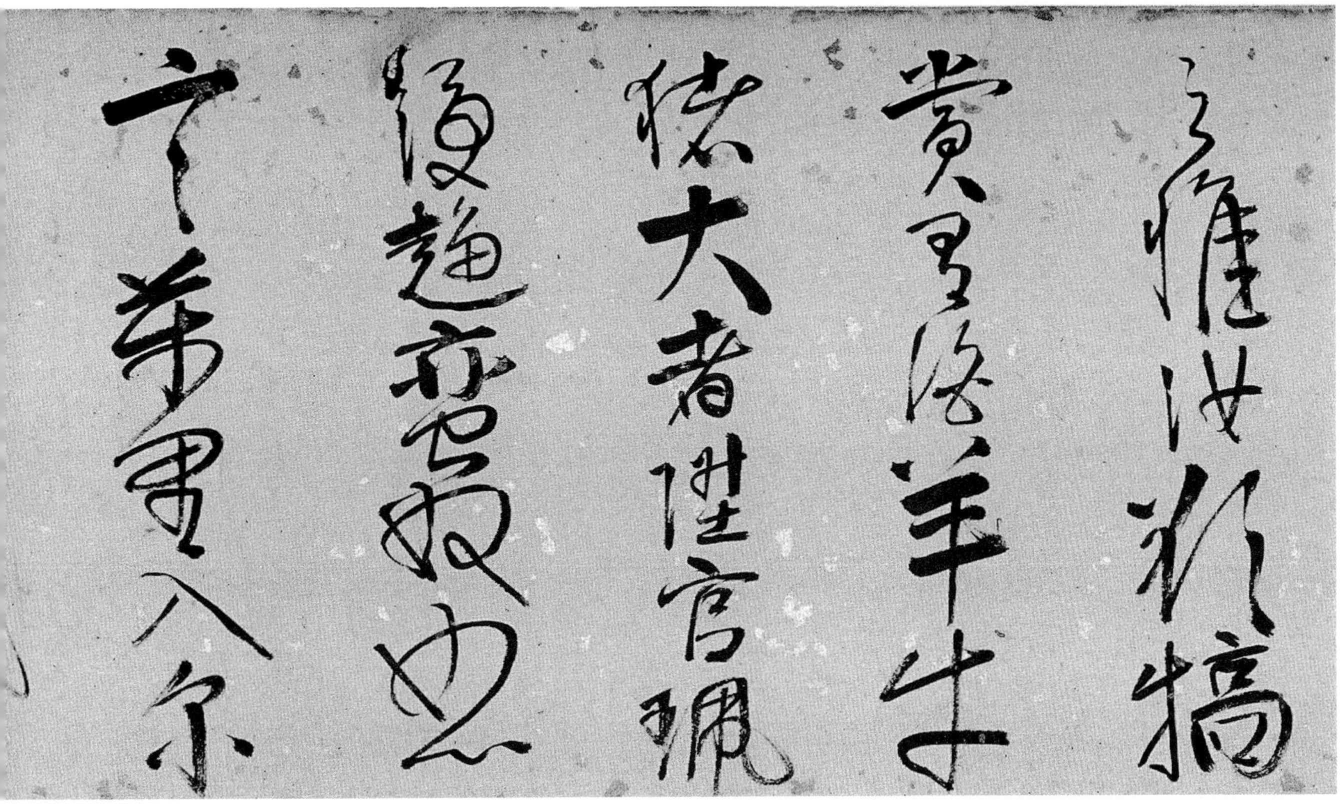

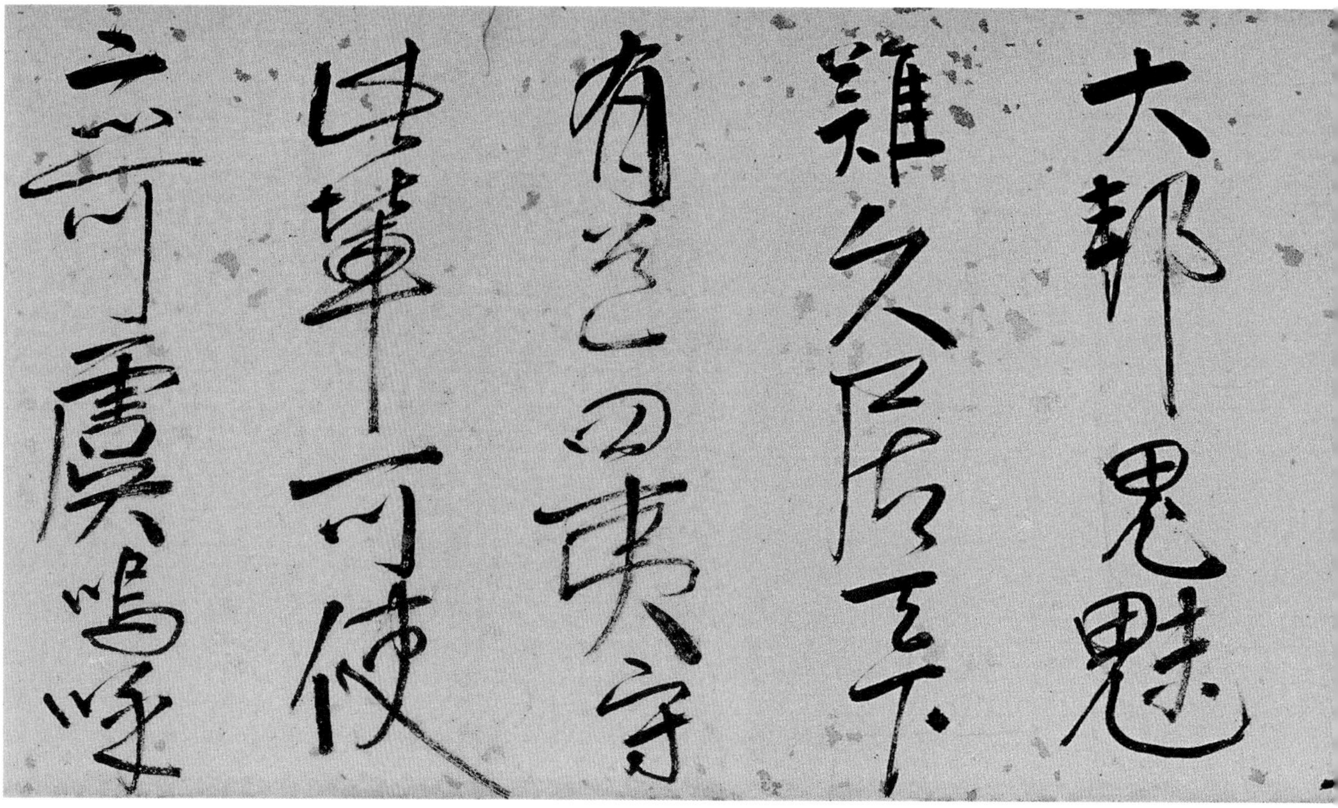

大明正德七年
春二月廿八日

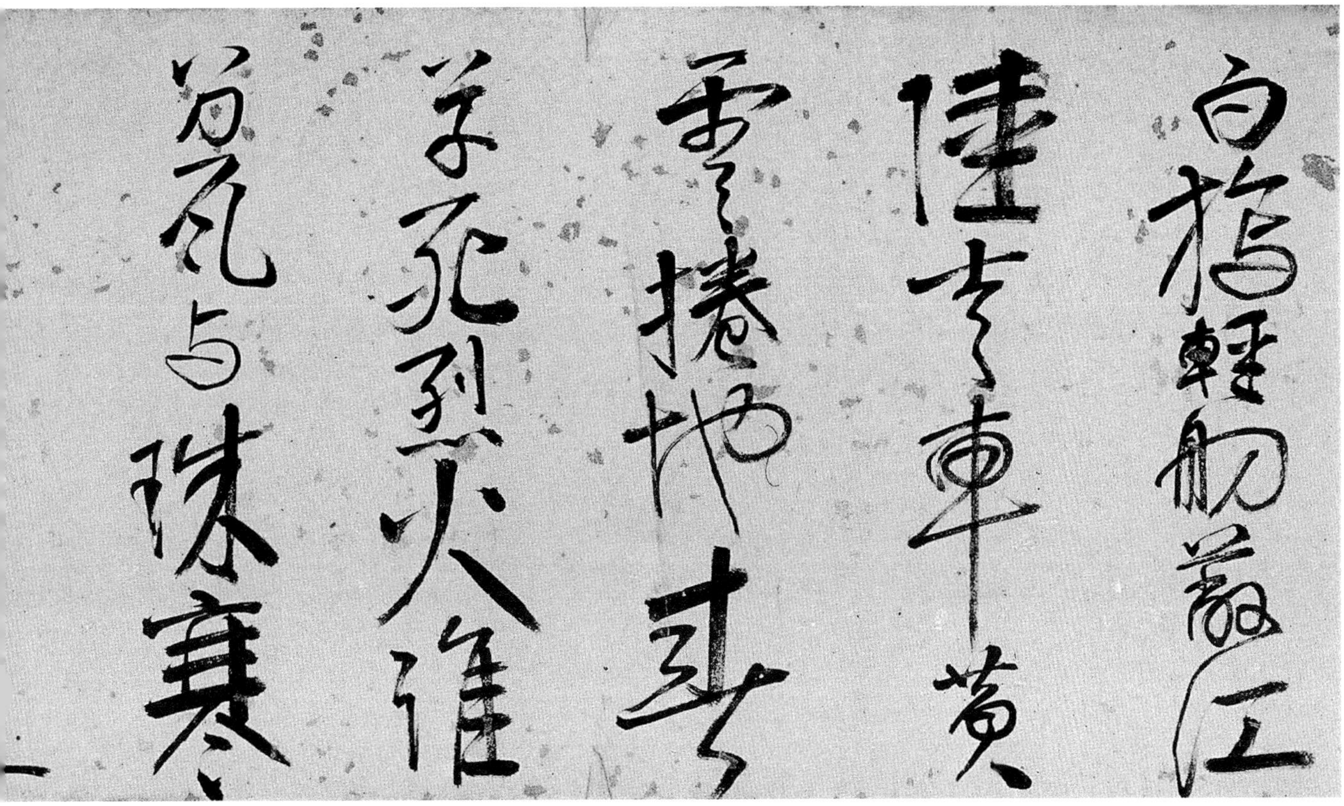

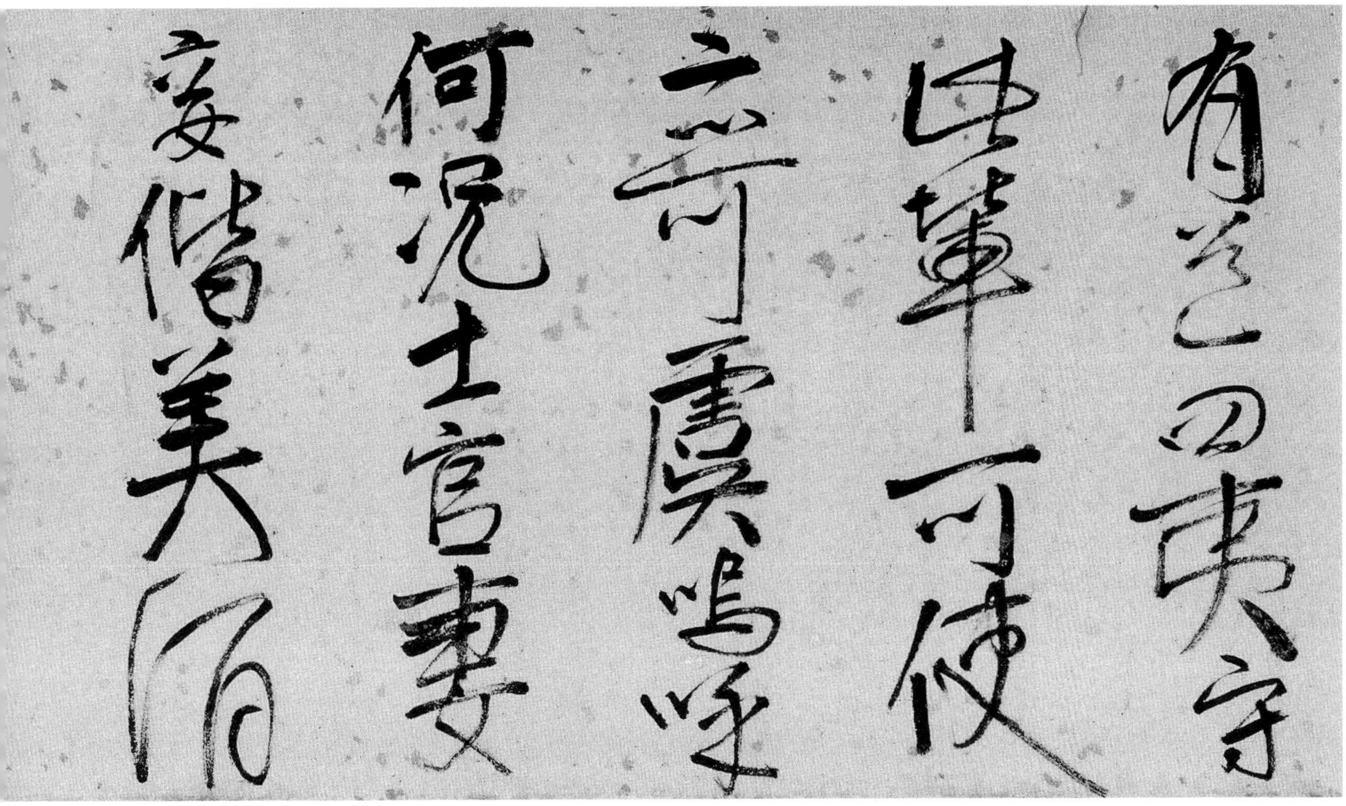

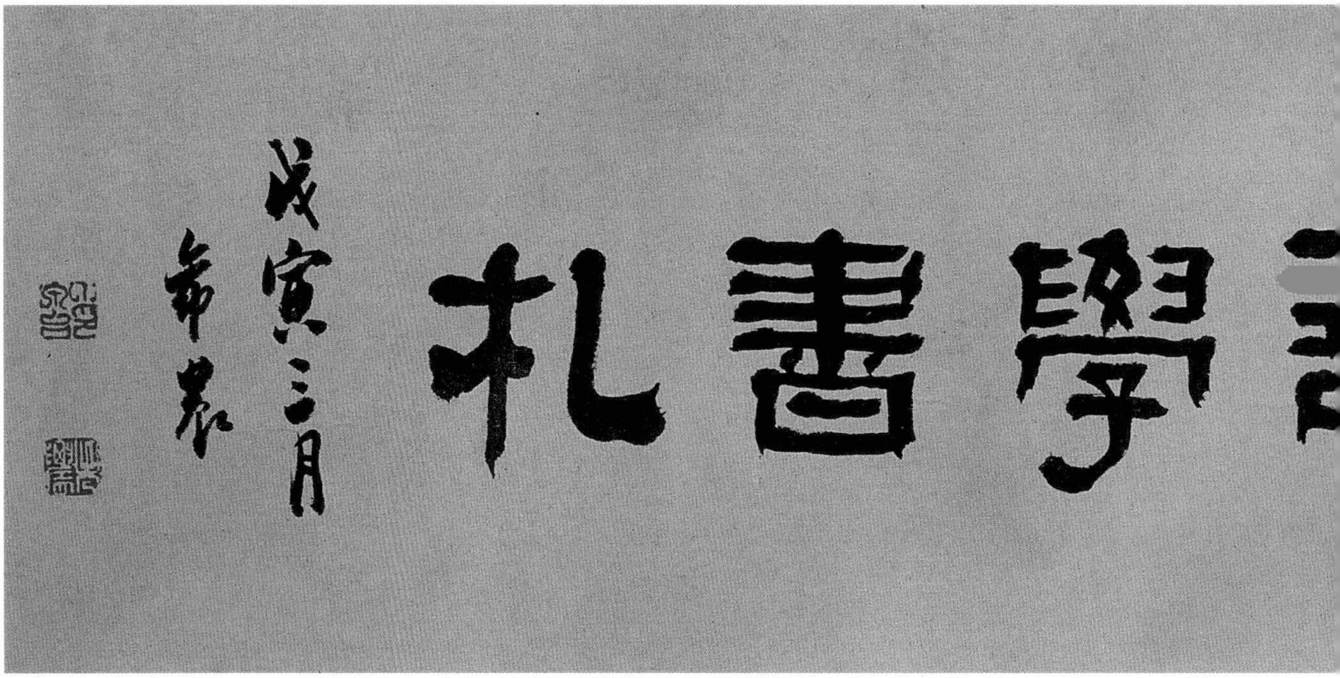

005

왕수인(王守仁) 행초서 강학(講學)서찰

명대(明代) 종이
세로 25cm 가로 498cm
검인(鈐印): 양명산인지인(陽明山人之印)

왕수인(1472~1528년)은 자가 백안(伯安), 초명이 운(雲)이고, 후에 수인으로 개명하였으며 절강(浙江) 여요(餘姚) 사람이다. 타고난 성품이 슬기롭고 호매하여 소싯적부터 큰 포부를 품었다. 어렸을 때 아버지를 따라 월주(越州) 산음(山陰) 광상방(光相坊)으로 이사하였다. 홍치(弘治) 12년(1499년)에 진사가 되어 형부(刑部) · 병부(兵部) 주사(主事)를 역임하였다. 홍치 15년 월성(越城) 동남쪽 양명동(陽明洞)에 밀실을 지어 놓고 도인술(導引術)을 행하면서 강학도 하였으며 자칭 양명자(陽明子)라 하고 세속에서는 양명선생(陽明先生)이라 불렀다. 정덕(正德) 연초에 소를 써 급사중어사(給事中御史) 대선(戴銑) 등을 구함으로써 환관 유근(劉瑾)에게 노여움을 사 귀주(貴州) 용장(龍場), 즉 오늘날 귀주 수문(修文) 역승(驛丞)으로 좌천되었다. 후에 '신호지란(宸濠之亂)'을 평정하는 데 혁혁한 공을 세워 세종(世宗)시기에 특별히 남경병부상서(南京兵部尙書)에 임명되고 공에 따라 광록대부(光祿大夫), 주국(柱國), 신건백(新建伯)에 특진되었다. 사후에 문성(文成)이란 시호를 받았다.

왕양명은 명대 중기의 대사상가로 육구연(陸九淵)의 학설을 발전시켰을 뿐만 아니라 나아가 심학을 개창하였다. 세칭 '왕양명심학(王陽明心學)' 또는 '요강지학(姚江之學)'이라 부르는 이 학설을 학자들이 일제히 따랐다. 그의 학설은 중국 고대 사상사에서 중요한 위치를 차지하는데 명대 후기의 사상에 영향을 미쳤을뿐더러 이후 태주(泰州)학파의 출현을 야기하였다. 저서로는 『전습록(傳習錄)』, 『대학문(大學問)』, 『왕문성공전서[王文成公全書, 일명 양명전서(陽明全書)]』 등이 있다.

이 두루마리는 왕수인이 왕순보[王純甫, 이름은 왕도(王道), 명 정덕 6년에 진사가 되었고 관직은 이부시랑(吏部侍郎)에까지 올랐으며 시호는 문정(文定)이다]에게 보낸 논학(論學) 서찰로 『양명전서(陽明全書)』에 수록되어 있는데 일부 차이가 있다. 청대(淸代) 중엽에는 곡옥(曲沃) 사람 하강후(賀康侯)가 소장하고 있었는데 하 씨는 이 서찰을 잘라 여섯 족자로 만들고 가경(嘉慶) 을축(乙丑, 1805년)에 임안(臨安) 사람 호수지(胡壽之)에게 발문을 부탁하였다. 청대 동치(同治) · 광서(光緖) 연간에는 이학년[李鶴年, 자는 자화(子和)로 봉천(奉天) 의주(義州) 사람이다. 도광(道光) 25년에 진사에 합격하고 호북(湖北) · 하남(河南) 순무(巡撫) 등 직을 역임하였다] 부자가 소장하게 되었고 후에 정희농[丁希農, 생년월은 미상이나 1980년에 졸하였다. 산동(山東) 일조(日照) 사람으로 서화와 전각으로 이름났으며 생전에 감숙성(甘肅省) 문사관(文史館) 관원에 임한 적이 있다]이 이학년 후대 손에게서 얻게 되었다. 당시 자화의 후예가 가지고 있던 원책은 이미 불완전하였으나 글자는 아직 손상되지 않아 급히 다시 잇고 손질하여 원래 서찰의 모습을 되찾게 하였다. 그 후 정희농은 자신이 권두(卷頭)와 호수지의 발문 뒤에 새롭게 예서 발문을 적고 그 뒤에 왕헌당(王獻唐), 굴만리(屈萬里), 정유분(丁惟汾), 공덕성(孔德成), 황염배(黃炎培), 우홍기(于洪起), 주경란(朱慶瀾), 장소루(張小樓), 공상용(孔祥榕), 김소(金昭), 구하

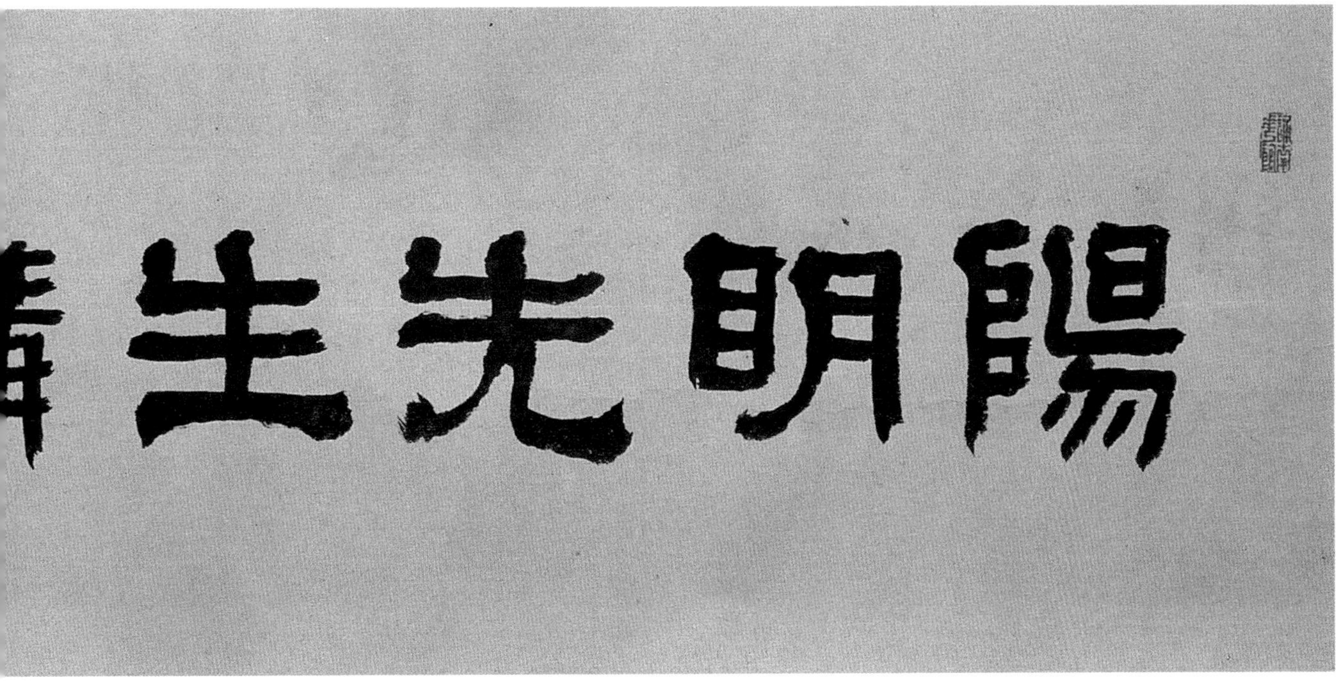

(寇遐) 등 11인의 발문을 더한 다음 현재 이 두루마리로 만들었다.

이 서찰은 명 정덕 8년(1513년)에 쓴 것으로 작가의 당시 나이 42세였다. 양명선생의 서법은 자신의 학문에 묻혀 빛을 보지 못하였는데 이 서찰의 격조와 운치를 보았을 때 평범한 서법가들과는 확연히 다르다. 주장춘(朱長春)은 『서림조감(書林藻鑒)』에서 왕양명의 서법에 대해 "힘 있고 담백하며 초탈한 것이 운치와 기세가 속세를 뛰어넘었다. 전생이 선인이었는지 타고난 영기(靈氣)가 있어 운치가 높은 것과 꼭 맞아떨어져 헛된 것이 없다"라고 평하였다. 이 글들을 자세히 살펴보면 『회인집왕서성교서(懷仁集王書聖教序)』의 힘과 아름다움 그리고 손과정(孫過庭)의 『서보(書譜)』 풍모가 있어 글자마다 근본이 있다. 초서가 정교하고 가늘면서도 웅건하고 시원시원한 편이다. 친구와 함께 도를 논함에 있어 정직하고 지혜로우며 사사로운 것을 마음에 두지 않았다. 또한 자신의 도를 능수능란하게 설명하여 쓴 것이 1대 심학대유(心學大儒)의 '명본심(明本心)'·'치양지(致良知)'의 드넓은 심성을 그대로 구현하였다. 이는 자신의 위대한 학술과 인격, 온화하고 점잖은 정신과 기품에도 부합된다. 서위(徐渭)는 "그의 묵적을 보면 빼어난 것이 봉황이 날아오르고 용이 꿈틀거리는 듯하여 그의 문장에 못지않으며 생동하기 그지없다."라고 평하였다.

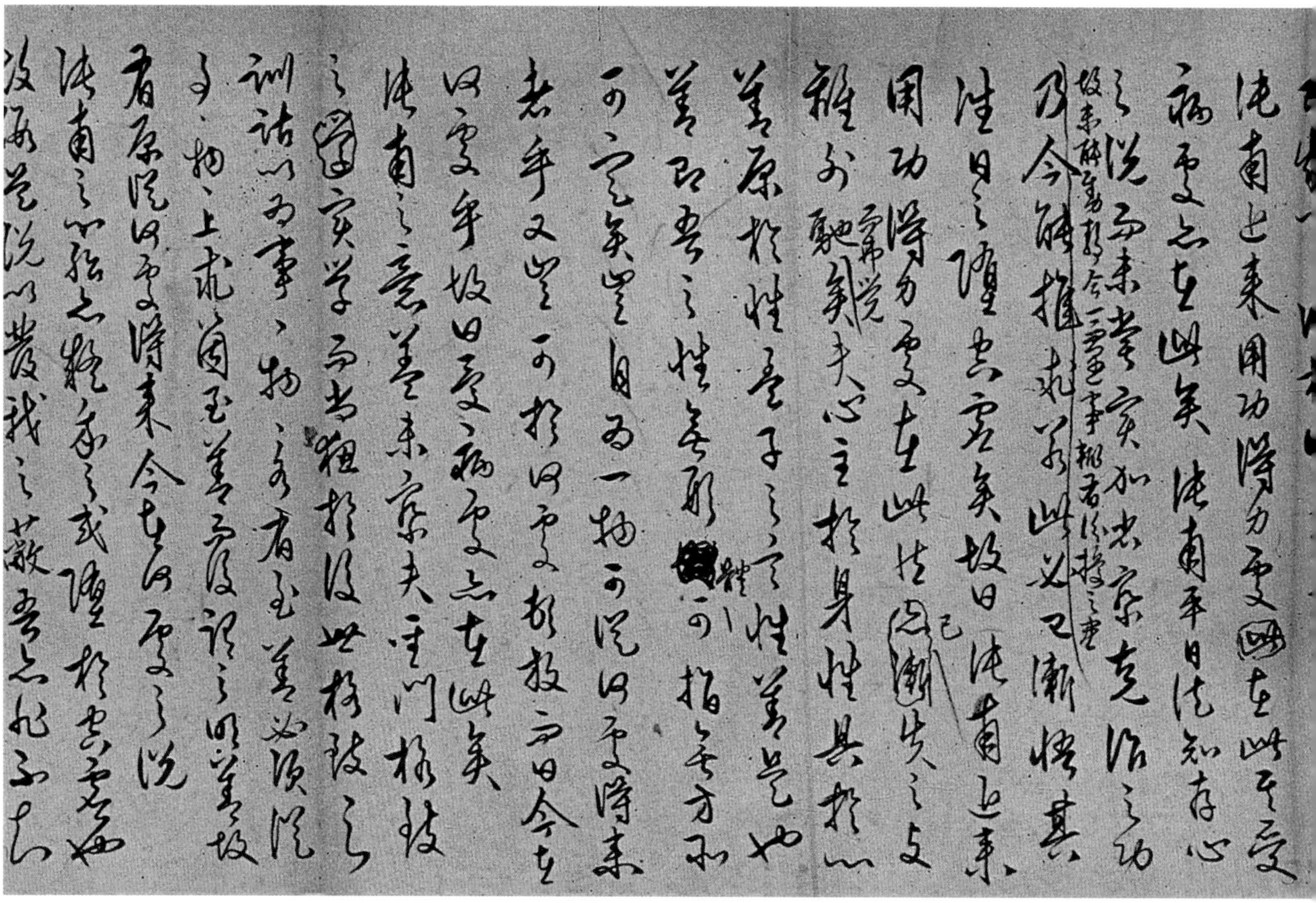

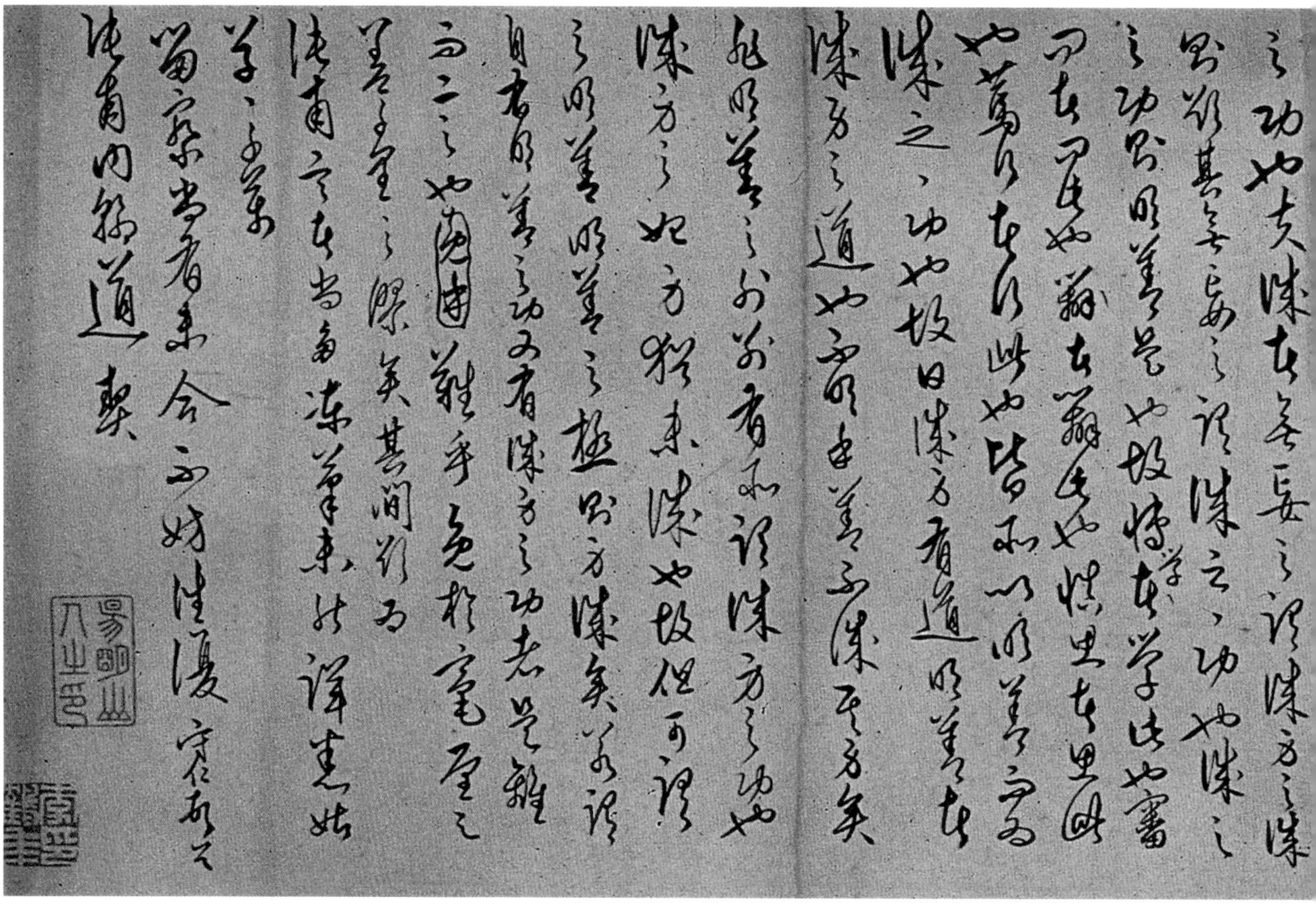

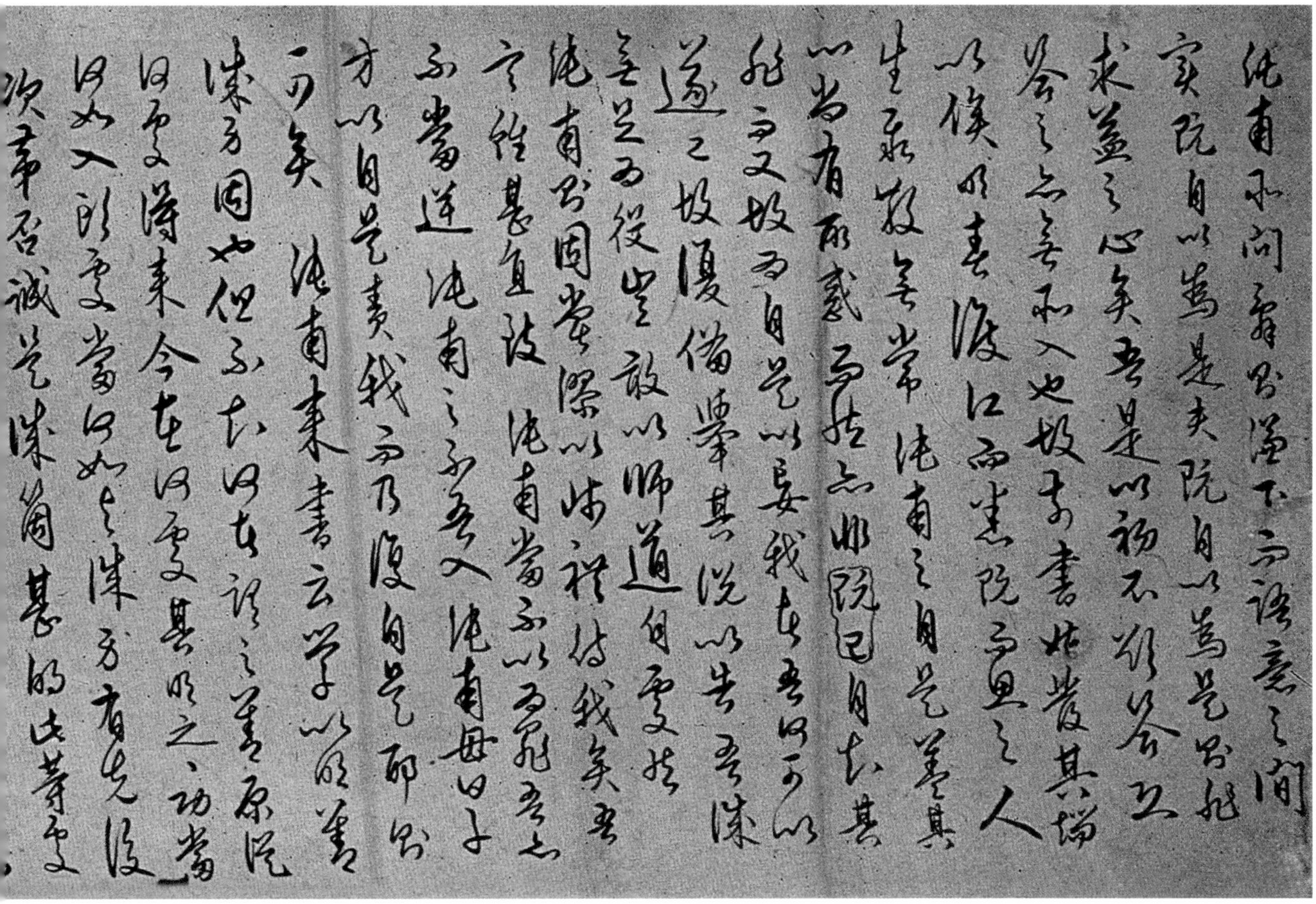

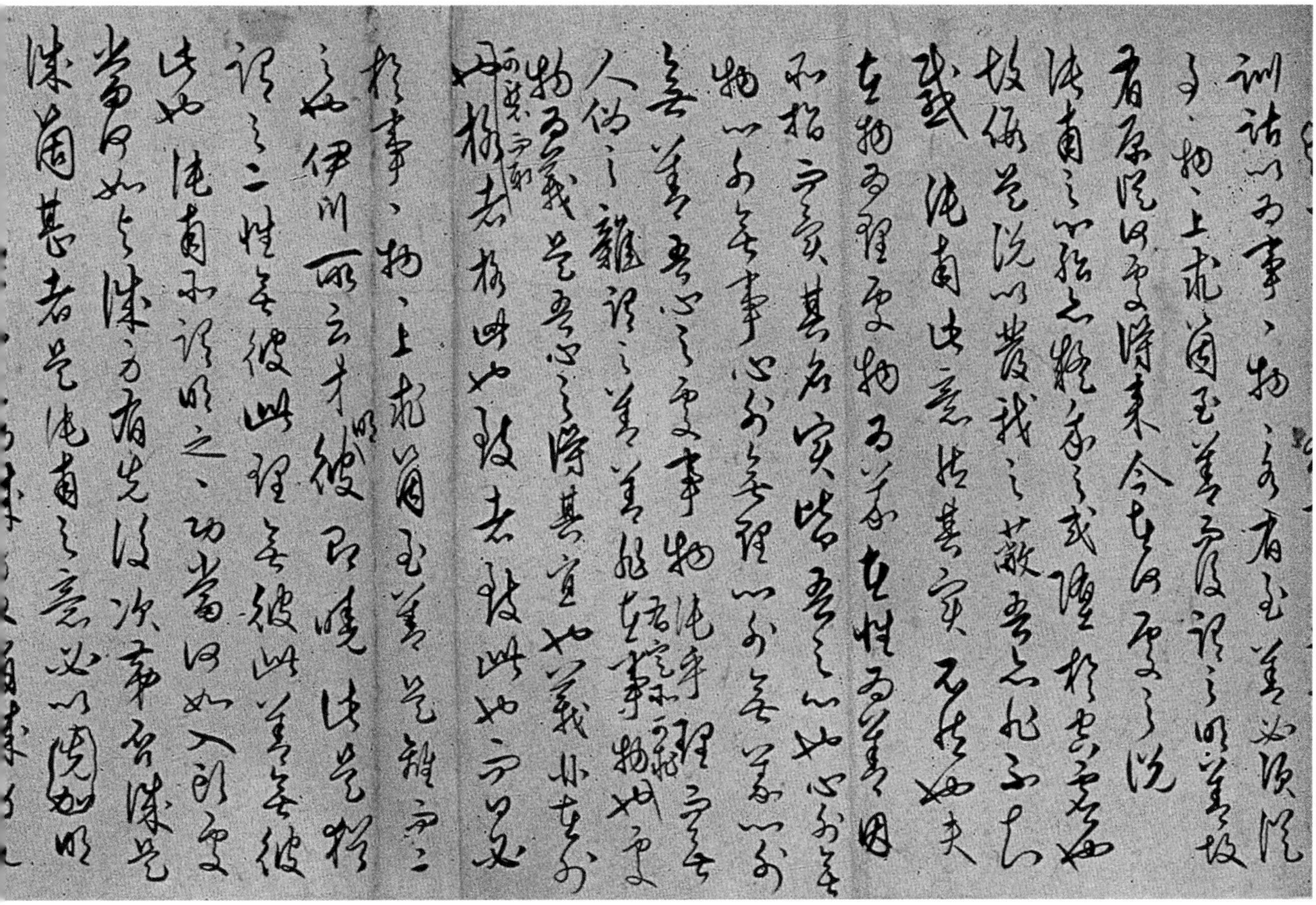

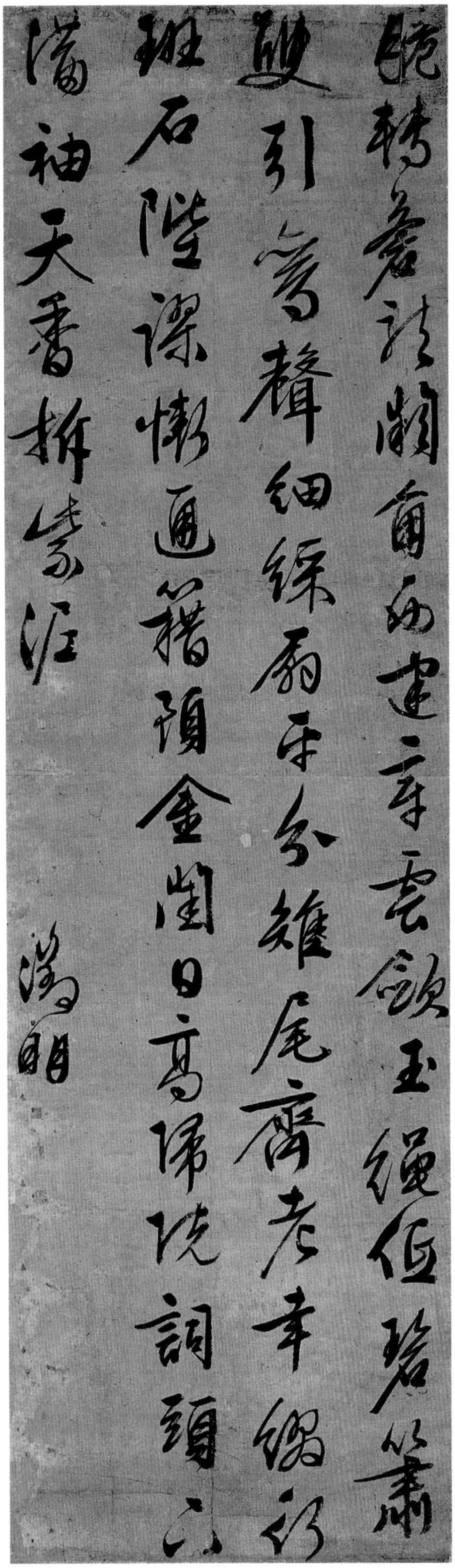

006

문징명(文徵明) 행초서 7언율시 축(軸)

명대(明代) 종이
세로 254cm 가로 76.5cm
검인(鈐印): 문징명(文徵明), 형산(衡山), 정운인(亭雲人)

脆轉蒼龍闕角西, 建章雲斂玉繩低.
碧蕭雙引鸞聲細, 綠扇平分雉尾齊.
老幸綴行斑石陛, 謬慚通籍預金閨.
日高歸院詞頭下, 滿袖天香拆紫泥.
徵明.

문징명(1470~1559년)은 초명이 벽(壁 또는 璧)이다. 42세에 징명을 이름으로 하고 호는 형산거사(衡山居士)이며 장주[長洲, 현 강소(江蘇) 소주(蘇州)] 사람으로 오문화파(吳門畫派)의 맹주이다. 징명의 서법은 가깝게는 송·원(宋·元)을 따르고 멀리는 진·당(晉·唐)을 이어 행초가 빼어나고 대해(大楷)·소해(小楷)·예서 등에 모두 능하였다. 왕세정(王世貞)은 『예원액언(藝苑卮言)』에서 "대조(待詔)는, 소해는 이왕(二王)을 따랐는데 더욱 정교하였고 소싯적에 초서는 회소(懷素)를 스승으로 하고 소식(蘇軾), 황정견(黃庭堅), 미불(米芾) 및 『집왕서성교서(集王書聖教序)』를 모방하여 썼으며 만년에는 『집왕서성교서』에서 취사선택하고 웅건함과 노련함까지 곁들여 일가를 이루었다"라고 적었다. 명대 서단(書壇)에서 그의 영향을 받은 이들로는 진순(陳淳), 왕총(王寵) 외에 자신의 아들 문팽(文彭), 문가(文嘉) 그리고 주천구(周天球) 등이 있다. 그림에 있어서는 산수, 화훼, 인물에 능하여 심주(沈周), 당인(唐寅), 구영(仇英)과 함께 '명사가(明四家)'로 불린다.

이 작품은 이왕 및 육조(六朝)의 의경(意境)이 있고 운치가 빼어나 수려하고 힘 있으며 시원스럽다. 또한 기세와 풍격이 웅위하고 용필이 거침없으며 법도가 엄정하여 깊은 저력을 엿볼 수 있다.

007

마리(馬理) 행초서 7언시 축(軸)

명대(明代) 종이
세로 247.5cm 가로 59.5cm
검인(鈐印): 마리지장(馬理之章), 계전씨(溪田氏)

林間人事一輕鷗, 閑立蒼茫古渡頭.
遙見拍天雪浪裏, 沉來幾葉是虛舟.
讀史有感, 理.

마리(1474~1556년)는 자가 백순(伯循), 호가 계전(溪田)으로 섬서(陝西) 삼원(三原) 사람이다. 어릴 적 삼원 향현(鄉賢) 왕서(王恕)를 스승으로 모셨고 정덕(正德) 9년(1514년)에 진사가 되어 이부계훈사주사(吏部稽勛司主事), 남경통정사통정(南京通政司通政), 광록사경(光祿寺卿) 등 여러 직을 역임하였다. 만년에는 은퇴하여 상산서원(商山書院)에서 강학하였다. 고상한 품행, 강직한 성격의 소유자인 마리는 박학다식하고 '삼례(三禮)'에 능통한 관중 '삼원학파(三原學派)' 주요 인물이자 명대 후기의 경학대사(經學大師)로 당시에 '오늘날 횡거[橫渠, 송대(宋代) 대유학자 장재(張載)]'로 불렸다. 안타깝게도 가정(嘉靖) 34년(1556년) 관중대지진으로 유명을 달리했으며 향년 82세였다. 시호는 충헌(忠憲)이다. 저서로는 『춘추수의(春秋修義)』, 『상서소의(尙書疏義)』, 『계전문집(溪田文集)』 등이 있고 『섬서통지(陝西通志)』를 편찬하여 길이 이름을 남겼다.

행초로 쓴 이 7언시 두루마리는 소박하고 꾸밈이 없으며 점획은 대부분 파봉(破鋒)을 사용하고 선은 산봉(散鋒)으로 거칠게 써 힘과 웅건함, 노련함을 추구하였다. 용필(用筆)이 민첩하여 종횡으로 필을 휘둘러 시원하게 긋고 꺾어 강건하면서도 힘 있어 보인다. 필획구조가 긴밀하여 중궁(中宮)으로 모였으며 형태는 방형 위주인데 둥근 부분에서도 대부분 방형의 기세가 보인다. 꺾은 곳이 많고 돌린 부분이 적으며 강직하면서도 서툰 면이 보이고 글자마다 독립적이나 필세 · 형태가 하나로 어우러졌다. 구도가 빽빽하고 힘차며 기세가 웅혼하여 강력한 시각적 충격을 주는데 마치 장사가 검을 뽑아들고 철기(鐵騎)에 앉아 질주하는 듯하다. 간묵(干墨)을 사용하였으나 가을바람 속 봄비와 같으니 전통적인 '중봉(中鋒)', '수윤(秀潤)'으로는 평가할 수 없는 선비 중의 장사(壯士)라 하겠다. 명대 말기 장서도(張瑞圖)는 그를 본보기로 삼았다.

008

서위(徐渭) 초서 용계호편(龍溪號篇) 권(卷)

명대(明代) 종이
세로 30.5cm 가로 676cm
검인(鈐印): 서위인(徐渭印), 천지유선(天池游仙), 문장씨(文長氏)

龍溪號篇
我聞龍溪是雅士, 鎭日高窗讀中秘.
朝來無意理貂璫, 客至何心揖金紫.
君臣之間似魚水, 攀龍因號龍溪子.
玆因鎭南成內史, 濡墨拂箋題數字.
天池道人徐渭爲新安馮龍溪先生書, 時萬歷丙子端陽前一日也.

天有龍雲, 地有龍支, 山有龍岡, 水有龍溪. 爾其發源高岫, 衍流迴堤, 或九曲而百折, 或一瀉而千里, 涵萬族之恢奇, 滙五湖而未已. 蕩長鏡而莫凝, 迅强弩之激矢, 烟其籠渚, 風以馳波, 漪魚鱗之渙瀫, 射蛟鬣之參差, 渦螺旋之盤結, 紛珠濺以璀瑳, 唼鷗鷺於綠藻, 障鳧雁於青荷, 斯則幽人之所宜與, 而亦達者之所婆娑, 乃有聖作物覩, 雲龍相從, 君喜臣起, 魚水相得, 雖在中而常侍, 實處淄而愈白. 棲志詩書, 研精典籍, 知樂水之稱智, 乃沿流而托迹. 悟江海之處下, 合彌謙而獲益. 斯則貂璫不足以易其高而恬淡乃足以适其情. 故爲士林之所貴, 而君子之所稱, 玆托號者之眞有所自, 而庶幾賦號者之非無所因也.

次年夏五月七八日, 天池山人渭賦并書.

서위(1521~1593년), 처음 자는 문청(文淸)이었으나 후에 문장(文長)으로 고쳤고 호는 천지산인(天池山人), 청등도인(靑藤道人), 전수월(田水月) 등이며 절강(浙江) 산음[山陰, 현 소흥(紹興)] 사람이다. 어려서부터 총명하고 문장력이 뛰어났으며 큰 뜻을 품고 있었다. 일찍 가정(嘉靖)연간에 동남 연해 왜구 침입 저항전쟁에 참가하였고 간신 엄숭(嚴嵩)과의 투쟁에도 참여하였다. 평생 굴곡진 삶을 살았으며 정신질환이 발작하여 후실을 잘못 죽인 관계로 7~8년간 감옥생활을 하였다. 석방된 뒤 가난과 병이 겹쳐 시문과 회화를 팔아 생계를 꾸려나갔다. 그의 그림은 양해(梁楷)의 감필법(減筆法)과 임량(林良), 심주(沈周) 등의 사의(寫意) 화훼 기법을 계승하였으며 그중 수묵 화훼가 빼어났다. 그의 수묵 화훼는 용필이 대범한데 특히 시들어 버린 국화와 연꽃이 수묵에 흠뻑 젖어 색다른 운치가 있으며 산수화, 인물화에도 능하였다. 그 자신은 서법을 중요시하여 "나는 서법이 첫째, 시가 둘째, 문장이 셋째, 그림이 넷째이다"라고 말하였다. 저

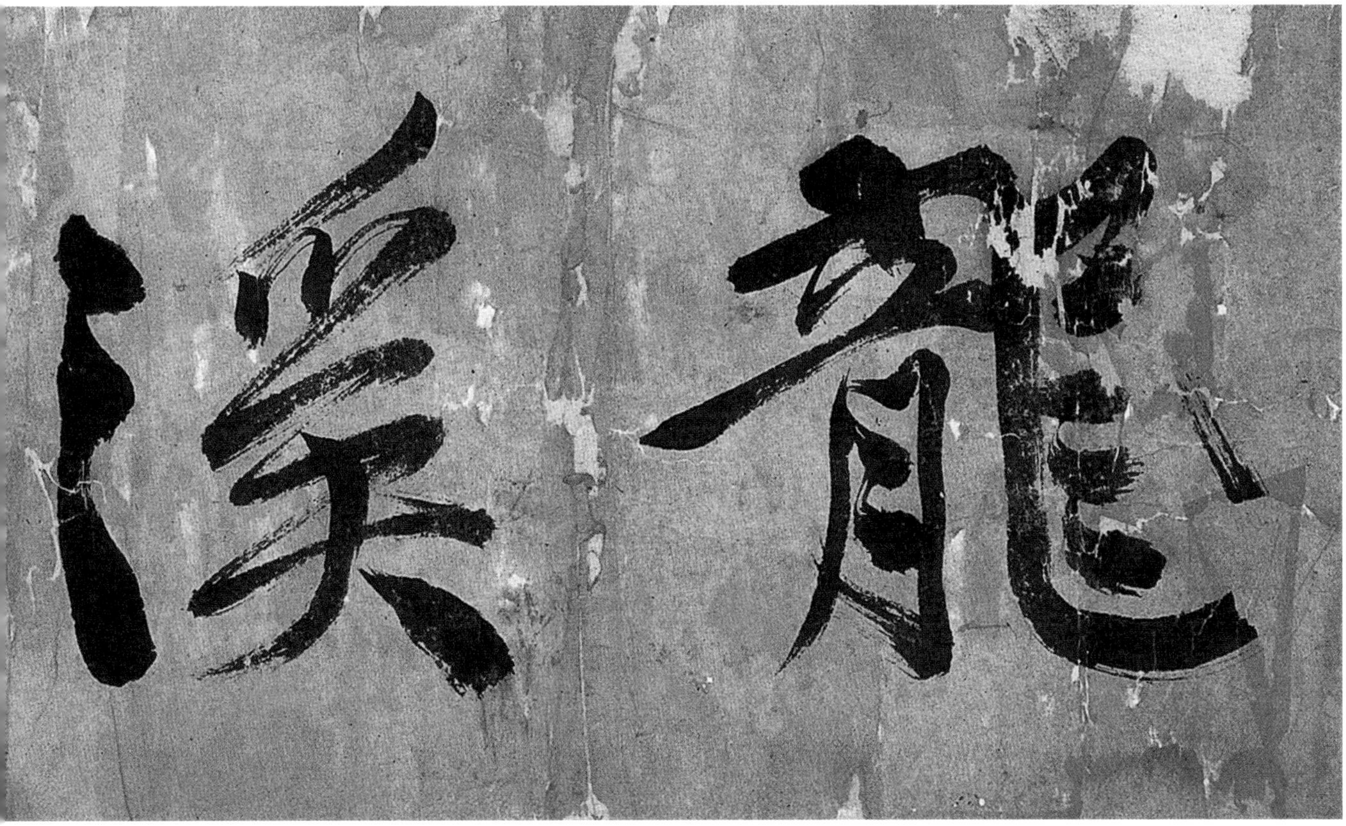

서로는 『사성원(四聲猿)』, 『남사서록(南詞敍錄)』, 『서문장일고(徐文長逸稿)』, 『서문장전집(徐文長全集)』 등이 있다.

이 긴 두루마리는 만력 병자년(1577년), 서위가 56세 되던 해, 즉 정식으로 석방된 이듬해에 쓴 것이다. 그해 늦봄 서문장은 선화부(宣化府) 순무(巡撫) 오태(吳兌)의 요청을 받고 그곳에서 막료로 일하고 있었다. 앞부분 7언시는 바로 그 당시에, 뒷부분 부(賦)는 다음 해 북경에서 쓴 것이다. 원굉도(袁宏道) 등은 그의 서법에 대해 "필의가 자유분방하고, 강건한 가운데 수려함이 돋보인다"고 칭찬하였다. 이 작품은 노련하고 능숙한 필법으로 어지럽게 쓰이고 점획이 흐트러진 것이 격정이 넘치고 모습이 기이하다. 이야말로 서위의 가장 대표적인 풍격이자 면모이다.

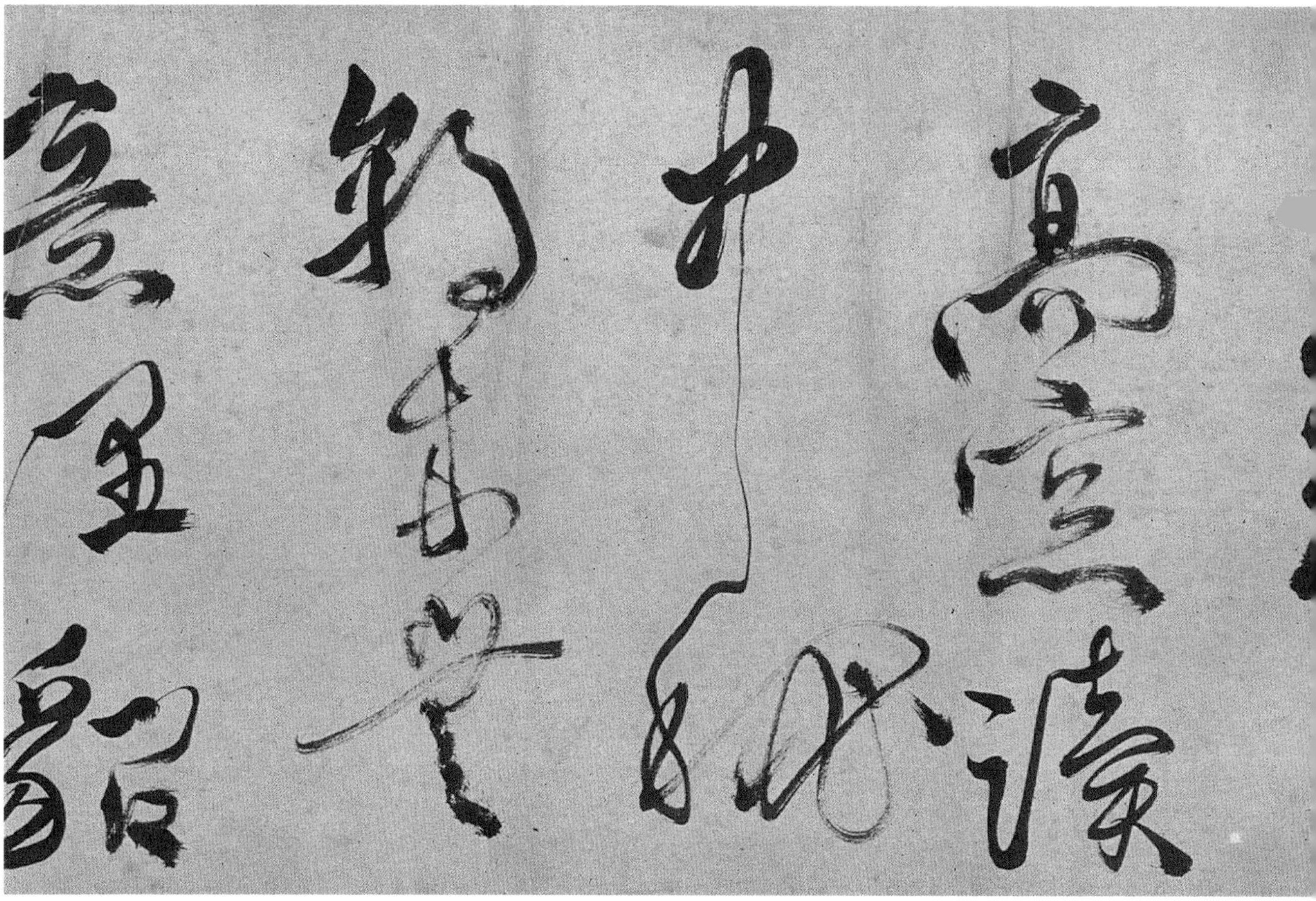
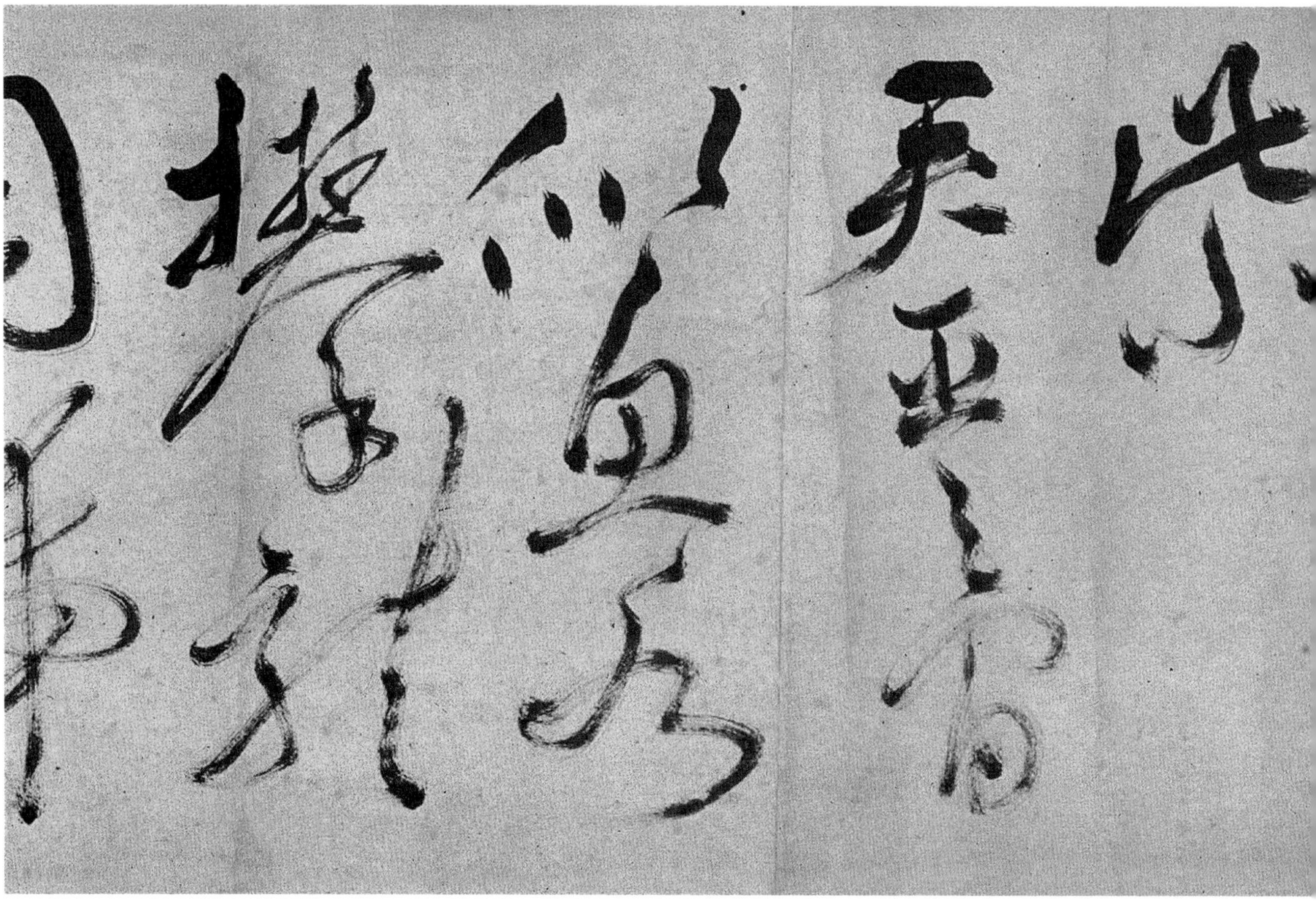

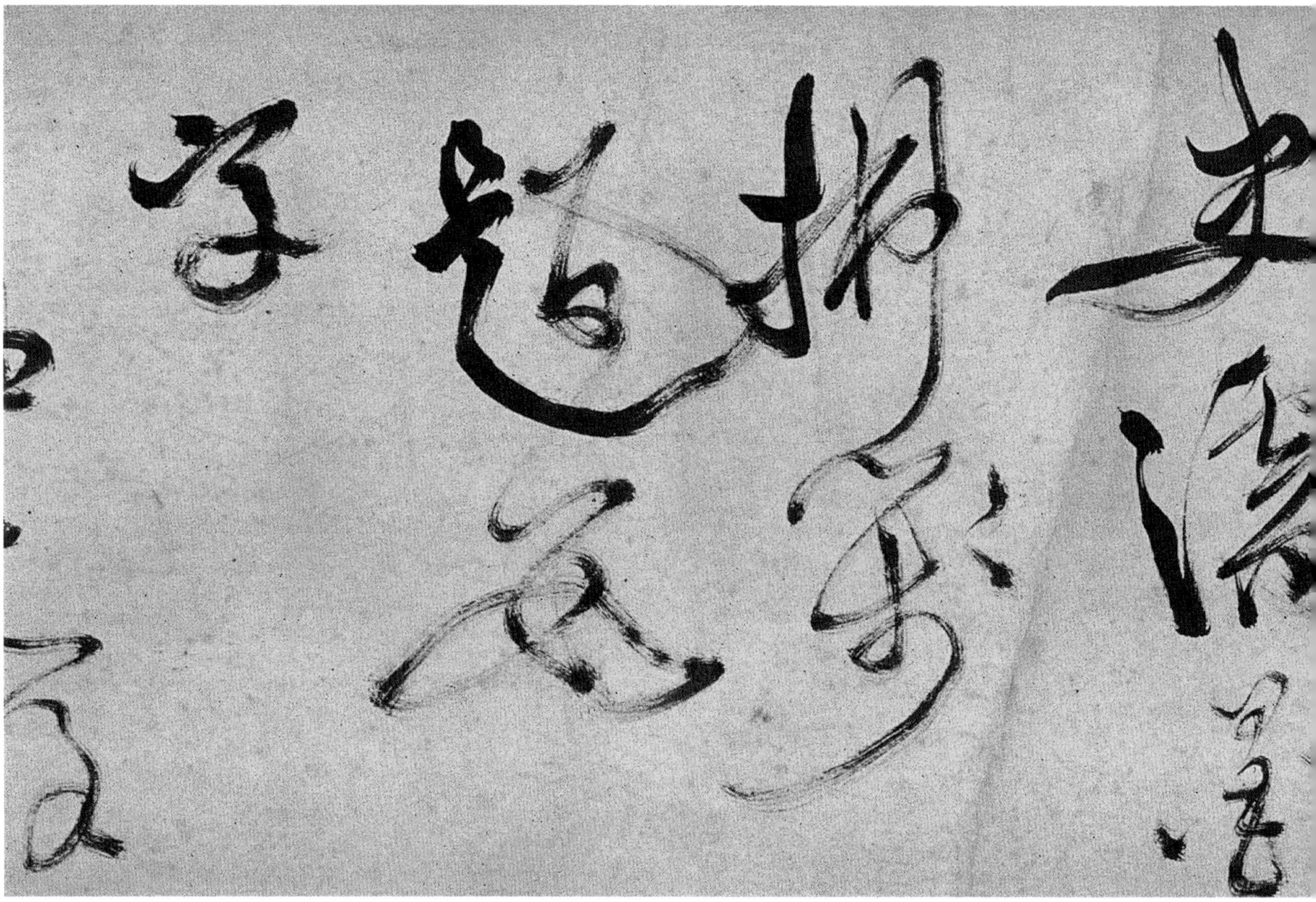

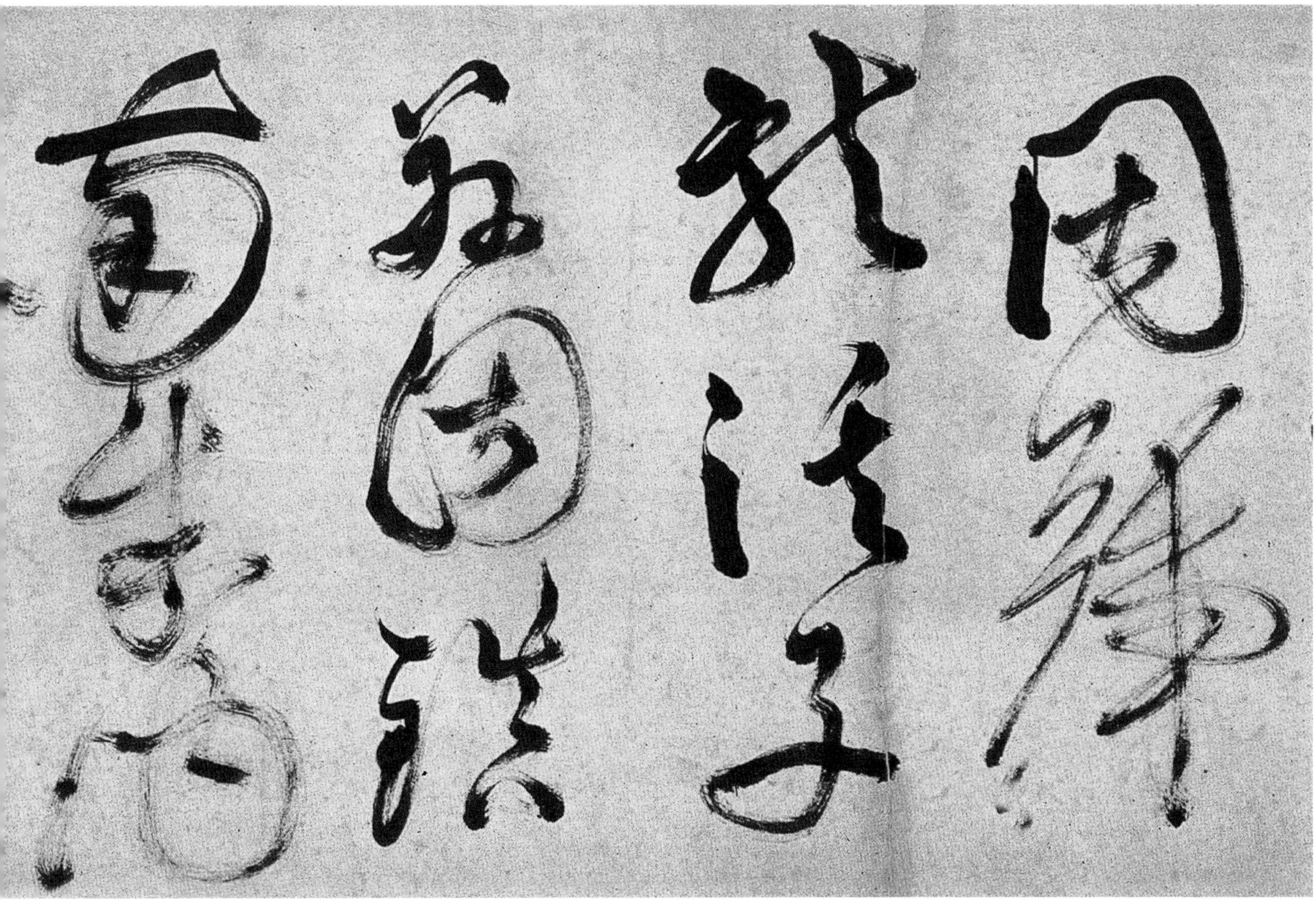

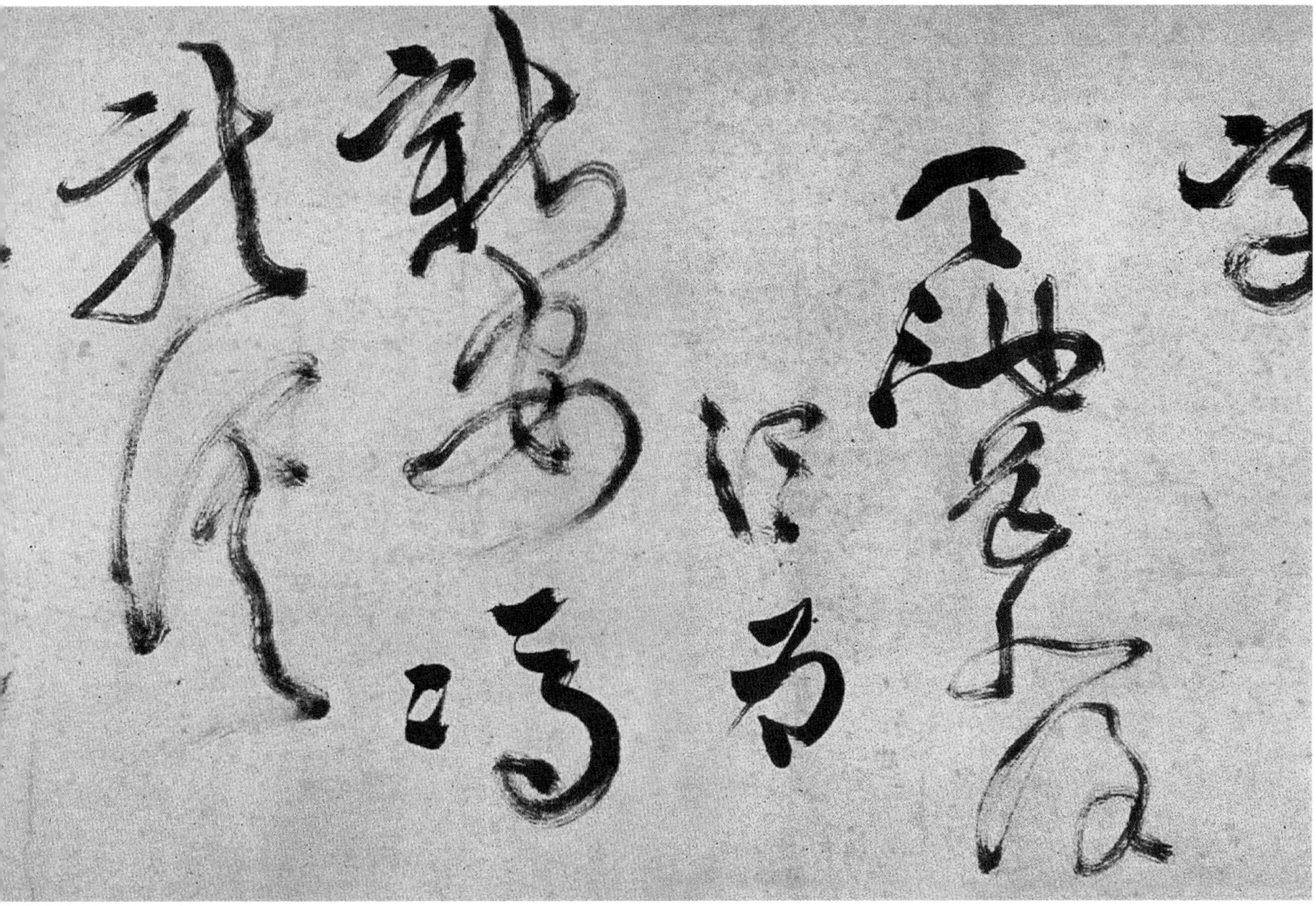

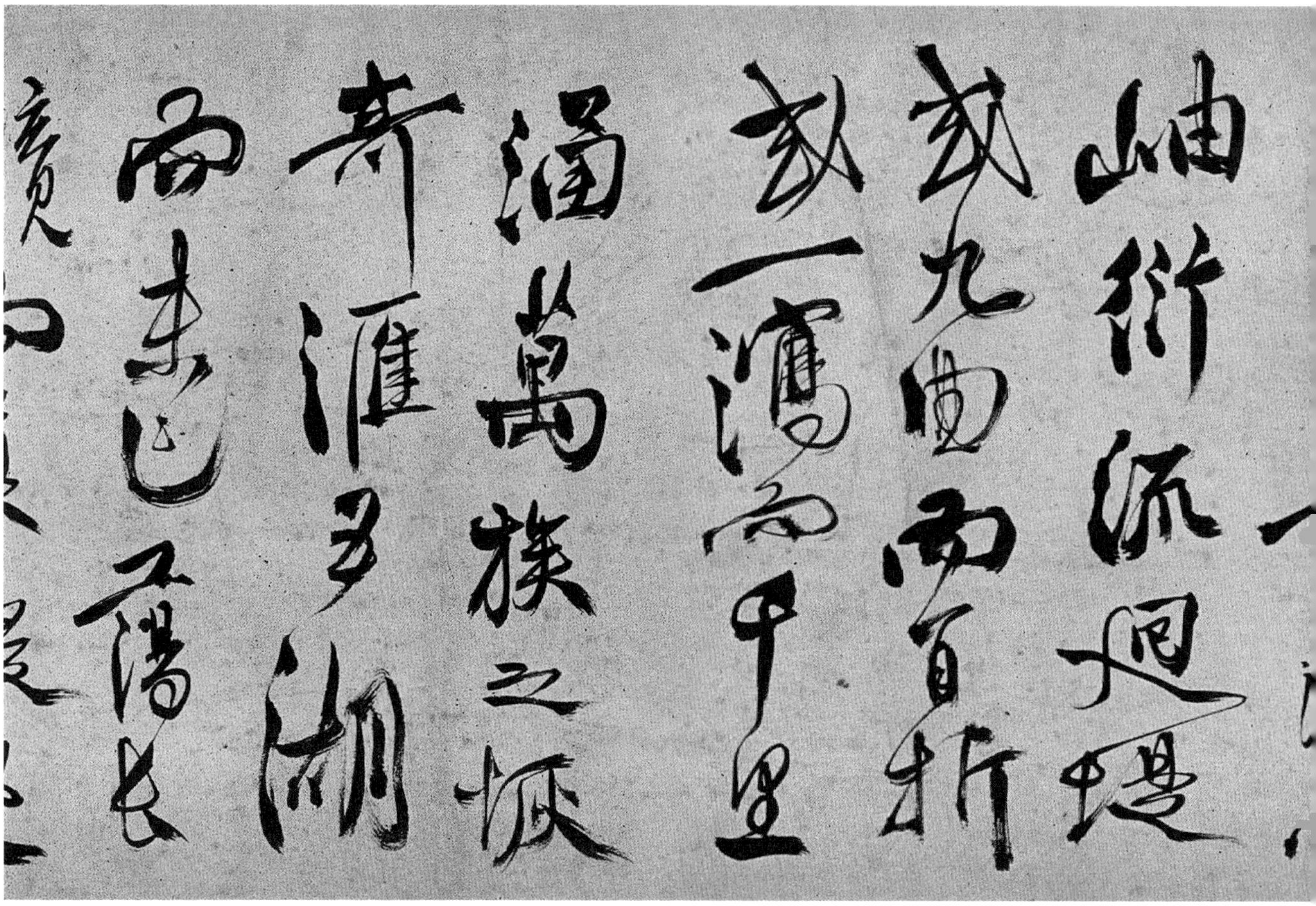

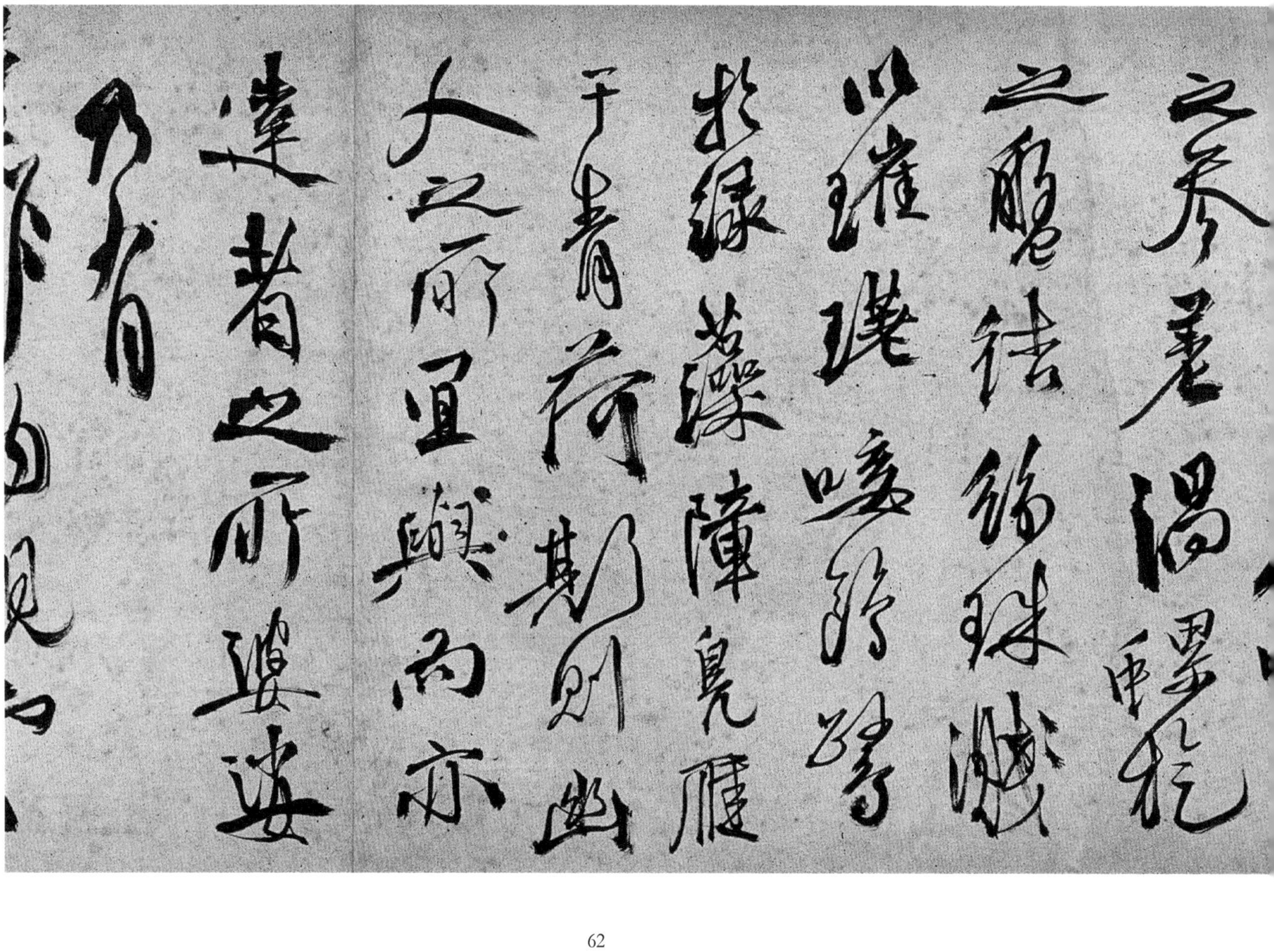

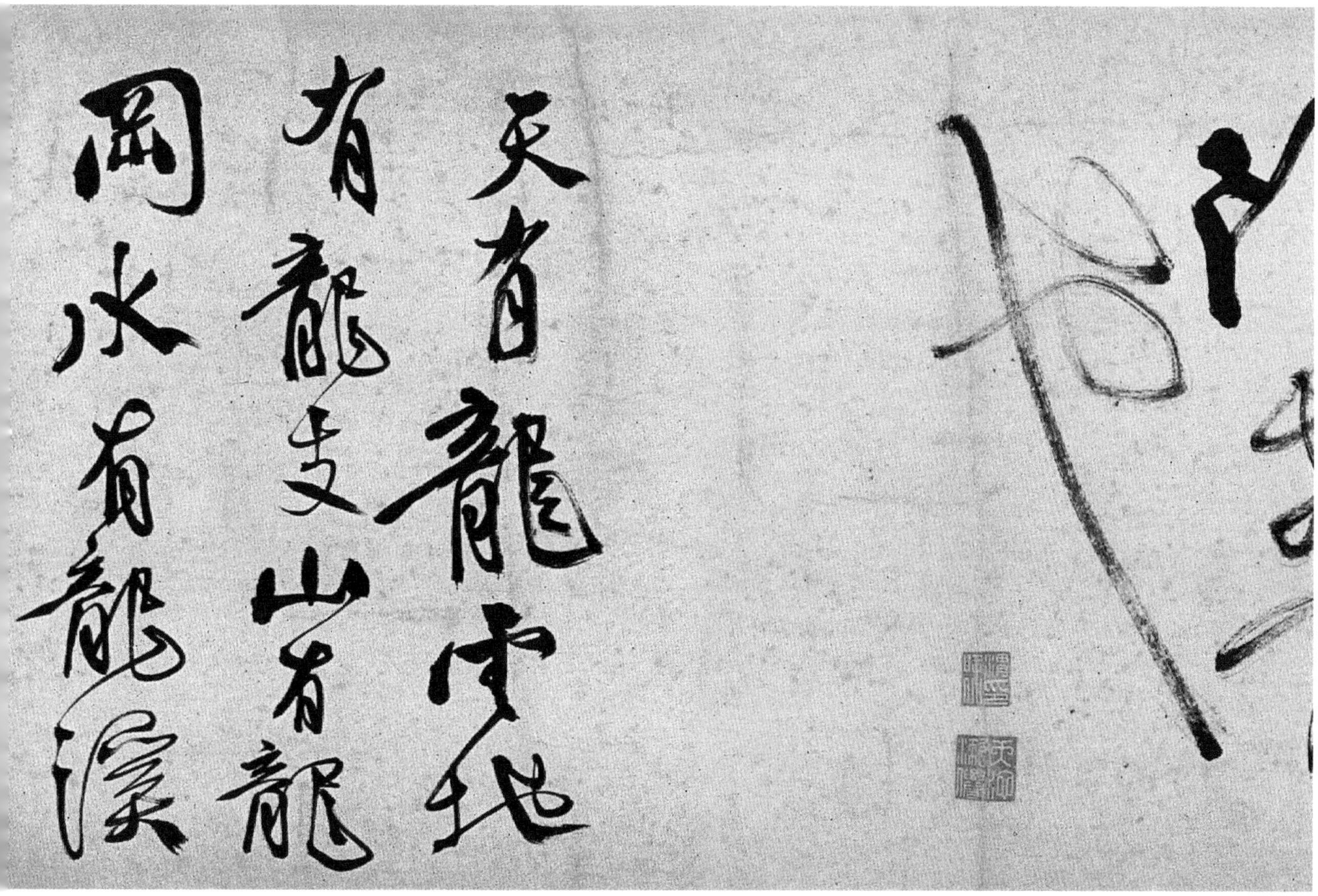

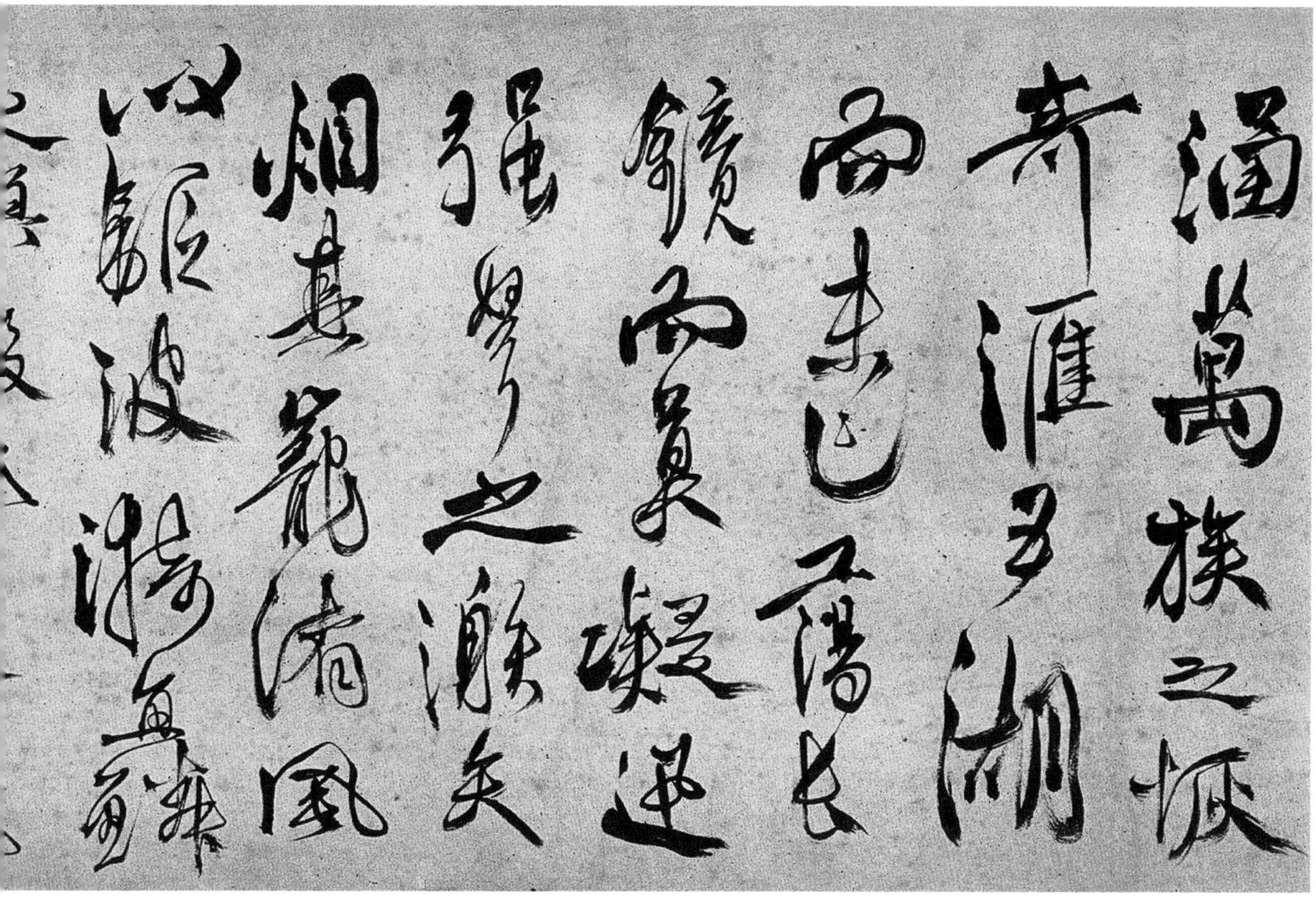

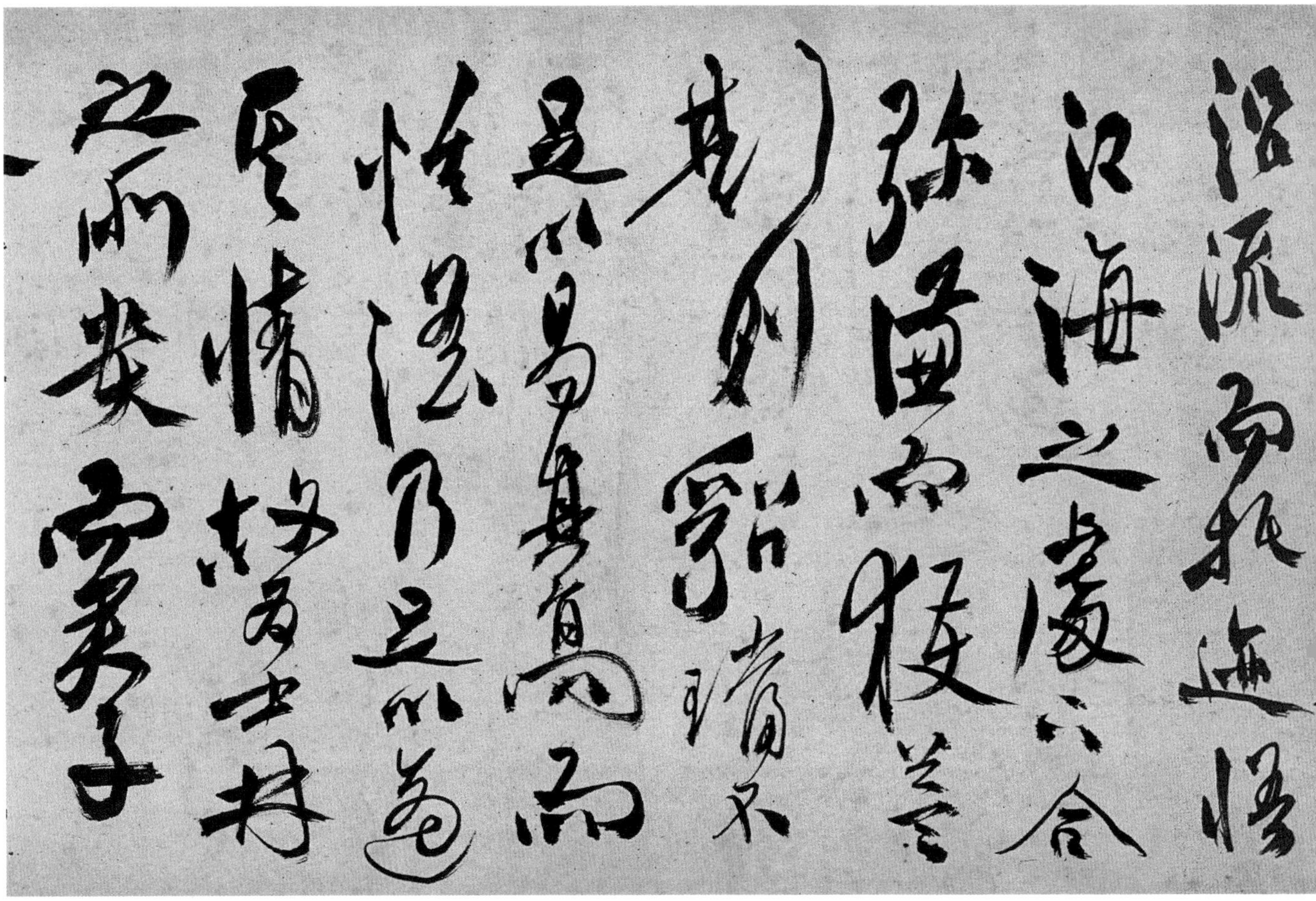

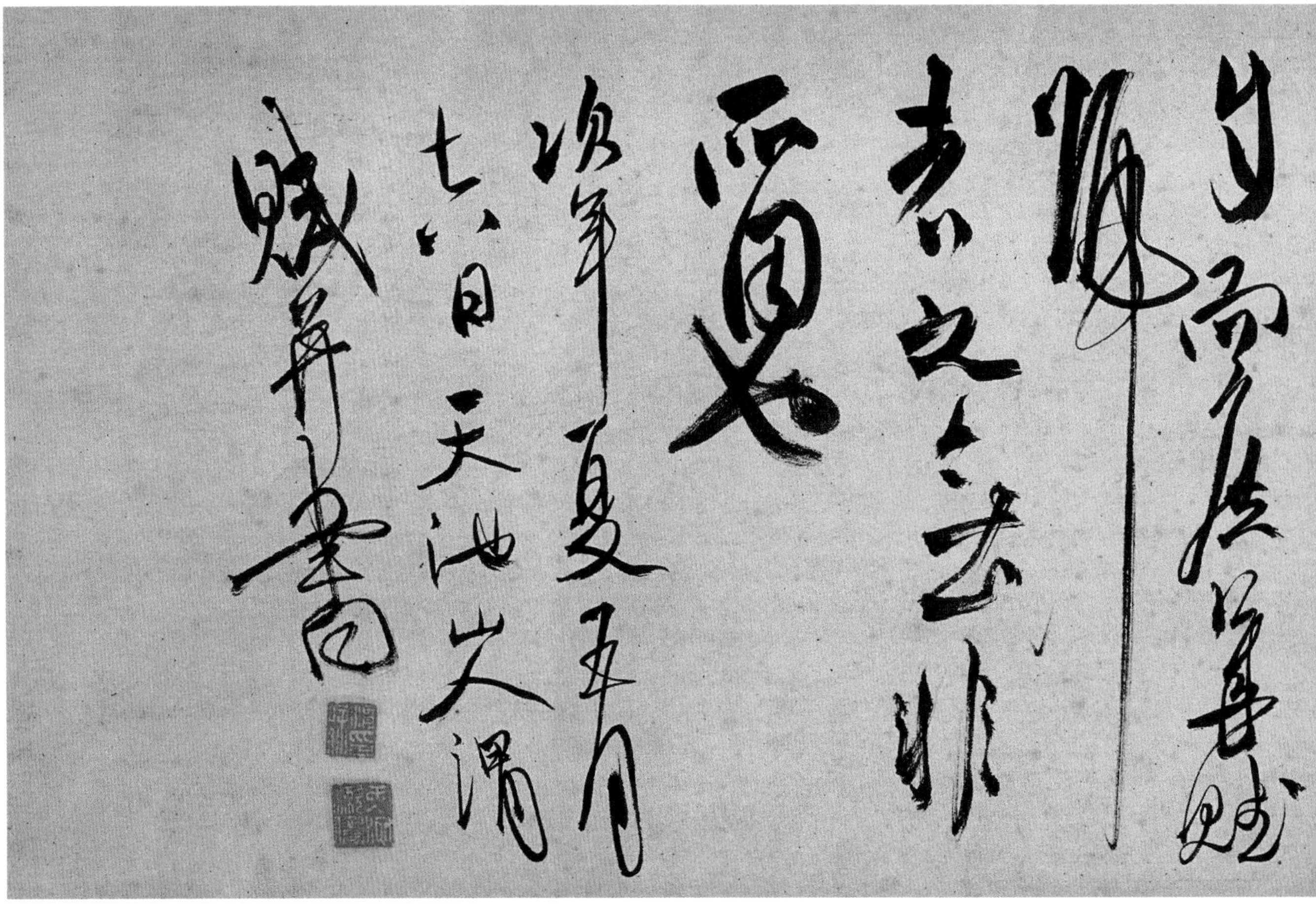

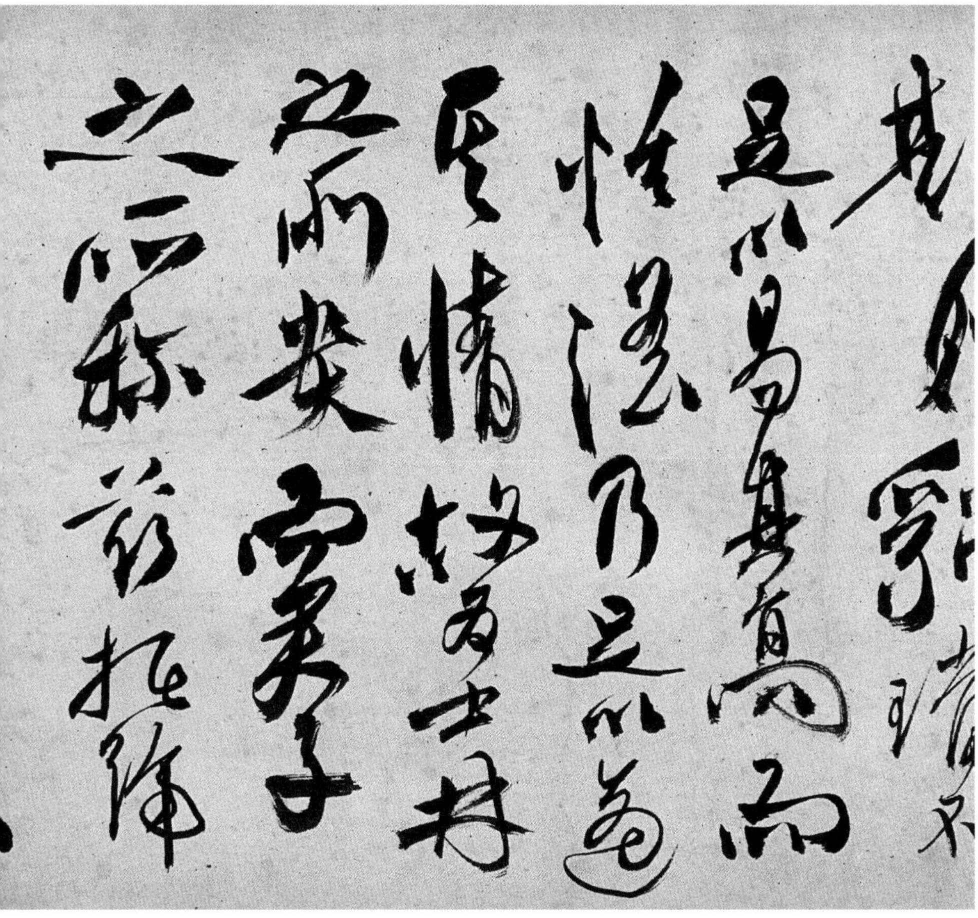

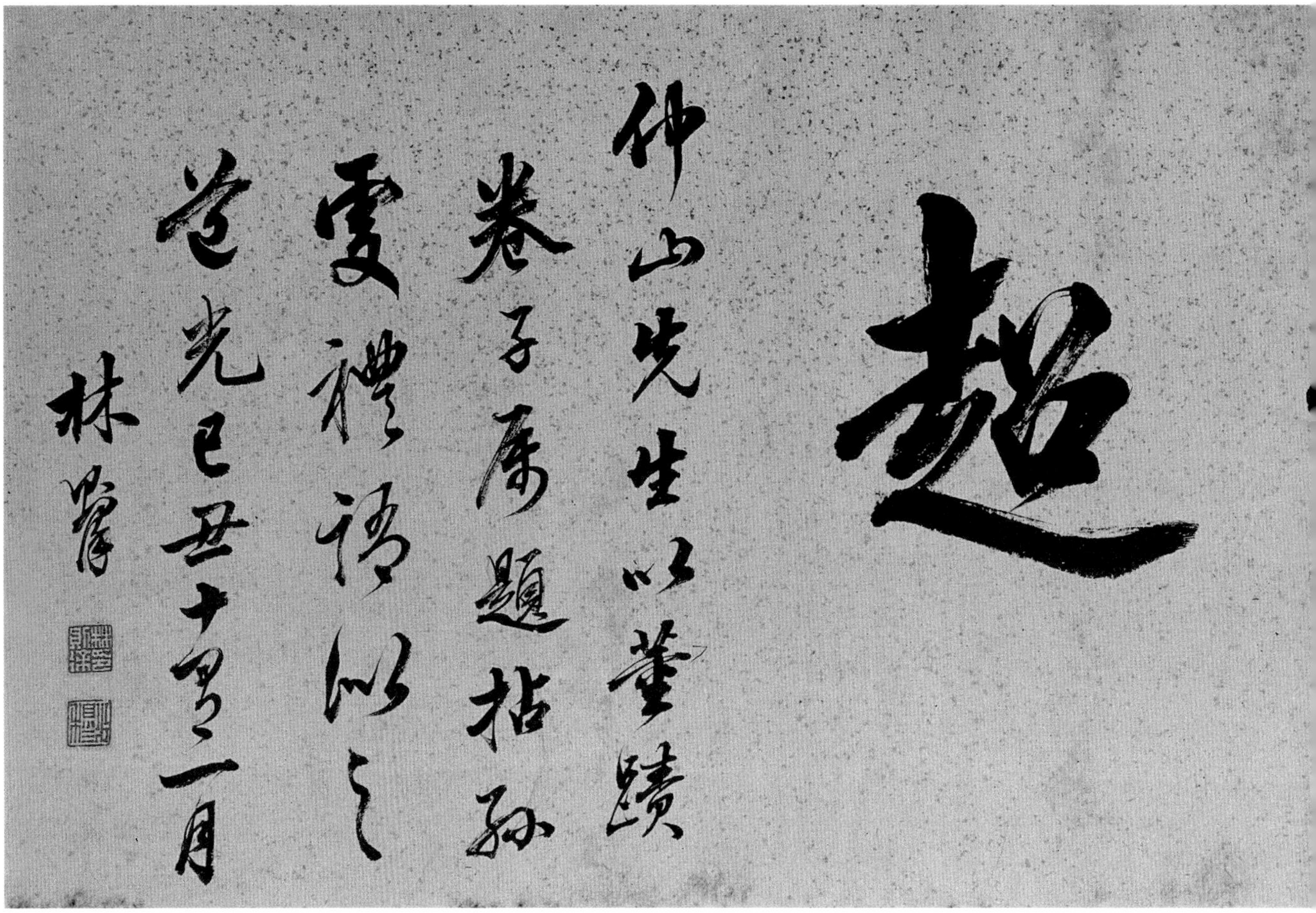

009

동기창(董其昌) 행초서 경술(庚戌) 추석 호구(虎丘)에서의 달맞이 권(卷)

명대(明代) 종이
세로 27.5cm 가로 197cm
검인(鈐印): 동기창(董其昌), 태사씨(太史氏)

使君初度日, 筵傍練江開.
刀擬王祥授, 人欣郭伋來.
西華新□□, □海獻爲杯.
長愿如椿茂, 餘陰及草萊.

庚戌中秋泊舟虎丘, 避囂塵扵城寰同文起孝廉訪長倩丈天平山舍, 留宿三晝, 玩月夜坐, 正謂一日是兩日, 閒坐繡書不計工之妍拙也. 董其昌.

동기창(1555~1636년), 자는 현재(玄宰), 호는 사옹(思翁), 사백(思白), 향광거사(香光居士)이며 화정[華亭, 현 상해(上海) 송강(松江)] 사람이다. 만력(萬曆) 17년(1589년)에 진사에 합격하고 서길사(庶吉士)에 선택되어 한림원에 들게 되고 태자의 시강관(侍講官)이 되었다. 3년 후 7품관인 한림원 편수(編修)가 되었으나 얼마 안 되어 집정자의 눈 밖에 나 호광안찰사부사(湖廣按察司副使), 복건부사(福建副使)로 좌천되었다. 천계(天啓) 2년(1622년) 시학학사(侍學學士)로 승진하여 『신종실록(神宗實錄)』을 엮는 데 참가하고 이듬해에 2품관인 남경 예부상서(禮部尚書)가 되었다. 당시는 위충현(魏忠賢)이 정권을 잡고 당쟁이 가열되었을 때라 동기창은 현명하게 관직에서 물러나 고향으로 내려갔다. 숭정(崇禎) 4년(1631년) 예부상서에 복임되었고 7년 태자태보(太子太保) 직을 더하게 되었다. 숭정 17년(1644년) 남명(南明) 복왕(福王) 당시 태부(太傅) 칭호를 내리고 시호를 문민(文敏)이라 하였다. 서화에 능하였으며 선리(禪理)도 깨친 터라 화리(畫理)와 선리를 서예에서 하나로 녹여냈다. 서법은 처음에는 안진경(顔眞卿)을 따랐으나 점차 위·진(魏·晉)에로 눈을 돌려 종요(鍾繇), 왕희지(王羲之)를 추종하였으며 이옹(李邕), 서호(徐浩), 양응식(楊凝式), 미불(米芾)의 필의를 참작하여 담백하고 수려하며 시원스럽고 참신한 문인기질을 추구하였다. 명대 말기 형동(邢侗), 장서도(張瑞圖), 미만종(米萬鍾)과 함께 4대 서예가로 불렸다.

현전하는 동기창 필적 중 이 두루마리는 대표적인 우수한 작품이라 할 수 있다. 다만 안타깝게도 이는 잔권으로 앞부분 일부가 유실

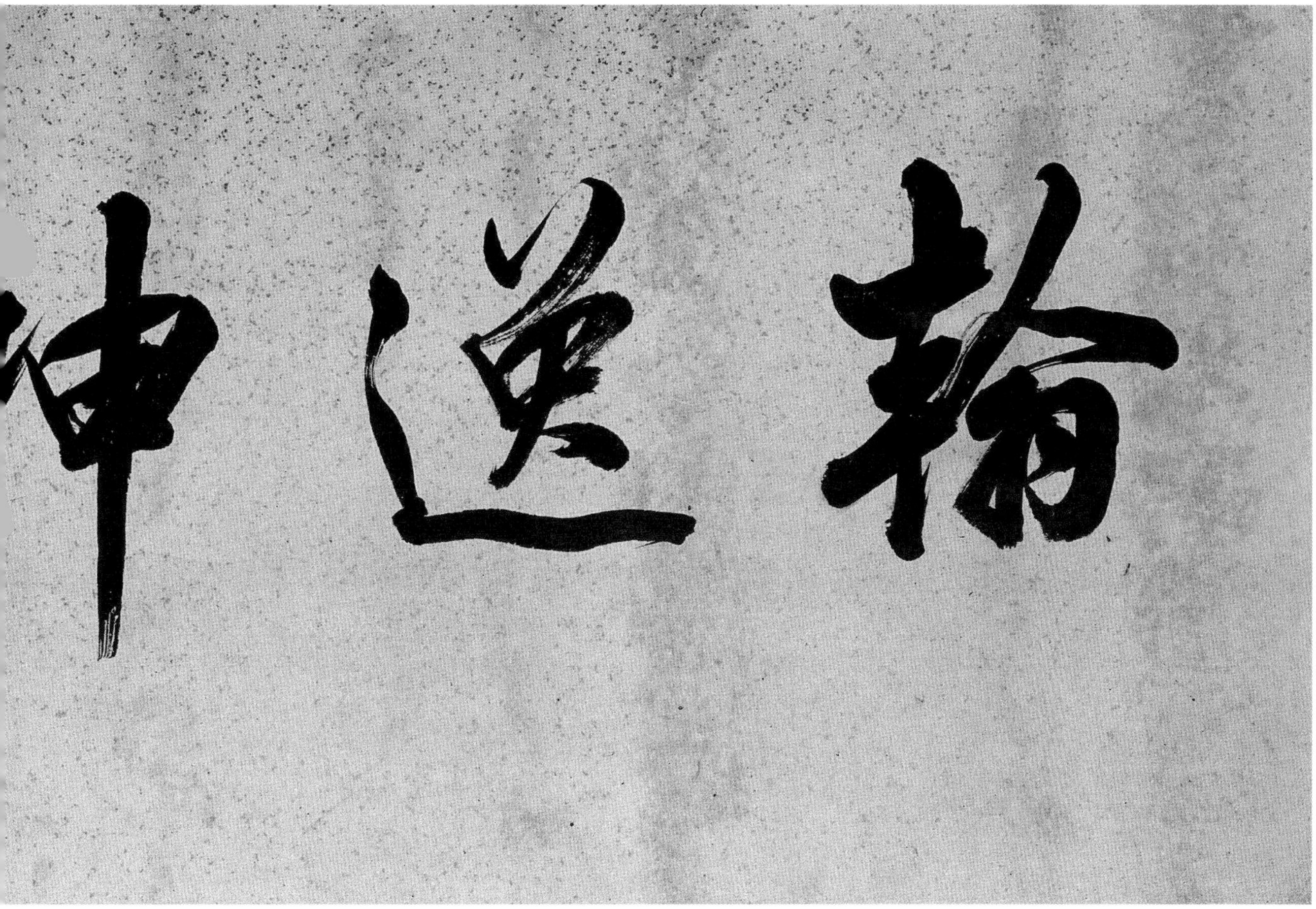

되었다. 중간 부분에도 한 행이 빠져 시구가 온전하지 않다. 그렇지만 동기창 서법의 가장 특색 있는 부분은 모두 그대로 체현되었다 하겠다. 의경이 고결하고 생기가 넘치며 특별히 제작된 고려 경면지(鏡面紙)에 농묵으로 쓰여 있어 묵색의 변화가 풍부하고 필획에 있어서 붓의 꺾임과 평행사변형 모양을 일일이 확인할 수 있다. 글이 풍성해 보이나 실은 건조하며 변화가 자연스러워 '속세를 떠난 듯한' 멋이 있다. 후기에 적혀 있다시피 이 작품은 지기들과 달맞이를 하면서 적은 것으로 손과정(孫過庭)이 말한 소위 '오합교진(五合交臻)', '한일신초(翰逸神超)'한 작품이다. 원작을 보지 못하면 동기창의 묵 사용에 있어서의 기묘함을 알 수 없다. 보건대 옅지만 실은 매우 짙고 검은 것으로 이는 동기창이 애용한, 특수 제작된 종이가 반질반질하여 묵이 표면에 남지 않기 때문이다.

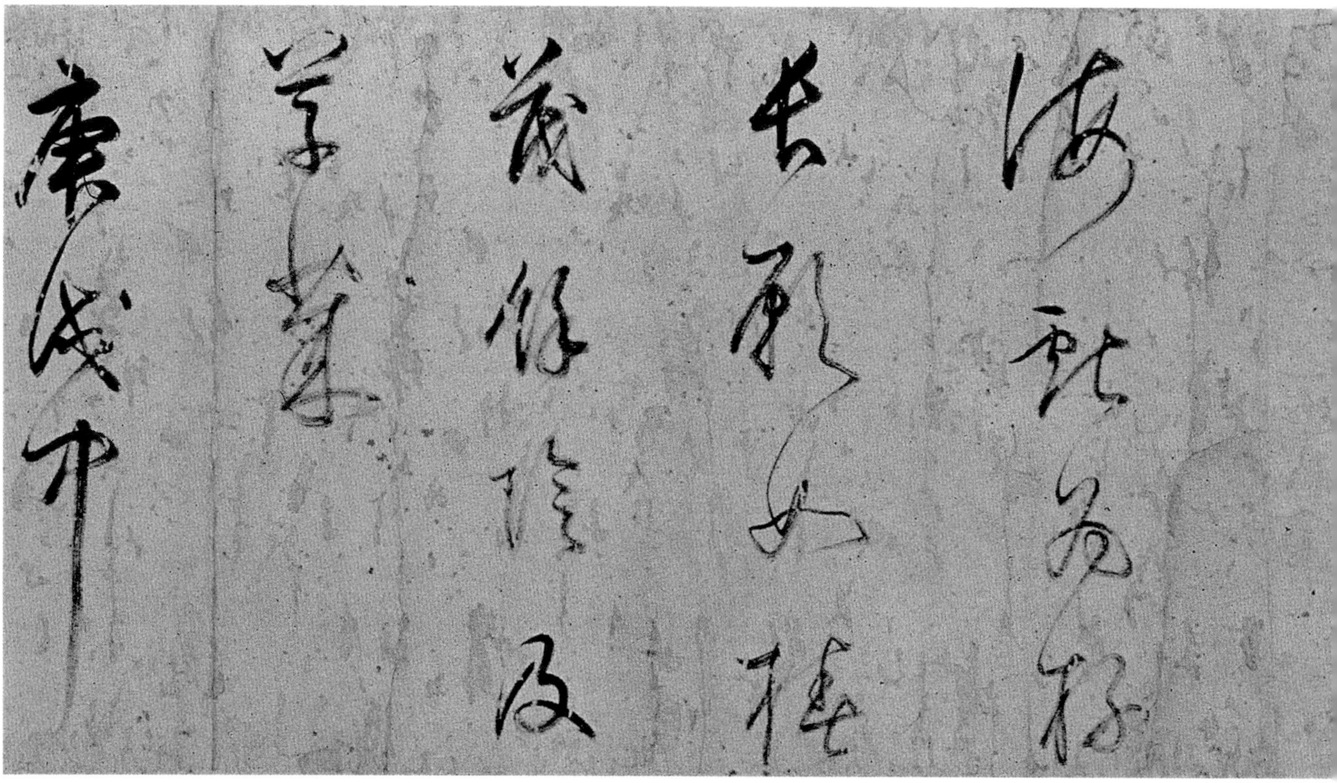
庚戌中

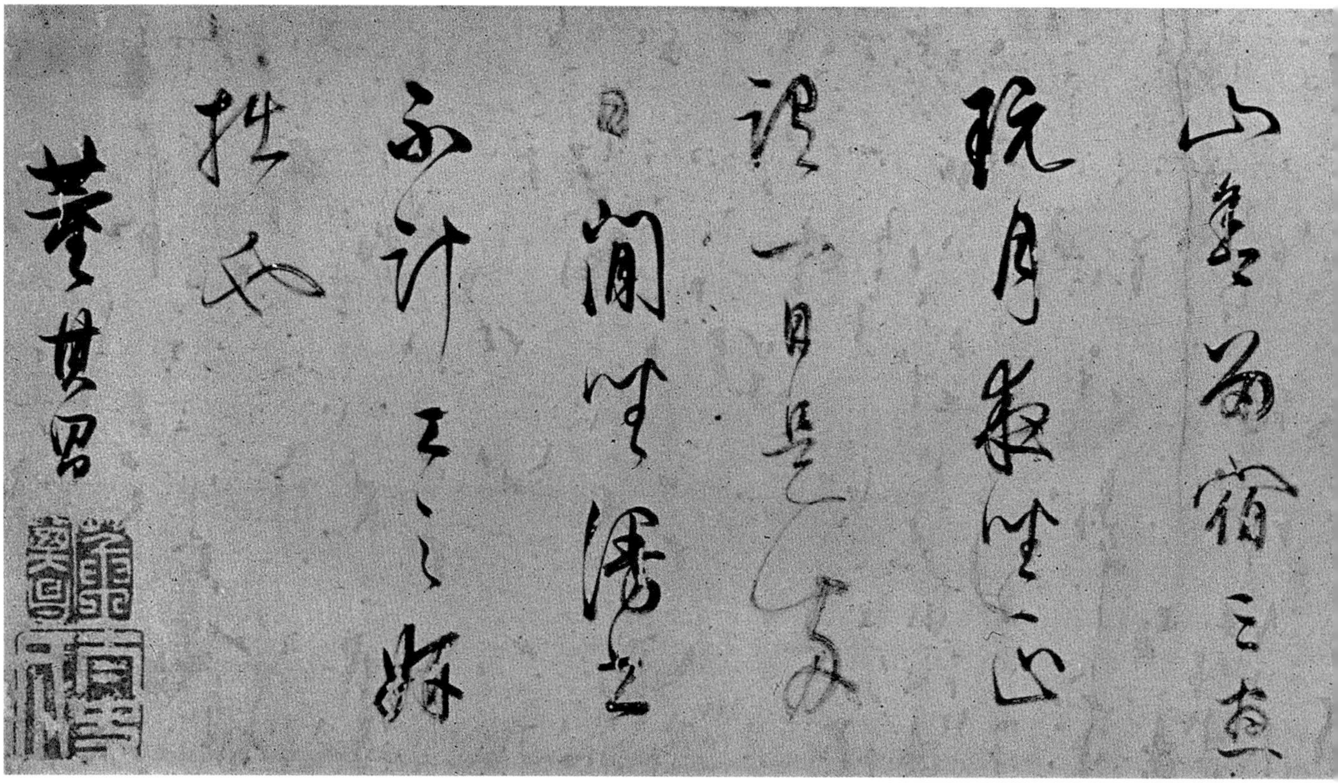
董其昌

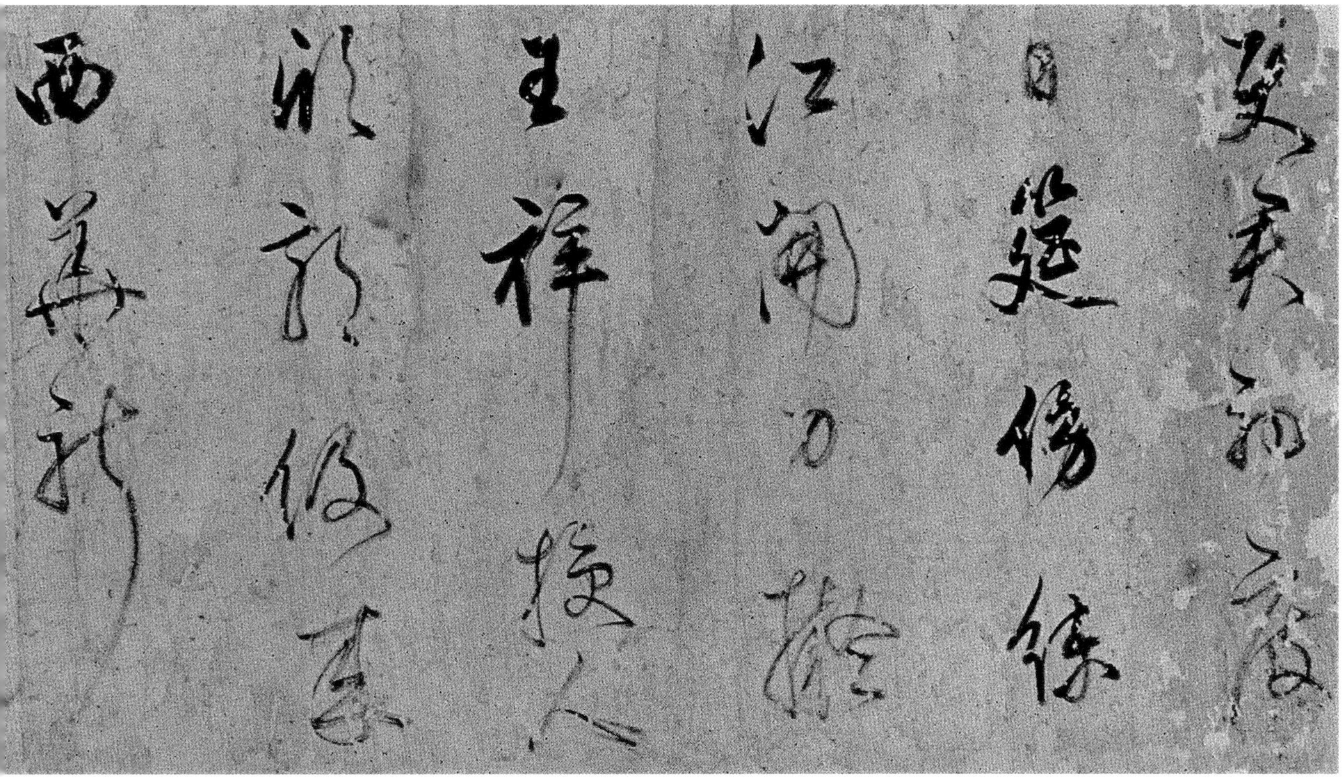

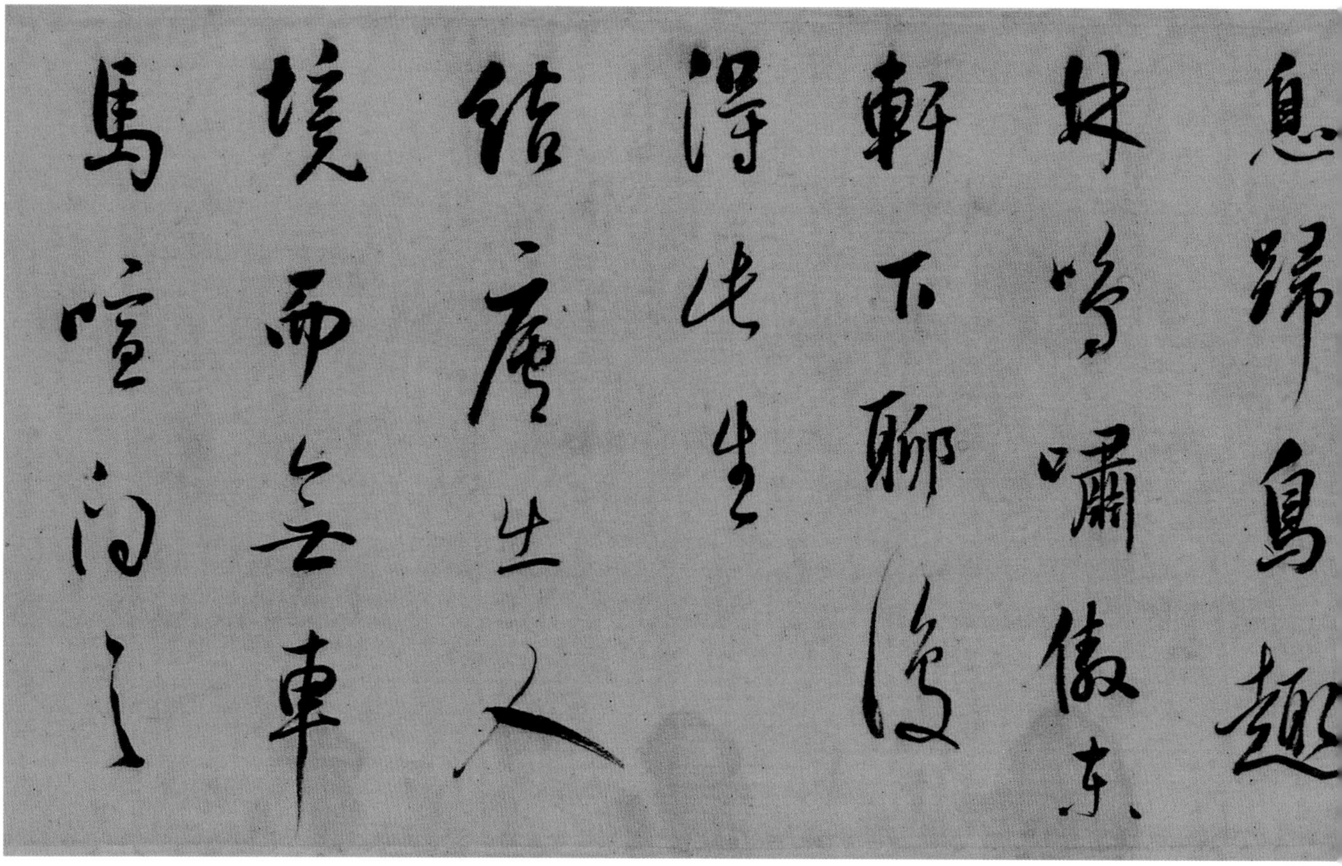

010

동기창(董其昌) 행초서 도연명(陶淵明) 시 4수 권(卷)

명대(明代) 비단
세로 26cm 가로 253.5cm
검인(鈐印): 지제시왈예관(知制詩日禮官), 동기창인(董其昌印), 현상재(玄賞齋)

秋菊有佳色, 裛露掇其英. 泛此忘憂物, 遠我遺世情.
一觴雖獨進, 杯盡壺自傾. 日夕群動息, 歸鳥趣林鳴.
嘯傲東軒下, 聊愛得此生.

結廬在人境, 而無車馬喧. 問君何能爾, 心遠地自偏.
采菊東籬下, 悠然見南山. 山氣日夕佳, 飛鳥相與還.
此中有眞意, 欲辯已忘言.

靑松在東園, 衆草沒其姿. 凝霜殄異類, 卓然見高枝.
連林人不覺, 獨樹衆乃奇. 提壺挂寒柯, 遠望時複爲.
吾生夢幻間, 何事紲塵羈.

衰榮無定在, 彼此更共之. 邵生瓜田中, 寧以東陵時.
四序有代謝, 人事每如玆. 達人解其會, 逝將不複疑.
忽與一觴酒, 日夕歡相持.
其昌.

동기창의 이 두루마리는 용필이 침착하고 간략하면서도 힘 있고 필획구조가 빈틈없다. 또한 필세가 운치 있고 분위기가 함축적이어서 엄숙하면서도 유유자적한 멋이 있다. 필법과 필획구조에서는 안진경(顔眞卿)과 미불(米芾)을 많이 따른 것으로 보인다. 흔히 보이는 작가의 다른 작품과 비교할 때 서툰 감이 있는데 숙련된 다음 다시 서툰 멋을 추구한 듯하다. 동기창이 말한 "서툰 데서 수려함을 얻는다"는 것이 바로 이런 것인 듯하다.

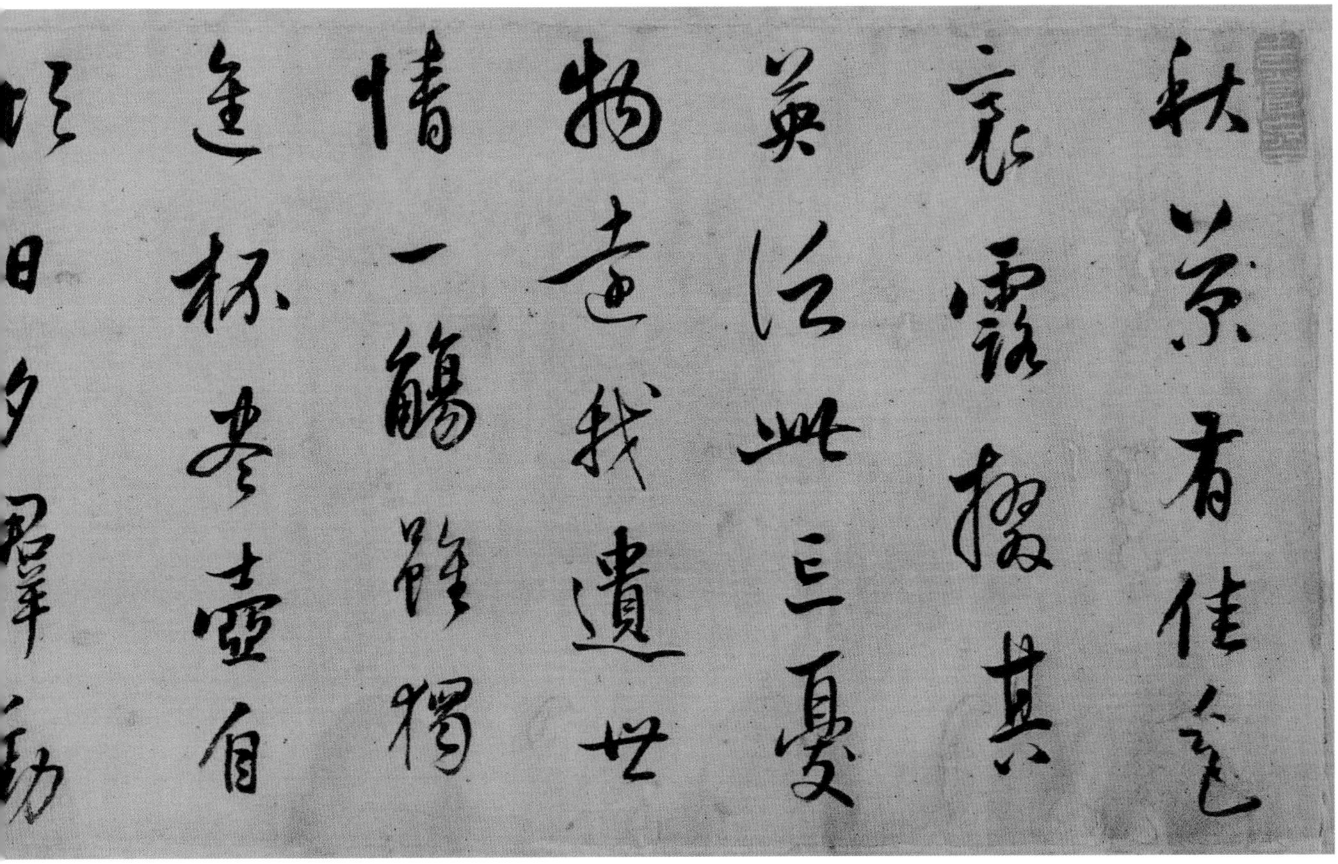
秋菊有佳色
裛露掇其
英汎此忘憂
物遠我遺世
情一觴雖獨
進杯盡壺自
傾日入羣動

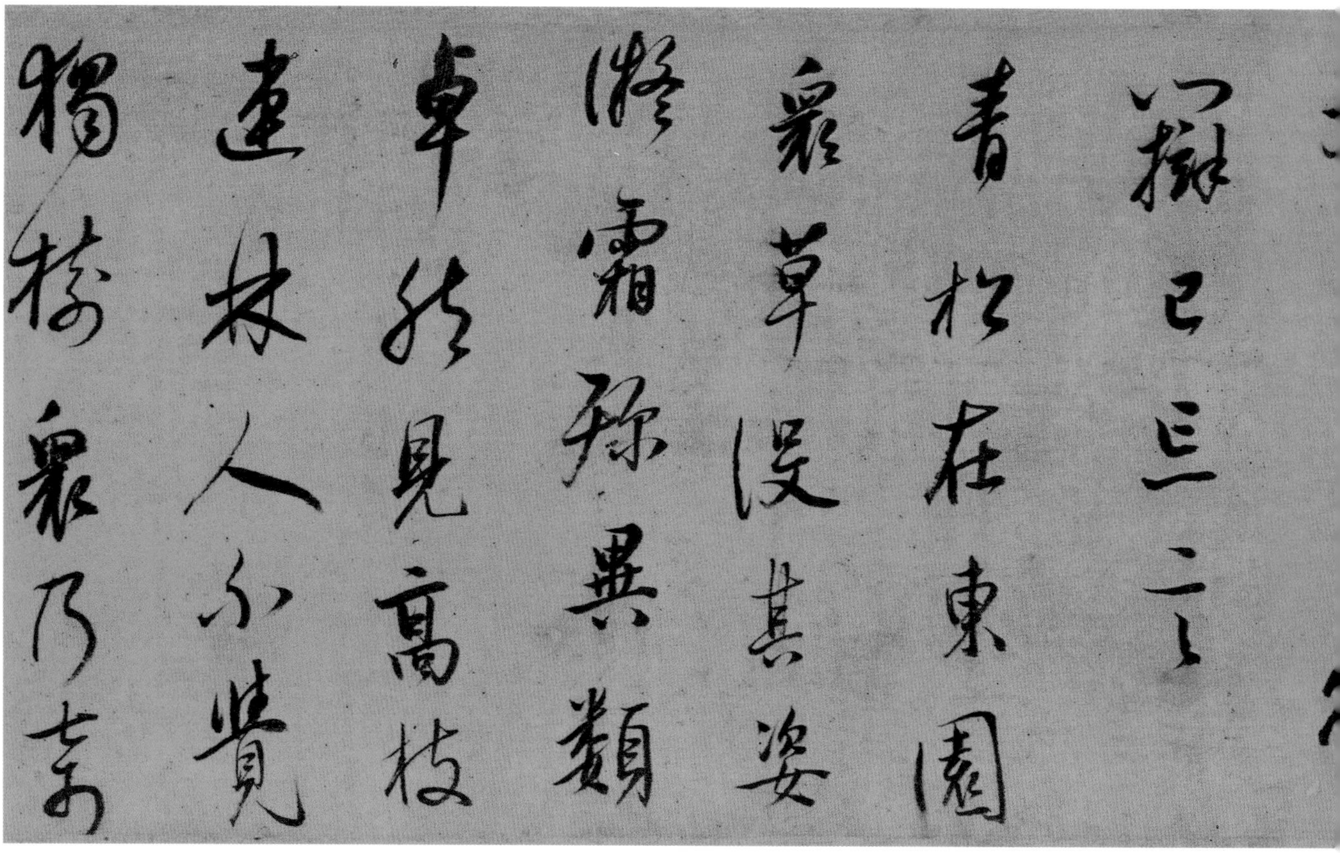
巘已三二
青松在東園
衆草沒其姿
凝霜殄異類
卓然見高枝
連林人不覺
獨樹衆乃奇

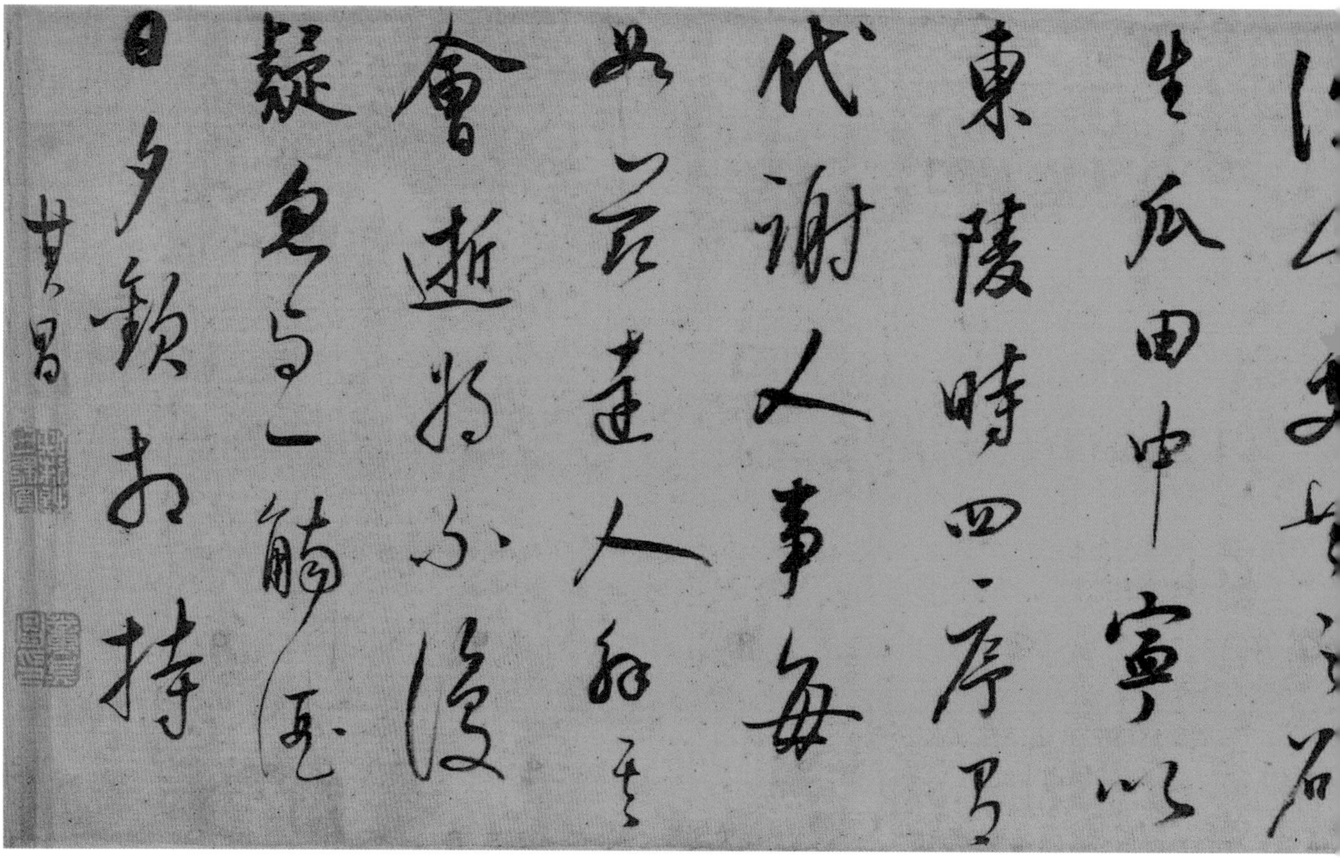
生瓜田中寧似
東陵時寒暑
代謝人事每
如茲達人解其
會逝將不復
疑忽與一觴酒
日夕歡相持
其昌

馬喧問君
何能爾心遠
地自偏采菊
東籬下悠然
見南山〃氣
日夕佳飛鳥
相與還此中

獨樹衆乃奇
提壺挂寒柯
遠望時復為
吾生夢幻間
何事紲塵
羈
真榮然之在

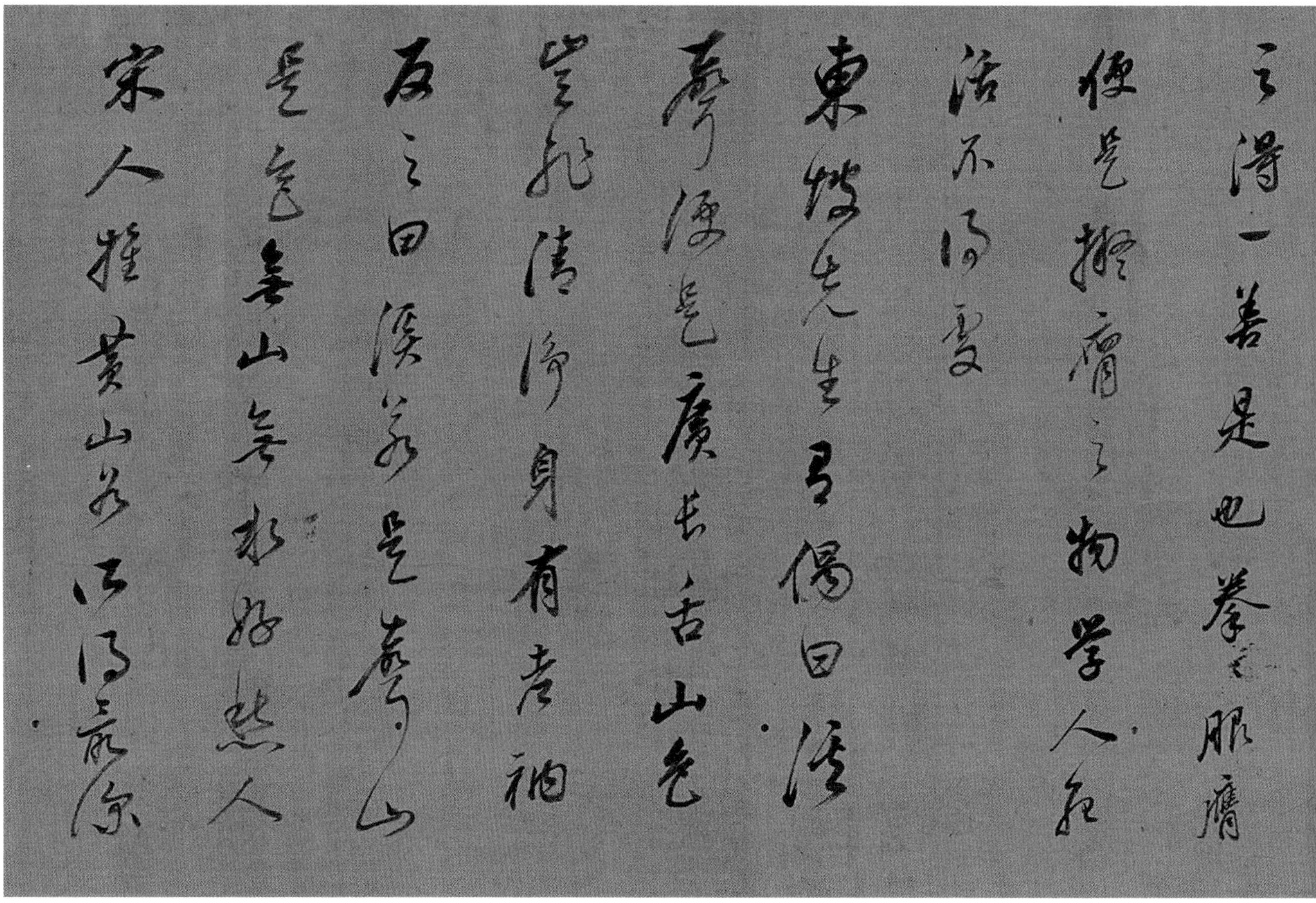

011

동기창(董其昌) 행초서 선열(禪悅) 권(卷)

명(明) 천계(天啓) 원년(1621년) 비단
세로 30cm 가로 396cm
검인(鈐印): 현상재(玄賞齋), 종백학사(宗伯學士), 동현재(董玄宰)
감장인(鑒藏印): 신요덕진완지장(臣姚德珍玩之章), 기재음양사수림(庋在淫陽社樹林)
신요덕인(臣姚德印), 비옥(比玉)

龐居士有家貲百萬, 皆以擲之湘流, 曰: 無累他人也. 余有偈曰: 家貲百萬擲湘流, 太華山邊撒石頭, 個是學人眞榜樣, 閨中兒女漫悠悠. 古德謂: 閨閣中物捨不得, 即是禪病, 捨得即悟迹, 如顔子之得一善是也, 拳拳服膺便是擬膺之物, 學人死活不得處.

東坡先生有偈曰: 溪聲便是廣長舌, 山色豈非淸淨身. 有老衲反之曰: 溪若是聲山是色, 無山無水好愁人. 宋人推黃山爲所得最深, 子瞻曰: 山爲眞涅槃堂里禪也.

淵明入白社, 聞鐘便歸, 是深於禪者, 古德有雲: 若是陶淵明攢眉便歸去, 千載後惟東坡近之.

心地法門猶如下種, 宗家之語如彼天澤, 所謂一雨普潤, 月印千江. 諸修觀者皆非了義矣, 然如耳根圓通三眞實, 則於父母所生耳, 人人本具, 又與諸觀門有異, 蓋以逗此方之机, 恐他方耳根未必如是也, 今人但慕神通, 祇在兩耳, 但不能心通, 反累三眞實之靈根, 可嘆也!

蘇端明文章妙古今, 惟韓歐當却步, 良繇韓歐未精內典, 而禪宗最盛於子瞻之時, 又有耆宿與相盤旋, 是以悟後言語, 六通四闢餘如無垢, 無盡, 雖深於禪悅而筆不及端明, 故其文少遜. 所謂般若有三, 有自性般若, 有觀照般若有文字般若. 蘇公可謂文字般若矣. 驛孫老人能知四百甲子, 桃源中人不知有漢晉魏, 古詩雲: 山中無曆日寒盡不知年. 但今日不知昨日事, 安有過去可得, 冥心任運, 尙可想大時不齊之意, 何況一念相應耶!

辛酉初秋坐雨寶鼎齋, 偶書禪悅數則, 以破岑寂. 董其昌.

이 긴 두루마리는 명대 천계 원년(1621년), 동기창 나이 66세 때의 작품이다. 향년 81세였으므로 이 작품은 응당 작가 개인의 중·말기, 즉 가장 성숙한 시기의 작품이라 할 수 있다. 권미에는 "신유(辛酉) 초가을 비 오는 날 보정재(寶鼎齋)에 앉아 선열 몇 수를 적으며 적막을 깨노라"라는 발문이 있다. 동기창은 선열에 흠뻑 빠져들

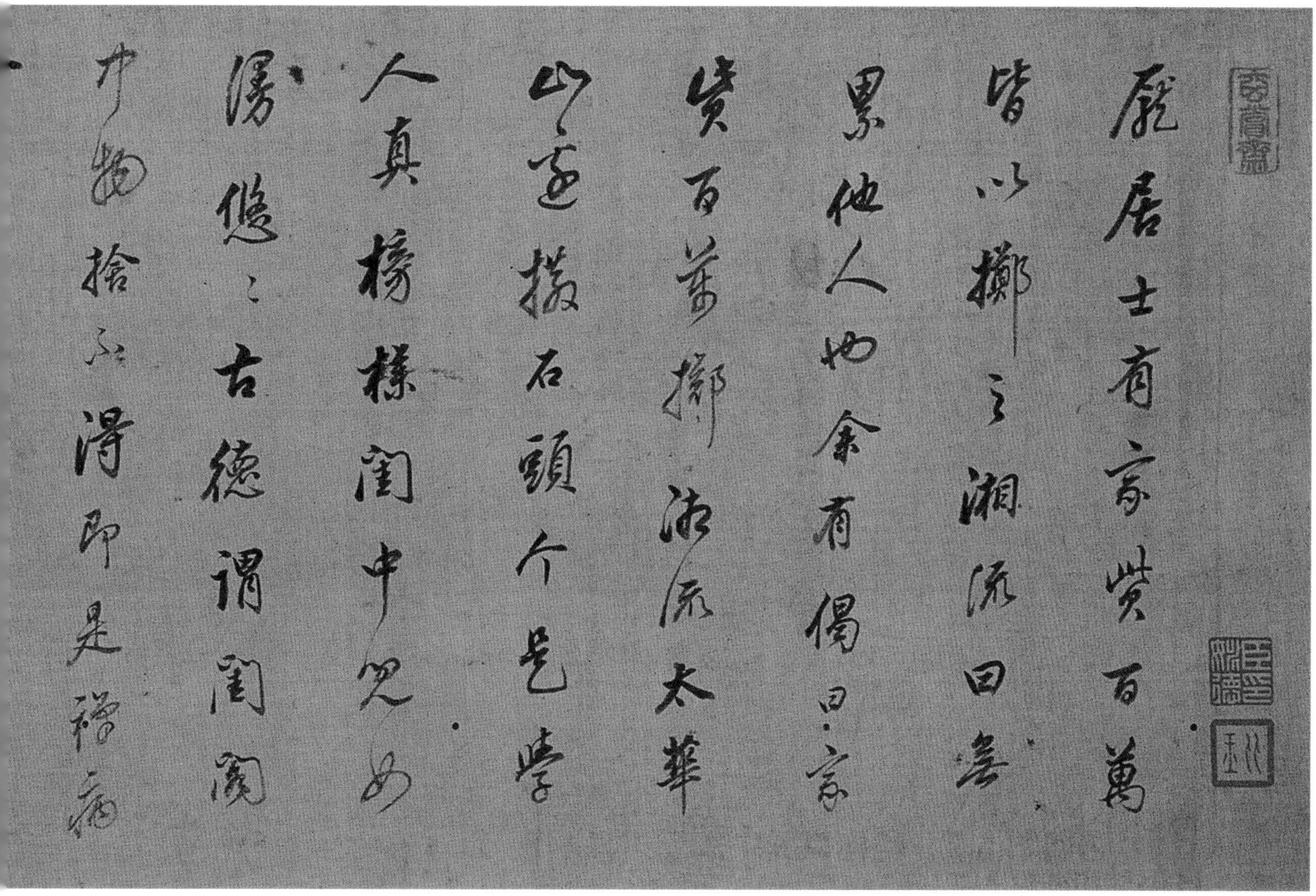

어 그 깨달음이 상당하였는데 일찍 종문(宗門)의 여러 대덕(大德)과 이지(李贄)의 높은 평가를 받았다. 따라서 이 두루마리는 흔치 않은 작가의 인연의 경지를 엿볼 수 있는 작품으로 그 중요성을 미루어 알 수 있다. 선종(禪宗)의 깨달음은 적조(寂照)에 있는데 고요함이 극에 달하면 움직임이 따르고 움직임이 있으면 초일하고 호매한 의경이 흘러넘치게 된다. 그리하여 붓이 성정에 따라 움직이고 필적이 마음에 의하여 생기니 수려하고 기묘하지 않은 것이 없다. 그야말로 거울 속의 꽃이요 물속의 달이라, 비가 갠 후의 휘영청 밝은 달과 같이 차분하고 초탈한 것이 절정에 달하여 형언할 수 없는 아름다움을 품고 있다.

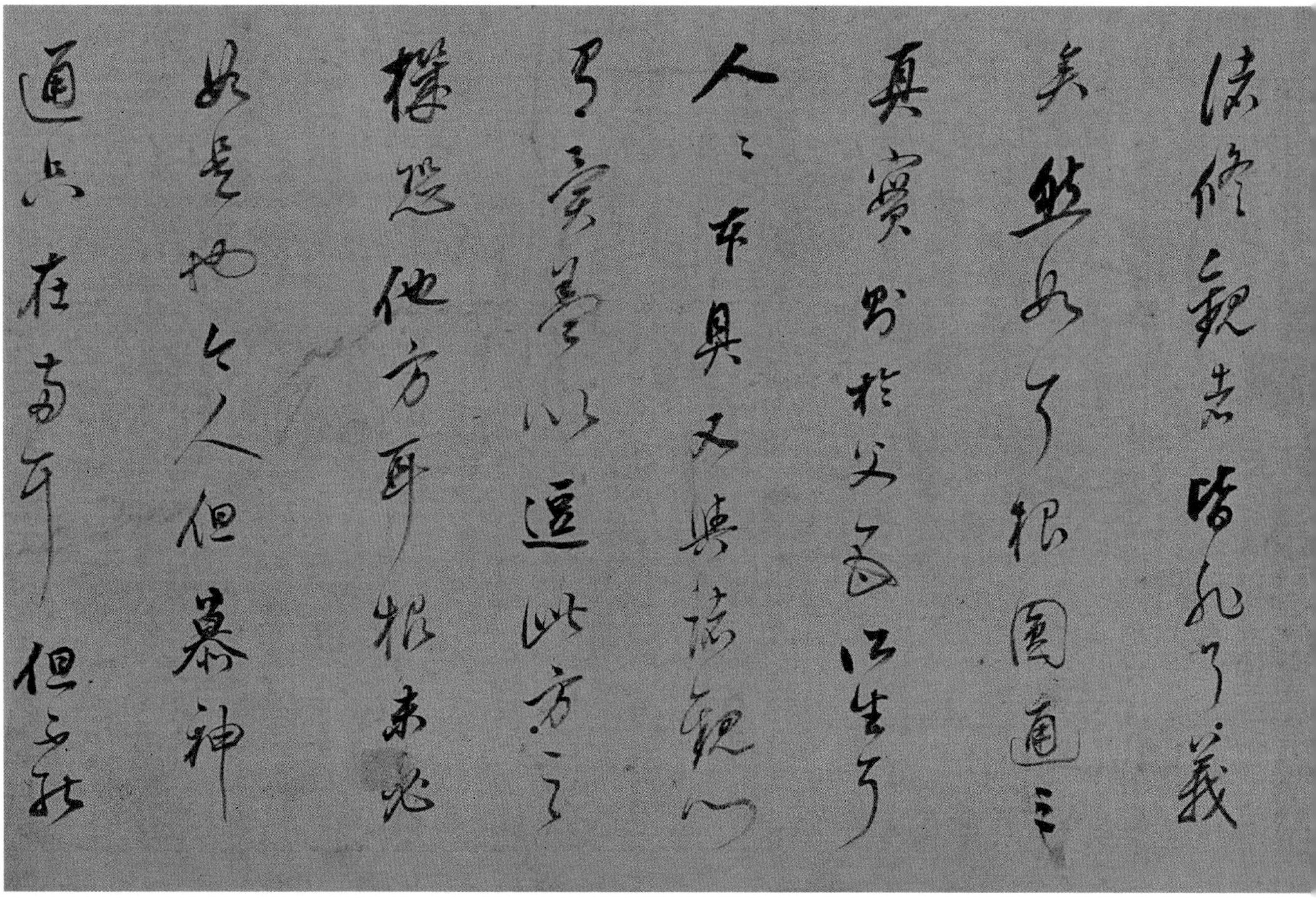

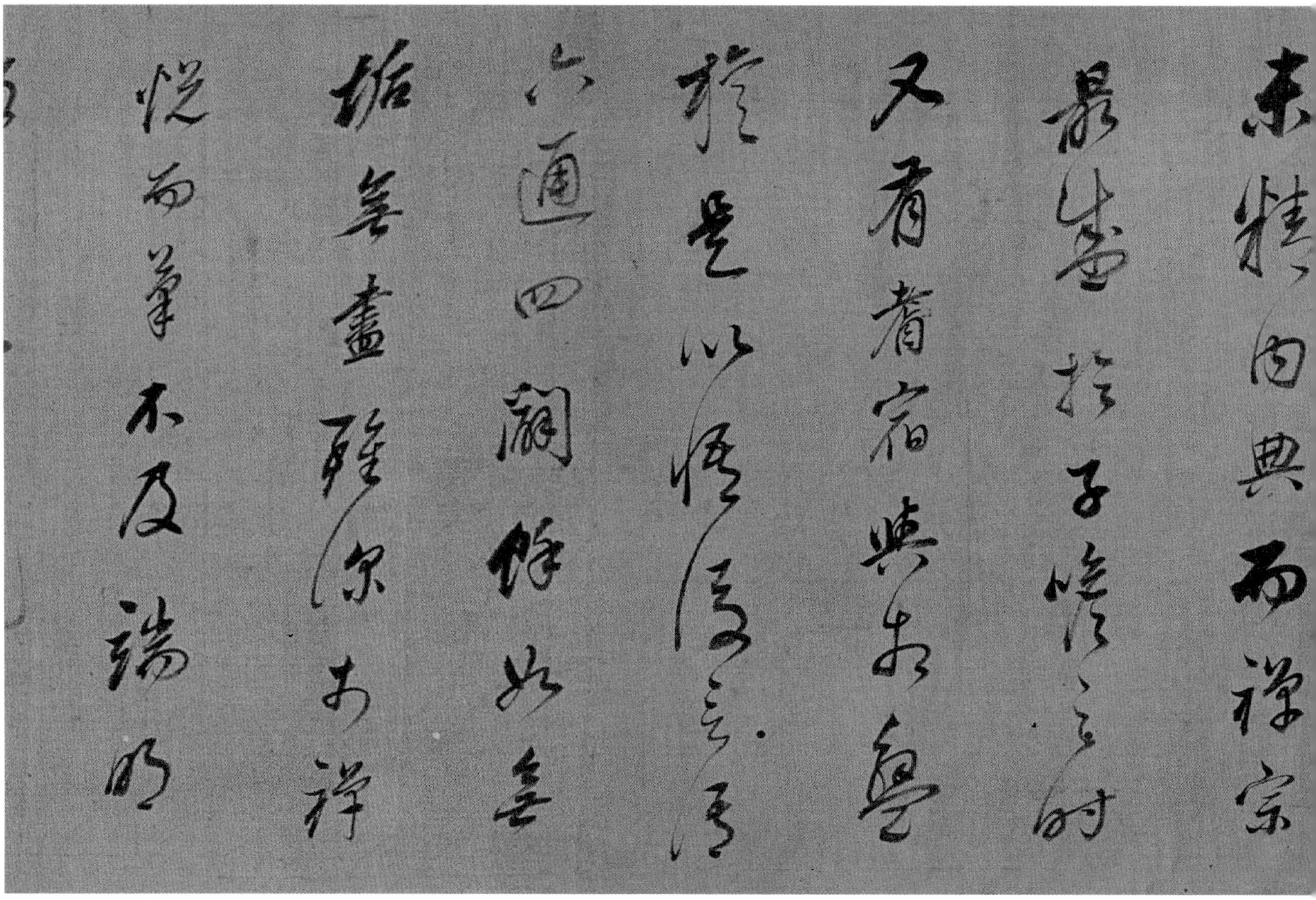

宋人推黃山谷以得禪家
子瞻曰山谷真涅槃堂
裏禪也
淵明入白社聞鐘便歸
是深於禪者古德有云
若是陶淵明攢眉便歸
去千載後惟東坡近之
心地法門頗如六祖宗
高之之頭如彼天澤以
樣退他方耳根未必
如是也今人但慕神
通六在高耳但知
心通及累三生之實之靈
根而欲也
羅端明文章妙
古今雖歸頗嘗
却步良錄歸歟

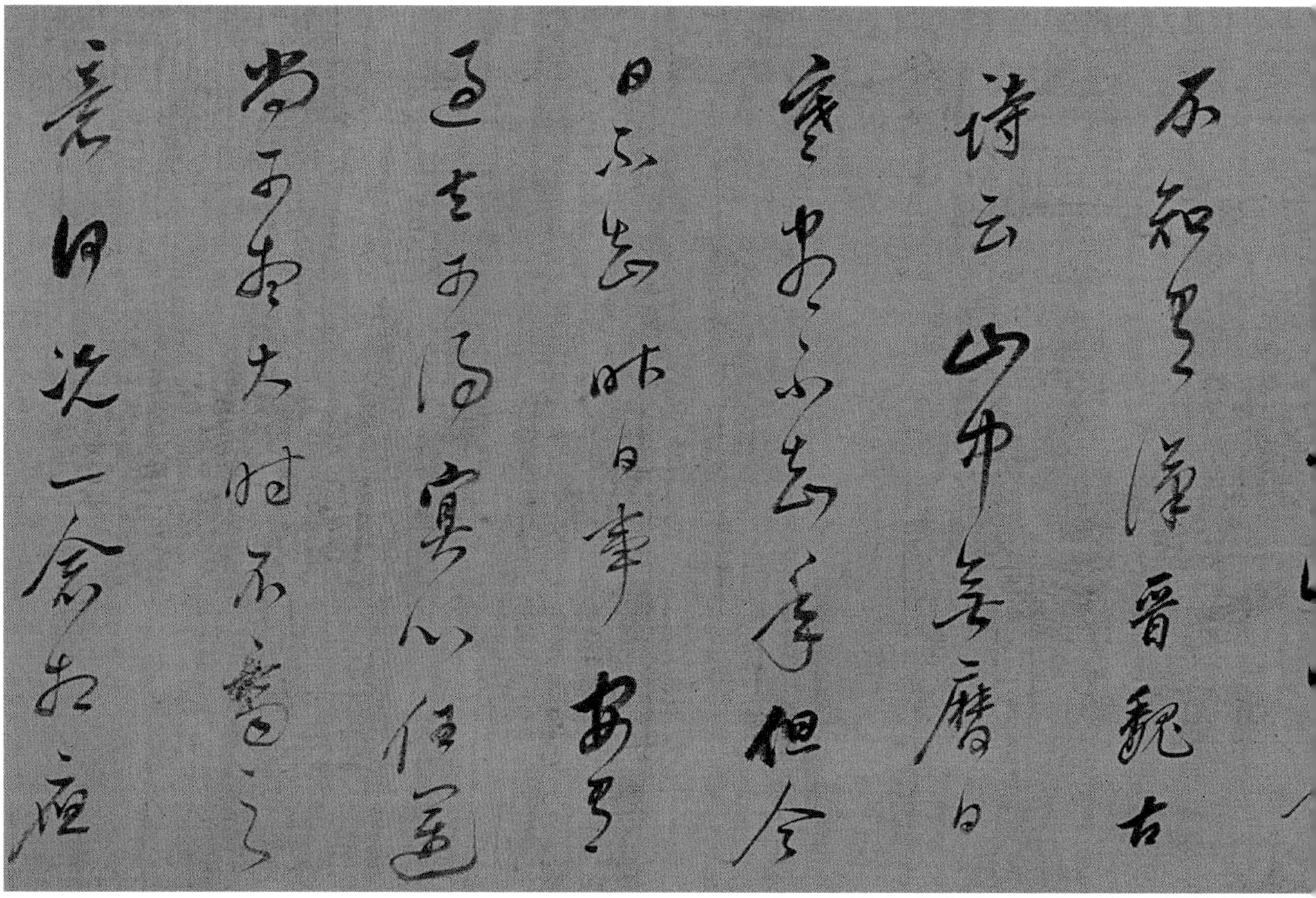

董其昌

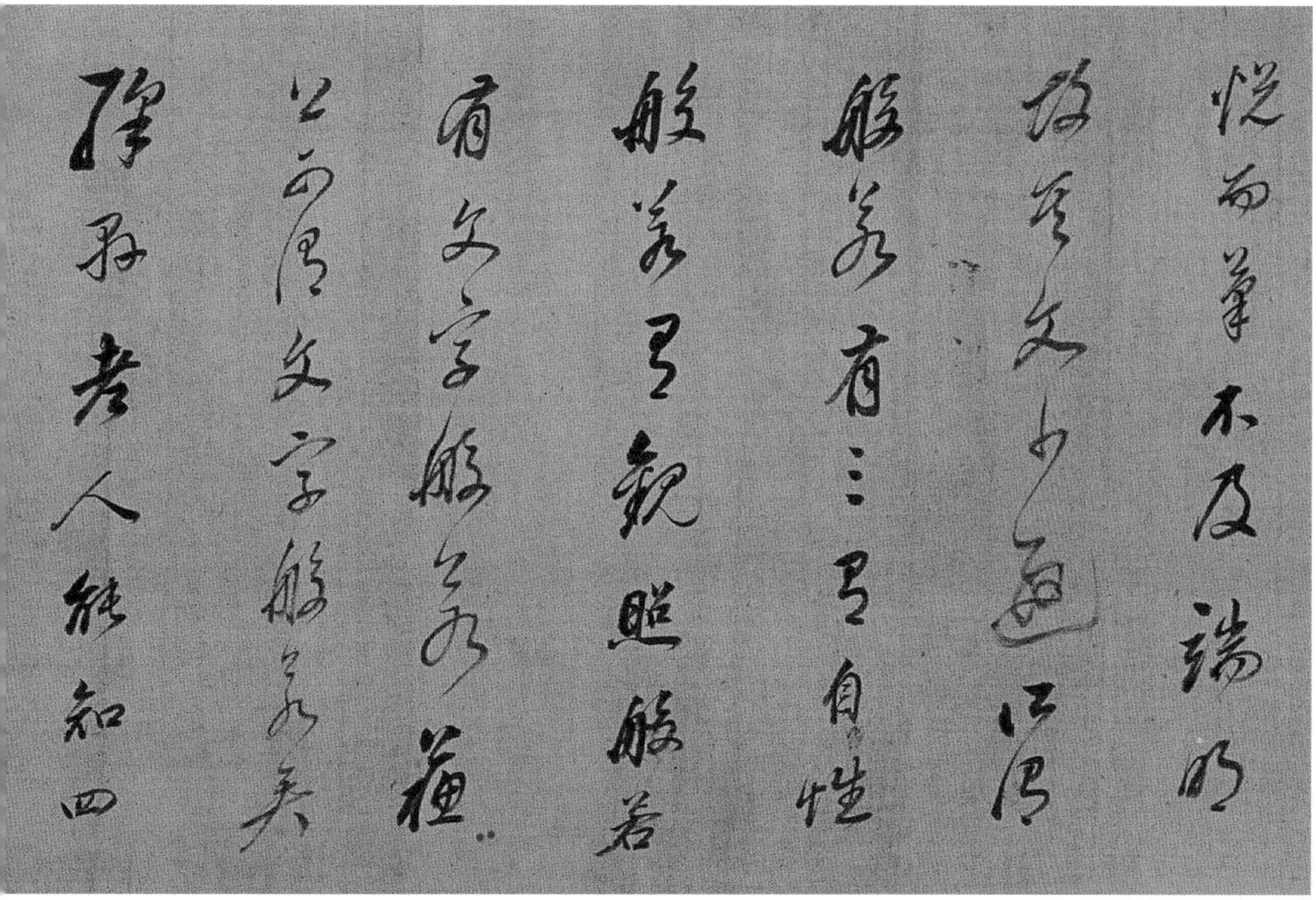

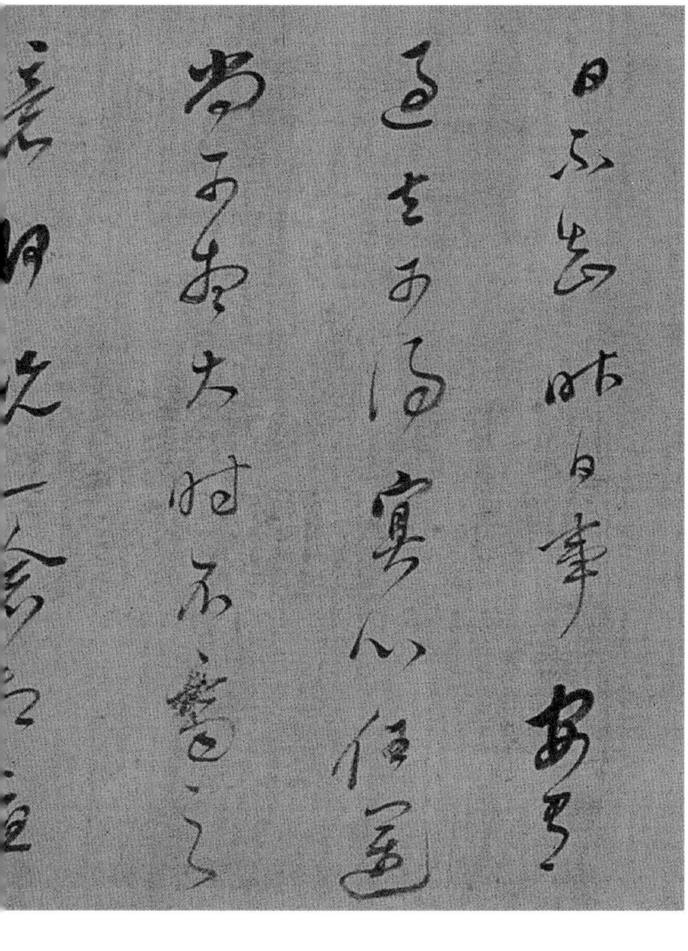

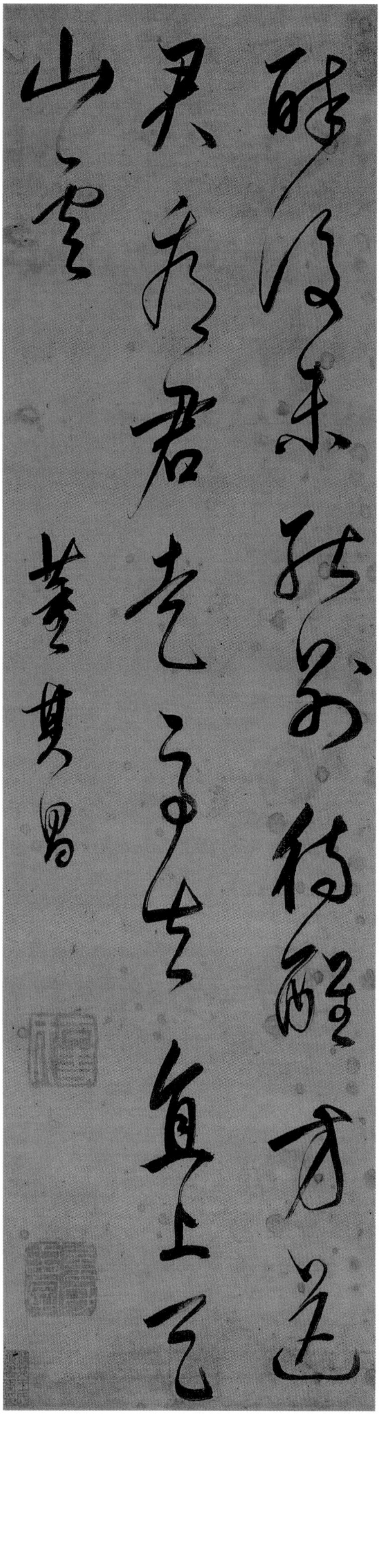

012

동기창(董其昌) 행초서 5언시 축(軸)

명대(明代) 비단
세로 89cm 가로 24.6cm

醉後未能別，待醒方送君.
看君走馬去，直上天山雲.
董其昌.

이 두루마리는 본서에 실린 다른 몇 폭의 장편 거작과는 달리 즉흥적으로 쓰인 것이다. 정신이 왕성하고 기가 충족하여 용필이 변화무쌍하고 웅건하며 필력의 저력이 돋보인다. 또한 장봉(藏鋒)하여 완만하고 글마다 유필(留筆)이 있어 작가 자신이 말하는 '전속(轉束)'의 묘미가 있다. 임산지(林散之)는 동기창의 서법에서 충만한 기를 본받기는 매우 힘들다고 하였는데 이 작품에서 그것을 느낄 수 있다.

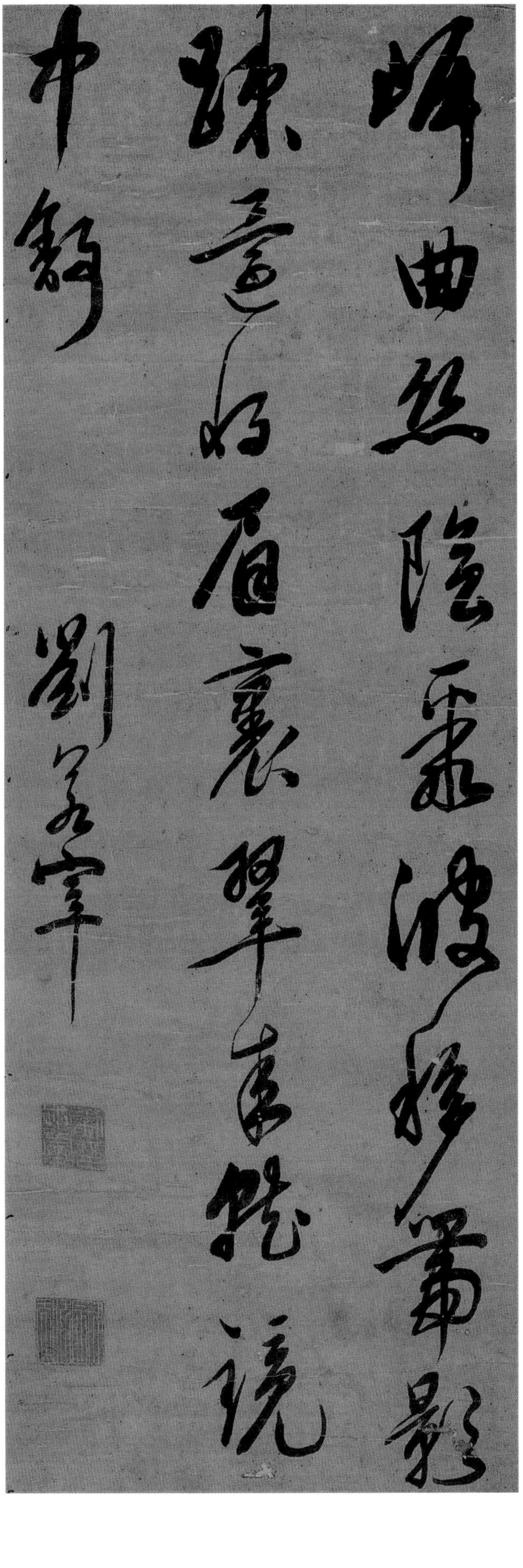

013

유약재(劉若宰) 행초서 5언시 축(軸)

명대(明代) 비단
세로 134cm 가로 48cm
검인(鈐印): 유약재(劉若宰), 무진장원(戊辰壯元)

岸曲絲陰聚, 波移帶影踈.
還將眉里翠, 來就鏡中舒.
劉若宰.

유약재의 자는 음평(蔭平)이고, 회녕[懷寧, 현 안휘(安徽) 안경(安慶)] 또는 안휘 잠산(潛山) 사람으로 숭정(崇禎) 원년(1628년) 장원으로 급제하였다. 시가 뛰어나고 서법에 능하며 묵화 그리기를 즐겼는데 특별한 멋이 있었다.

이 작품은 자연스럽고 유창한데 마치 용이 하늘에서 나는 듯하다. 운필이 원만하면서도 형체가 있으며 전체 작품에는 고귀한 기품이 넘쳐흐른다. 용묵에 있어서도 맑고 깨끗한 것이 물속의 옥과 같으며 진계유(陳繼儒)의 작품과 비슷한 면이 있다.

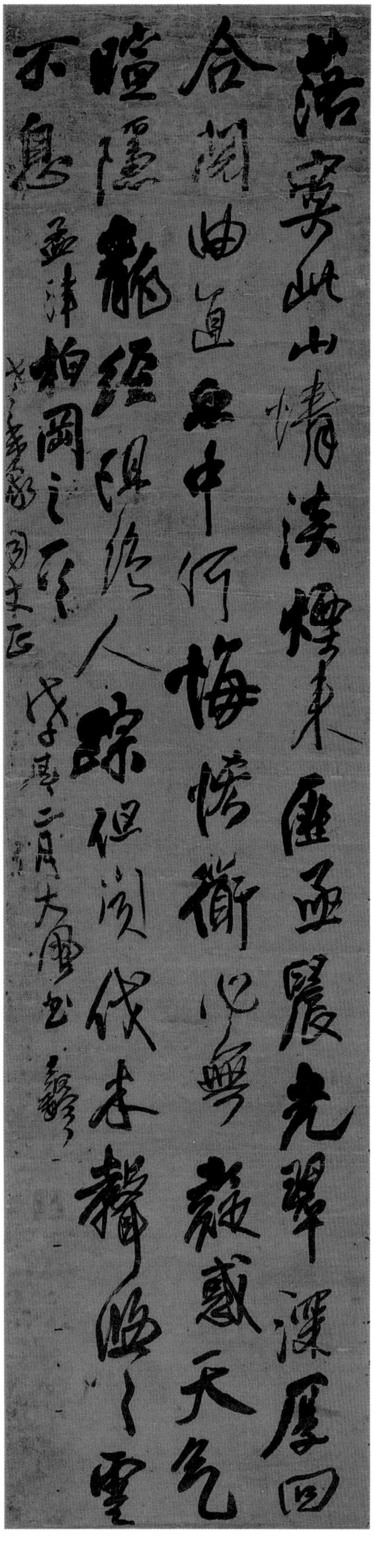

014

왕탁(王鐸) 행서 맹진(孟津) 백강시(柏岡詩) 축(軸)

청(淸) 순치(順治) 5년(1648년) 비단
세로 205cm 가로 51cm
검인(鈐印): 왕탁지인(王鐸之印)

落寞此山情, 淡煙來匪亟. 晨光翠深厚, 回合閱曲直.
丘中何悔恡, 道心無疑惑. 天氣喧隱龍, 徑阻絶人踪.
但聞伐木聲, 悠悠雲不息.
孟津柏岡之一首, 戊子春二月大風書. 王鐸.
老年家司文正.

왕탁(1592~1652년), 자는 각사(覺斯)이고 호는 숭초(嵩樵)로 하남(河南) 맹진(孟津) 사람이다. 명(明) 천계(天啓) 2년(1622년)에 진사가 되었으며 숭정(崇禎)연간에 남경(南京) 예부상서로 있었다. 순치 2년에 청왕조에 항복함으로써 후세들의 질책을 받았으며 자기 자신도 심적으로 고통을 겪게 된다. 이러한 그에게 있어 서법은 자신의 성정을 표현하고 마음을 다스리는 주요한 과업이 되었다. 풍격으로 볼 때 왕탁은 명대 서예가에 속한다. 그는 왕희지의『성교서(聖敎序)』로 입문하고 이를 기초로 하여 미불(米芾)의 서풍(書風)에 대한 배움과 깨달음을 얻었다. 왕탁이 성공할 수 있었던 것은 서법 본연의 특수한 형식과 규율에 대한 깨달음과 파악에 있었다. 그의 서법작품에서는 자형(字形), 구도, 용필, 묵색 등 면에서 모두 자기만의 창조와 나아감이 있음을 볼 수 있다.

이 작품은 순치 5년, 즉 작가의 나이 57세에 쓴 것이다. 61세에 병으로 졸한 것을 감안할 때 이는 만년 작품으로 명대 말기의 활발함과 넘치는 기운이 약화된 대신 노련함과 차분함, 기품이 더하여져 일가를 이루었음을 볼 수 있다.

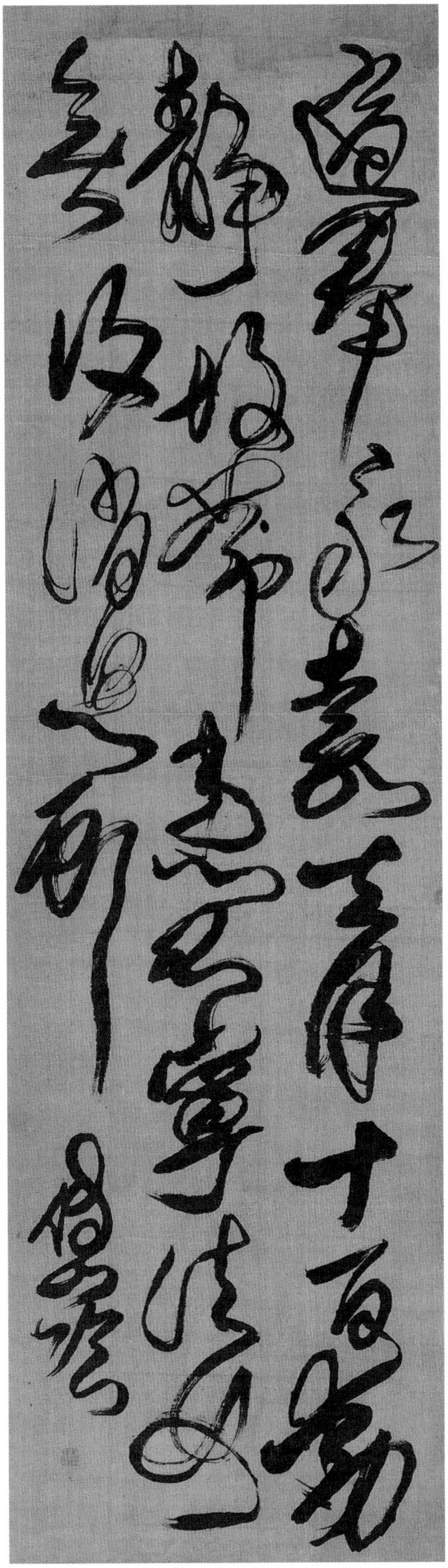

015

부산(傅山) 왕헌지(王獻之) 적봉첩(適奉帖) 임모(臨摸) 축(軸)

청대(淸代) 비단
세로 161cm 가로 46cm
검인(鈐印): 부산인(傅山印)

適奉永嘉去月十一日動靜故常患不寧諸女無復消息獻之白
傅山臨.

부산(1607~1684년), 자는 청주(靑主), 청죽(靑竹)이고 호는 색려(嗇廬), 석도인(石道人) 등으로 양곡[陽曲, 현 산서(山西) 태원(太原) 소속] 사람이다. 15세에 동자시(童子試)에 합격하여 태원부학(太原府學)에 다녔다. 30세 되던 해 제학(提學) 원계함(袁繼咸)이 삼립서원(三立書院)을 다시 꾸리면서 300여 명을 불러들였는데 그중 부산이 으뜸이었다. 숭정(崇禎) 16년(1643년) 서원의 요청에 응해 강학하게 되었다. 명(明)왕조가 멸망한 후 도를 닦고 도복을 입으며 법명을 진산(眞山)으로 하였다. 강희 18년(1679년) '박학홍사과(博學鴻詞科)'에 추천되어 임하라는 명과 함께 사양 불허하므로 경성에까지 다다랐지만 끝끝내 성안에 들어서기를 거부하여 집으로 돌려보냈다. 집안이 대대로 부유하여 금석(金石)을 많이 소장하고 있어 감별에 능하였다. 경사(經史), 불도지학(佛道之學)을 섭렵하여 불학으로『장자(莊子)』를 해석하고 자구 해석으로『묵자(墨子)』를 주해하였으며 때때로 새로운 뜻을 밝혀내었다.

부산은 시 · 서 · 화에 모두 능통하였다. 서법은 처음에는 조맹부(趙孟頫)를 종주로 하였으나 후에는 안진경(顔眞卿) 및 이왕(二王)을 추종하였으며 다양한 글자체에 모두 능하였다. 그중에서 행초가 더욱 뛰어나 명말 청초 소탈한 행초 서풍의 대표인물이기도 하다. 부산은 "글을 쓰기 전에 사람이 되어야 하고 사람이 되면 글도 자연스럽게 따라 된다", "서툴지언정 꾀를 부리지 말며, 추할지언정 영합하지 말며, 흐트러질지언정 가볍게 하지 말며, 진솔할지언정 준비하지 말라" 등을 주장하였다. 마종곽(馬宗霍)은 "논자들은 청주(靑主)의 예서(隸書)에 대해 기이함이 지나쳐 세속적이지만 초서(草書)는 소탈하고 탈속적이어서 석재[石齋, =황도주(黃道周)], 각사[覺斯, =왕탁(王鐸)]와 우열을 가릴 수 없다고 하였다"라고 하였다.

이 초서작품은 왕헌지의 〈적봉첩〉을 임모한 것으로 원작과 비교할 때 필법, 필의, 필획구조 모두 그 출처가 있으며 보통 행초가 뒤섞인 것과는 다른 모습이다. 그러나 정신과 기백은 1천 년 전 작품을 뛰어넘었으니 그야말로 왕헌지의 유해를 빌려 자신의 혼백을 나타냈는가 보다. 호방하고 힘 있으며 기세가 당당하고 묵빛이 흉건한 것이 용과 뱀의 변화로는 넘치는 운치를 형용할 수 없다. 원작을 보면 다만 경탄을 금치 못할 뿐이다.

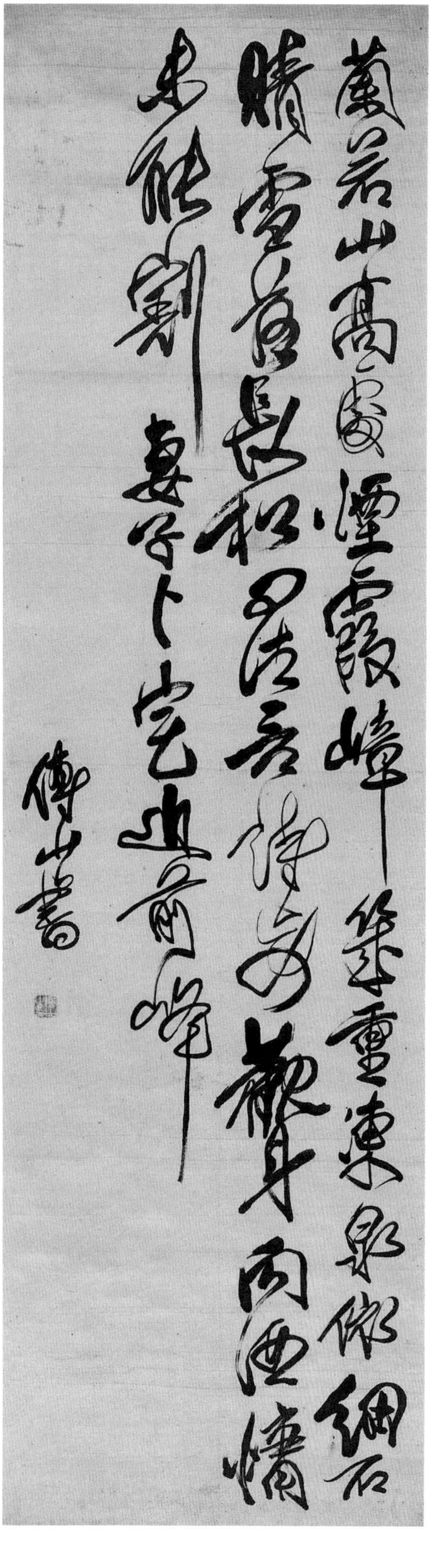

016

부산(傅山) 행초서 5언율시 축(軸)

청대(清代) 비단[綾]
세로 176cm 가로 51cm
검인(鈐印): 부산지인(傅山之印)

蘭若山高處, 烟霞嶂幾重.
涷泉依細石, 晴雪落長松.
問法却詩妄, 觀身向酒慵.
未能割妻子, 卜宅近前峰.
傅山書.

이 작품은 우선 시적 의경에서 강건함 속의 적막함이, 은근함 속의 소탈함이 혼연일체를 이루어 '초연하게 사물 밖에서 절로 천기(天機)를 얻는' 멋이 있는데 이는 작가의 만년 심경에 대한 진실한 반영이기도 하다. 또한 서법과 시적 의경이 완전한 일치를 이룸으로써 시를 평한 것이 곧 서법을 평한 것과 같다. 원작은 흰색 비단 위에 쓰인 흔치 않은 작품이다. 두루마리를 펴서 보면 희고 말끔한 비단 위에 검은 필적이 있는데 검은색과 흰색이 아름답게 어우러져 더욱더 빛이 난다. 인쇄품이라 원작의 묘미를 그대로 전달할 수 없다는 것이 너무나 안타깝다.

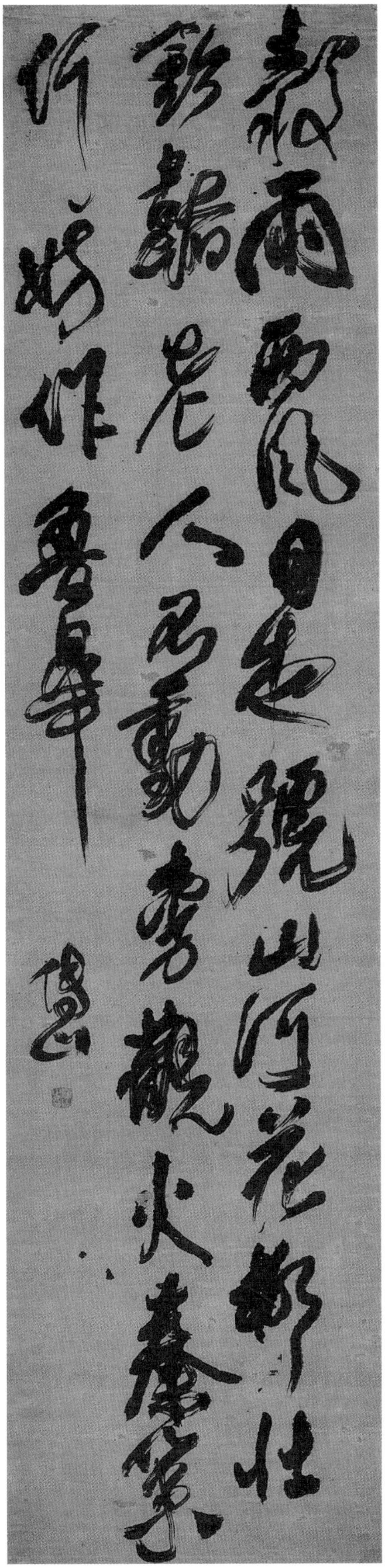

017

부산(傅山) 행초서 7언시 축(軸)

청대(淸代) 비단
세로 192.5cm 가로 47.8cm
검인(鈐印): 부산지인(傅山之印)

穀雨西風日夜號,
山河花柳壯鈐韜.
老人不動旁觀火,
秦策何妨作魯皋.
傅山.

이 자필 7언시에서 작가는 자칭 '노인'이라 하였다. 또한 필력과 기품 그리고 시적 의경 및 기타 현존작품들까지 종합적으로 살펴보면 이 작품이 만년 작품임을 추정할 수 있다. 이 작품의 시적 의경은 유유자적한 것이 고정림(顧亭林)이 말한 '초연히 사물 밖에 있는' 듯하다. 서법은 노련한 필치로 단숨에 쓰인 듯한 것이 황산곡[黃山谷, =황정견(黃庭堅)]이 말한 '나이 따라 능숙해짐'과 두공부(杜工部)가 말한 '웅혼함 속에 노련미'가 묻어나 있다. 〈왕헌지(王獻之) 적봉첩(適奉帖) 임모(臨摸)〉본과 비교했을 때 원만함과 수려함이 적어지고 강건함과 웅혼함이 짙어졌다. 『서품(書品)』에서 얘기하는 '사람과 서법이 함께 무르익는 것', '천지산천의 기를 받는 것', '풍운을 기로 느낄 수 있는 것'을 모두 겸비하였다.

018

부미(傅眉) 행서 7언시 주련(柱聯)

청대(淸代) 종이
세로 138cm 가로 22.6cm
검인(鈐印): 부미인(傅眉印)

洗硯紫雲生鴝眼,
鳴琴縹漆斷龍鱗.
傅眉書.

부미(1628~1683년), 자는 수모(壽髦, 壽毛), 죽령(竹嶺), 호는 소얼선(小蘖禪)이며 산서(山西) 양곡(陽曲) 사람으로 부산(傅山)의 아들이기도 하다. 경(經)·사(史)·소(騷)·선(選) 등을 섭렵하고 가학을 이어받았다. 서법이 뛰어났으며 전각은 진·한(秦·漢)을 따랐다. 산수화, 화조화에 능하였는데 고졸하고 참된 멋이 있다.

부미의 서법은 부친과 거의 비슷한데 수려함이 더하여졌다. 부산의 『상홍감집(霜紅龕集)』 서론(書論)에서 알 수 있듯이 아들 부미와 조카 부인(傅仁) 둘 다 부산을 대필한 적이 있다. 그러나 전해지는 작품으로 볼 때 부미의 글씨는 필력, 운치, 변화 및 기세 등 방면에서 모두 부친보다 뒤처진다. 아래 이야기에서 아마 부산 부자의 서법 기품과 격조의 차이 이유를 알 수 있을 것 같다. 하루는 부산이 술에 취하여 초서(草書)를 쓰고 난 뒤 그 자리에서 잠이 들었다. 부미가 이를 보고 자신의 글과 바꾸어 놓았는데 부산이 술에서 깨어 보더니 "어제 술에 취해 글을 썼는데 오늘 일어나 보니 중기(中氣)가 끊긴 것이 갈 날이 가까운 것 같구나"라고 하였다. 부미가 놀라 무릎을 꿇고 글을 바꾼 일을 실토하였더니 부산은 다시 "그러한즉 네가 힘이 달리는구나"라고 하였다. 결과적으로 부산의 말처럼 부미는 52세에 아버지보다 먼저 유명을 달리하였다. 이는 서법의 정신을 진정으로 터득한 것으로 생명력에 관한 것은 인력으로 어찌할 도리가 없는 것이다.

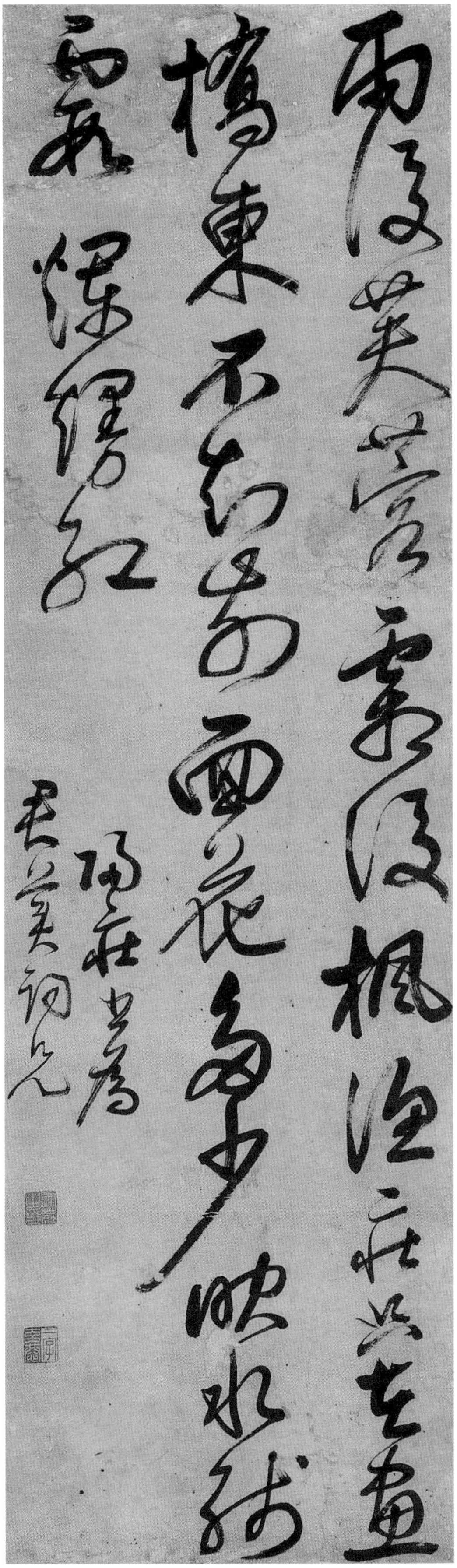

019

귀장(歸莊) 초서 군미(君美)를 위한 7언시 축(軸)

청대(淸代) 종이
세로 160cm 가로 48cm
검인(鈐印): 귀장지인(歸莊之印), 일자현공(一字玄恭)

雨後芙蓉霜後楓, 漁莊祗在畫橋東.
不知前面花多少, 映水殘霞爛漫紅.
歸莊書爲君美詞兄.

귀장(1613~1673년), 자는 이례(爾禮) 또는 현공(玄恭)이고 호는 항헌(恒軒)이며 곤산(昆山) 사람으로 귀유광(歸有光)의 증손이다. 청나라에 들어선 후 조명(祚明)으로 개명하였다. 어려서부터 총명이 남달랐고 배우기를 즐겨 육예(六藝), 백가지학(百家之學)을 널리 읽었으며 특히 병법에 능통하였다. 성격이 호매하고 시문과 서화에 모두 능한데 그중 초서, 묵죽이 빼어났으며 음주한 후에 휘호는 무아지경이었다. 양빈(楊賓)은 그의 초서가 차분하고 완숙하다고 평하고 오위업(吳偉業) 역시 높이 받들었다. 명(明) 숭정(崇禎) 2년(1629년) 복사(復社)에 가입하여 환관, 세도가들과의 투쟁에 참가하였다. 청나라 군사가 성을 함락한 후 한때 출가하여 승복을 입고 '보명두타(普明頭陀)'라 부르기도 하였다. 갑신(甲申, 1644년) 후 출사하지 않았으며 산천을 두루 오가며 가난하게 지내다가 졸하였다. 평생 고염무(顧炎武)와 두텁게 교우하였는데 두 사람 모두 학문으로 세상에 널리 알려져 학자들은 '귀기고괴(歸奇顧怪)'라 불렀다. 저서로는 『현궁집(懸弓集)』, 『항헌시집(恒軒詩集)』, 『자고록(自考錄)』 등이 있지만 모두 전하지 않는다. 후대에 엮은 것으로 『귀현공유저(歸玄恭遺著)』, 『귀현공문속초(歸玄恭文續鈔)』 그리고 영인본 『귀장수사시고(歸莊手寫詩稿)』와 집본(輯本) 『귀장집(歸莊集)』이 있다.

귀장의 서법은 호방하고 유창하며 함축적이어서 리듬감이 뛰어나다. 특히 중년 이후에 쓴 행초에서 그 저력을 엿볼 수 있는데 당시 사람들은 "양진(兩晉) 시기 서법에 가깝다"고 칭찬하였다. 그의 서법은 괴상하고 광기가 넘치는 자신의 성격과 맞아떨어지는데 천지개벽과도 같은 변화를 겪는 명대 유민들의 울분과 무기력함을 쏟아내었다. 이 작품에서도 이러한 부분이 눈에 띈다.

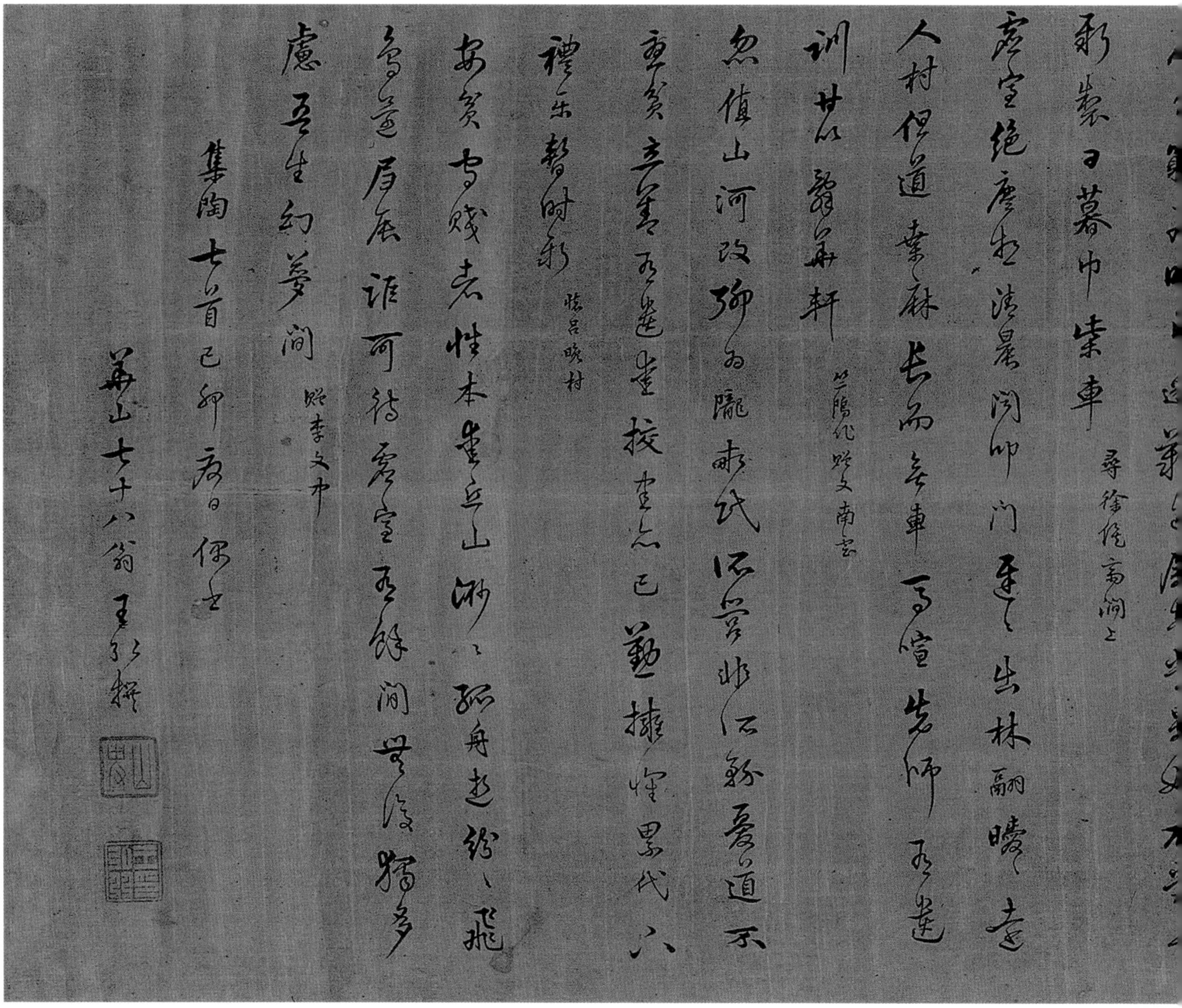

020

왕홍찬(王弘撰) 행서 도연명(陶淵明) 시 7수 권(卷)

청(淸) 강희(康熙) 38년(1699년) 비단
세로 49.2cm 가로 107cm
검인(鈐印): 산사(山史), 왕홍찬인(王弘撰印)

白日掩荊扉, 愿言同此歸.
於何勞智慧, 孰敢慕甘肥.
猛志故常在, 一觴聊可揮.
我心固非石, 千載不相違.
酬顧亭林.

道喪向千載, 依依墟里烟.
豈伊君子寶, 所說聖人篇.
勉勵從玆役, 屢空不獲年.
榮華無定在, 終古謂之然.
酬王復齋.

分散逐風轉, 投冠旋舊墟.
桑麻日已長, 歲月共相疏.
信宿酬淸話, 榮華難久居.
開春理常業, 爲我少躊躇.
歸田舍劉太室至.

山澗淸且淺, 披榛步荒墟.
袁安困積雪, 仲蔚愛窮居.

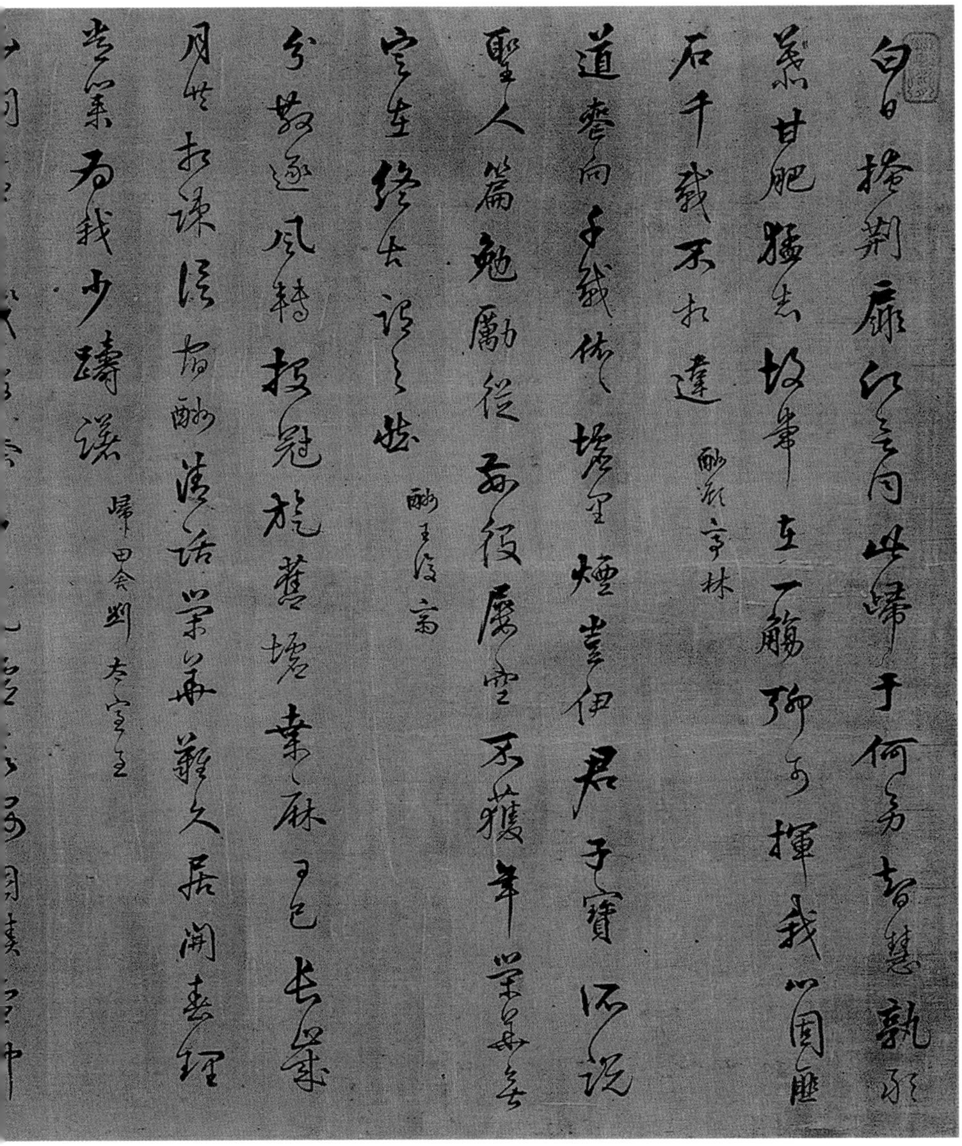

瞻望邈難逮，屢空常晏如.
衣裳無新制，日暮巾柴車.
尋徐侯齋澗上.

虛室絶塵想，淸晨聞叩門.
遲遲山林翮，暖暖遠人村.
但道桑麻長，而無車馬喧.
先師有遺訓，甘以辭華軒.
竺塢作贈又南雲.

忽値山河改，聊爲隴畝民.
所營非所務，憂道不憂貧.
立善有遺愛，校書亦已勤.
擁懷累代下，禮樂暫時新.
懷呂晚村.

安貧守賤者，性本愛丘山.
渺渺孤舟逝，紛紛飛鳥還.
良辰詎可待，虛室有餘閑.
無復獨多慮，吾生幻夢間.
贈李文中.
集陶七首，己卯夏日偶書，華山七十八翁王弘撰.

이 작품은 왕홍찬이 78세 되던 해에 쓴 것으로 만년 작품에 속한다. 이 작품을 쓰고 2년 뒤에 별세하였다. 기운이 작품 전체를 관통하였고 선이 강건하며 운치가 고풍스럽다. 사람과 서법의 깊이가 함께 느껴지는 작품으로 작가의 중요한 대표작이라 할 수 있다.

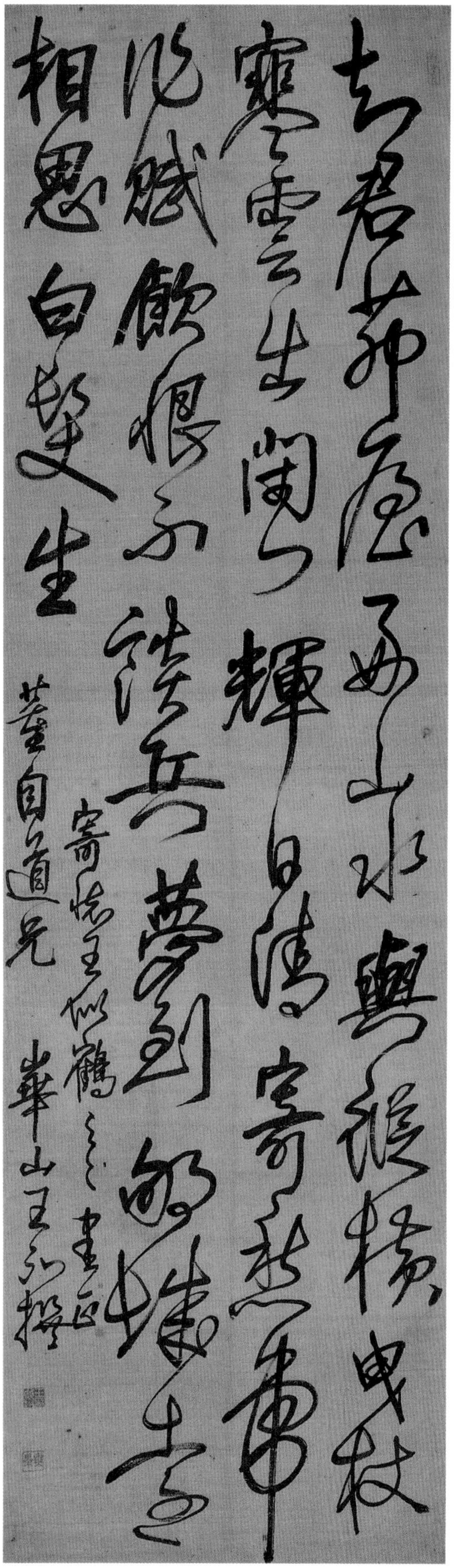

021

왕홍찬(王弘撰) 행초서 왕사학(王似鶴)에게 보내는 시 축(軸)

청대(淸代) 비단
세로 162cm 가로 48cm
검인(鈐印): 왕홍찬인(王弘撰印), 무이(無異), 독학정(獨鶴亭)

知君茅屋好, 山水與縱橫.
曳杖寒雲出, 閉門輝日淸.
寄愁常作賦, 飮恨不談兵.
夢到鄜城遠, 相思白髮生.
寄懷王似鶴足下書正, 董自道兄, 華山王弘撰.

왕홍찬(1622~1702년), 자는 문수(文修), 무이(無異)이고 호는 태화산사(太華山史)인데 산사선생으로 불렸으며 섬서(陝西) 화음(華陰) 사람이다. 남경 병부시랑(兵部侍郎) 왕지량(王之良)의 다섯째 아들이기도 하다. 강희(康熙)연간 홍박(鴻博)에 추천되었지만 응하지 않았다. 순치(順治) 7년(1650년), 화산(華山) 운대관(雲臺觀)으로 이사하여 강학하였는데 크게 이름을 떨쳤다. 저명한 학자 고염무(顧炎武)와 가깝게 지내 고 씨가 섬서에 있을 때 그의 집에 몇 년간 머물기도 하였다. 청대 초기 섬서의 걸출한 사상가로서 남북학문을 모두 닦았다. 저서로는 『산지(山志)』, 『주역도설술(周易圖說述)』, 『정학우견술(正學隅見述)』, 『지재집(砥齋集)』 등이 있다. 왕홍찬은 시문에 능하였는데 문장에 있어서 간결하고 담백하며 말끔함을 추구하였다. 금석학(金石學)에 조예가 깊고 서화 감별에도 뛰어났다. 서법은 왕희지(王羲之), 안진경(顔眞卿), 미불(米芾)을 따랐으며 금석학을 정통한 연유로 전부 금석에서 온 것이기도 하다.

이 작품은 선이 길게 이어지고 기세가 당당하다. 필의로 볼 때 왕탁(王鐸)의 영향을 받았지만 왕탁의 중후함과 웅장함과는 또 다른 멋이 있다. 네모지고 꺾는 용필이 많아 대차고 꼿꼿하며 드높은 격정이 흰 비단 위에 그대로 드러나 보인다.

022

달중광(笪重光) 행서 7언시 축(軸)

청대(清代) 비단
세로 173.5cm 가로 48.8cm
검인(鈐印): 달중광인(笪重光印), 강상(江上), 송자각(松子閣)

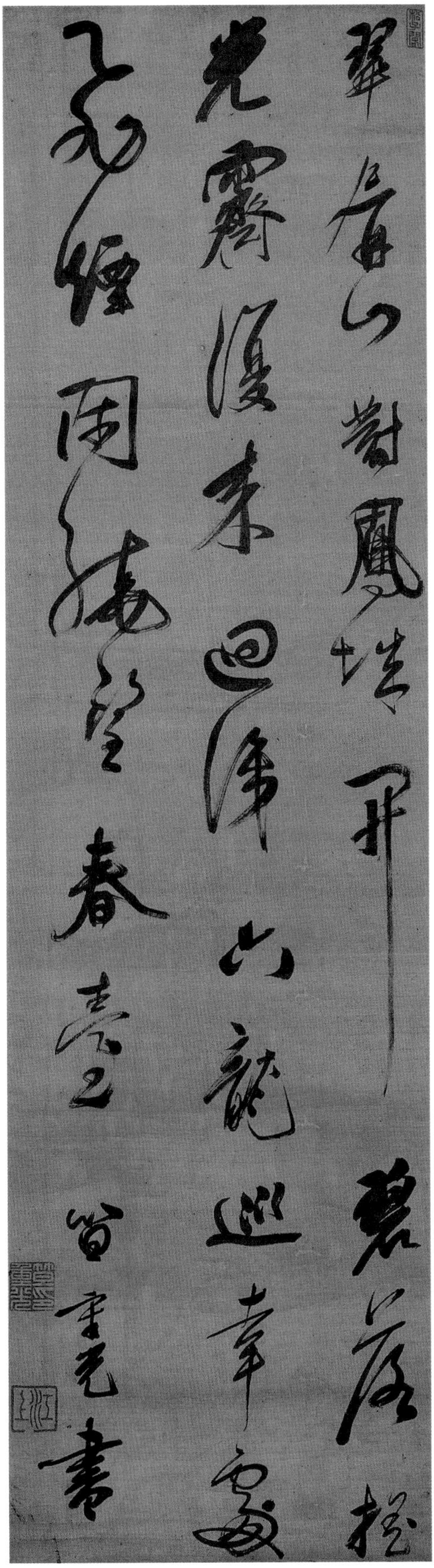

翠屏山對鳳城開, 碧落搖光霽復來.
回識六龍巡幸處, 飛烟閑繞望春臺.
笪重光書.

달중광(1623~1692년), 자는 재신(在辛), 호는 강상외사(江上外史), 일광(逸光), 일수(逸叟)이고 만년에 모산(茅山)에서 도를 배우며 부광(傅光)으로 개명하고 자칭 욱강소엽도인(郁岡掃葉道人)이라 하였다. 단도[丹徒, 현 진강(鎮江)] 사람이다. 순치(順治) 9년(1652년)에 진사에 합격하였고 강서순무(巡撫)를 지냈다. 그의 시는 사람과 마찬가지로 건강하고 활기 넘치며 의미심장하다. 서화 또한 당시에 유명하였는데 서법은 소식(蘇軾), 미불(米芾)을 따라 필의가 초일하여 강신영[姜宸英, 자 서명(西冥)], 왕사횡[汪士鋐, 호 퇴곡(退谷)], 하작[何焯, 호 의문(義門)]과 더불어 4대가로 일컬어졌다. 저서로는 청대 가장 영향력 있는 서화이론서인 『서벌(書筏)』, 『화전(畫筌)』이 있다.

달중광은 『서벌』에서 "고금 서예가들은 모두 둥글고 수려함을 추구하였다. 오직 중봉(中鋒)만은 힘 있고 곧으며 가지런하고 습윤하다가 마지막에 둥글게 하는데 둥근 것이 곧 수려한 것이다", 또한 "강건하면서도 부드럽고 둥글고 가지런하면서 윤이 나는 것은 진정 어렵도다", "둥글면서도 힘 있고 수려하면서 각지며 구도에 있어서 균일하고 시원하면서도 정교하여야만 진정 서예가의 반열에 들어섰다고 할 수 있다"라고 하였다. 이 작품은 기세가 조화롭고 유창하며 전편이 다채로운 것이 소위 둥글고 수려하면서도 힘 있고 곧으며, 부드러우면서도 강건하고, 균일하면서도 정교한 면모가 모두 흰 비단에 그대로 체현되었다. 위의 몇 마디가 전부 검증된 셈이니 진정 이론을 몸소 실천한 사람이라 하겠다.

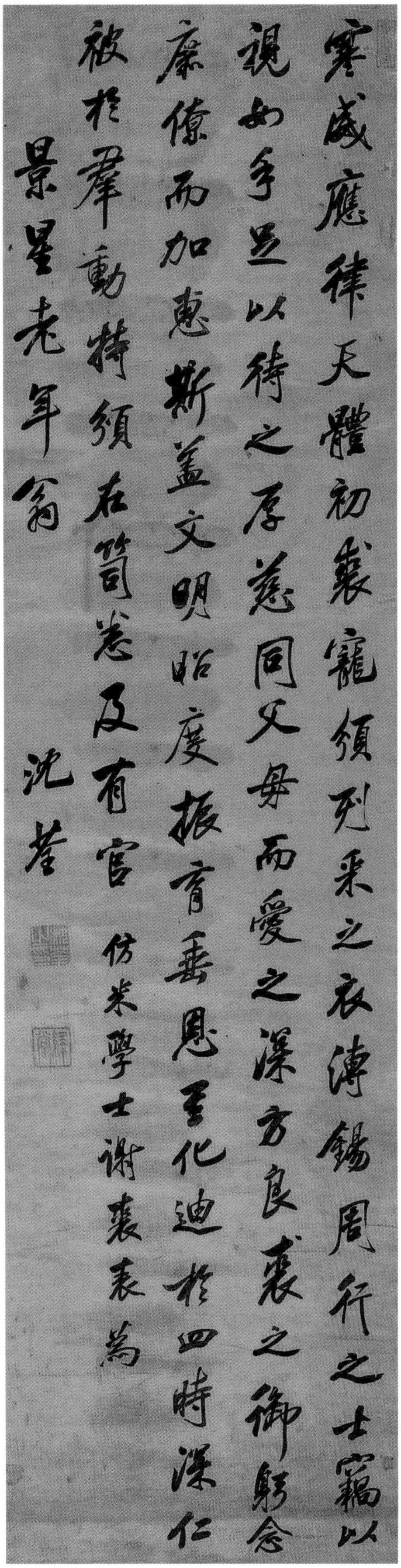

023

심전(沈荃) 미불(米芾) 사구표(謝裘表) 임모(臨摸) 축(軸)

청대(淸代) 종이
세로 190.3cm 가로 50.3cm
검인(鈐印): 심전지인(沈荃之印), 역당(繹堂)

寒威應律, 天體初裘. 寵頒列采之衣, 溥錫周行之士. 窃以視如手足, 以待之厚; 慈同父母, 而愛之深. 方良裘之御, 躬念庶僚而加惠. 斯蓋文明昭度, 振育垂恩. 至化迪於四時, 深仁被於群動. 特頒在笥, 悉及有官.

仿米學士謝裘表爲景星老年翁, 沈荃.

[주석]

이 두루마리는 미불의 〈사사구표(賜謝裘表)〉를 임모한 것이지만 누락되고 생략된 부분이 많다. 예를 들어 '斯蓋' 뒤에는 '伏遇陛下'가 누락되고 '深仁被於群動' 뒤로는 "當傳稱愛日之候, 詩歌處室之期. 眷疆場□□□"이, '悉及有官' 뒤로는 "臣等濫被身系, 如更暖律, 奉挾纊之施, 罔克服功; 負在梁之譏, 惟知安吉"이 생략되었다. 그리고 원문에서의 '悉逮有官'이 여기에서는 '悉及有官'으로 되어 있다[『미불집(米芾集)』, 호북(湖北)교육출판사, 2002년판 참고].

심전(1624~1684년), 자는 정유(貞蕤), 호는 역당(繹堂), 위암(位菴), 충재(充齋)이고 화정[華亭, 현 상해(上海) 송강(松江)] 사람이다. 순치(順治) 9년(1652년) 제1갑으로 진사가 되어 편수에 임명되었으며 사대양도부사(司大梁道副使), 국자감제주(國子監祭酒), 예부시랑(禮部侍郎) 등 직을 역임하였고 시호는 문각(文恪)이다. 학문과 품행이 순수하고 고결하였으며 특히 서법으로 명성이 드높았다. 강희(康熙) 황제가 자주 내전으로 불러 함께 고금의 서법을 논하여 천하에 이름을 알렸다. 저서로는 『남범영(南帆咏)』, 『충재집(充齋集)』이 있다.

심전은 미불 임모를 잘하기로 이름났다. 이 작품이 바로 미불의 〈사구표〉 첩을 임모한 것으로 용필, 필획구조 모두 미불을 체득하였다.

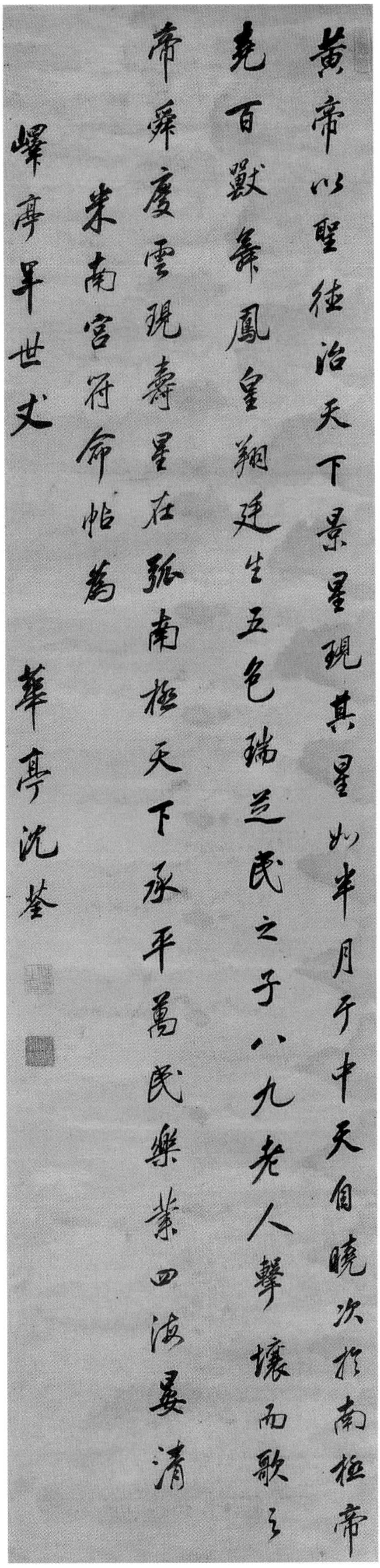

024

심전(沈荃) 미불(米芾) 부명첩(符命帖) 임모(臨摸) 축(軸)

청대(清代) 비단
세로 199.2cm 가로 49cm
검인(鈐印): 모은당(模恩堂), 심전지인(沈荃之印), 장첨종백학사(掌詹宗伯學士)

[주석]

황제가 성덕으로 천하를 다스리자 상서로운 별이 나타났다. 이 별은 반달 같은데 중천에 떠 날이 밝을 즈음이면 남극으로 졌다. 요임금이 다스릴 때에는 백수가 춤을 추고 봉황이 날아예며 궁중에 오색 영지가 자라났다. 백성의 아들로서 임하니 8, 90 되는 노인이 격양 놀이를 하며 노래하였다. 순임금이 다스릴 때에는 오색구름이 나타나고 수성이 남극에 걸렸는데 추분쯤에는 늘 병에 나타나고 춘분날 아침에는 정에 몰하였다. 천하가 안정되고 태평하며 만민이 즐겁게 일하였다[『미불집(米芾集)』, 서상서(書祥瑞) 원문, 호북(湖北)교육출판사, 2002년판 참고].

청대 사람 방포(方苞)는 『망계집외문(望溪集外文)』에서 "(심전이) 어전에서 미해악(米海岳, =미불)의 첩을 임모하는데 몽당붓인 걸 황제가 보고 봉관(鳳管) 하나를 친히 하사하였다. 매번 황제가 글 쓰는 걸 시중들면서 글자마다 잘못된 부분을 지적하는 동시에 그 이유를 분석하니 황제는 그의 충성에 칭찬을 아끼지 않았다……"라고 적고 있다.

이 첩은 미불의 〈부명첩〉을 임모한 것이지만 글의 내용은 미불의 〈서상서〉이므로 『미불집』에 수록된 것과는 문자적으로 차이가 난다. 심전은 평생 미불의 첩을 수없이 임모하였는데 이 첩 역시 그중 하나이다. 비록 미불의 첩을 임모하였다 하지만 동기창(董其昌)의 면모가 있고 필획구조, 용필에서는 자기만의 개성을 살렸다. 용필은 무게감 있으면서도 가볍게 터치하였고 묵빛은 수려하고 윤이 난다. 구도와 포치는 동향광(董香光, =동기창)을 본받아 행간, 자간이 크고 흰빛이 검은빛보다 많이 보인다. 따라서 소산하고 광활한 것이 마치 은하수의 뭇별 또는 성긴 숲 같아 초일하고 심원하며 은근한 정이 넘친다. 미원장(米元章, =미불)의 분방함과 동현재(董玄宰, =동기창)의 성김을 두루 갖추고 미불의 진수를 습득한 작품이다.

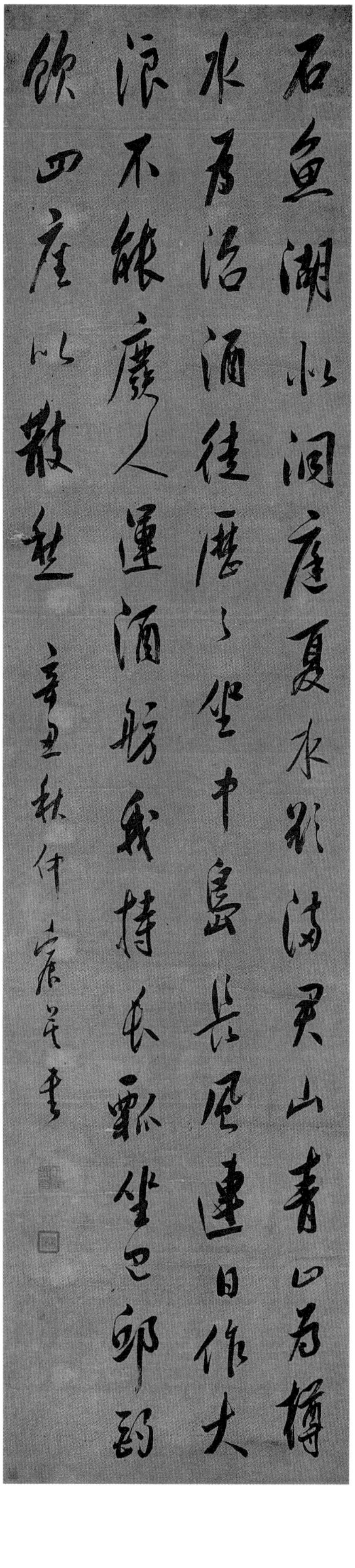

025

강신영(姜宸英) 행서 7언율시 축(軸)

청(清) 순치(順治) 18년(1661년) 비단
세로 189.7cm 가로 46cm
검인(鈐印): 강신영인(姜宸英印), 서명(西溟)

강신영(1628~1699년), 자는 서명(西溟), 호는 담원(湛園) 또는 위려(葦間)이며 절강(浙江) 자계(慈溪) 사람으로 청대 서예가이다. 강희(康熙) 36년(1697년) 탐화(探花)이며 70세 고령으로 편수에 임명되었다. 강희 기묘년(己卯年, 1699년)에 순천(順天) 향시 시관으로 과거시험 부정행위에 연루되어 옥에서 졸하였다. 일찍 포의(布衣) 신분으로 명사(明史) 편찬에 참여하여 주이존(朱彛尊), 엄승손(嚴繩孫)과 함께 '삼포의(三布衣)'라 불렸다. 산수화는 필묵에 힘이 있고 분위기가 우아하다. 서법은 달중광(笪重光), 왕사횡(汪士鋐), 하작(何焯)과 함께 첩학(帖學) '4대가'로 일컬어졌다. 해서는 우세남(虞世南), 저수량(褚遂良), 구양순(歐陽詢)을 사숙하였고 그중 소해(小楷)가 으뜸이다. 포세신(包世臣)은 그의 행서 역시 상품(上品)이라고 칭찬하였다. 겸하여 감정에도 뛰어나 한때 유명하였다. 난정석각(蘭亭石刻)을 소장하고 있었는데 지금까지도 탁본은 '강씨난정'이라 부른다. 저서로는『담원미정고(湛園未定稿)』,『서명문초(西溟文鈔)』,『담원제발(湛園題跋)』등이 있다.

이 행서 작품은 강신영이 33세 되던 해에 쓴 것으로 힘차고 굳세며 시원시원하다. 용필에 변화가 다양한데 미원장(米元章), 동향광(董香光)의 의취가 있다.

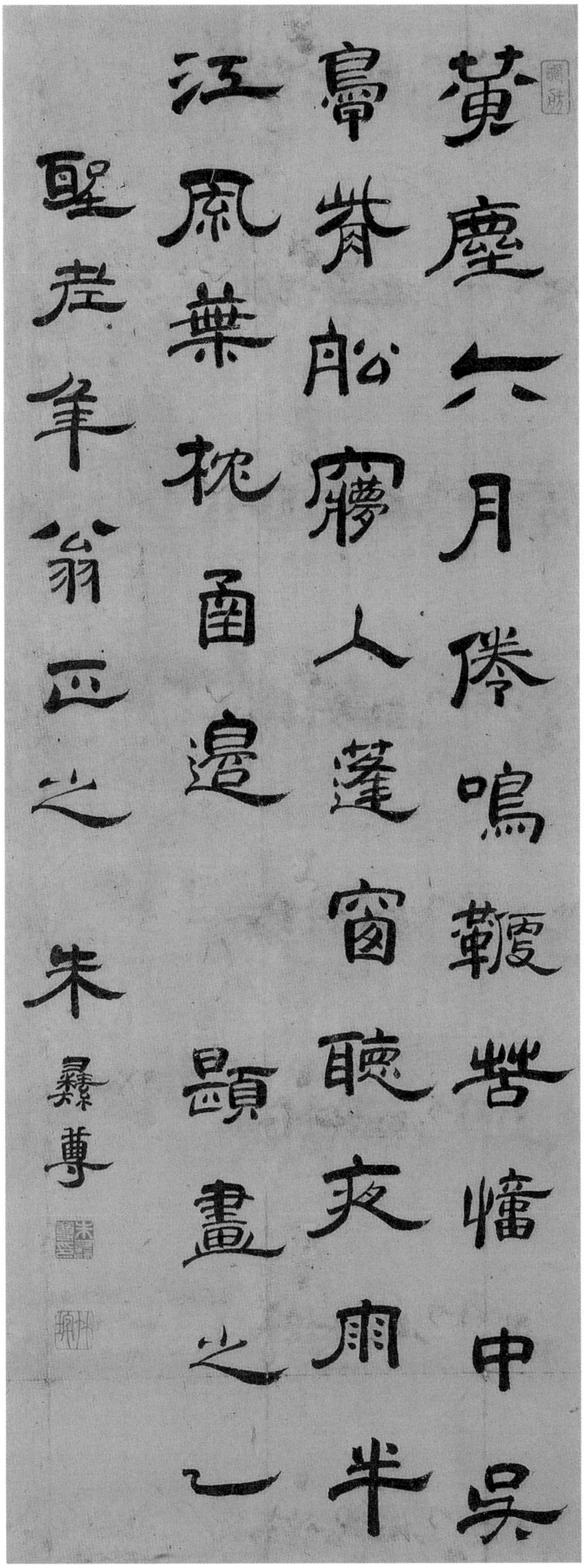

026

주이존(朱彝尊) 예서 7언시 축(軸)

청대(淸代) 종이
세로 103cm 가로 41cm
검인(鈐印): 주이존인(朱彝尊印), 죽타(竹垞), 구방(鷗舫)

黃塵六月倦鳴鞭, 苦憶中吳鴨嘴船.
寐入蓬窗听夜雨, 半江風葉枕函邊.
題畫之一, 聖老年翁正之, 朱彝尊.

주이존(1629~1709년), 자는 석창(錫鬯), 호는 엄방(醧舫), 구방(鷗舫), 금풍정장(金風亭長), 소장로구어사(小長蘆釣魚師)이며 수수[秀水, 현 절강(浙江) 가흥(嘉興)] 사람이다. 강희(康熙) 18년(1679년) 홍학박사과(鴻學博詞科)에 응시하여 한림원(翰林院) 검토(檢討)에 임명되었으며 22년(1683년)에 남서방(南書房)에 입직하였다.

두루 다독하였던 그는 청대 초기 유명한 시인, 사인(詞人), 서예가일 뿐만 아니라 또한 경학 연구에 일가견이 있었고 금석 고증에도 뛰어났다. 팔분서(八分書)에 능하였으며 산수화가 빼어났는데 운무가 자욱한 것이 기품이 있다. 저서는 많은 편이며 『일하구문(日下舊聞)』, 『폭서정집(曝書亭集)』 등이 있다.

027

육롱기(陸隴其) 행서 비룡편(飛龍篇) 축(軸)

청대(淸代) 종이
세로 82cm 가로 44cm
검인(鈐印): 육롱기인(陸隴其印), 가서(稼書)

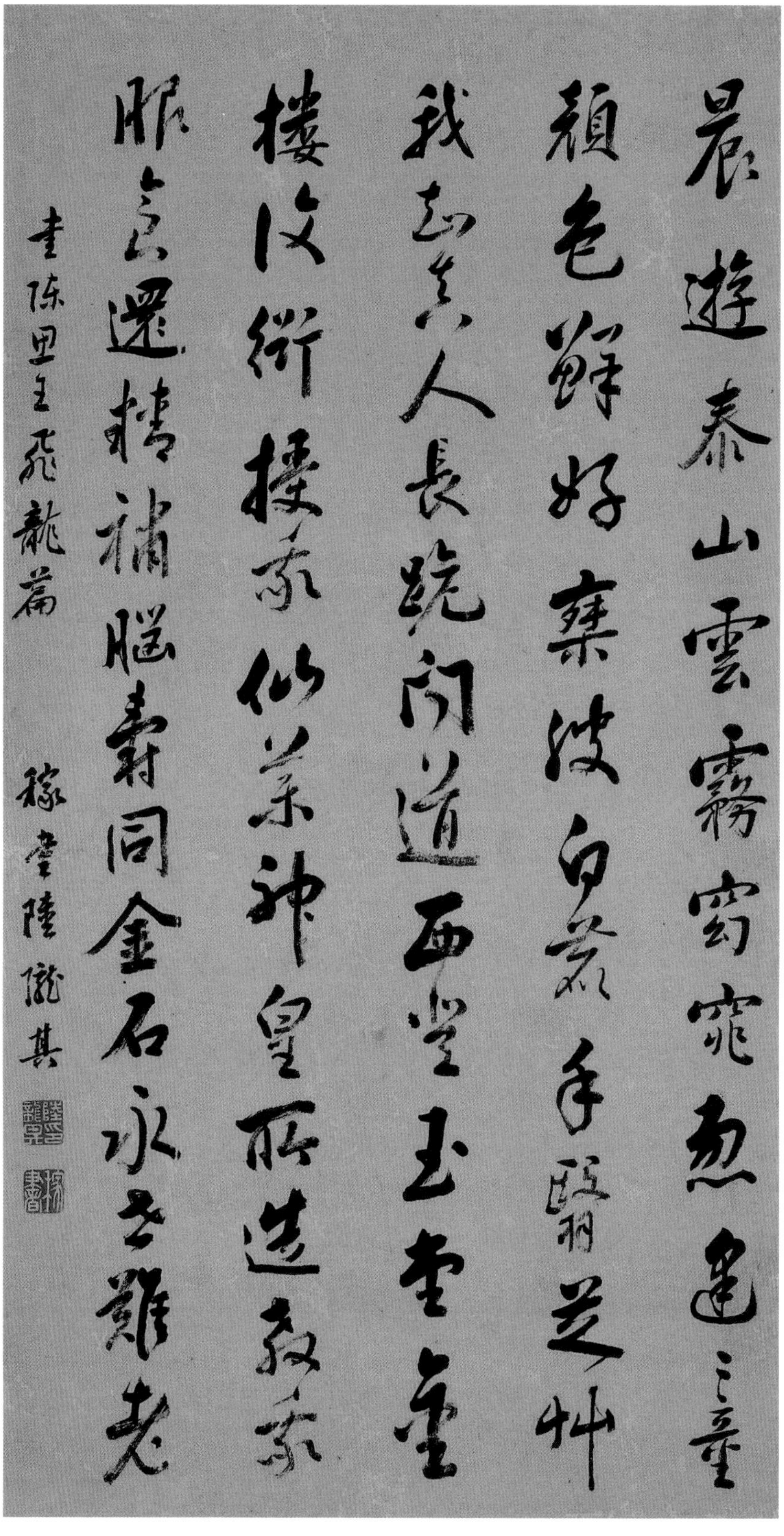

육롱기(1630~1692년), 초명은 용기(龍其), 자는 가서(稼書)이며 절강(浙江) 평호(平湖) 신태(新埭) 묘구(泖口) 사람이다. 강희(康熙) 9년(1670년) 이갑(二甲)에 합격하여 진사가 되었다. 14년 강남(江南) 가정(嘉定) 지현(知縣)으로 임명받아 관리들을 정돈하고 토호들을 억제하며 낭비벽을 없애고 속된 것을 뿌리 뽑는 등 많은 선정을 펼치니 향민들이 사당을 지어 기념하기에 이르렀다. 22년 직예(直隷) 영수현(靈壽縣) 지현에 임하였는데 재임 7년간 치적을 쌓아 '천하제일청렴'으로 불렸다. 29년 구경(九卿)이 천거하여 사천(四川) 도감찰어사(道監察御史)에 나아갔으나 소를 올려 민심과 사회 병폐를 고함으로써 권신들과 알력이 생기게 되었다. 이듬해 여름, 조정 각 부서의 결정에 의해 파직되었다. 고향으로 돌아간 후 동묘(東泖) 이안서원(爾安書院)에서 강학하자 문하에 학자들이 몰려들었다. 정주학(程朱學)을 주종으로 하여 배우기 위해『학술변(學術辯)』을 편찬함으로써 이학의 진수를 얻게 되었다. 저서가 풍부한 편으로『인면록(因勉錄)』,『송양강의(松陽講義)』,『삼어당문집(三魚堂文集)』이 전해지고 있다.

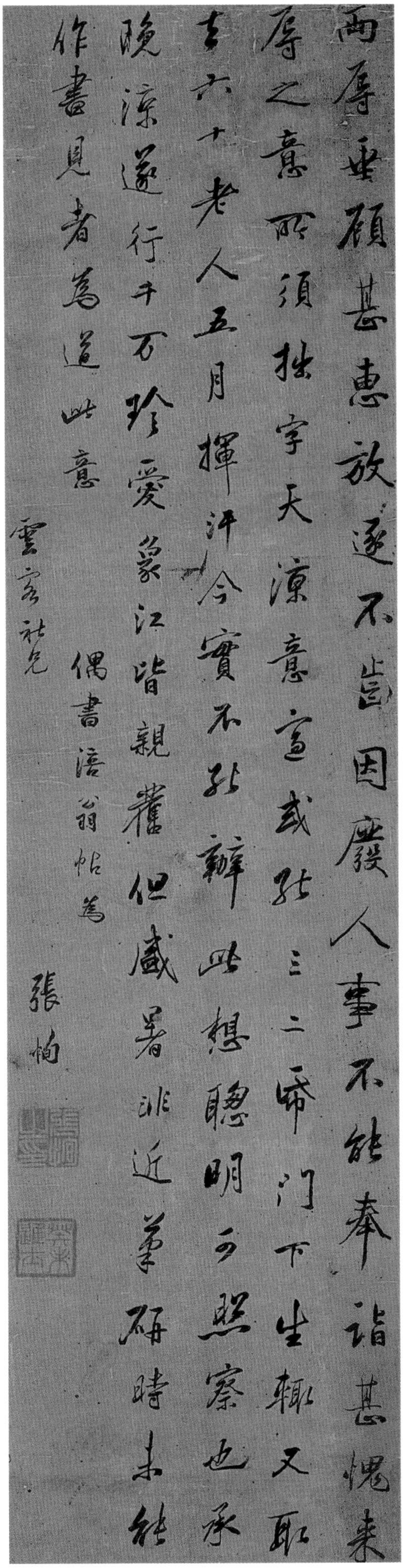

028

장순(張恂) 황정견첩(黃庭堅帖) 임모(臨摹) 축(軸)

청대(淸代) 비단
세로 160cm 가로 42cm
검인(鈐印): 장순지인(張恂之印), 계미진사(癸未進士)

兩辱垂顧甚惠放逐不齒因廢人事不能奉詣甚愧來辱之意所須拙字天凉意适或能三二紙門下生輒又取去六十老人五月揮汗今實不能辨此想聰明可照察也承晩凉逐行千萬珍愛象江皆親舊但盛暑非近筆硏時未能作書見者爲道此意

偶書涪翁帖爲雲客社兄, 張恂.

장순, 자는 치공(稺恭)으로 명말 청초 경양(涇陽) 사람이다. 숭정(崇禎) 말년(1643년)에 진사에 합격하고 청 순치(順治) 초년(1644년)에 중서사인(中書舍人)에 임하였다. 문장으로 천하에 이름을 떨쳤고 저서로는 『초산당집(樵山堂集)』, 『서송관집(西松館集)』이 전해지고 있으며 서화에도 능하였다.

이 작품은 구양순(歐陽詢), 미불(米芾)의 영향을 받아 서법의 운치와 재미를 강조하였다. 또한 장봉(藏鋒), 삽행(澁行)을 통해 중후하고 힘찬 효과를 추구하였다. 자형은 반듯한 가운데 변화를 추구하여 옛 법을 따르면서도 그에 구애받지 않았다. 글자마다 흩어짐이 없이 단정하면서도 용필이 경직되는 것을 피하였으며 외적 아름다움을 추구하지도, 운치와 호방함에 얽매이지도 않았다. 작가는 정적 · 내적인 수수함으로 고즈넉하고 우아하며 부드러운 경지에 이르렀는데 문인 사대부의 기품이 서려 있다.

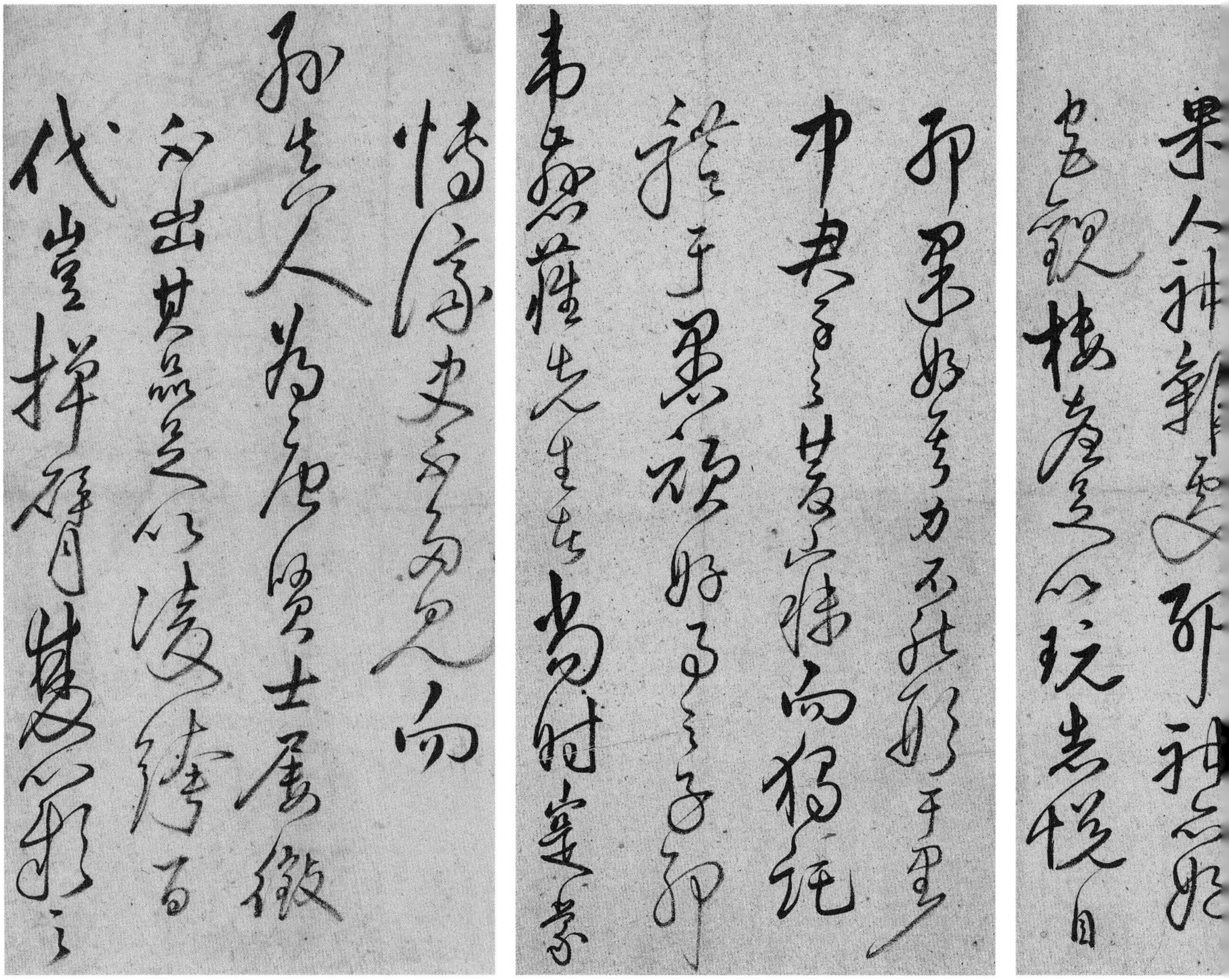

029

왕우단(王又旦) 초서 약왕묘(藥王廟) 재건에 대하여 책(册)

청(淸) 강희(康熙) 4년(1665년) 종이
세로 45.5cm 가로 24.5cm
검인(鈐印): 유술연첩(酉戌聯捷), 왕우단자유화호황미(王又旦字幼華號黃湄)
감장인(鑒藏印): 사본헌진장(四本軒珍藏), 청범경안(晴梵經眼), 당운사인(党澐私印), 청범(聽梵)운(澐), 추의관주인(秋意館主人)

敍, 仲春望後二日, 里人坐藥王廟欻然昏絶, 起則瞪目跂足, 言歲當大疫, 神將佑吾土, 尙新壽宮除蕪穢哉, 旣而里人相繼如此者七人, 無異詞, 鄕人慴伏. 又旦見而獨疑焉, 村捨數百家中廟甍鱗次中果有神耶? 果人神雜處耶? 神亦好宮觀樓臺, 足以玩志悅目耶? 果好其力, 不能形於里中君子之夢寐而獨託體於愚頑好事之子耶? 韋燕羅先生者, 當時寔蒙博濟, 史不多見, 而孫眞人爲唐賢士, 屢徵不出, 其品足以凌跨百代, 豈撣臂雙闕之間笑傲龍宮之內, 而反繾倦於村落之數椽耶? 豈厲淸操於當時反馳志節於死後耶? 假若百姓不辰, 遭時瘟疫, 神之權果足以奪伯强之魄耶? 或曰是猶行古之道也, 屈平述楚俗曰? 偃蹇日鬼靈保. 屈平, 賢者也, 方且極力摹擬而終不傷其爲大雅, 是猶行古之道也. 雖然廟宇敧側久矣, 持此以驚人, 四方輸者雲集麕至, 便如佛家所云法如龍象者然. 然此則吾又何必斷斷論其事之有無哉!

里中進士後學王又旦謹撰, 時乙巳淸明後二日.

왕우단, 자는 유화(幼華), 호는 황미(黃湄)이며 합양현(合陽縣) 백량향(百良鄕) 백량촌(百良村) 사람이다. 순치(順治) 15년(1658년) 진사가 되었고, 강희 7년(1668년) 호광(湖廣) 잠강(潛江) 지현(知縣)에 임용되었다. 때는 잠강이 전란과 수재를 겪은 뒤였지만 그는

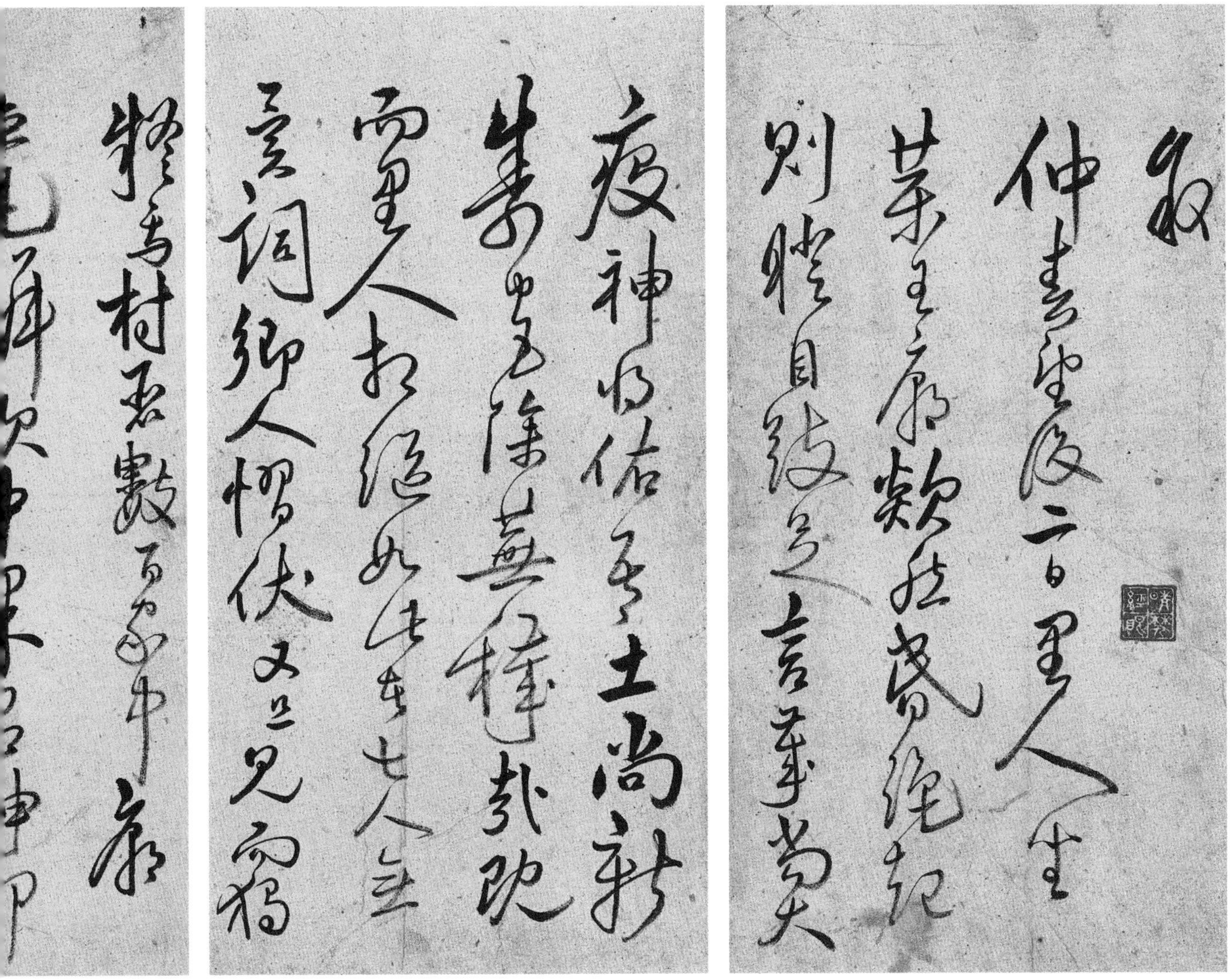

부패한 정치를 뿌리 뽑고 유랑민들을 모으는 한편 농업생산을 장려함으로써 점차 질서를 잡아갔다. 한수(漢水) 하류에 위치한 잠강은 매번 제방이 무너져 수재를 입었는데 왕우단은 백성을 거느리고 제방을 새로 쌓는 동시에 상급에 건의하여 각 현 연합제에서 구역제로 고침으로써 현마다 각기 책임지게 하였다. 이로써 상호 책임을 회피하고 전가하던 병폐를 없애고 호북(湖北)에서 20여 년간 한수 수재를 면할 수 있게 하였다. 또한 잠강에 '사경서원(使經書院)', '설시대(說詩臺)'를 세워 인재를 양성하였다. 강희 23년(1684년) 이부급사중(吏部給事中)으로 승진하고 얼마 뒤 광동(廣東)에서 시험을 주최하였다. 한편 도적이 경상적으로 출몰하던 남해(南海) 화산(花山)에 성을 건축하고 현을 설치할 것을 황제에게 아뢰어 허락받음으로써 그 일대의 치안을 관리할 수 있었다. 우단은 박학할 뿐만 아니라 문장에도 능하였으며 특히 시가 빼어났다. 경성의 왕어택(王漁澤)과 늘 시를 주고받으면서 깊은 우애를 나누었다. 당시 사람들은 시를 말할 때면 반드시 '이왕(二王)'을 거론하곤 하였다. 주죽타(朱竹垞)는 "우단의 시는 한 · 송(漢 · 宋) 사람들의 장점을 집대성한 것"이라고 말하였다. 저서로는 『황미집(黃湄集)』이 있으며 묘지는 백량촌 남쪽에 위치하였다.

왕우단은 청대 초기에 시가 및 정치 업적으로 칭송되고 서법으로는 크게 이름을 떨치지 못하였다. 따라서 3백 년간 그의 서법은

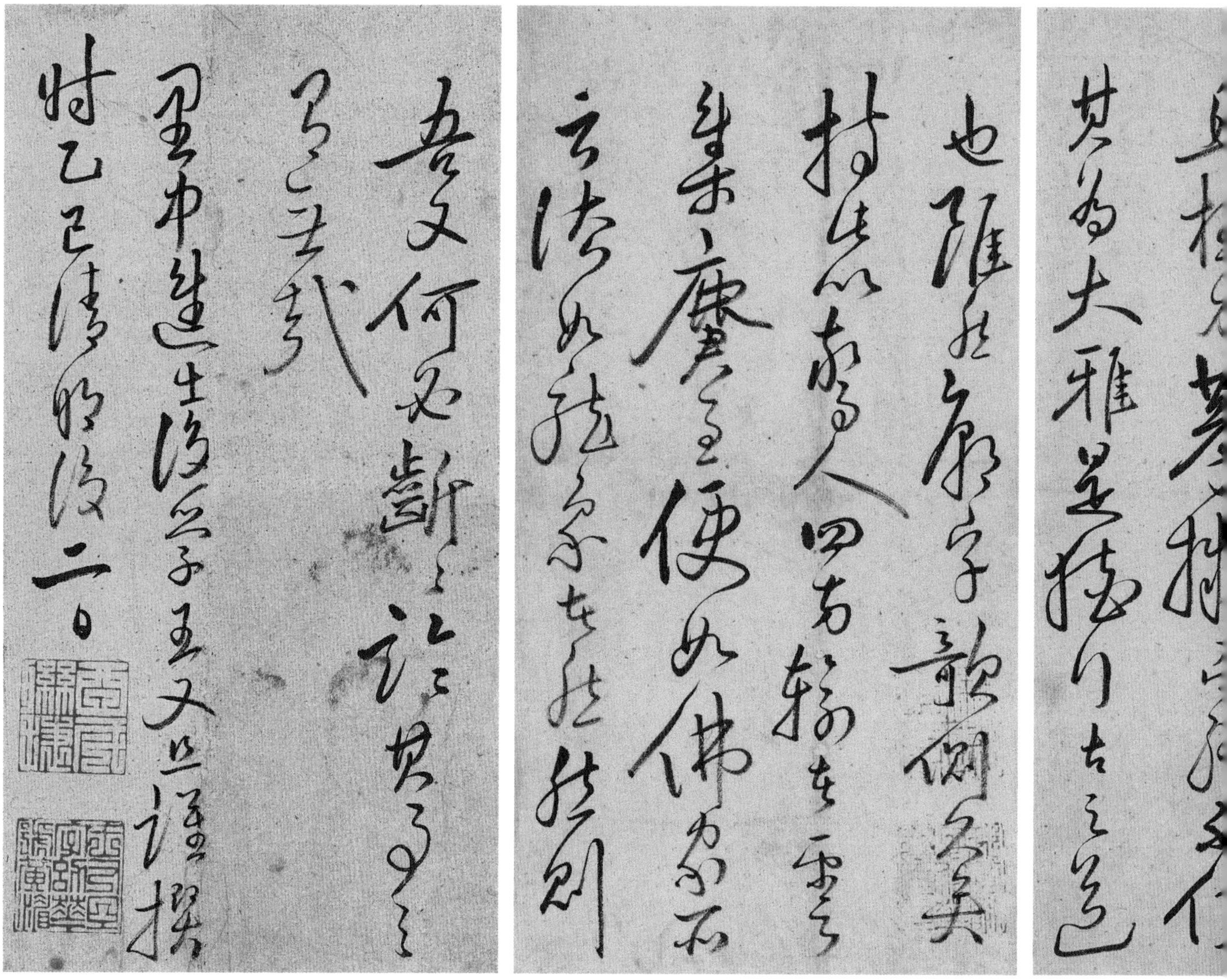

파묻히다시피 되어 거의 알려진 바가 없었다. 중화민국이 들어선 후 유명한 학자이자 서예가인 당청범(党晴梵)이 그의 유묵을 보고는 찬탄을 금치 못하였다. 그의 서법이 인정받지 못한 데는 대략 세 가지 원인이 있다. 첫째, 자신이 포부가 크고 재능이 뛰어나다 보니 서법을 다만 변변치 못한 재주로 여겨 드러내는 것을 싫어하였기 때문이다. 둘째, 시와 정치적 업적으로 명성을 떨치다 보니 서법은 묻히게 되었다. 셋째, 역대로 서예로 이름난 이들은 대부분 장수한 이들로 묵적이 널리 퍼지면서 서예가로서의 명성도 더 높아졌다. 그러나 왕우단은 향년 51세로 일찍 졸한 관계로 애석하게도 서예 재능을 마음껏 펼치지 못하였다.

북책(北冊)은 37세 때 작품으로 격조는 왕홍찬(王弘撰)과 주탑(朱耷) 사이에 걸쳐 있으며 회소(懷素) 〈자서첩(自敍帖)〉의 정수를 체득하여 점획이 정교하고 필력이 힘 있고 강건하다. 또한 재능이 충분히 표현되고 분위기가 화기애애하며 필치가 유창한 것이 3백 년이 지난 오늘날에도 여전히 생기가 넘쳐난다. 이 작품을 명말 청초 여러 대가들의 작품과 비교해도 동년배들 사이에서는 서예가로서 손색이 없다. 특히 칭찬할 만한 것은 왕우단은 과거를 통해 벼슬길에 나아간 사람이지만 그 유묵으로 볼 때 청왕조 군신들의 일반적인 병폐인 비겁하고 유약하며 의기소침한 관각체(館閣體)의 흔적이 전혀 없다는 것이다. 표일하고 고담하며 초연하고 웅건한 것이 청대 초기 야일(野逸)한 풍격에 더욱 가깝다. 이는 그의 시가 '5언시는 도연명(陶淵明)과 비슷하고 7언시는 방옹[放翁, =육유(陸游)]에 가까운' 풍격과 일치한 것으로 이로부터 그의 됨됨이를 유추할 수 있다.

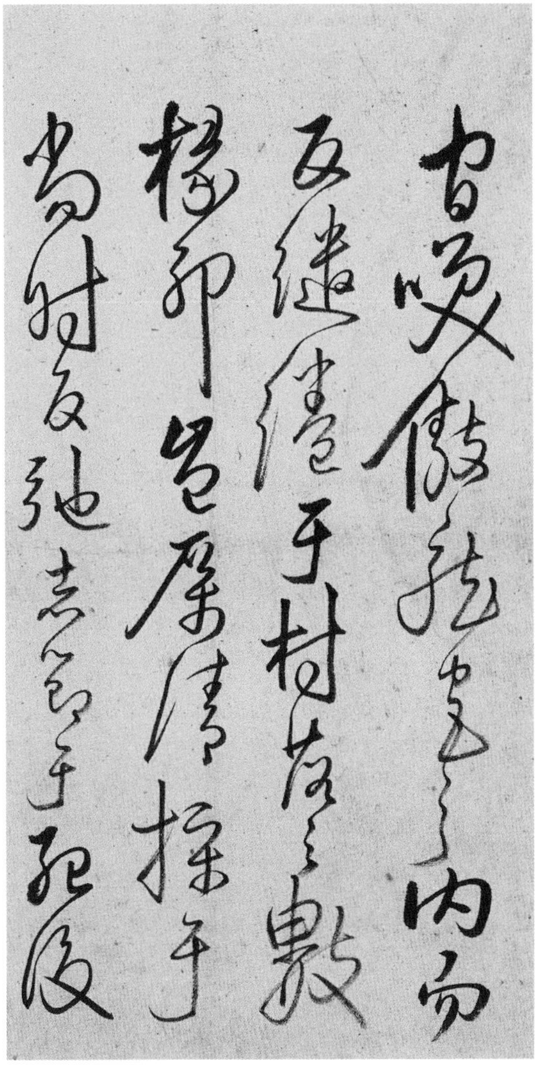
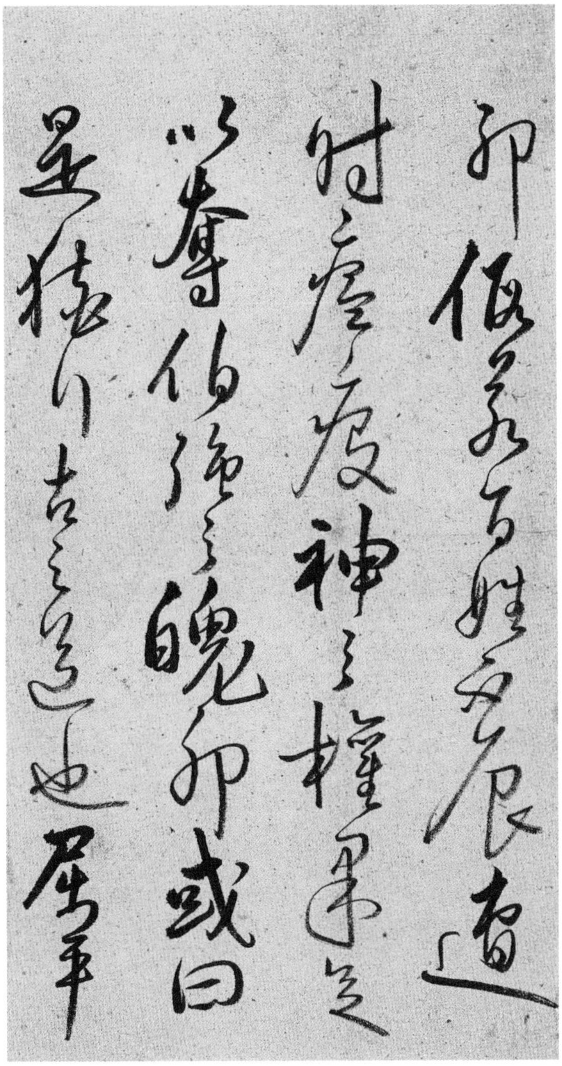
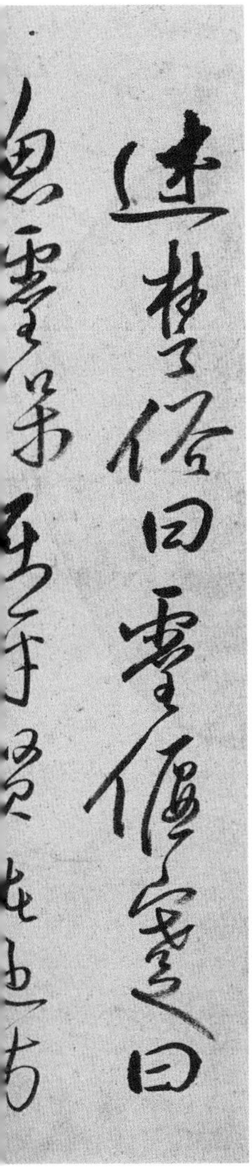

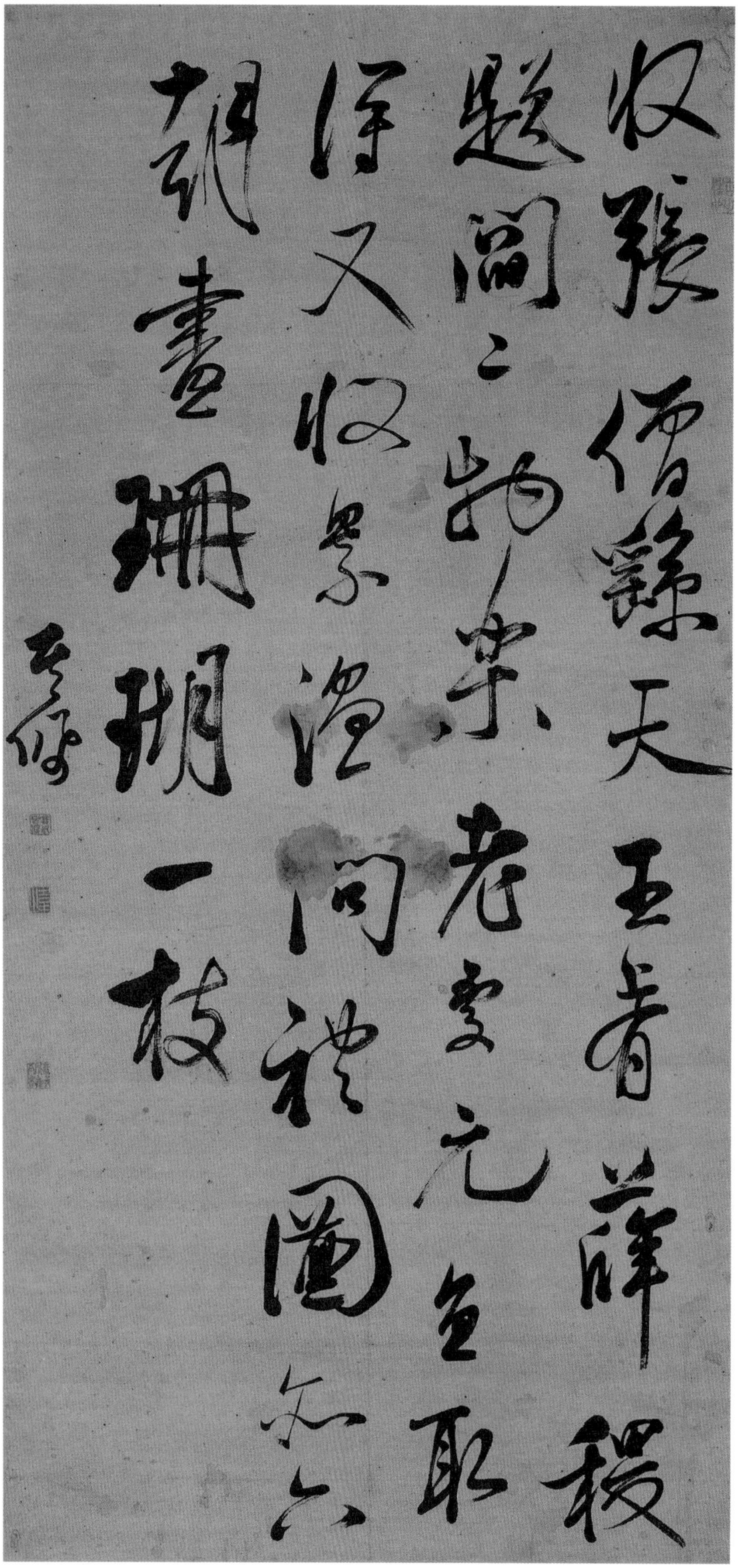

030

고기패(高其佩) 미불첩(米芾帖) 임모(臨摸) 축(軸)

청대(淸代) 종이
세로 135cm 가로 66cm
검인(鈐印): 고지광심(古之狂心), 고기패인(高其佩印)
위지(韋之), 비아소능위자(非我所能爲者)

收張僧繇天王, 上有薛稷題閣二物, 樂老處元直取得, 又收景溫問禮圖, 亦六朝畫珊瑚一枝. 其佩.

고기패(1660~1734년), 자는 위지(韋之), 호는 차원(且園)으로 철령[鐵嶺, 현 요녕(遼寧)에 속함] 사람이다. 형부우시랑(刑部右侍郞)을 지냈으며 지두화(指頭畫)로 유명하였다. 그가 그린 지두화는 비범하고 청수하며 질박하고 자연스러우며 그 운치가 그림 밖까지 미쳤다. '양주팔괴(揚州八怪)' 가운데 이복당(李復堂)은 직접 고기패에게서 배웠으며 황신(黃愼), 고봉한(高鳳翰)도 그의 화풍의 영향을 받았다. 작품마다 정묘하고 독특한데 꽃, 나무, 새, 짐승, 물고기, 용, 인물 어느 하나 정묘하지 않은 것이 없으며 평생 작품은 약 5, 6만 점에 달한다. 1935년 상무인서관(商務印書館)에서 『고차원서화선집(高且園書畫扇集)』을 출판하였다.

이 작품은 고 씨가 미불의 〈산호첩(珊瑚帖)〉을 임모한 것이다. 용필이 영활하고 변화가 다양하며 비백(飛白)이 강건하고 습필(濕筆)이 윤택하다. 또한 기필(起筆), 수필(收筆), 제돈(提頓)이 자연스럽게 이루어져 한 폭의 그림을 방불케 한다.

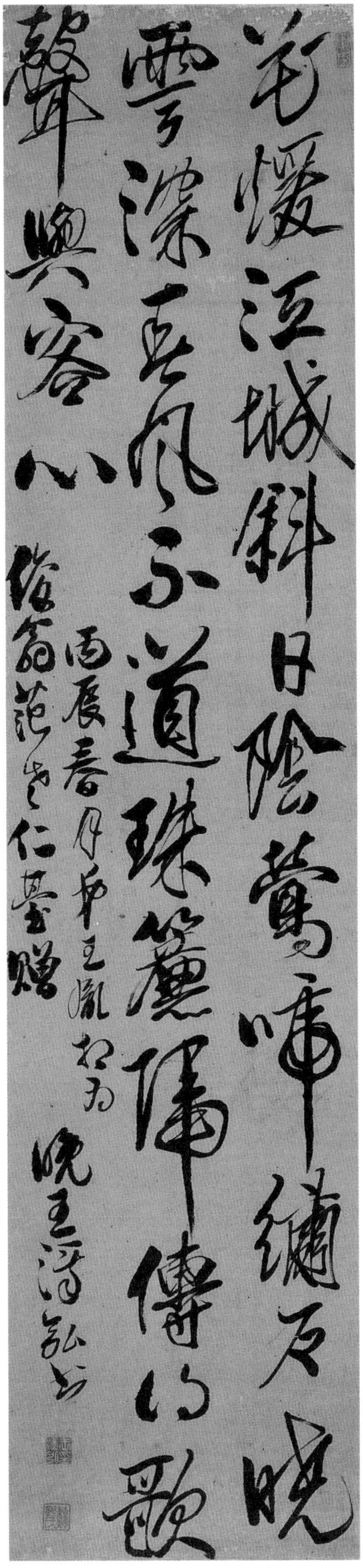

031

왕택홍(王澤弘) 행초서 7언시 축(軸)

청대(淸代) 비단
세로 194cm 가로 45cm
검인(鈐印): 왕택홍인(王澤弘印), 소야씨(蘇野氏), 협기수지기(俠氣酬知己), 양회대고인(良懷對古人)

花暖江城斜日陰, 鶯啼繡戶曉雲深.
春風不道珠廉隔, 傳得歌聲與客心.
丙辰春月, 弟王胤相爲俊翁範老仁臺贈, 晚王澤弘書.

왕택홍, 강희(康熙)연간 진사로 관직은 예부상서에 이르렀으며 강희 53년(1714년)에 면직되었다. 저서로는『학령산인시집(鶴嶺山人詩集)』16권이 있다.

이 행초 칠언시 두루마리는 강희 15년(1676년)에 쓴 것이다. 명대(明代) 말기의 낭만적이고 호방한 서풍의 영향으로 기세가 드높고 거침없으며 용필이 자유분방하고 웅건하며 활달하다. 필획구조 또한 엄밀하면서도 굴곡지고 완만한 것이 경직됨과 꾸밈이 없고 때에 따라 변화하고 자연스럽게 흐른 것이 부청주[傅青主, =부산(傅山)]가 말한 "사물 밖에 초연히 있어도 저절로 천기를 얻는 것"의 극치를 보여준다. 청대 초기에 관료사회의 간록(干祿) 서풍을 떨쳐버리고 이와 같은 호매한 서체를 선보였으니 이로부터 그의 흉금을 엿볼 수 있다.

032

왕주(王澍) 소식첩(蘇軾帖) 임모(臨摸) 축(軸)

청대(淸代) 종이
세로 141cm 가로 70cm
검인(鈐印): 천관대부(天官大夫), 왕주(王澍)

왕주(1668~1743년), 청대 서예가이자 전각가로 자는 약림(若霖, 若林, 篛林)이고 호는 허주(虛舟), 죽운(竹雲), 이천(二泉), 공수노인(恭壽老人), 양상산인(良常山人)이며 강소(江蘇) 금단(金壇) 사람이다. 강희(康熙) 51년(1712년) 진사가 되었고 관직은 이부원외랑(吏部員外郞)에 이르렀다. 관직을 버린 후 무석(無錫)의 산천을 좋아해 금궤산(金匱山) 기슭에 집을 장만했다. 해서는 구양순(歐陽詢)을, 예서는 이사(李斯)를 따랐는데 한 시대를 풍미한 서예가이다. 또한 각인에도 능하였으며 고대 비각(碑刻)을 감정하는 데도 뛰어났다. 일찍 갑속의 돌에 끊어진 열쇠로 작은할아버지의 성함 '허곡(虛谷)' 두 글자를 새겼는데 웅건하고 수려한 가운데 생동하기 그지없었으며 마치 몽당붓으로 쓴 듯하였다. 변수민(邊壽民), 정수남(程水南) 등의 인장도 모두 그가 새긴 것이다. 사기창(査岐昌)은 『논인절구(論印絶句)』에서 "금단의 왕 이부의 도장을 가장 좋아하는데 자그마한 것도 신통하기 그지없다"고 하였다. 만년에는 한쪽 눈이 실명되었다. 저서로는 『죽운제발(竹雲題跋)』, 『허주제발(虛舟題跋)』 등이 있다.

왕주는 행서를 배움에 문징명(文徵明)을 따랐는데 이 작품은 필력이 함축적이고 완만하며 수려하고 또한 예스러움이 넘쳐난다.

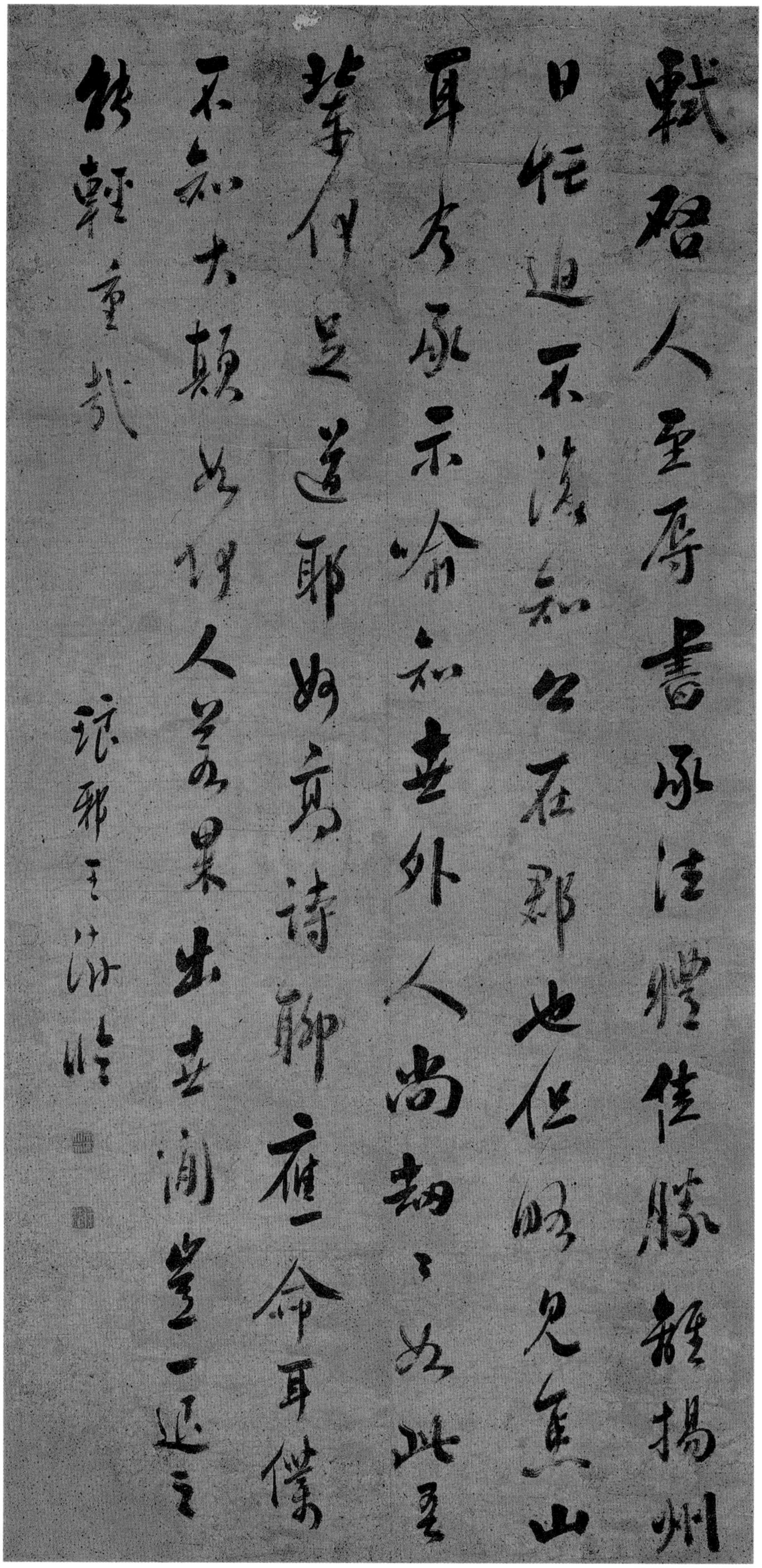

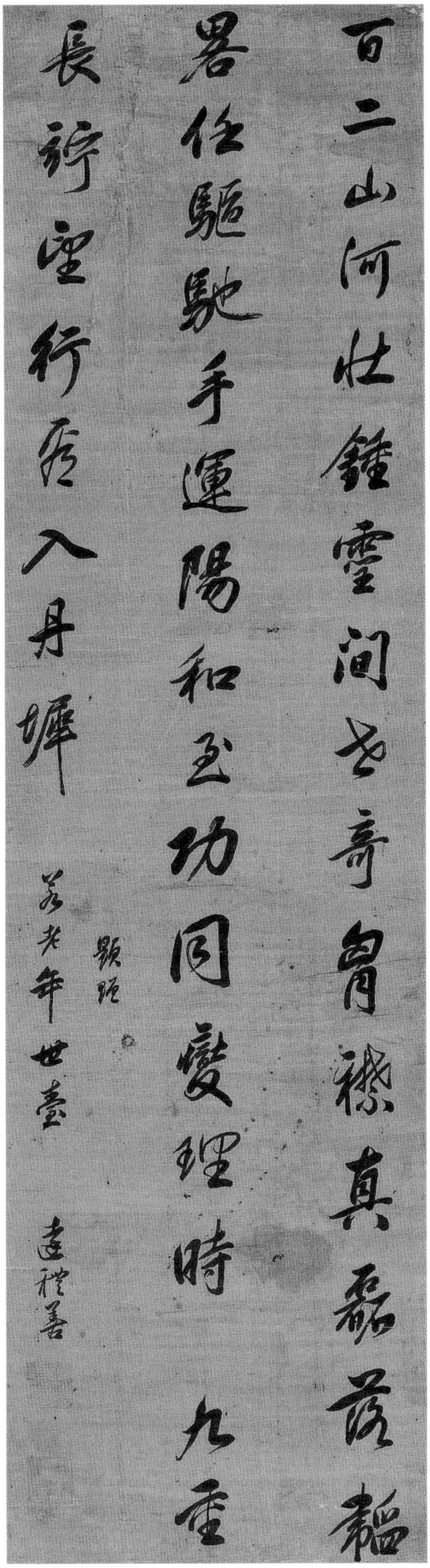

033

달예선(達禮善) 행서 5언율시 축(軸)

청대(淸代) 비단
세로 159.5cm 가로 45cm
검인(鈐印): 달예선인(達禮善印), 교봉일자이중(嶠峰一字履中), 승석당(承石堂)

百二山河壯，鍾靈間世奇.
胸襟眞磊落，韜略任驅馳.
手運陽和至，功同燮理時.
九重長竚望，行看入丹墀.
題贈茹老年世臺，達禮善.

달예선, 『청사고(淸史稿)』 「열전(列傳)」 45권에서는 '달리선(達理善)'으로 적고 있는데 만주(滿州) 정황기(正黃旗) 사람으로 강희(康熙)연간에 섬서(陝西) 포정사(布政使)로 있었다. 서화에 능하였으며 서법은 이왕(二王), 동기창(董其昌)을 따랐다.

이 족자는 미황색 비단에 쓰인 것으로 필획구조, 용필, 기세 모두 동기창의 신리(神理)가 엿보인다. 용필은 수려하고 힘차면서도 시원하고 흐르는 듯하며 필획구조는 기울기체이다. 동시에 행간이 넓으며 용묵(用墨)이 윤이 나는 것이 동기창의 담박함과 표일함을 추구한 듯하다.

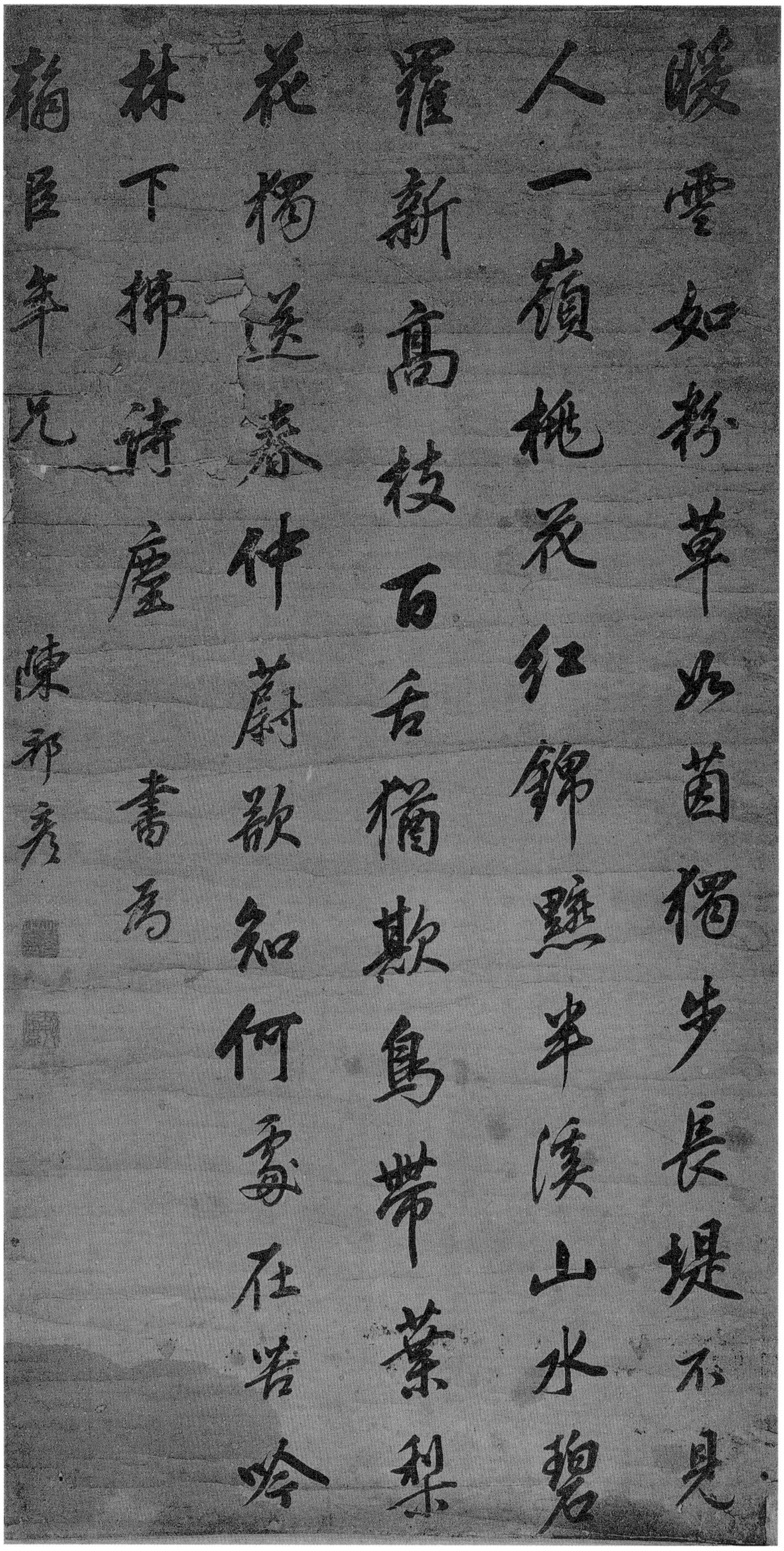
暖雲如粉草如茵獨步長堤不見
人一嶺桃花紅錦黦半溪山水碧
羅新高枝百舌猶欺鳥帶葉梨
花獨送春仲蔚欲知何處在苦吟
林下拂詩塵 書爲
菊臣年兄 陳邦彥

034

진방언(陳邦彦) 행서 7언율시 축(軸)

청대(清代) 쇄금지(洒金紙)
세로 132.5cm 가로 68cm
검인(鈐印): 방언지인(邦彦之印), 포서(匏序), 춘휘당(春暉堂)

진방언(1678~1752년), 자는 세남(世南), 호는 춘휘(春暉), 포서(匏序), 춘휘노인(春暉老人)이고 실명(室名)은 춘휘당(春暉堂), 묵려(墨廬)이며 절강(浙江) 해녕(海寧) 사람으로 진원룡(陳元龍)의 조카이다. 강희(康熙) 42년(1703년) 진사가 되어 서길사(庶吉士)에 선택되어 편수에 임하였으며 관직은 예부시랑(禮部侍郎)에 이르렀다. 강희 46년(1707년) 칙령을 받고 『역대제화시(歷代題畫詩)』를 편찬하고 건륭(乾隆)시기에는 명을 받고 『석거보급(石渠寶笈)』을 엮었으나 끝맺지 못하고 졸하였다. 서적 모으기를 즐겨 소장품이 풍부하며 사학이 빼어나고 시문에 능하였다. 서법은 진대(晉代)의 이왕(二王)에서 당대(唐代) 안진경(顔眞卿), 구양순(歐陽詢), 우세남(虞世南), 저수량(褚遂良) 및 송대(宋代) 4대가에 이르기까지 연구하지 않은 것이 없어 감별에 뛰어났다. 행서는 이왕을 두루 따르면서 동기창(董其昌)의 정수를 체득하였고 특히 소해가 빼어났는데 시원하고 수려하였다. 저서로는 『송사보유(宋史補遺)』, 『춘휘당서목(春暉堂書目)』, 『묵려소서(墨廬小敍)』, 『춘휘당집(春暉堂集)』 등이 있다.

절강 해녕 진씨네는 남송(南宋) 이래 역대로 문인이 많이 난 명문이었다. 동기창도 이름이 알려지기 전에 진씨네서 여러 해 지낸 적이 있어 진씨 가문에는 동기창의 유묵이 많이 소장되어 있었다. 명말 청초는 진씨 가문의 전성기였는데 자제들이 대부분 서법이 뛰어나고 특히 동기창의 서법을 본받아 이름을 떨쳤다. 진방언 역시 동기창 서법의 진수를 체득하여 강희 황제의 격찬을 받았으며 진씨 가문을 빛냈다.

이 작품은 이왕을 두루 따르고 동기창을 본떠 그의 차분함과 수려함을 이어받았다. 따라서 용필이 넉넉하고 나른한 힘이 있으며 필획구조가 원만하고 수려하여 고사(高士)가 유유자적하고 미인이 꽃을 꽂은 듯 품위를 유지하는 가운데 우미함이 돋보인다. 묵색은 2백여 년을 경과하였지만 여전히 눈길을 사로잡는다. 이 작품으로부터 작가가 동기창 서법의 기법에서 의취, 운치까지 모두 장기간의 함양과 심오한 연구를 거쳤음을 알 수 있다.

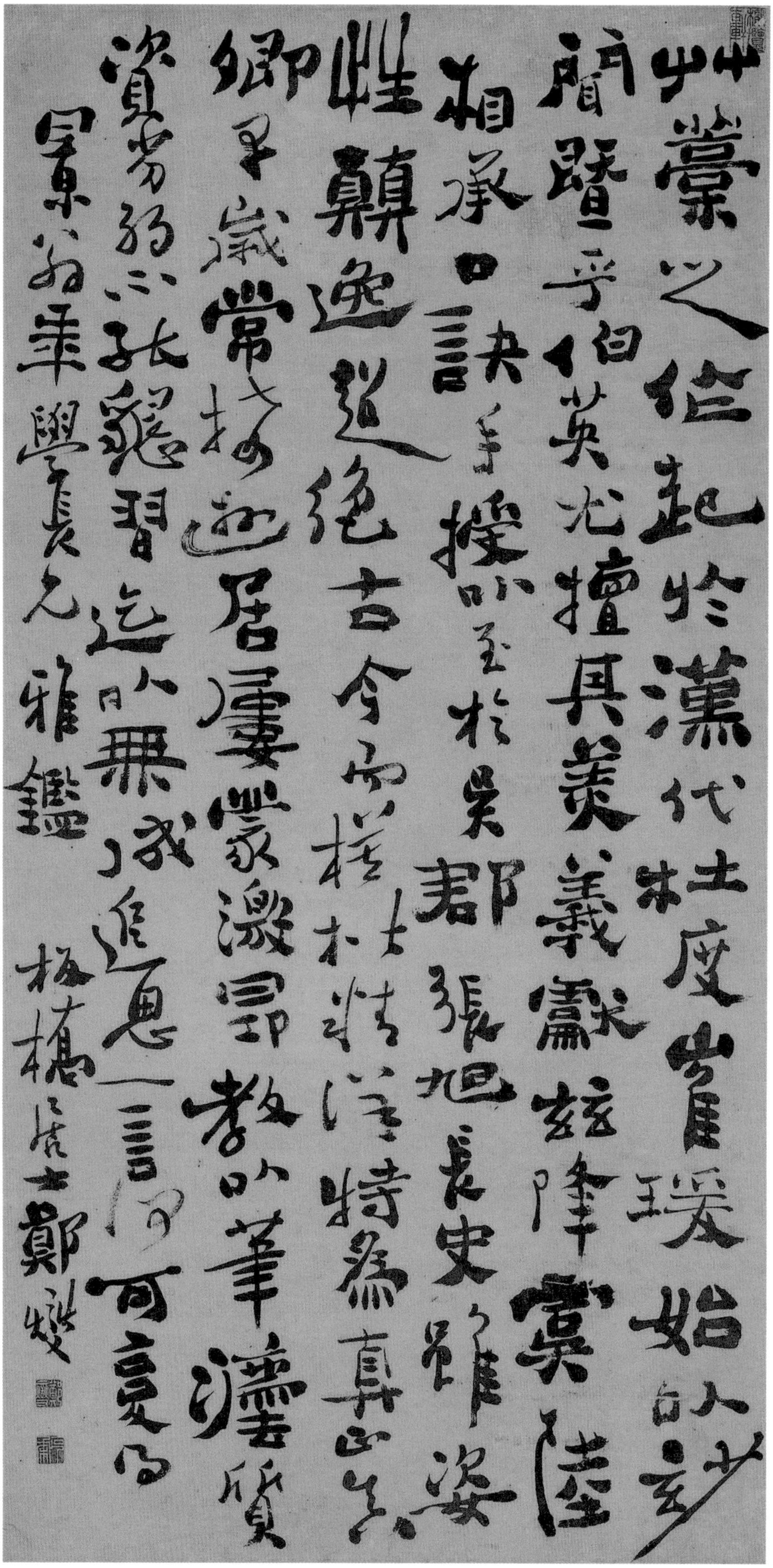

035

정섭(鄭燮) 행서 논서(論書) 축(軸)

청대(淸代) 종이
세로 153cm 가로 78cm
검인(鈐印): 감람헌(橄欖軒), 정섭, 극유(克柔)

草稿之作起於漢代, 杜度, 崔瑗始以妙聞, 曁乎伯英尤擅其美, 羲獻玆降, 虞陸相承, 口訣手授, 以至於吳郡張旭長史, 雖姿性顚逸, 超絶古今而模楷精詳, 特爲眞正. 眞卿早歲常接游居, 屢蒙激昂, 教以筆法. 質資劣弱, 不能懇習, 迄以無成, 追思一言何可復得.

景翁年學長兄雅鑒, 板橋居士鄭燮.

정섭(1693~1765년), 자는 극유(克柔), 호는 판교(板橋)로 원적은 소주(蘇州)였으나 명(明) 홍무(洪武)연간에 흥화(興化)로 이사하여 강소(江蘇) 흥화 사람이 되었다. 형편이 어려운 집안에 태어나 어려서 어머니를 잃고 계모의 손에서 자랐다. 타고난 자질이 독특하고 의분심이 있으며 자유분방하니 동년배들보다 빼어났다. 어려서 동향 육진(陸震)을 스승으로 하였고 20여 세에 수재(秀才)에, 옹정(雍正) 10년(1732년) 향시에, 건륭(乾隆) 원년(1736년) 진사에 합격하였다. 건륭 7년 산동(山東) 범현(範縣)의 지현으로 임했다가 1년 후 유현(濰縣)으로 옮겼다. 건륭 18년 재해복구를 청했다가 높은 관리의 미움을 받아 파직되었다. 그 후 양주(揚州)에 기거하며 서화를 팔아 생계를 유지하였으며 이름난 '양주팔괴(揚州八怪)' 중 한 사람이다.

판교는 서법을 『예학명(瘞鶴銘)』으로 입문하고 해서는 황정견(黃庭堅)을 따랐다. 후에는 전서(篆書), 예서(隷書)를 행해(行楷)와 합하여 씀으로써 옛것은 아닌데 새것도 아닌, 예서도 해서도 아닌 자칭 '육분반서(六分半書)'를 창작하여 일가를 이루었는데 들쭉날쭉하고 거침없으며 날렵함과 웅건함의 극치를 달렸다.

이 논서 족자는 초서(草書), 예서, 해서, 전서가 하나로 어우러졌다. 초서 필법으로 예서를 쓰고 예서의 필세로 초서를 써 용필이 힘 있고 예스러우며 질박하고 방원(方圓)이 섞여 있으므로 '육분반서' 기예가 무르익었을 때의 작품이다. 글 가운데서 초(草)·성(性)·연(年) 등은 필획구조가 전서체이나 필법은 예서로 하였고 횡(橫)·해(楷)·정(精)·상(詳)·진(眞)·유(游)·부(不)·득(得) 등은 초서 필법으로 썼으며 대(代)·시(始)·경(卿)·상(常)·거(居)·앙(昂)·필(筆)·습(習)·언(言)·가(可) 등에서는 해서 필법을 엿볼 수 있다. 필획구조는 대부분 과장되었는데 흐트러진 것은 더없이 흐트러지고 좁고 긴 것은 더없이 좁고 길며 꽉 짜인 것은 더없이 짜이고 시원한 것은 더없이 시원하니 소밀(疏密)과 크기가 들쭉날쭉하여 운치가 있다. 비록 견사영대(牽絲映帶, 서법용어로 필세가 오감에 그 흔적이 두 획 사이에 남는 것)는 없지만 서로 호응되고 기세가 관통하며 혼연일체를 이루었다. 보건대 두서가 없지만 실은 짜임새가 있고 법도가 없는 듯하나 실은 있으며 특별히 공을 들인 부분에서는 저력을 볼 수 있고 자유자재로 쓴 부분에서는 묘미가 엿보인다. 전체 구도와 구상에서 행렬의 제한을 약화시킴으로써 질서가 없어 시각적으로 마치 미인이 꽃을 뿌려 꽃잎이 흩날리는 듯하다. 후세 사람들은 이런 유의 서법을 '난석포가(亂石鋪街)'라 이름 지었다.

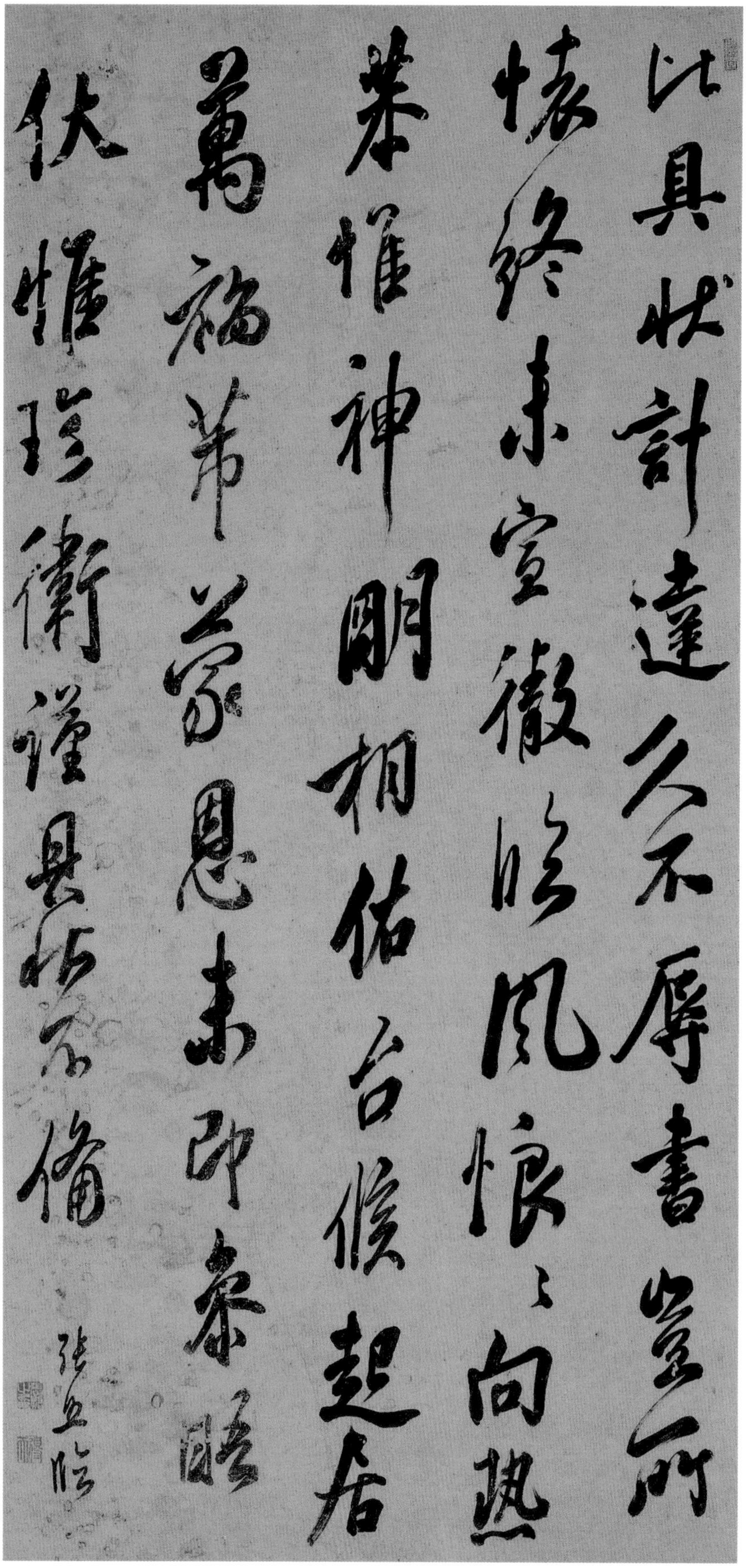

036

장조(張照) 미불첩(米芾帖) 임모(臨摸) 축(軸)

청대(清代) 종이
세로 118cm 가로 58cm
검인(鈐印): 장조지인(張照之印), 득천(得天), 세택당(世澤堂)

장조(1691~1745년), 자는 득천(得天), 호는 경남(涇南), 오창(梧囱), 천병거사(天瓶居士)로 화정[華亭, 현 상해(上海) 송강(松江)] 사람이며 청대 서예가이다. 강희(康熙) 48년(1709년) 진사에 합격하고 관직은 형부상서에 이르렀으며 시호는 문민(文敏)이다. 성정이 고매하고 불경을 통달하여 시에는 선어(禪語)가 많았다. 서법이 뛰어나고 겸하여 매화와 난초를 잘 그렸는데 성긴 꽃과 세세한 꽃술이 수려하기 그지없다. 그가 그린 〈백묘대사상(白描大士像)〉은 몇 안 되는 붓놀림으로도 법상(法相)이 그대로 드러나 보인다. 저서로는 『천병재서화제발(天瓶齋書畫題跋)』, 『득천거사집(得天居士集)』이 있고 그 외 『천병재첩(天瓶齋帖)』이 각인되어 있다.

이 행서 족자는 동기창(董其昌)의 여유로움과 담박함이 있을 뿐만 아니라 안진경(顔眞卿)과 미불(米芾)의 웅혼한 기세마저 갖추었다. 강유위(康有爲)는 『광예주쌍집(廣藝舟雙楫)』에서 "본 왕조의 첩학(帖學)은 득천과 석암[石庵, =유용(劉墉)]에서 꽃피웠다"라고 하였는데 이로부터 청대 서단(書壇)에서의 장조의 위치를 가늠할 수 있다.

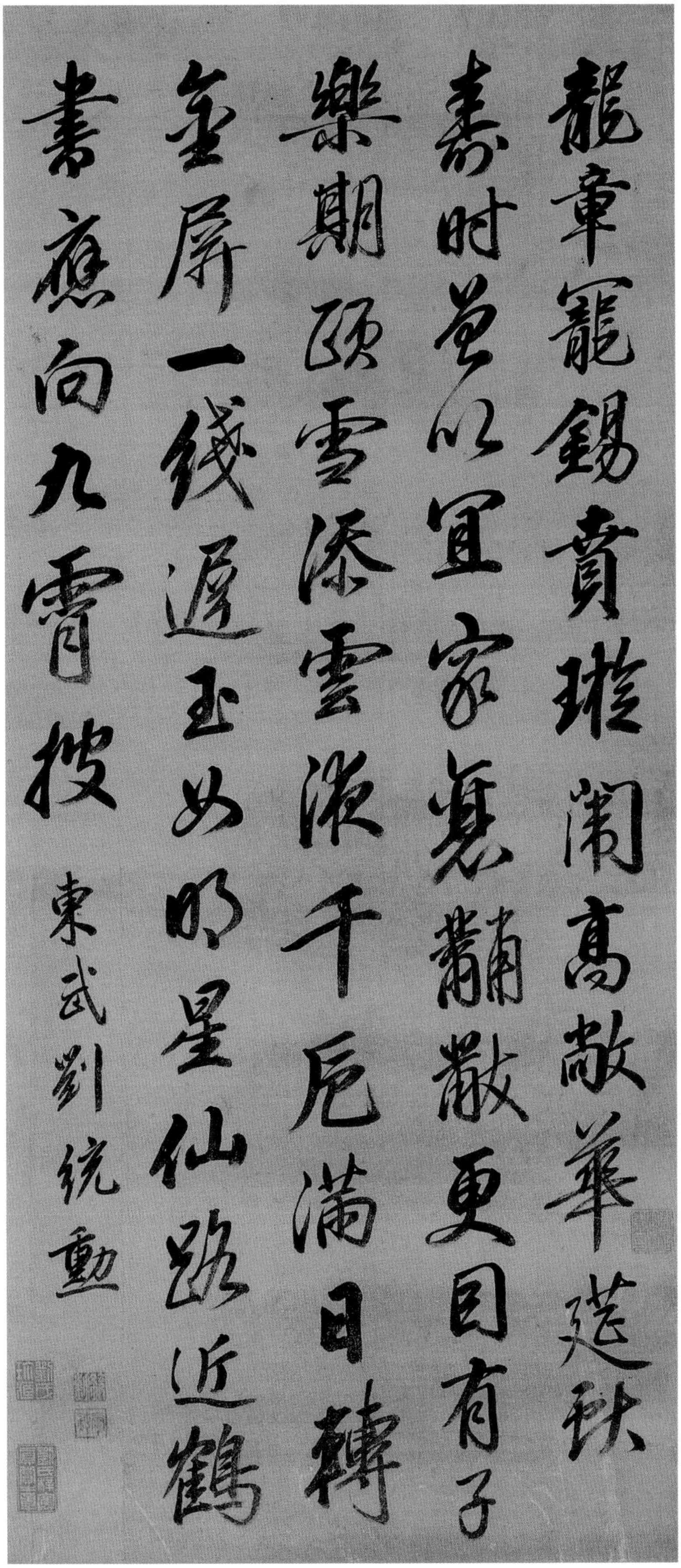

037

유통훈(劉統勛) 행서 시 축(軸)

청대(淸代) 종이
세로 84.2cm 가로 37.5cm
검인(鈐印): 통훈(統勛), 이순(爾純)
감장인(鑒藏印): 유씨진장(劉氏珍藏), 유씨재준진상지인(劉氏梓雋眞賞之印), 유해심정서화인(劉楷審定書畫印)

유통훈, 자는 연청(延淸), 산동(山東) 제성(諸城) 사람이다. 옹정(雍正) 2년(1724년)에 진사가 되었으며 서길사(庶吉士)에 선택되어 편수에 임명되었다. 선후하여 남서방(南書房), 상서방(上書房)에 입직하였고 네 번 옮겨 첨사(詹事)가 되었으며 건륭(乾隆) 원년(1736년) 내각학사(內閣學士)로 진급하였다. 2년에 형부시랑으로, 19년에 태자태부 직을 더하였으며 5월에 섬감총독(陝甘總督)에 협조할 것을 명받고 공작령(孔雀翎)을 하사받았다. 그러나 소를 올려 합밀(哈密)을 지킬 것을 주청한 일로 면직당하고 잡혀 죄를 치렀다. 21년 6월 다시 형부상서가 되었고, 22년에 태자태보(太子太保)를 더하고, 23년 이부상서로 옮겼으며, 24년 대학사(大學士)를 협조할 것을 명받았다. 26년에 동각(東閣) 대학사에 겸하여 예부와 병부를 관리하게 되었고 28년 상서방 총사부(總師傅)에 임하였다. 38년 11월에 졸하였으며 태부를 추증받고 현량사(賢良祠)에 모셔졌으며 시호는 문정(文正)이다.

『청사고(淸史稿)』에서는 유통훈에 대하여 검소하고 신중하며 면밀하고 통달하면서도 지혜롭다고 적고 있다. 건륭제는 그에 대하여 "옛 대신의 높은 인격과 곧은 절개가 있어 진정한 재상에 손색없다"라고 추켜세웠다. 유통훈이 서법으로 이름난 것은 아니지만 지금 다시 그의 유묵을 살펴보노라면 신중하고 면밀하며, 통달하고 지혜로운 성격이 그대로 드러나 보인다. 그의 글씨체는 동기창(董其昌)을 본받았고, 건륭연간 군신의 전형적인 면모를 띠고 있지만 건륭제에 비해 힘이 있다. 또한 필력이 활기차고 원숙하며 필획구조가 넓고 납작하며 기세가 방평(方平)하여 조예가 깊어 보인다. 그의 아들 유용(劉墉)의 글과 함께 놓고 보면 유용의 서법이 가학을 이어받은 것임을 알 수 있다.

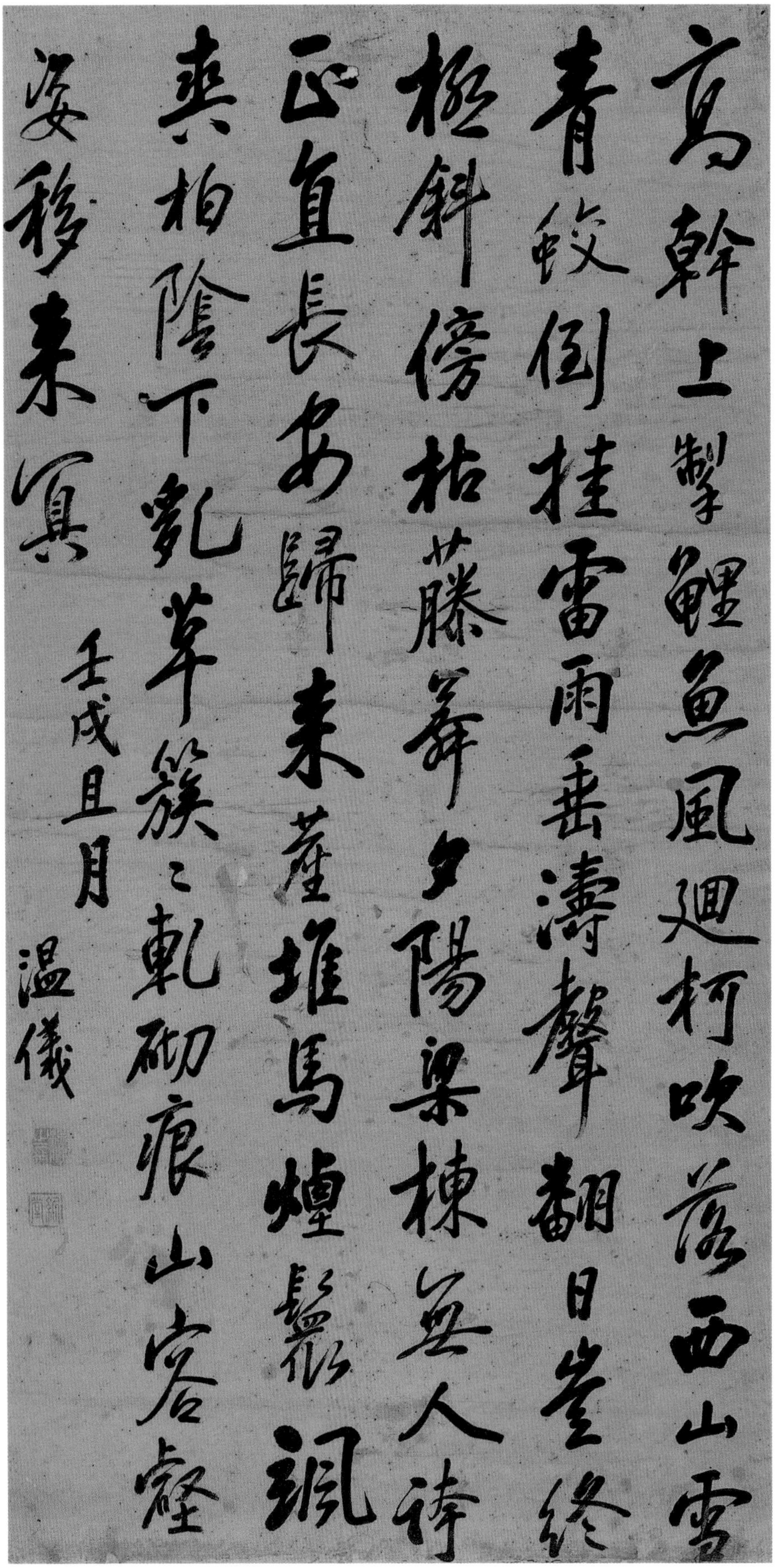

038

온의(溫儀) 행서 시 축(軸)

청(淸) 강희(康熙) 21년(1682년) 종이
세로 133cm 가로 97cm
검인(鈐印): 온의지인(溫儀之印), 기당(紀堂)

高幹上掣鯉魚風， 廻柯吹落西山雪.

青蛟倒挂雷雨垂， 濤聲翻日豈終极.

斜傍枯藤舞夕陽， 梁棟無人夸正直.

長安歸來塵堆馬， 煙鬟颯爽柏陰下.

亂草簇簇軋砌痕， 山容壑姿移來冥.

壬戌且月，溫儀.

온의, 자는 가상(可象), 호는 기당(紀堂)으로 섬서(陝西) 삼원(三原) 사람이다. 강희 52년(1713년) 진사가 되었으며 관직은 패창도(覇昌道)에 이르렀다. 회화는 왕원기(王原祁)를 스승으로 모시고 배웠다.

이 작품은 용필이 침착하고 힘차며 글자 구조가 엄밀하다. 왕탁(王鐸)의 영향을 받은 것으로 보이나 기세가 그에 미치지 못했다.

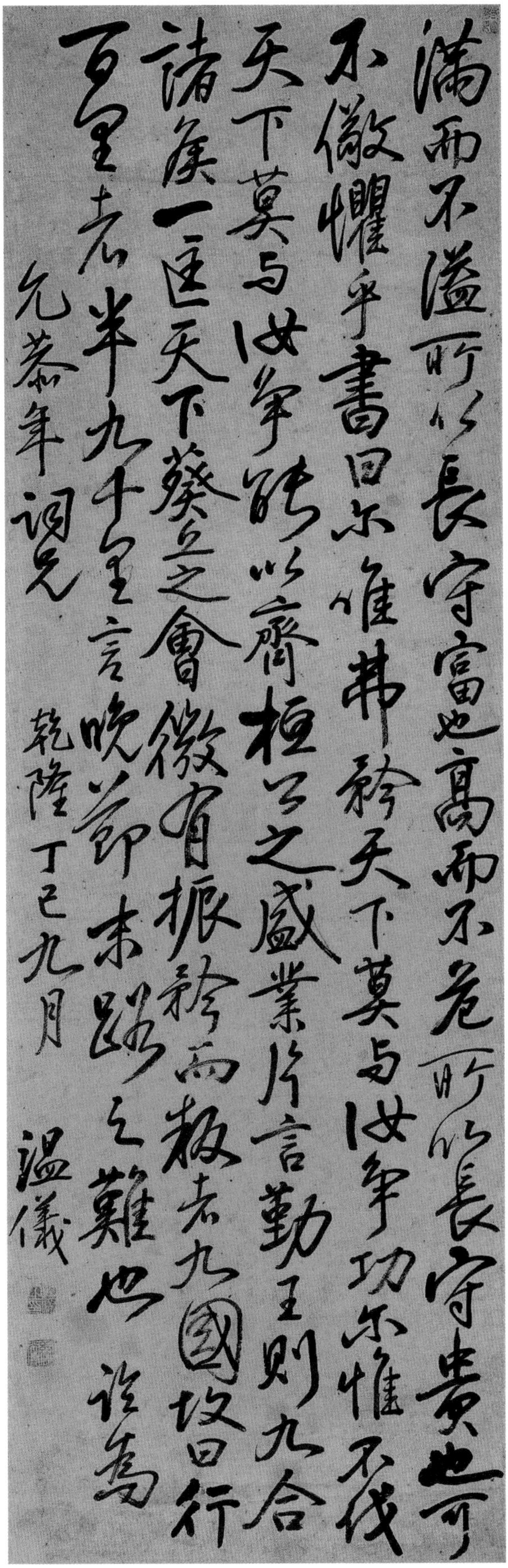

039

온의(溫儀) 안진경(顔眞卿) 쟁좌위첩(爭座位帖) 임모(臨摸) 축(軸)

청대(淸代) 종이
세로 144cm 가로 47.5cm
검인(鈐印): 이원노인(二園老人), 온의지인(溫儀之印), 기당(紀堂)

滿而不溢所以長守富也; 高而不危所以長守貴也, 可不儆懼乎? 書曰: 爾唯弗矜, 天下莫與汝爭功, 爾惟不伐, 天下莫與汝爭能. 以齊桓公之盛業, 片言勤王, 則九合諸侯一匡天下, 葵丘之會, 微有振矜, 而叛者九國. 故曰: 行百里者半九十里, 言晚節末路之難也.

臨爲允恭年詞兄, 乾隆丁已九月, 溫儀.

이 두루마리는 안진경의 쟁좌위첩 일부를 임모한 것으로 용필이 웅건하고 활기가 넘친다. 작가 자신이 무척 마음에 들어 한 작품이기도 하다.

040

유용(劉墉) 행초서 오진(吳鎮) 일화 축(軸)

청대(淸代) 비단
세로 170cm 가로 48cm
검인(鈐印): 유용지인(劉墉之印), 석암(石庵)

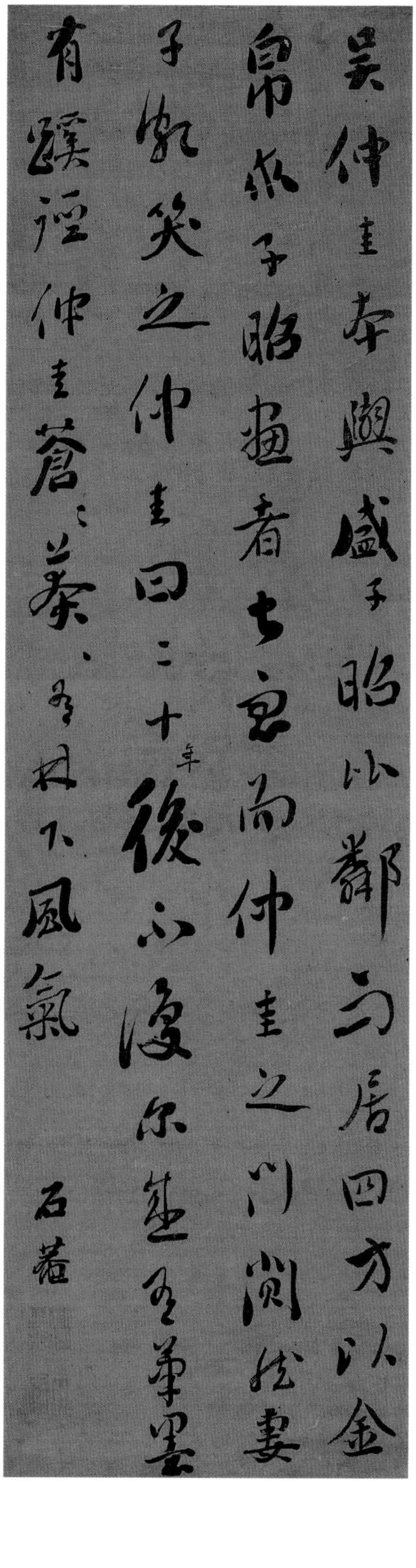

吳仲圭本與盛子昭比隣而居, 四方以金帛求子昭畫者甚衆, 而仲圭之門闃然. 妻子頗笑之, 仲圭曰: "二十年後不復爾". 盛有筆墨有蹊徑, 仲圭蒼蒼莽莽有林下風氣.

石庵.

유용(1719~1804년), 자는 숭여(崇如), 호는 석암(石庵), 향암(香岩) 등이며 산동(山東) 제성[諸城, 현재 고밀(高密)에 속함] 사람이다. 건륭(乾隆) 16년(1751년) 진사가 되어 안휘(安徽) · 강소(江蘇) 학정(學政), 태원(太原) · 강녕(江寧) 지부(知府), 섬서안찰사(陝西按察使), 공부상서(工部尙書), 이부상서협판대학사(吏部尙書協辦大學士) 등 여러 관직을 역임하였다. 가경(嘉慶) 황제가 즉위한 후 체인각대학사(體仁閣大學士)에 임하고 태자소보(太子少保)를 더하였으며 문연각(文淵閣)의 책임자가 되었다. 시호는 문청(文淸)이다. 서법은 옹방강(翁方綱), 양동서(梁同書), 왕문치(王文治)와 어깨를 나란히 하여 '옹유양왕(翁劉梁王)'이라 일컬어졌다. 다른 한편으로 옹방강, 성친왕(成親王), 철보(鐵保) 등과 함께 '옹유양왕'이라 병칭되는 경우도 있다. 포세신(包世臣)은 『예주쌍집(藝舟雙楫)』에서 "문청은 어려서는 향광[香光, =동기창(董其昌)]을, 장년에는 파로[坡老, =소식(蘇軾)]를 따랐으며 70세 이후에는 북조(北朝) 비판(碑版)에 빠져들었다. 물론 정력이 쇠하여 경지에 오르지는 못했지만 홍취와 학식은 모두 초연하기 그지없었다"라고 하였다. 강유위(康有爲)는 『광예주쌍집(廣藝舟雙楫)』에서 "근세에 행초를 씀에 웅혼함을 추구한 이로는 석암을 따를 자가 없다. 그러므로 석암은 첩학(帖學)을 집대성하였다고 말할 수 있다"라고 칭찬을 아끼지 않았다. 서예가로서의 명성이 워낙 커서 그의 정치적 업적과 문장능력이 묻히게 되었다.

유석암의 서법은 가학을 이은 것으로 멀리 조맹부(趙孟頫), 동기창(董其昌)을 사숙하고 소동파(蘇東坡)의 서법을 더하였는데 특히 동기창의 필의가 많은 편이다. 중년 이후 유석암은 이에 불만족하여 스스로 "젊어서는 글을 쓰는 데 있어서 늘 거친 것을 추구하였고", "북위(北魏) 비판(碑版) 수십 종을 전심전력으로 연구하여 그 운치와 아취를 습득하고", "태산(泰山) 경석욕(經石峪)에 남겨진 글에서 힘을 얻었다"라고 하였다. 이로부터 북조 비판 · 마애(摩崖) 서법의 운치, 아취, 필의를 동기창의 서법 풍격에 녹여내어 새로운 풍성하면서도 강인하고, 거친 듯하나 실은 정교하며, 소박하고 돈후하나 실은 느긋하고 시원한 기세와 운치를 형성하려는 유석암의 노력을 알 수 있다. 따라서 포세신은 "그의 필법은 탑봉(搭鋒)하여 기세를 돋우고 절봉(折鋒)하여 형태를 취하는 것이다. 묵법은 짙은 묵으로 거칢을, 건조한 묵으로 정교함을 표현하고 필획구조는 전체적으로 점획을 거두고 한쪽을 열어두어 흰빛이 상당하게 하고 건조함과 습윤함이 어우러져 꽃 꽂은 미녀가 거울을 보는 듯한 운치가 있다"라고 평하였다. 이 작품은 차분하고 변화가 다양하며 형태가 각양각색이지만 자연스러운 것이 수작이라 할 만하다.

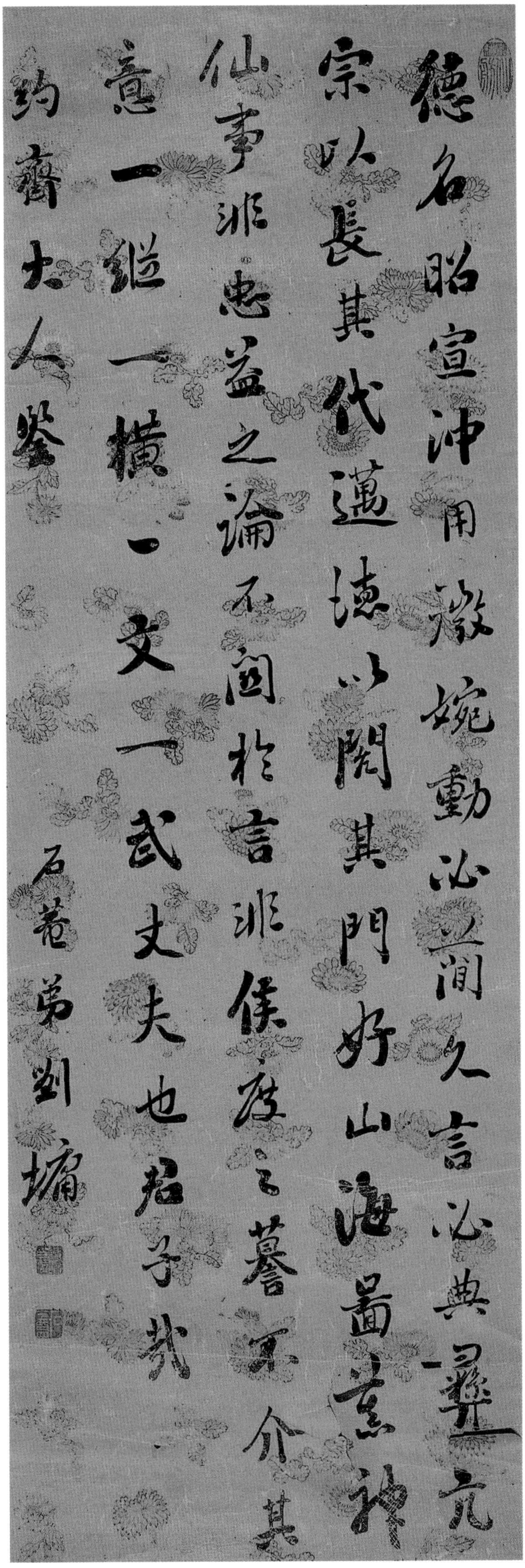

041

유용(劉墉) 이사훈비(李思訓碑) 임모(臨摸) 축(軸)

청대(淸代) 종이
세로 135.1cm 가로 46.3cm
검인(鈐印): 유용인신(劉墉印信), 석암(石庵), 어사선방(御賜仙舫)

이 작품은 유석암의 임모 습작이다. 점획, 필획구조를 자세히 음미해 보면 대체적으로 이북해(李北海, =이사훈)의 필의와 기세를 그대로 따랐지만 그에 구애받지 않고 변통하여 때때로 자신의 필의를 드러낸 곳이 많다. 이것인즉 '의임(意臨, 내적 정신을 좇아 임모하는 것)'으로 '같은 듯 같지 않은' 것인데 이는 진정 일가를 이룬 서예가들에게 있어서 반드시 거쳐야 할 필수과정이다. 명 · 청대(明 · 淸代)에 서예가들이 필묵으로 첩(帖)을 임모하여 교제하는 것은 자주 있는 일이었다. 그러나 이 작품은 좋은 종이 · 붓 · 먹 그리고 글을 쓴 사람의 담담한 심경에 더하여 지기의 부탁으로 쓴 것이기에 예술적 · 경제적 가치가 높다.

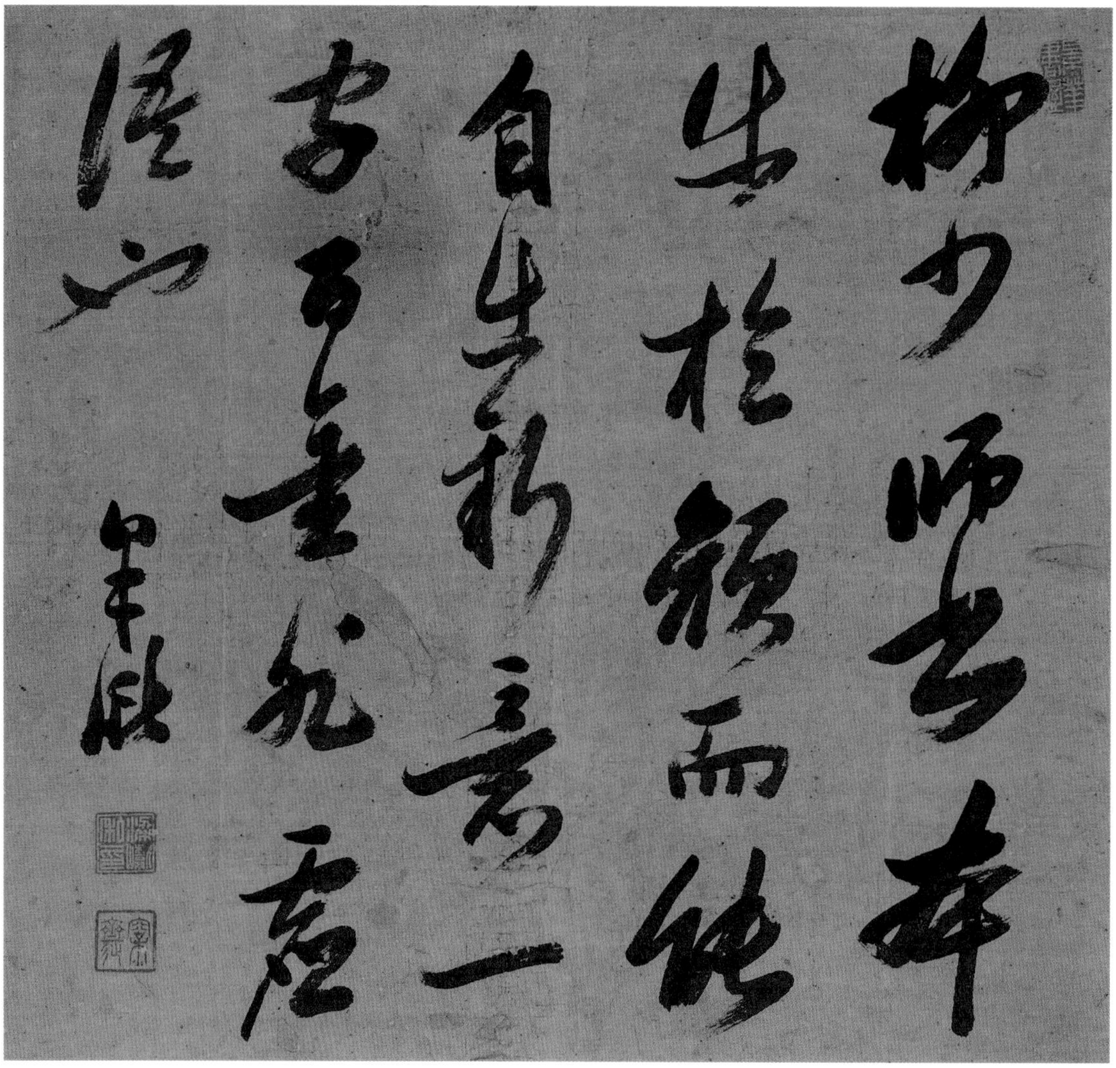

042

양헌(梁巘) 행초서 논서(論書) 축(軸)

청대(淸代) 종이
세로 63.3cm 가로 62.5cm
검인(鈐印): 경화서옥(景華書屋), 양헌사인(梁巘私印), 용재(榕齋)

양헌(1710~1786년), 자는 문산(聞山), 호는 용재(榕齋), 안휘(安徽) 박주[亳州, 현 박현(亳縣)] 사람이다. 건륭(乾隆) 27년(1762년) 거인(擧人)이 되어 사천(四川) 파현(巴縣) 지현을 지냈다. 만년에는 관직을 그만두고 수춘서원(壽春書院)에서 강학하였으며 건륭연간에는 글을 잘 써 남북에 이름을 널리 알림으로써 양동서(梁同書), 양국치(梁國治)와 함께 '삼양(三梁)'으로, 공계속(孔繼涑)과는 '남양북공(南梁北孔)'으로, 양동서와는 '남북양(南北梁)'으로 병칭되며 한때 명성을 드높였다. 저서로는 『논서필기(論書筆記)』, 『평서첩(評書帖)』, 『승진재적문록(承晉齋積聞錄)』 등이 있다.

양헌은 서법에 있어서 특히 집필법을 중요시하였다. 그는 『평서첩』에 "서법을 배우는 데 있어서 집필이 열 가운데 여덟을 차지한다"라고 적고 "동현재[董玄宰, =동기창(董其昌)], 장득천[張得天, =장조(張照)]은 직접 서통[書統, *왕희지(王羲之)]을 이었으므로 대가이다"라고 하였다. 따라서 그의 서법은 이북해[李北海, =이옹(李邕)]로 입문하였으며 또한 장조가 동기창의 필법을 체득하였다고 여겼다. 양헌은 일찍이 하국종(何國宗), 매익(梅釴)이 소장한 장조의 진적을 습작하고 기뻐 어쩔 줄 몰라 했다.

이 두루마리는 커다란 행초서로 쓰였는데 필세, 필법을 중요시하였다. 용필은 두껍게 하였으나 혼탁하지 않고 묵색은 검고 풍성하며 필세, 필법은 왼쪽이 낮고 오른쪽이 높은 비스듬한 형태를 취하였다. 필치와 기세가 통일되었고 억센 듯하지만 정이 넘친다. 낙관 말미 커다란 네모 인장 둘은 큰 네모 글자 및 궁관(窮款, 이름만 있는 도장)과 조화를 이루며 인장 글자체 또한 독특하다.

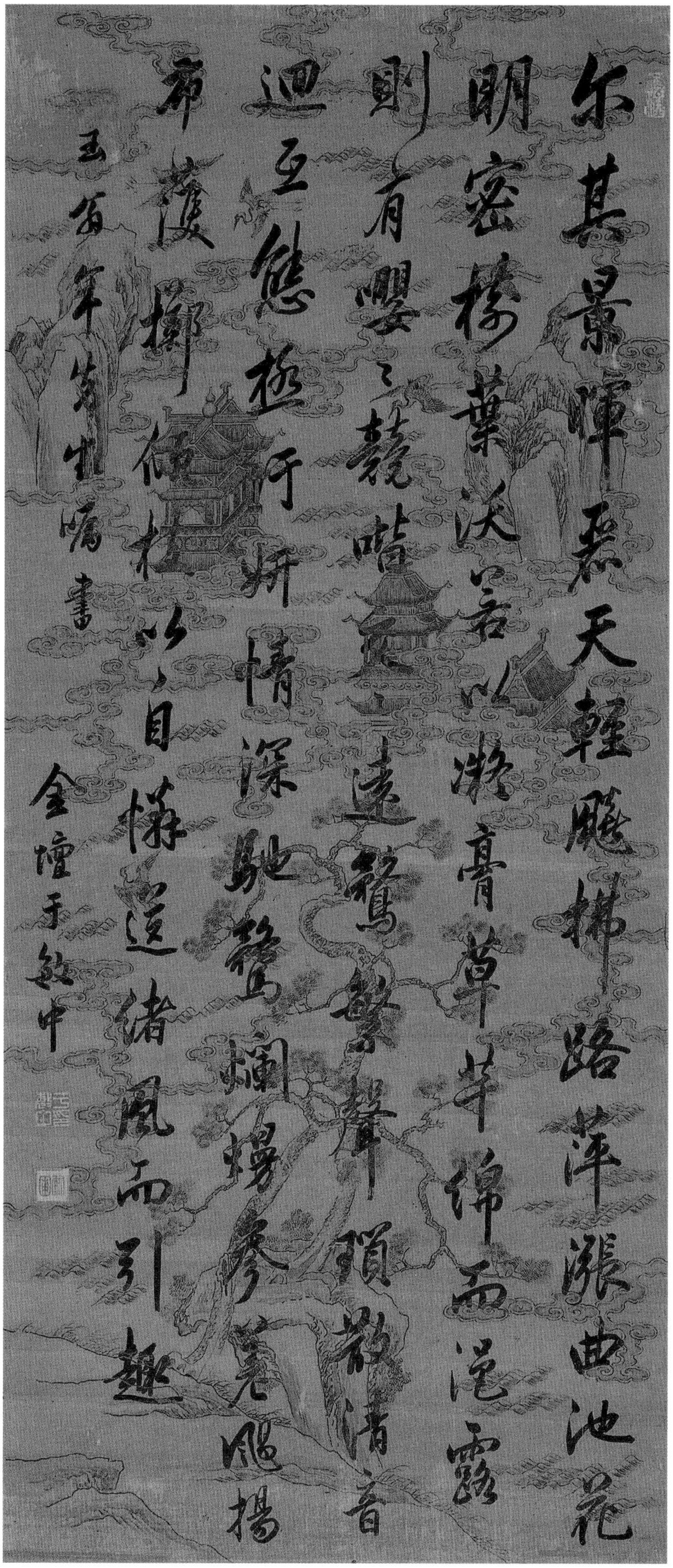

043

우민중(于敏中) 행서 축(軸)

청대(淸代) 비단
세로 174cm 가로 77cm
검인(鈐印): 우민중인(于敏中印), 내포(耐圃)

우민중(1714~1779년), 자는 숙자(叔子), 중당(重棠), 호는 내포(耐圃)로 강소(江蘇) 금단(金壇) 사람이다. 건륭(乾隆) 3년(1738년) 과거 일갑(一甲) 중 한 명으로 진사가 되어 한림원 수찬(修撰)에 임명되었으며 문장으로 고종의 높은 평가를 받아 산동(山東) · 절강(浙江) 학정(學政), 내각학사(內閣學士), 병부시랑, 형부시랑, 군기대신(軍機大臣), 호부상서, 태자태보, 협판대학사(協辦大學士) 등을 역임하였다. 건륭 38년 문화전대학사(文華殿大學士)로 진급하였고 반대의견을 무릅쓰고 황제의 명을 받아 사고전서관(四庫全書館)을 열고 정총재(正總裁) 직을 맡았다. 견식이 풍부했던 우민중은 건륭조에 관직과 명망이 모두 높았다. 서법으로 이름을 드날렸는데 내부(內府) 서화에 제발을 쓴 것이 많았다. 시호는 문양(文襄)이다.

우민중은 건륭 황제의 근신으로 서법에서 상호 영향을 미쳤다. 그리고 동방달(董邦達) 부자, 왕유돈(汪由敦), 양시정(梁詩正) 등과 서풍이 같은데 관각체(館閣體)를 기본으로 하여 동기창(董其昌)의 서풍을 곁들이고 조맹부(趙孟頫)의 면모로 마무리 하였다.

이 두루마리는 건륭시기 첩학 서풍의 전형으로 면모와 점획이 원만하고 균일하며 풍만하고 두꺼우며 필획구조가 부드럽고 유창한 것이 미녀가 꽃을 꽂은 듯 아름답고 기품이 있다. 여기에 철수홍묘(鐵銹紅描)로 그린 산수, 누각 무늬의 비단 면까지 더함으로써 더욱 웅장하고 화려하여 시각적 효과가 뛰어나다.

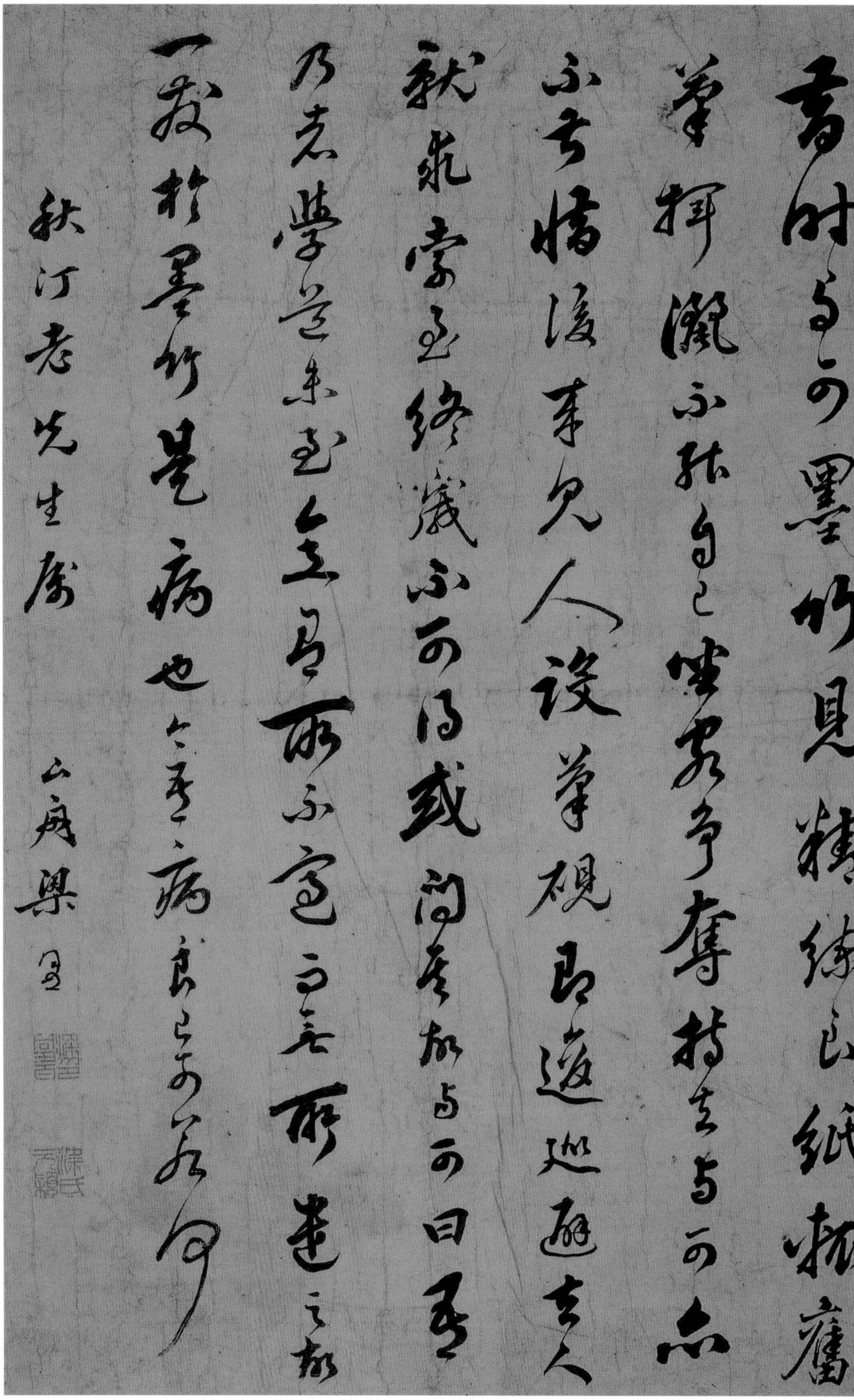

044

양동서(梁同書) 행초서 축(軸)

청대(淸代) 종이
세로 48.7cm 가로 31.5cm
검인(鈐印): 양동서인(梁同書印), 양씨원영(梁氏元穎)

昔時與可墨竹見精練良紙輒奮筆揮洒，不能自已，坐客爭奪持去，與可亦不甚惜，後來見人設筆硯即逡巡避去，人就求索，至終歲不可得，或問其故，與可曰："吾乃者學道未至，意有所不适，而無所遣之，故一發於墨竹，是病也，今吾病良已，奈若何！"

秋汀老先生屬，山舟梁同書.

양동서(1723~1815년), 자는 원영(元穎), 호는 산주(山舟), 불옹(不翁), 석옹(石翁)이며 90세 이후로는 신오장(新吾長)이라고도 하였다. 절강(浙江) 전당[錢塘, 현 항주(杭州)] 사람이다. 건륭(乾隆) 17년(1752년) 진사가 되어 한림시강(翰林侍講)에 나아갔고 일찍이 회시동고관(會試同考官)에 임한 적이 있다. 건륭 22년, 양아버지가 세상을 뜨면서 관직에서 물러나 낙향하였다. 만년에 시강학사(侍講學士)란 직함을 하사받았다. 양동서의 생부는 양시정(梁詩正)으로 어려서부터 가학을 이어 서법에 매진하였으며 안진경(顔眞卿), 미불(米芾), 동기창(董其昌)을 두루 섭렵하였다. 양호(羊毫)로 대자(大字)를 썼는데 꽉 짜이고 굳세며 질박하여 따라올 자가 없었다. 서학(書學)에 대해서도 연구가 깊었는데 '자질이 첫째이고, 배우는 것은 다음'임을 주장하였다. 개인의 필의를 중요시하고 임모를 경시하였으며 장봉(長鋒), 양호와 신속한 운필을 제창하였다. 옹방강(翁方綱), 유용(劉墉), 왕문치(王文治)와 함께 '옹유양왕(翁劉梁王)'으로 병칭되었다. 인물화, 화훼화를 그리고 시에도 능하였으며 저서로는 『빈라암논서(頻羅庵論書)』, 『빈라암서화발(頻羅庵書畫跋)』 등이 있다.

양동서는 행초가 빼어났는데 이 두루마리의 행초는 용필이 꽉 짜이고 힘 있으며 점획이 대차고 운필이 신속하고 유창하여 원만하면서도 완숙하다. 필치와 기세 또한 거침없어 운치가 가득한 것이 그의 서법작품 중에서 수작에 속한다.

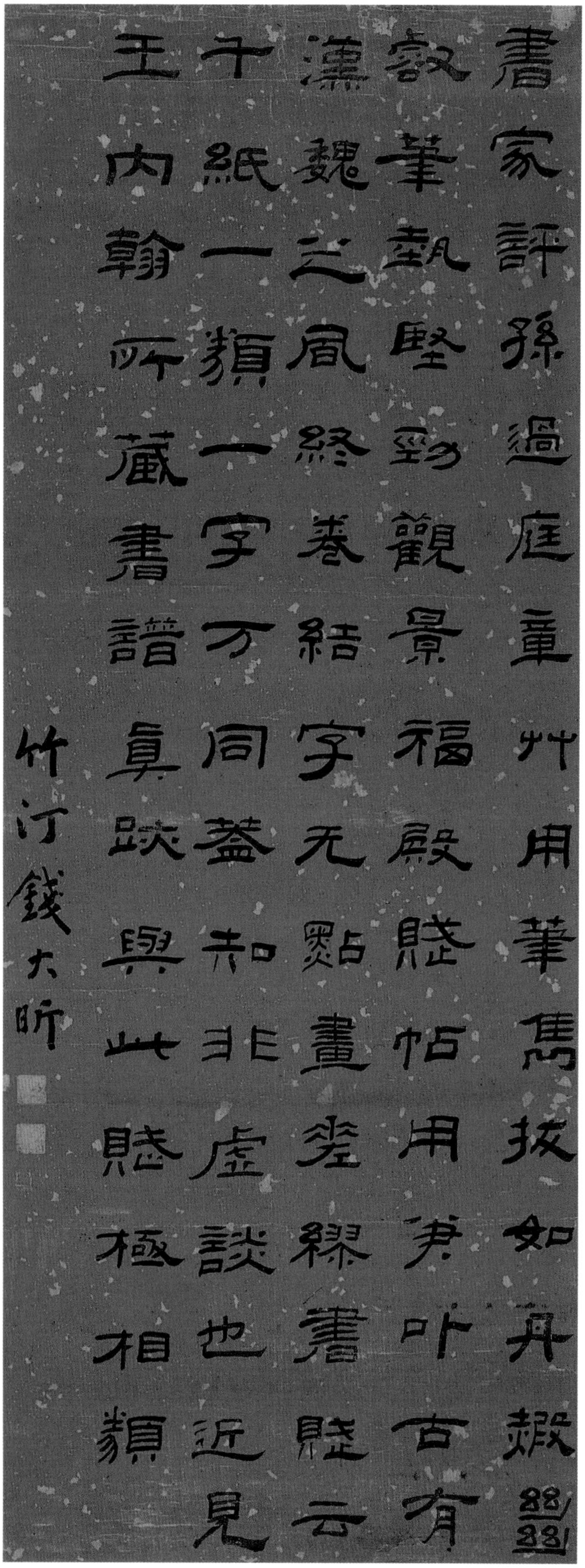

045

전대흔(錢大昕) 예서 경복전부첩(景福殿賦帖) 제사(題詞) 축(軸)

청대(淸代) 종이
세로 162.5cm 가로 62.5cm
검인(鈐印): 신대흔인(臣大昕印), 문학시종(文學侍從)

書家評孫過庭章草, 用筆雋拔, 如丹霞絶壑, 筆執堅勁, 觀景福殿賦帖用筆稽古, 有漢魏之風, 終卷結字無点畫差繆. 書賦云:『千紙一類, 一字萬同.』蓋知非虛談也. 近見王內翰所藏書譜眞跡, 與此賦极相類.

竹汀錢大昕.

전대흔(1728~1804년), 자는 급지(及之), 효징(曉徵), 호는 신미(辛楣) 또는 죽정(竹汀)이며 가정[嘉定, 현 상해시(上海市)] 사람이다. 건륭(乾隆) 19년(1754년) 진사가 되어 관직은 소첨사(少詹事)에 이르렀다. 경사(經史), 천산(天算), 지여(地輿) 등에 두루 능통하였으며 고증에도 뛰어났는데 특히 금석고증에는 부자, 형제간이 모두 빼어나 '구전지목(九錢之目)'이라 불리기도 하였다. 건가학파(乾嘉學派)의 주요 학자이며 예서에 능하고 화훼화에도 능했다. 저서로는 『십가재양신록(十駕齋養新錄)』, 『잠연당집(潛研堂集)』, 『당석경고이(唐石經考異)』, 『금석발미(金石跋尾)』, 『설문답문(說文答問)』 등이 있으며 상당히 풍부한 편으로 쌓아 놓으면 자신의 신장과 같을 정도였다고 한다.

이 작품은 예서로 차분하고 힘차며 고아하고 깔끔하다. 또한 옛 뜻이 스며 있어 한예(漢隷)의 법도를 얻은 듯하니 이는 두터운 학문에서 온 것이다.

046

옹방강(翁方綱) 행서 영정난정(穎井蘭亭) 제사(題詞) 선면(扇面)

청대(清代) 종이
세로 18cm 가로 53cm
검인(鈐印): 옹방강인(翁方綱印), 담계(覃溪), 대아(大雅)

穎井蘭亭或謂出於米老, 此尙非知者, 米公嘗品定所見蘭亭諸本有云, 嘗見一絹本在長源處蔣永仲字也. 此帖後有永仲印, 又有唐臨絹本字. 是即此本無疑.

翁方綱.

옹방강(1733~1818년), 자는 정삼(正三), 호는 담계(覃溪), 소재(蘇齋)이며 직예(直隸) 대흥[大興, 현재 북경(北京)에 속함] 사람이다. 건륭(乾隆) 17년(1752년) 진사가 되어 일찍 강서(江西), 호북(湖北), 강남(江南), 순천(順天) 향시를 주최하고, 광동(廣東), 강서, 산동(山東)의 학정(學政)을 감독하였으며 관직은 내각대학사(內閣大學士)에 이르렀다. 감상, 감별, 고증에 모두 능하였으며 서법이 빼어났다. 그의 서법은 구양순(歐陽詢), 우세남(虞世南)을 따랐는데 마종곽(馬宗霍)은 『삽악루필담(霎岳樓筆談)』에서 "담계는 법도를 엄격하게 지켜 논자들의 비웃음을 샀지만 그의 진서는 반듯하고 돈독하여 당대(唐代) 사람들의 사경(寫經)과 닮아 있다. 그의 질박하고 차분한 경지는 석암(石庵)도 비견할 바가 아니다"라고 적고 있다. 동시대의 유용(劉墉), 양동서(梁同書), 왕문치(王文治)와 함께 '옹유양왕(翁劉梁王)'으로 병칭되었다. 서예가로서의 명성이 대단하였는데 해외에까지 전하여져 조선왕조의 서법에 중요한 영향을 미쳤다. 저서로는 『양한금석기(兩漢金石記)』, 『월동금석약(粵東金石略)』, 『한석경잔자고(漢石經殘字考)』, 『초산정명고(焦山鼎銘考)』, 『소미재난정고(蘇米齋蘭亭考)』, 『석주시화(石洲詩話)』 등이 있다.

이 선면의 행서는 필법이 엄정하고 묵색이 풍성하다. 용필이 돈독하고 기울임체를 취하여 근엄함 속에 영활함이 있으며 구도가 시원하면서도 균형 잡혀 필획구조, 기세, 풍격 등이 완벽하다. 따라서 전아하고 반듯한 가운데 기품이 있다. 양수경(楊守敬)은 옹방강의 서법에 대하여 "질박함과 돈후함은 넘치나 초일(超逸)함은 모자라다"라고 하였는데, 정확한 평론이다.

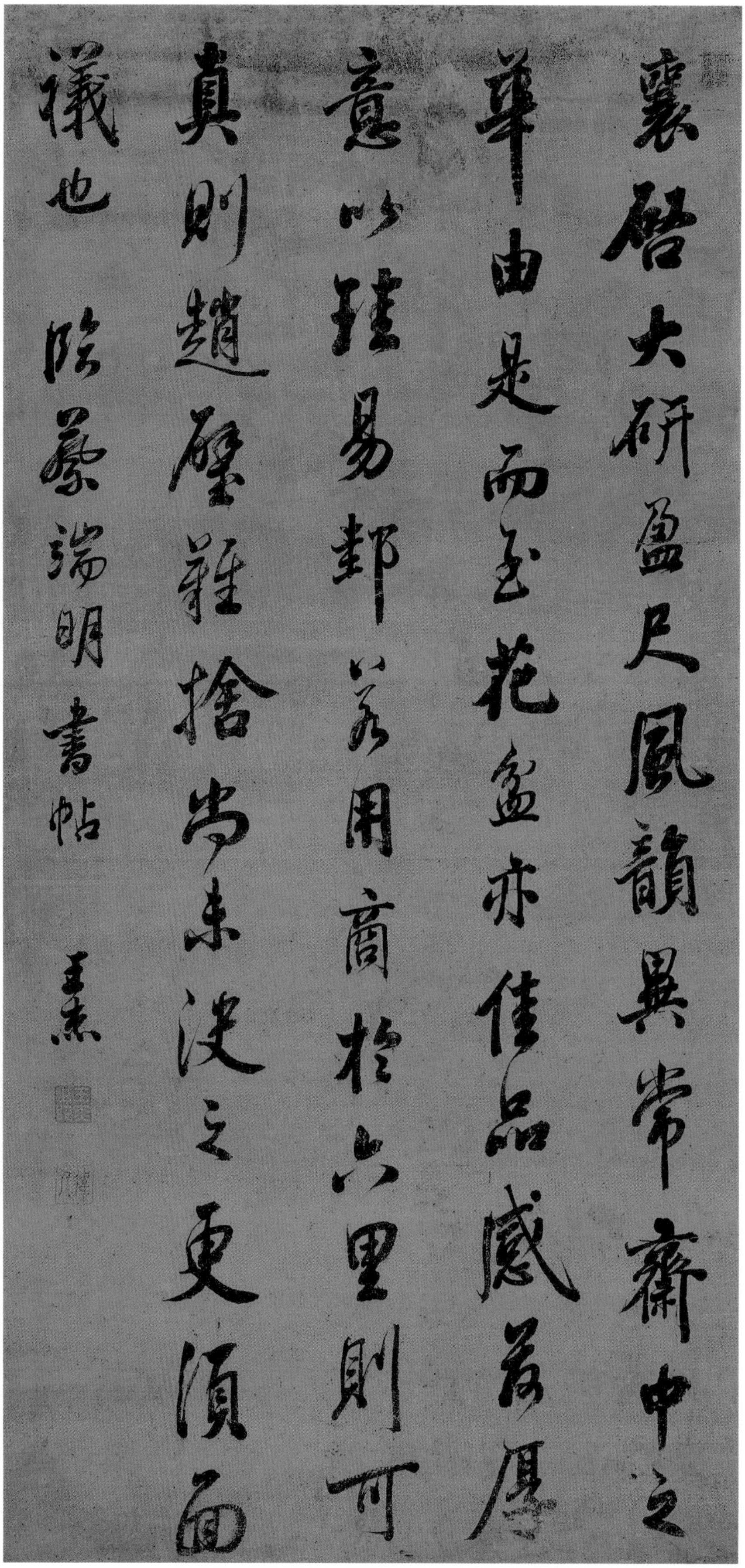
襄啓大研盈尺風韻異常齋中之
華由是而至花盈亦佳品感荷厚
意以珪易邽以爲用商於六里則可
真則趙璧難捨尚未決之更須面
議也
臨蔡端明書帖
王鐸

047

왕걸(王傑) 채양(蔡襄) 대연첩(大硏帖) 임모(臨摸) 축(軸)

청대(淸代) 비단
세로 127cm 가로 62cm
검인(鈐印): 소재분향소지이좌(所在焚香掃地而坐), 왕걸지인(王傑之印), 걸인(傑人)

襄啓: 大硏盈尺, 風韻異常, 齋中之華, 由是而至. 花盆亦佳品, 感荷厚意. 以珪易邽, 若用商於六里則可, 眞則趙璧難捨, 尙未決之, 更須面議也. 臨蔡端明書帖, 王傑.

[주석]

채양의 원첩은 『식고당서화회고(式古堂書畫匯考)』 권10, 『육예지일록(六藝之一錄)』 권393, 『발해장진첩(渤海藏眞帖)』 권3에서는 〈대연첩〉, 『평생장관(平生壯觀)』에서는 〈언유족하(彦猷足下)〉, 『대관록(大觀錄)』에서는 〈언유첩(彦猷帖)〉이라 하였다. 이 첩의 원문은 채양이 전당(錢塘) 벼루수장가 당언유(唐彦猷)에게 보낸 서찰로 치평(治平) 원년(1064년) 윤 5월 21일에 쓴 것이며 당언유가 보낸 벼루와 화분에 대해 감사의 마음을 전하였다[『채양전집(蔡襄全集)』, 복건(福建) 인민출판사 참고].

왕걸(1725~1805년), 자는 위인(偉人), 호는 성원(惺園), 보순(葆淳)이며 섬서(陝西) 한성(韓城) 사람이다. 일찍 '염낙관민학(濂洛關閩學)'을 습득하고 선후하여 양강총독(兩江總督) 윤계선(尹繼善), 강소순무(江蘇巡撫) 진굉모(陳宏謀)의 막료로 있으면서 학문이 나날이 높아졌다. 건륭(乾隆) 26년(1761년), 건륭 황제가 직접 뽑은 장원으로 은총을 한 몸에 받아 이부, 공부, 형부, 예부, 병부 시랑을 역임하고 누진하여 좌도어사(左都御史), 병부상서가 되었다. 건륭 51년 군기대신(軍機大臣)이 되었으며 재상으로 14년간을 지냈다. 시호는 문단(文端)이다. 『청사고(淸史稿)』「열전(列傳)」에서는 "걸은 자애롭고 인정이 많으면서도 올곧고 지조를 지키는 사람으로 양조(兩朝)를 섬기면서 강직한 성품으로 군주의 인정을 받았으며", "조정 내외에 이름을 떨쳤다"라고 적고 있다. 만년에 사직하고 고향으로 돌아갈 때 가경(嘉慶) 황제는 친히 "온몸으로 곧은길 걸어 곽묘를 세우고, 청렴결백한 몸으로 한성에 돌아가네(直道一身立廓廟, 淸風兩袖返韓城)"라는 시를 지어 배웅했다.

왕걸은 조정 내외에서 성망이 높은 귀한 몸인 동시에 문단에서도 우러러보는 재자(才子)여서 그의 묵적은 널리 전해지고 있다. 왕 씨 서법은 청대 전기 신봉하던 '조동[趙董, 조맹부(趙孟頫)·동기창(董其昌)]' 첩학풍으로 인해 조맹부의 영향을 깊이 받았으며 다년간 간록체(干祿體)·관각체(館閣體)로 글을 쓴 관계로 이 작품은 채단명의 〈대연첩〉을 임모한 것이나 진·당(晉·唐)의 힘차고 시원하며 고아하고 탈속적인 멋을 찾아볼 수 없다. 오히려 자신의 필의대로 발휘하여 풍성하고 돈후하며 소박하고 온윤하며 기품 있게 썼다. 원만한 부분에서는 자앙(子昻, =조맹부)의 서풍이, 기세와 구도 면에서는 현재(玄宰, =동기창)의 필의가 간혹 보이는 것이 건륭 황제의 어필과 비슷한바 당시 '조동' 첩학풍의 범람 정도를 알 수 있다.

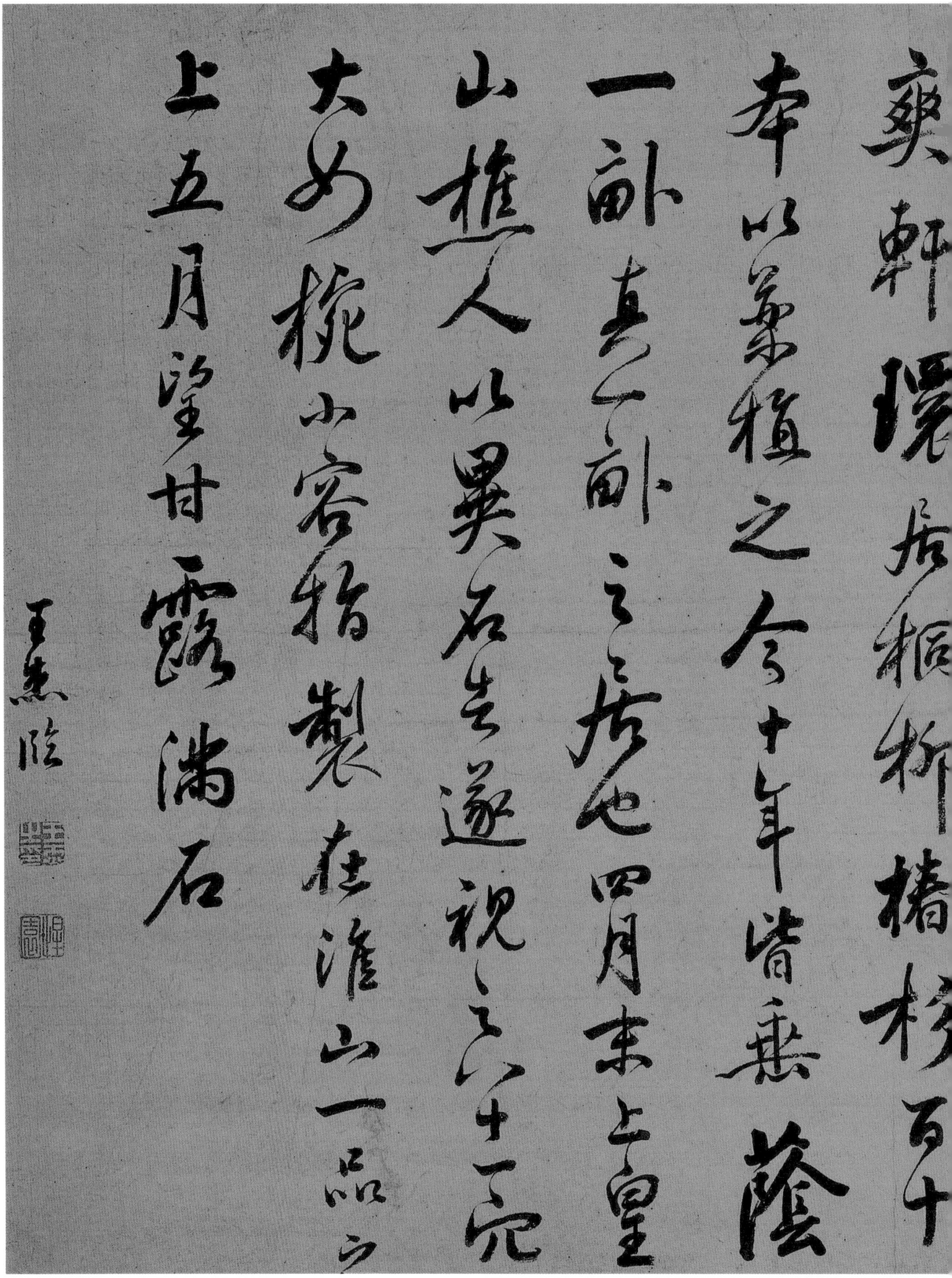

爽軒環居梧竹椿杉百十
本以象植之今十年皆垂蔭
一畝眞之畝之居也四月末上皇
山樵人以異石來遂視之可十穴
大如椀小容指製在淮山一品之
上五月望甘露滿石
王鐸臨

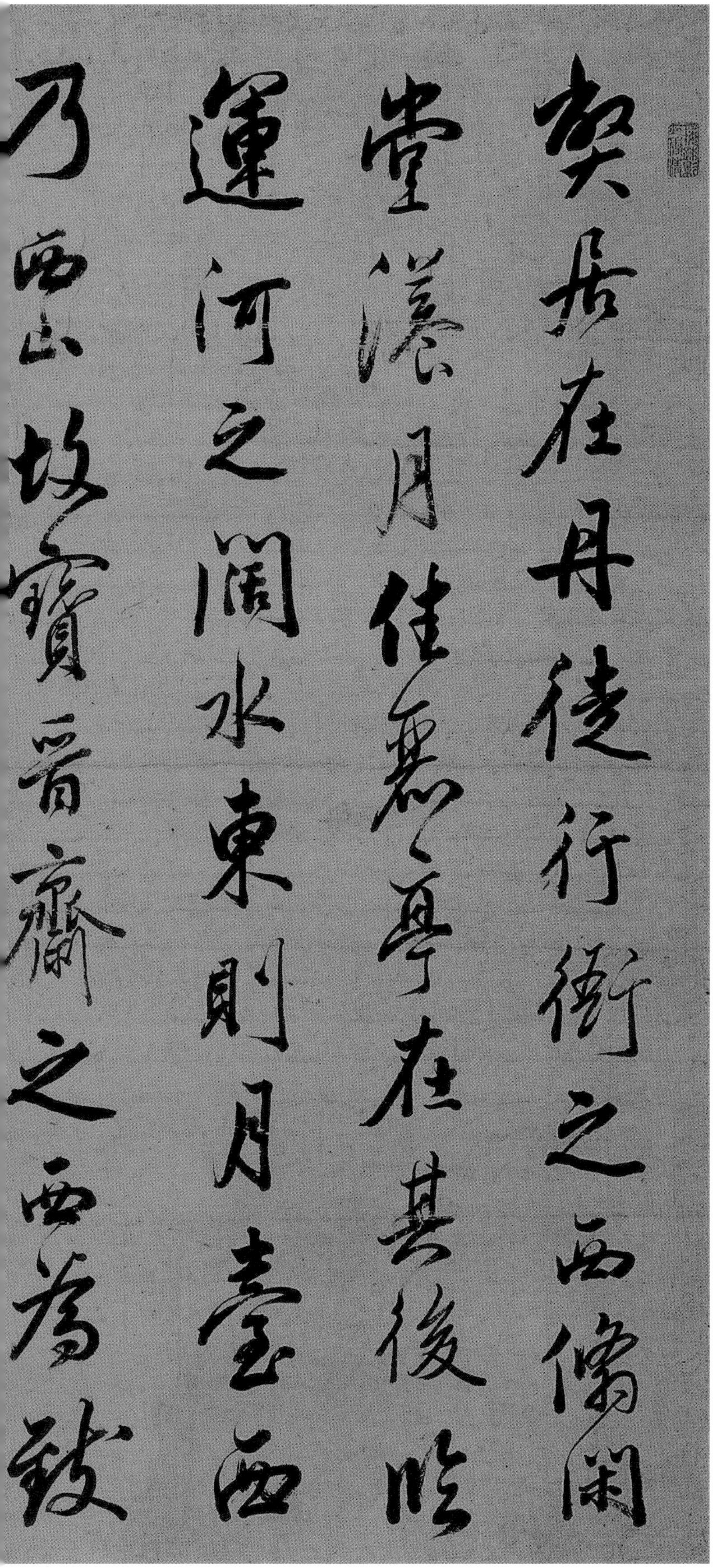

048

왕걸(王傑) 행서 축(軸)

청대(淸代) 종이
세로 84cm 가로 106cm
검인(鈐印): 왕걸지인(王傑之印), 성원(惺園)

이 행서는 왕걸의 중년시기 작품으로 보인다. 분위기가 단아하고 차분하며 기품 있다. 용필이 시원하고 힘차며 흘려서 쓴 부분은 자연스럽게 이어졌으며 필획구조에는 당·송(唐·宋)의 운치가 있다. 자형의 크기는 들쑥날쑥하고 묵색은 마르고 습함이 번갈아 있으며 행이 없으나 열이 있는 것이 자연스럽게 이루어져 멋진 작품을 손쉽게 써내려간 듯한 감이 있다. 본서에 수록된 세 작품 중에서 이 작품은 가장 법도에 부합되며 공력으로 보아 심혈을 기울인 것으로 옛것을 연구하면서 열심히 배우던 시기의 작품으로 보인다.

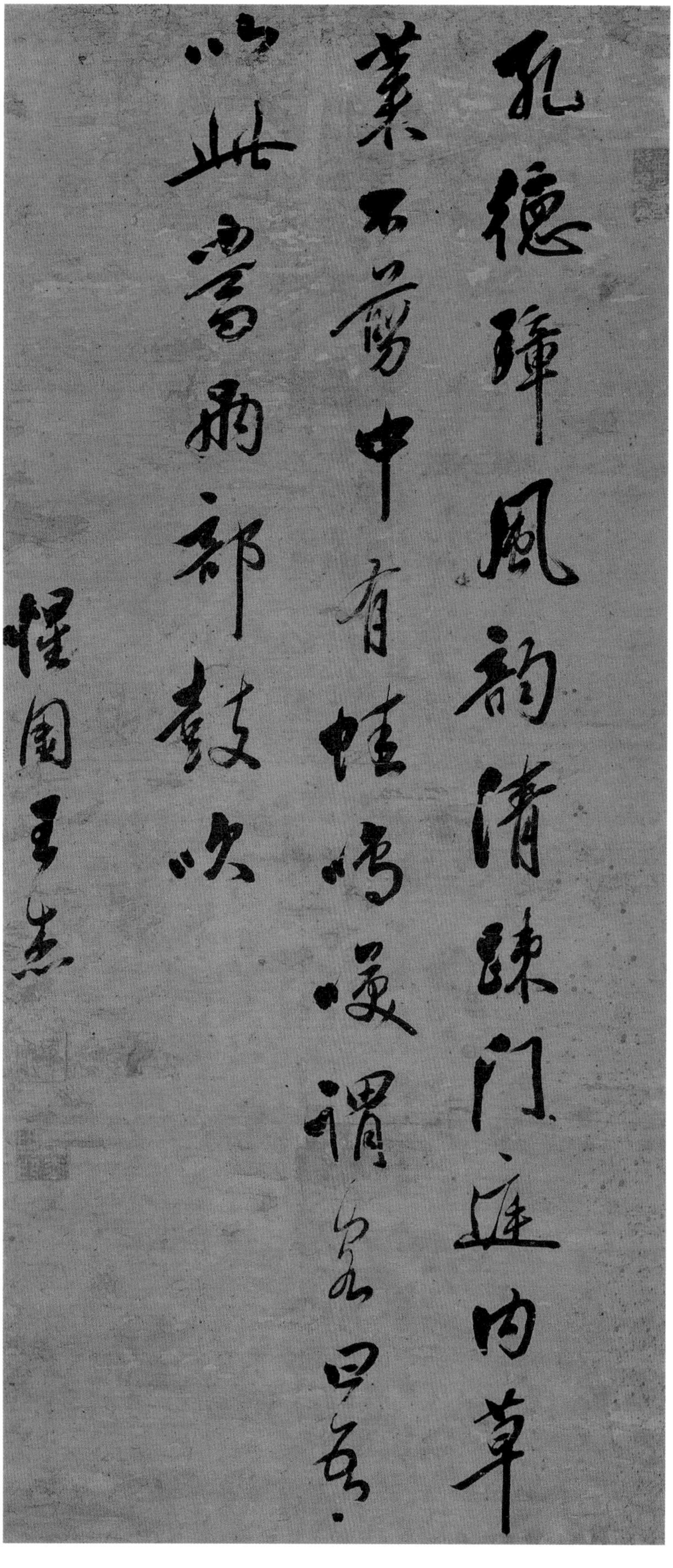

049

왕걸(王傑) 행서 공덕장(孔德璋) 일화 축(軸)

청대(淸代) 종이
세로 115.5cm 가로 51cm
검인(鈐印): 위인(偉人), 왕걸지인(王傑之印)
화향욕취인(花香欲醉人)

孔德璋風韵淸踈，門庭內草萊不剪，中有蛙鳴，笑謂客曰: “吾以此當兩部鼓吹”.

惺園王傑.

이 작품은 수려하고 힘 있으며 표일하면서도 성기고 심원한 것이 글의 내용과 어우러져 더욱 돋보인다. 필의를 음미해 보면 맑고 품위 있으며 구도가 성기면서도 간결하고 예스러우며 묵색이 옅다. 또한 생기가 넘치고 자태가 빼어나 자연스럽게 풍격이 엿보이는 것이 만년에 경지에 올랐을 때의 작품으로 보인다.

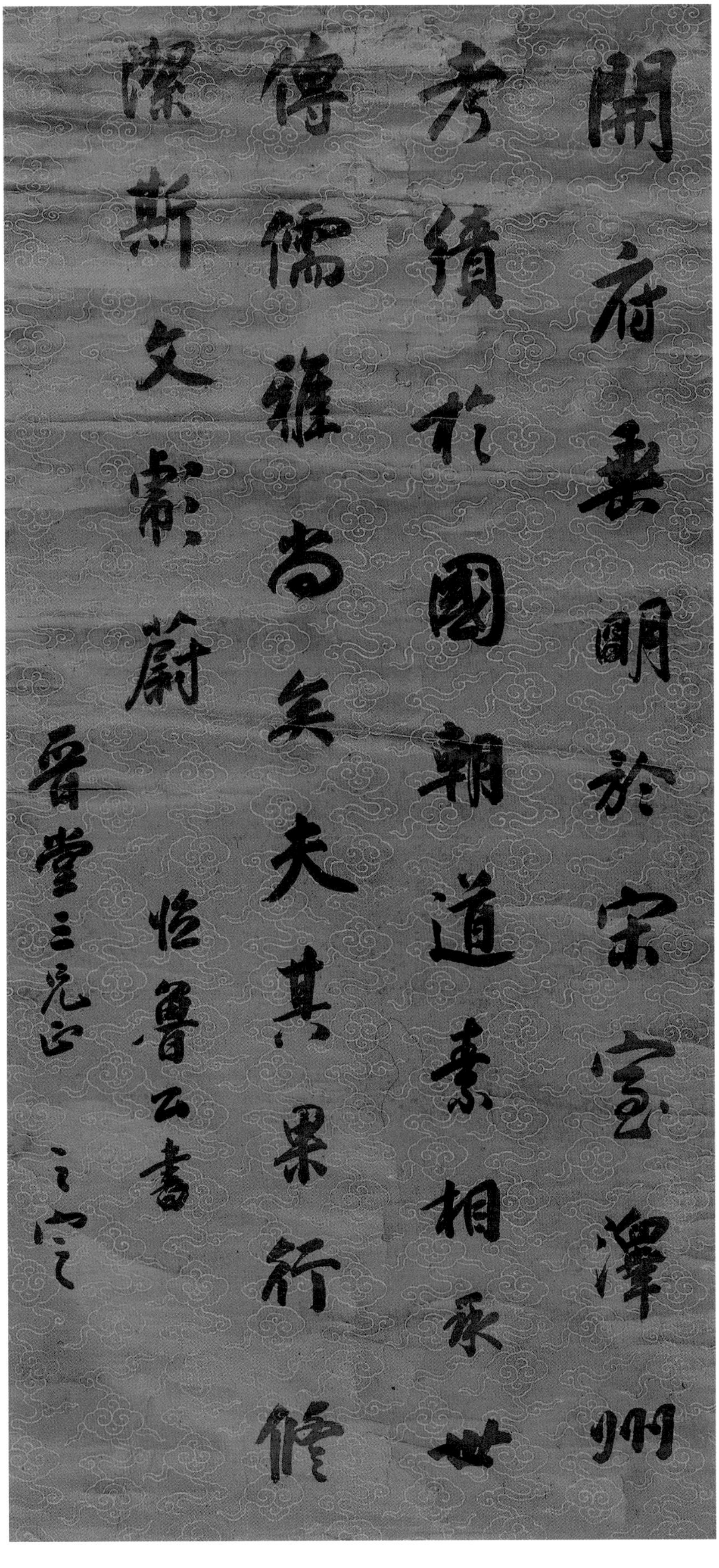

050

채지정(蔡之定) 안노공(顔魯公) 임모(臨摸) 축(軸)

청대(淸代) 종이
세로 111cm 가로 54cm
검인(鈐印): 지정사인(之定私印), 제고한림(制誥翰林)

채지정(1745~1830년), 자는 인소(麟昭), 호는 생보(生甫), 적고산인(積古山人)이며 덕청(德淸) 사람으로 건륭(乾隆) 58년(1793년) 진사가 되었다. 가경(嘉慶) 원년(1796년) 편수에 임명되었고 뒤이어 고종실록관(高宗實錄館) 총찬(總纂), 국자감사업(國子監司業), 시강학사(侍講學士)에 나아갔다. 5년 뒤, 순천향시동고관(順天鄕試同考官), 회시동고관(會試同考官), 하남정주고(河南正主考)를 역임하였다. 만년에는 종산(鍾山) · 즙산(蕺山) 서원에서 강학하였는데 이학(理學)을 널리 천명하고 선양하였으며 서법이 뛰어났다.

이 작품은 안진경(顔眞卿)의 글을 임모한 두루마리로 분위기가 품위 있고 돈후하고 소박하며 용필이 부드럽고 풍성하며 윤이 난다. 안진경의 서체를 임모한 것이라 하지만 자신의 필의가 많이 들어가 있고 글자체가 다소 기울어진 것이 동기창(董其昌)의 풍모가 엿보인다. 또한 활달하고 힘 있게 꺾인 것이 미불(米芾)의 필법도 섞여 있다. 원만하고 부드러우며 수려한 부분에서는 '조맹부(趙孟頫) · 동기창'의 운치가 보인다. 바탕문양이 있는 색지에 쓰여 있어 웅장하고 화려해 보이며 동시에 당시 고관대작들의 풍조를 보여준다.

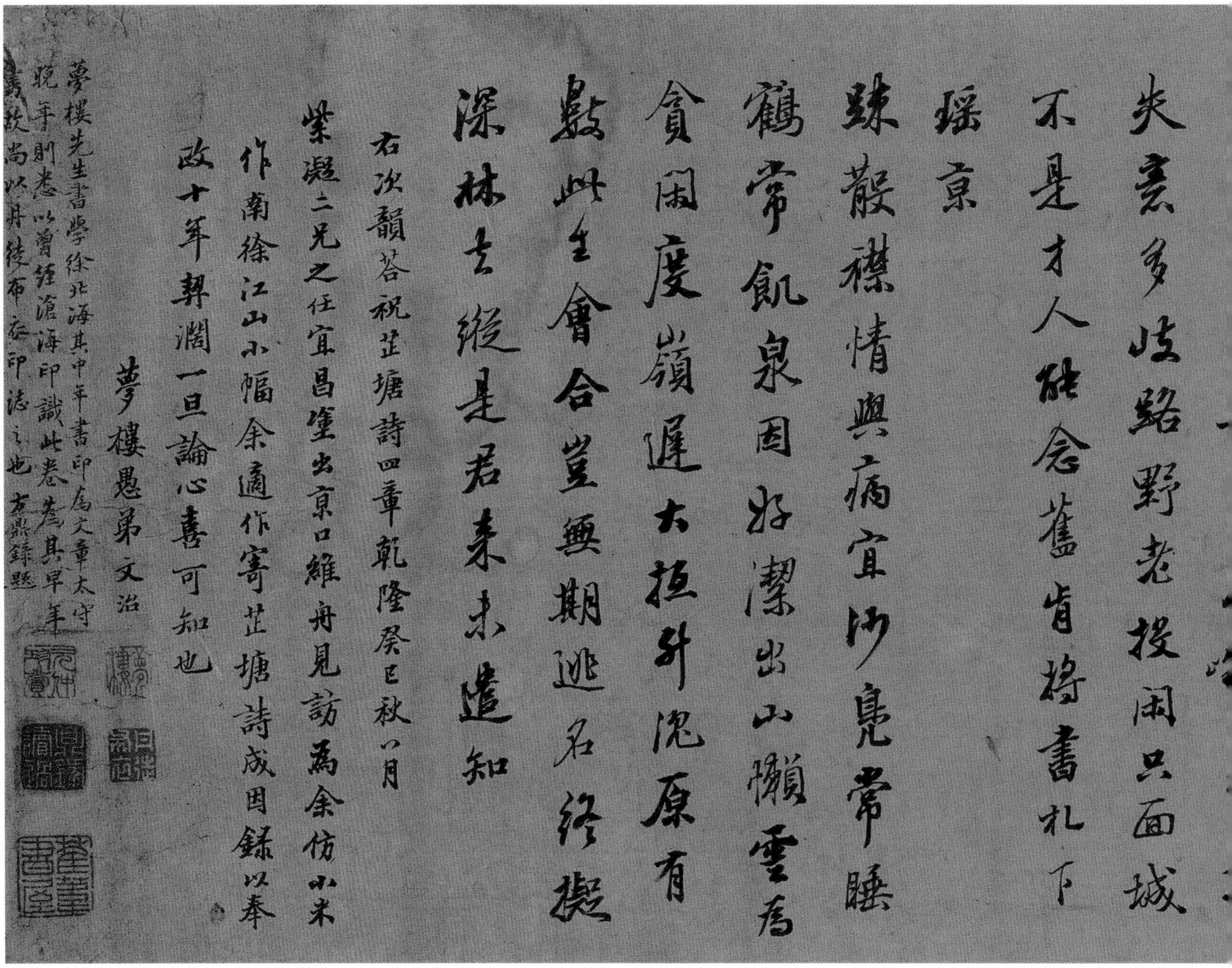

051

왕문치(王文治) 행서 축지당(祝芷塘)에 답하노라 시 4장 횡피(橫披)

청(淸) 건륭(乾隆) 38년(1773년) 종이
세로 28.5cm 가로 78.3cm
검인(鈐印): 몽루(夢樓), 단도포의(丹徒布衣), 공곡난심(空谷蘭心), 녹(錄), 동감(董龕), 동간유하구서당(桐間柳下舊書堂)
천전도인(天全道人)

왕문치(1730~1802년), 자는 우경(禹卿), 호는 몽루(夢樓)이다. 강소(江蘇) 단사[丹徒, 현 진강(鎭江)] 사람이며 청대 서예가이다. 건륭시기 진사로 전시(殿試)에서 3등을 하였으며 관직은 한림원 시독(侍讀)에 이르렀다. 운남(雲南) 임안부(臨安府)의 지방관리에 임명되었으나 관직을 버리고 돌아왔다. 서법이 뛰어났는데 동기창(董其昌)의 정수를 터득하여 양동서(梁同書), 옹방강(翁方綱), 유용(劉墉)과 어깨를 나란히 하였으며 전해지는 필적이 많은 편이다. 평소 담묵을 사용해 쓸쓸하고 표일한 운치를 표현하기 즐겼는데 온윤하면서도 담아하고 법도가 근엄하며 청신하고 명쾌하여 당시 '담묵탐화(淡墨探花)', '담묵한림(淡墨翰林)'이라 불렸다. 매화 그림에 능한데 운치가 빼어났다. 시는 당 · 송(唐 · 宋)을 종으로 하여 일가를 이루었으며 또한 음률학에도 능통하였다. 저서로는 『몽루시집(夢樓詩集)』, 『논서절구 30수(論書絶句三十首)』 등이 있다.

이 행서 두루마리는 건륭 38년(1773년)에 쓴 것으로 작가의 조기 작품에 속한다. 뒷부분에 방정록(方鼎錄)의 제발(題跋)이 있는데 서예가의 서법 뿌리와 작품 연대 추정에 대해 간략하게 적고 있다. "몽루 선생 서법의 뿌리는 서북해(徐北海)에 있으며 그중 중년 작품은 '문장태수(文章太守)'란 도장이 찍혀 있고 만년에는 모두 '증경창해(曾經滄海)'란 도장이 찍혀 있다. 이 두루마리는 조기 작품으로 '단도포의(丹徒布衣)'가 찍혀 있다."

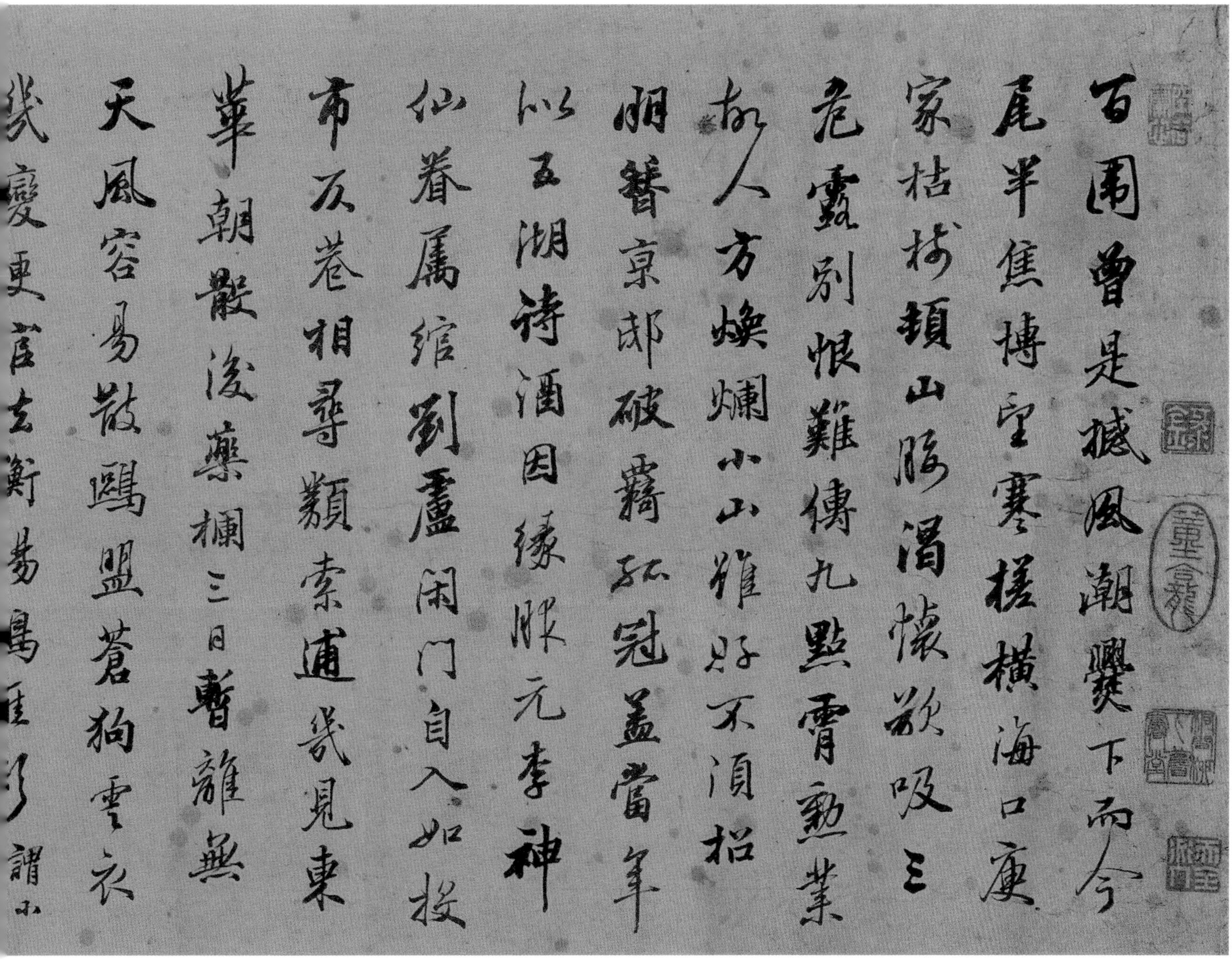

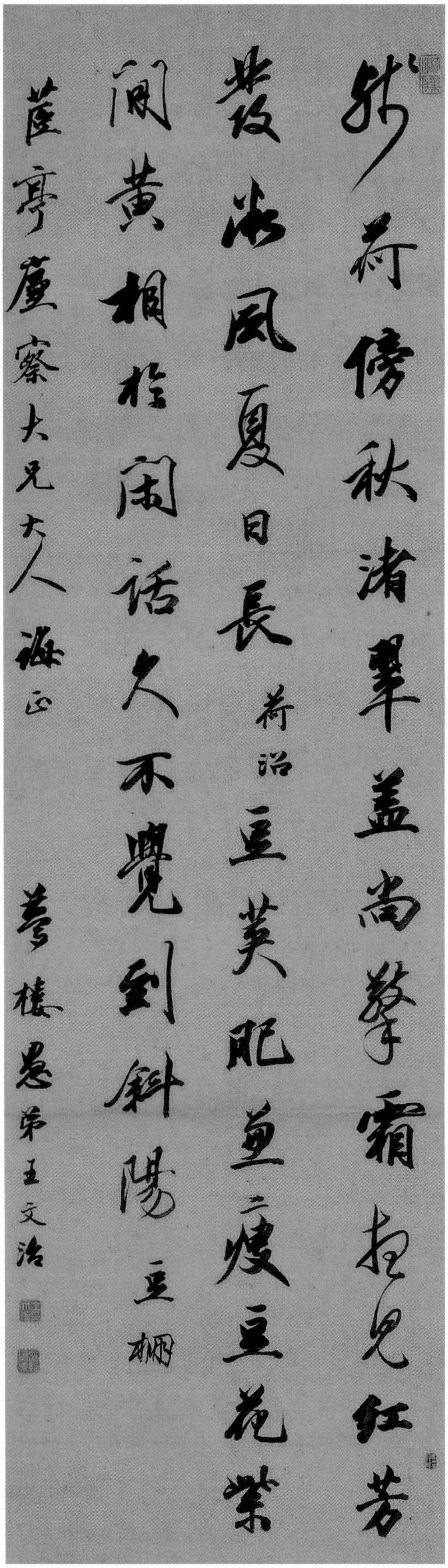

052

왕문치(王文治) 행서 신정(莔亭)에게 보내는 5언시 2수 축(軸)

청대(淸代) 종이
세로 130cm 가로 37cm
검인(鈐印): 왕문치인(王文治印), 증경창해(曾經滄海)

『양반추우안수필(兩般秋雨桉隨筆)』에서는 “본 왕조의 서예가 중에서 유석암(劉石庵) 상국(相國)은 기백을, 왕몽루(王夢樓) 태수는 운치를 중히 여겨 각각 ‘농묵재상’, ‘담묵탐화’라 불렀다”라고 적고 있다. 이 작품은 작가의 만년 작품으로 행간에서 왕희지(王羲之), 조맹부(趙孟頫), 동기창(董其昌)의 필의를 엿볼 수 있으며 특별히 빼어난 모습은 아니나 자연스럽고 차분하며 표일한 것이 별다른 운치가 있다.

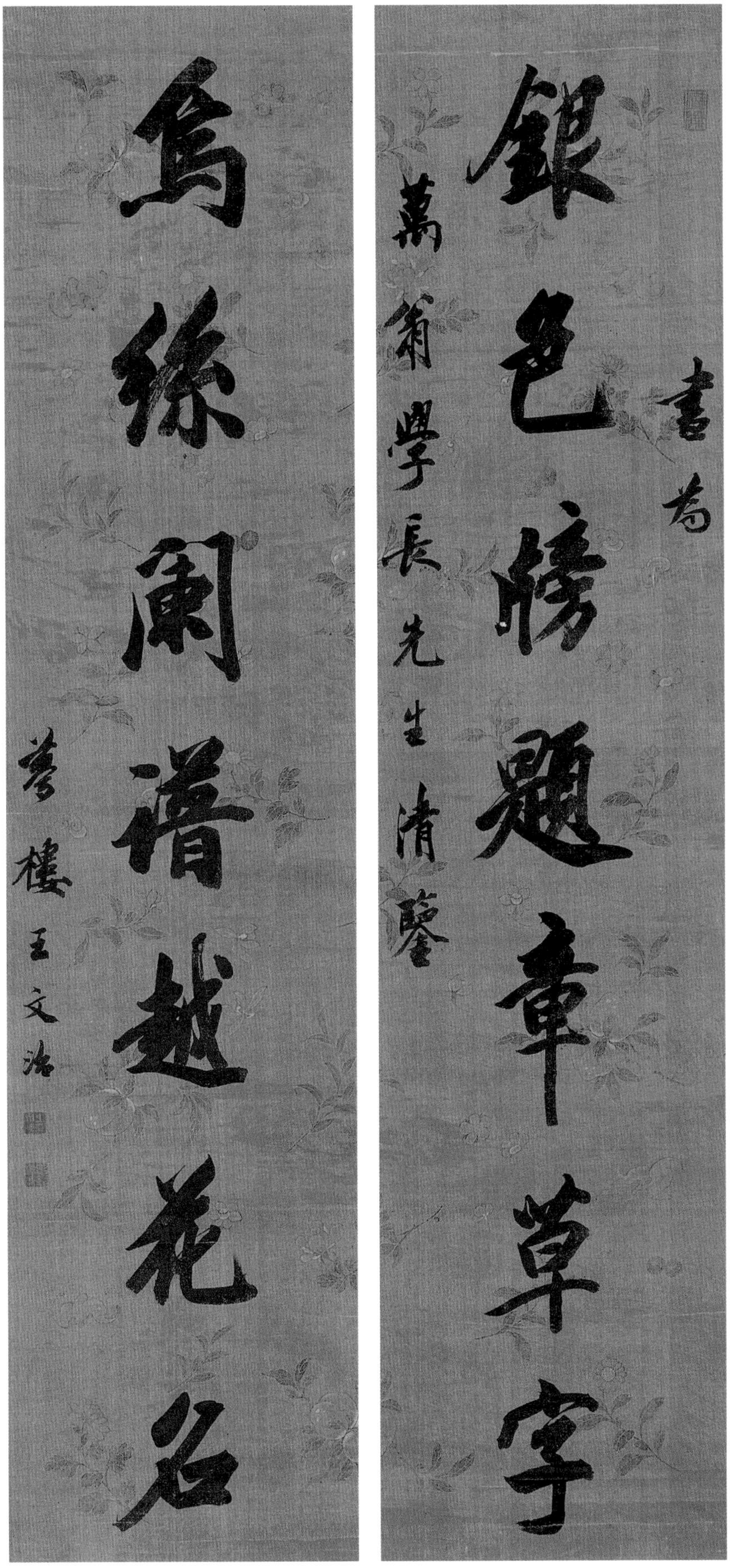

053

왕문치(王文治) 행서 만옹(萬翁)에게 보내는 7언시 주련(柱聯)

청대(淸代) 비단
세로 128cm 가로 30cm
검인(鈐印): 왕문치인(王文治印), 증경창해(曾經滄海)

이 주련은 "은빛 편액에 장초로 쓰고, 오사란에 꽃이름 적노라(銀色榜題章草字, 烏絲欄譜越花名)"라고 적혀 있다. 용필이 중후하고 깔끔하면서도 표일한 멋이 있다. 서예가의 구조와 필력에 대한 뛰어난 장악력, 합일체를 이룬 손과 마음의 호흡은 보는 이로 하여금 찬탄을 금치 못하게 한다. 글을 읽노라면 마치 싱그러운 바람이 얼굴을 스치듯 상쾌한 느낌이 든다. 또한 표구에 정성을 들이고 경사스럽고 상서로운 색상까지 더하여져 부귀한 기상이 흘러넘친다.

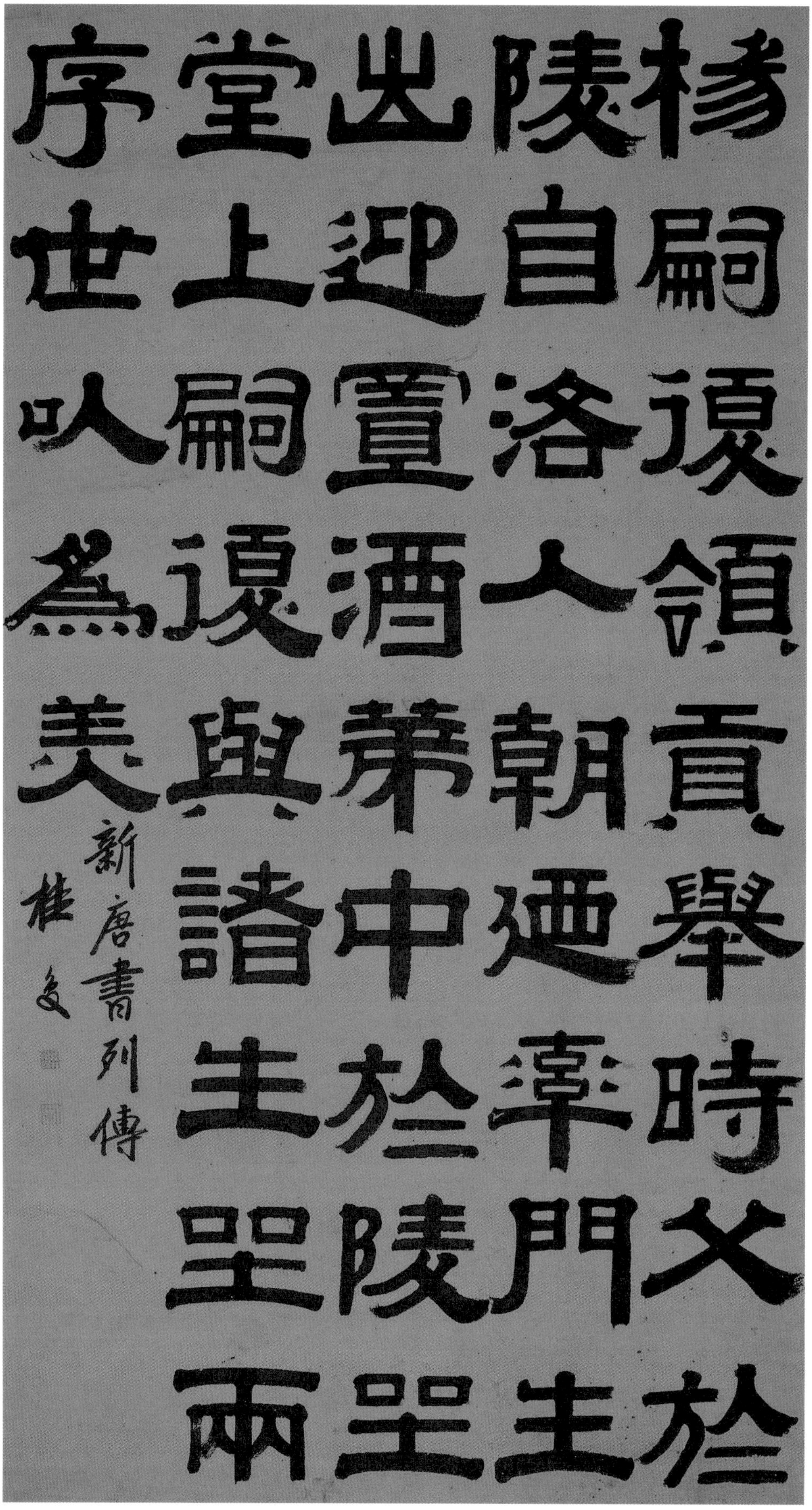
楊嗣復領貢舉時父於
陵自洛入朝迺率門生
出迎置酒第中於陵坐
堂上嗣復與諸生坐兩
序世以為美
新唐書列傳
桂馥

054

계복(桂馥) 예서 신당서(新唐書) 양사복(楊嗣復) 열전 발췌 축(軸)

청대(淸代) 종이
세로 138cm 가로 76cm
검인(鈐印): 독정복민(瀆井復民), 미곡(未谷)

楊嗣復領貢擧時, 父於陵自洛入朝, 迺率門生出迎, 置酒第中, 於陵坐堂上, 嗣復與諸生坐兩序, 世以爲美.

新唐書列傳, 桂馥.

계복(1736~1805년), 자는 미곡(未谷), 호는 동훼(冬卉), 노태(老苔), 노백(老苩), 우문(雩門), 독정복민(瀆井復民), 소연물외사(蕭然物外史)이며 산동(山東) 곡부(曲阜) 사람으로 건륭(乾隆) 55년(1790년) 진사가 되었다. 계복은 젊어서부터 다독하고『소학(小學)』의 연구에 몰두하였으며,『설문(說文)』을 정독하고 8가지 글자체의 근원을 계고(稽考)하였다. 그는 일찍 "선비는 경전을 통달하지 못하면 실천하는 데 있어 모자람이 있고 훈고학에 밝지 못하면 경전을 통달할 수 없다"고 말하였다. 따라서 자신은 40여 년 동안 경서, 전적을 두루 찾아 읽고 이를 서법에 의탁하여 표현하였다. 예서가 빼어나고 전각에도 능하였는데 그의 작품은 모두 세속에 물들지 않았다. 도장 소장하기를 즐겼는데 당시 전각에 터무니없는 부분이 많은 것을 개탄하여『무전분운(繆篆分韻)』을 써 내었다. 그 외 저서로는『설문의증(說文義證)』,『속삼십오거(續三十五擧)』,『찰박(札朴)』,『만학집(晩學集)』,『청조예품(淸朝隷品)』,『시집(詩集)』등이 있다.

청대는 한대(漢代) 다음가는 예서 흥성기의 두 번째 고봉이다. 수많은 서예가들의 노력에 의해 청대에 예서의 기상이 장관을 이루었다. 이 족자는 계복의 나이 63세 때 작품으로 용필이 방원(方圓)을 겸하였으며 삐침은 거두고 가로획은 올려 쓴 것이 가늘면서도 힘 있고 흩뿌려진 듯하다. 필의와 필세는 방정하면서도 경직되지 않고 필획은 중후하면서 날렵하다. 전체적으로 볼 때 〈장천비(張遷碑)〉의 호방함이 있으면서도 침착한 멋이 있고 〈예기비(禮器碑)〉의 견고함이 있으면서 풍성함이 더하여졌다. 당시 사람들은 그를 "직접 한인(漢人)을 이은 본보기"라 일컬었다.

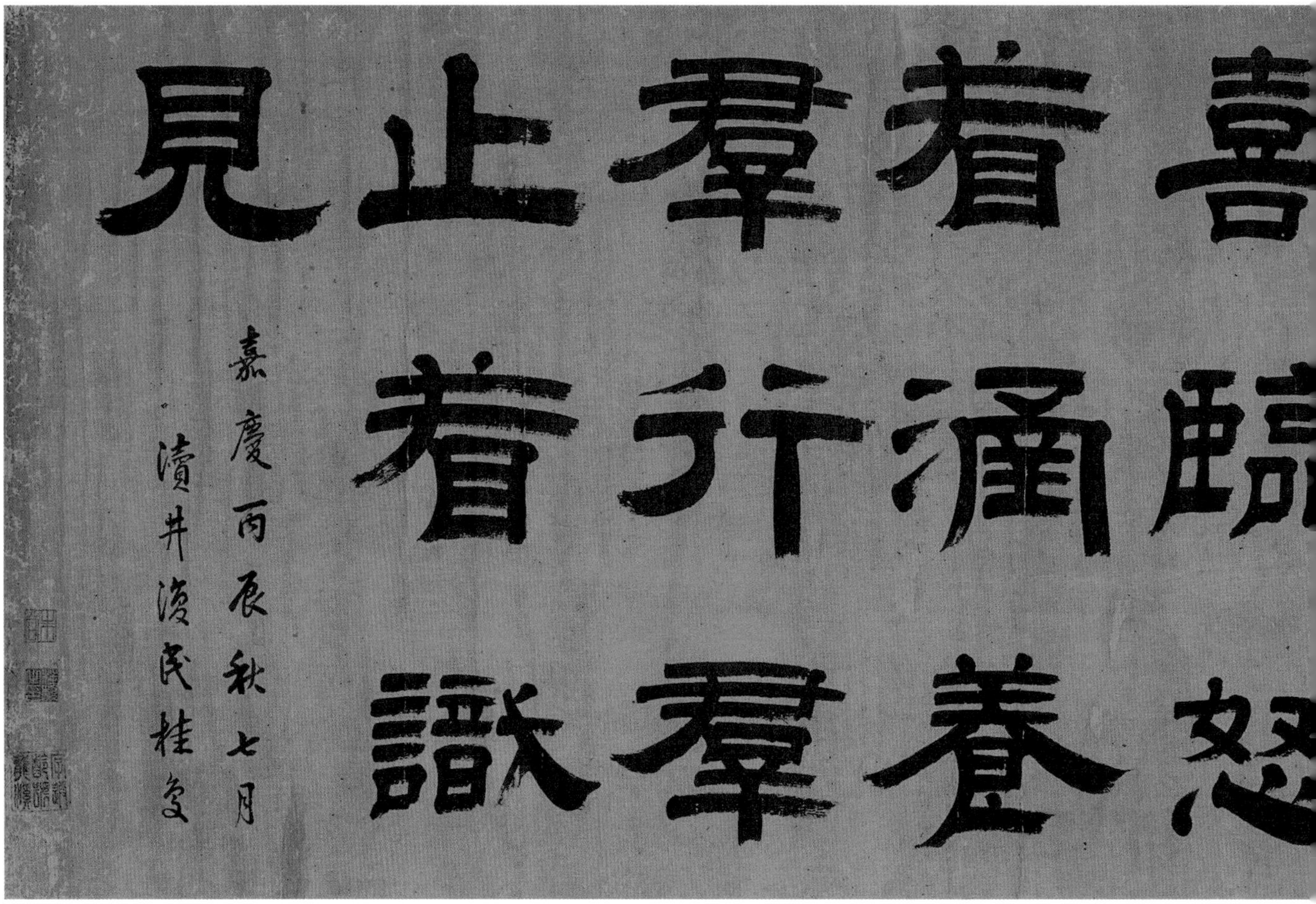

055

계복(桂馥) 예서 격언 횡피(横披)

청(清) 가경(嘉慶) 원년(1796년) 종이
세로 87cm 가로 269cm
검인(鈐印): 미곡(未谷), 계복지인(桂馥之印), 자하령호룡계(字遐齡號龍溪)

大事難事看担當，逆境順境看襟度，
臨喜臨怒看涵養，群行群止看識見.
嘉慶丙辰秋七月濆井復民桂馥.

계복의 예서에서는 학자의 이성과 지혜 및 근엄함이 돋보이는데 필묵 기교가 법도에 맞으며 필획구조가 질박하고 짜임새가 있으면서도 생기가 넘친다. 그의 서예는 오랫동안 한비(漢碑)에 묻혀 살면서 한예(漢隸)의 운치를 터득한 것으로, 이는 후학들에게 많은 깨우침을 줄 것이다. 이 작품은 필세가 좌우로 펼쳐졌는데 유연하지만 가늘지 않고 구조는 납작한데 엄정하고 균일한 가운데 변화가 보이며 수려하고 전아(典雅)한 가운데 차분함이 보인다. 글의 내용 역시 철리(哲理)가 깃들어 있다.

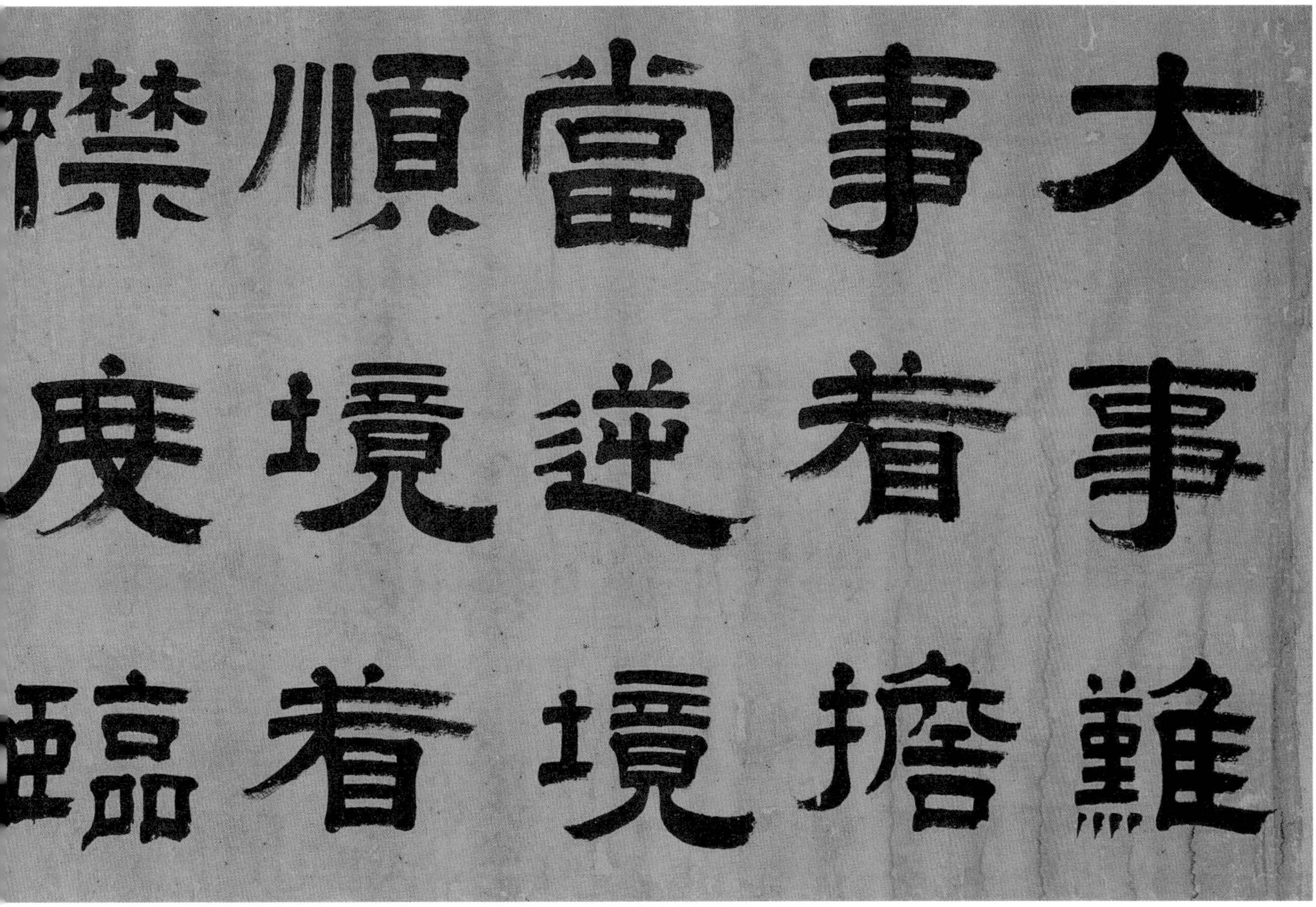
大事難
事看擔
當逆境
順境看
襟度臨

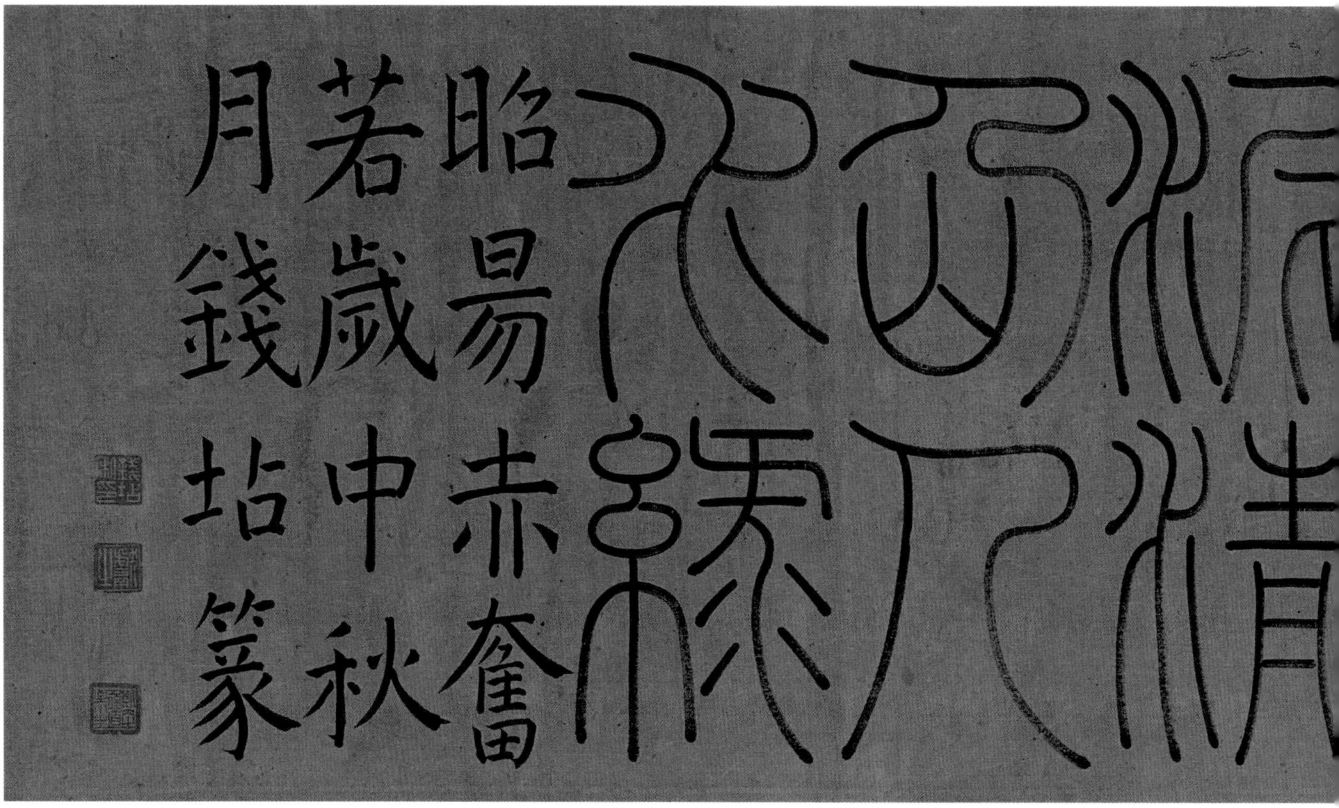

056

전점(錢坫) 전서 횡피(橫披)

청(清) 건륭(乾隆) 58년(1793년) 종이
세로 44.5cm 가로 159cm
검인(鈐印): 전점지인(錢坫之印), 헌지(獻之), 사빙지후직지소생(斯冰之後直至小生)
중양천석(中兩千石), 길금악석지재(吉金樂石之齋)

平郊樹直, 曲浦蓮肥,
隱士泥淸, 仙人水綠.
昭易赤奮若歲中秋月錢坫篆.

전점(1744~1806년), 자는 헌지(獻之), 호는 소란(小蘭), 십란(十蘭), 천점(泉坫)이며 강소(江蘇) 가정[嘉定, 현 상해(上海) 가정구] 사람이다. 전대흔(錢大昕)의 조카이며 건륭 39년(1774년) 거인(擧人)이다. 관직은 건주(乾州) 겸 무공현(武功縣) 지현(知縣)에 이르렀다. 평생 경사(經史)를 읽고 훈고(訓詁)에 능통하며 여지(輿地)에 밝고, 특히 소전(小篆)이 빼어났으며 겸하여 전각에도 능하였다. 삼촌한테서 받은 이양빙(李陽冰)의 〈성황묘비(城隍廟碑)〉를 밤낮으로 연마하여 옹방강(翁方綱)의 칭찬을 받았으며, 전서로 이름을 떨쳤다. 홍양길(洪亮吉)은 『북강시화(北江詩話)』에서 "전점은 전서가 빼어났으나 자부심이 흘러넘쳐 일찍 돌도장에 '이사(李斯), 이양빙 뒤로는 바로 소생이올시다'라고 새겼다"라고 적고 있다. 사이사이 난죽, 고목, 바위 및 해당화도 그렸다. 특히 매화를 잘 그렸는데 차갑고 청아하며 고졸한 운치가 있다. 만년에 몸 오른쪽에 마비가 와 왼손으로 서화를 그렸는데 필력이 창건(蒼健)하고 돈후하였다. 저서로는 『십경문자통정서(十經文字通正書)』, 『한서십표주(漢書十表注)』, 『성현총묘지(聖賢冢墓志)』, 『십육장락당고기관식고(十六長樂堂古器款識考)』, 『완화배석헌경명집록(浣花拜石軒鏡銘集錄)』, 『전인록(篆人錄)』 등이 있다.

이 전서 작품은 건륭 58년(1793년) 작으로 작가의 조기 작품에 속한다. 이양빙의 〈성황묘비〉를 본뜬 것으로 용필이 완만하고 균일하다. 법도를 한 치도 벗어나지 않아 수려하고 아담하며 필획구조는 크면서도 질서 정연하다. 구도가 완벽하고 행간, 자간이 없어 전체적으로 보면 가득 차있으나 막히는 부분이 없어 은근하고 유창하며 빼어난 운치가 있다. 낙관은 안진경(顔眞卿)을 본받아 시원스럽게 하였는데 미려하면서 앙증맞다.

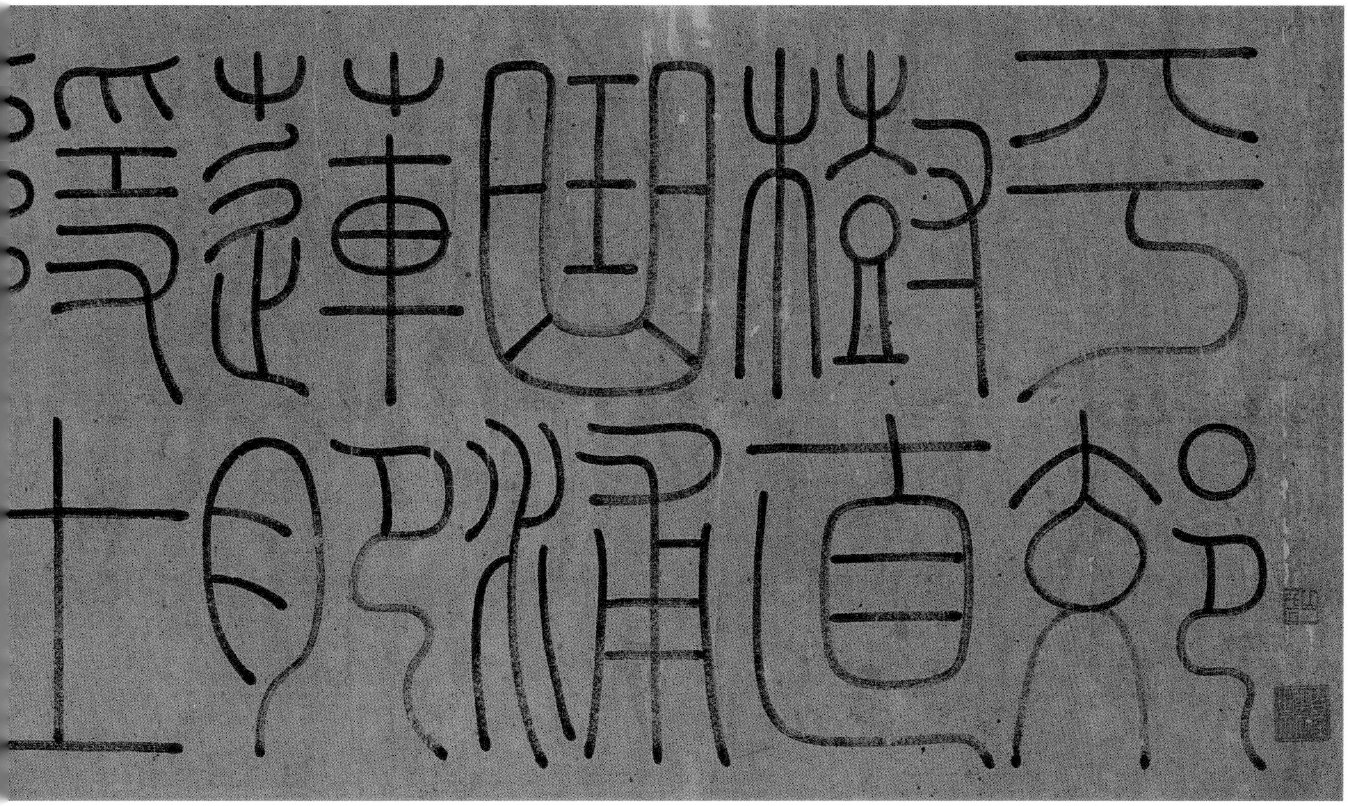

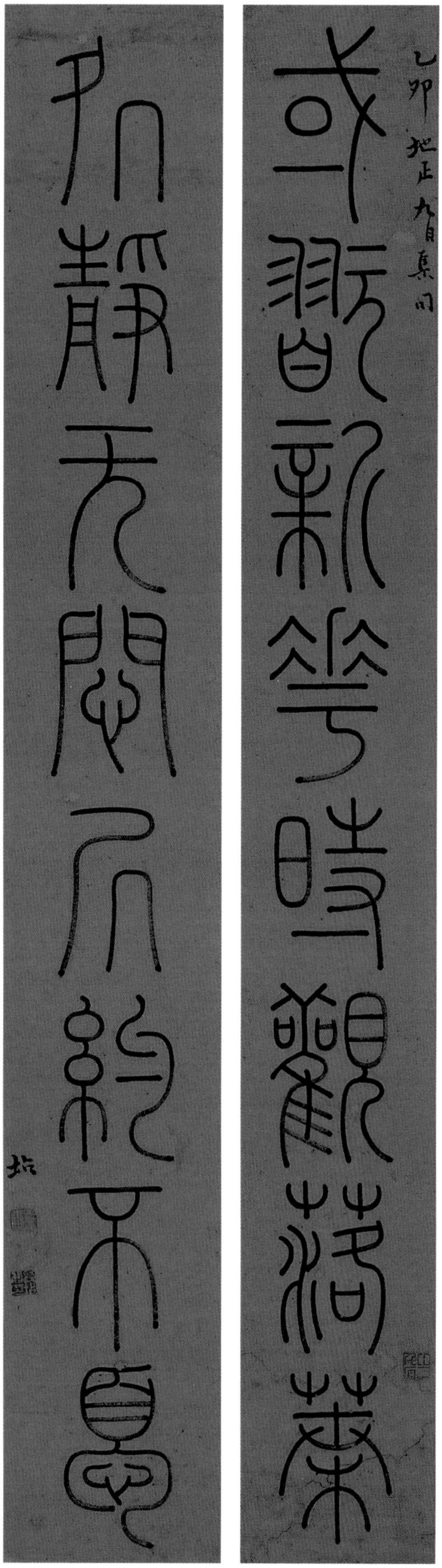

057

전점(錢坫) 전서 8언시 주련(柱聯)

청(淸) 건륭(乾隆) 60년(1795년) 종이
세로 117cm 가로 16cm
검인(鈐印): 헌지(獻之), 전점지인(錢坫之印)

或翫新花時觀落葉,
處靜無悶居約不憂.
乙卯地正九日集句, 坫.

이 소전 주련은 전점이 52세 때 쓴 것으로 용필이 부드럽고 시원하며 균일하면서도 힘이 있다. 직접 이사(李斯), 이양빙(李陽冰)을 본받은 것으로 묵색 변화를 일일이 알아볼 수 있으며 글자 중에 묵색이 끊긴 부분도 있지만 기세와 맥락이 전체를 관통하였다. 자형이 늘씬한 것이 〈역산비(嶧山碑)〉의 영향을 깊이 받았고 청대의 전서체 풍조까지 더하여져 전체적으로 숙연하고 품위 있으며 고아하고 참신한 것이 별다른 운치가 있다.

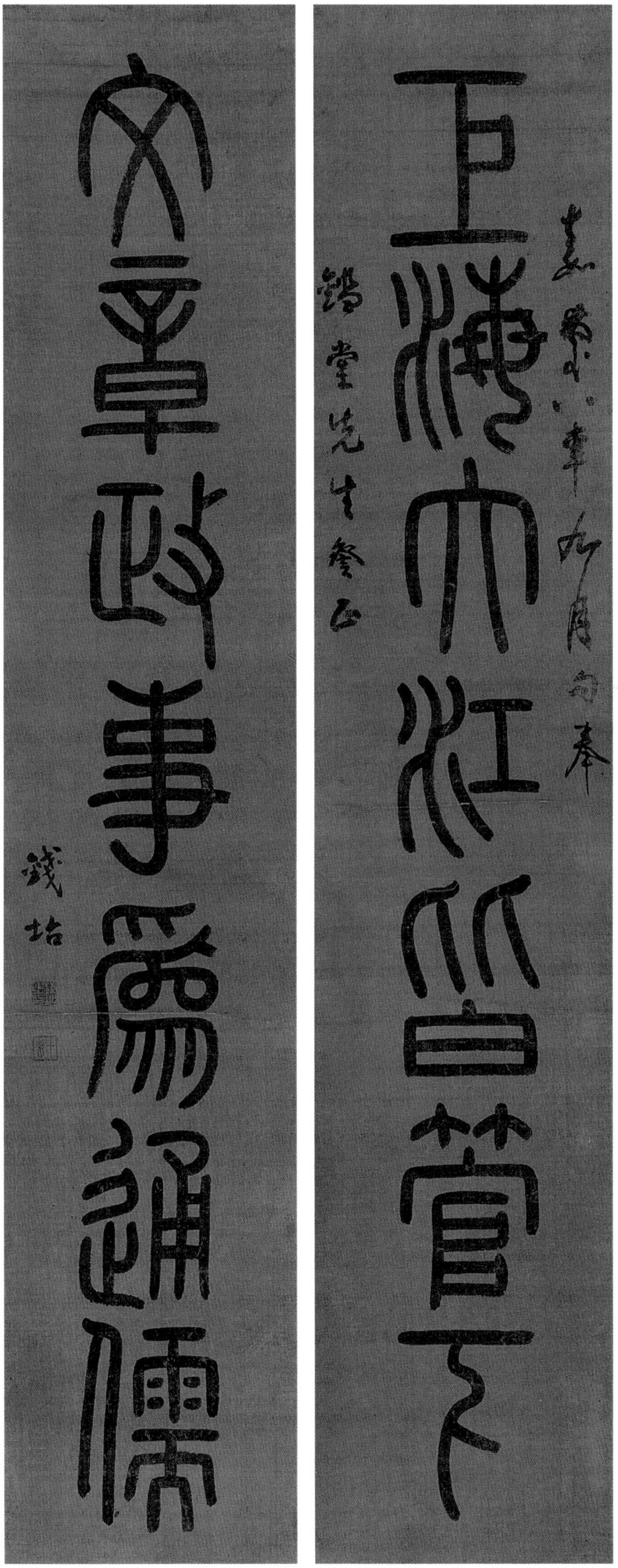

058

전점(錢坫) 전서 7언시 주련(柱聯)

청(淸) 가경(嘉慶) 8년(1803년) 종이
세로 192.8cm 가로 38cm
검인(鈐印): 전점지인(錢坫之印), 십난(十蘭)

巨海大江皆管下, 文章政事爲通儒.
嘉慶八年九月句奉鑒堂先生察正, 錢坫.

이 주련은 전점의 나이 59세, 즉 만년 작품으로, 이때는 오른쪽이 마비된 상태라 왼손으로 쓴 것이다. 전점은 일찍이 완백[完白, =등석여(鄧石如)]의 글을 감상하면서 크게 감복하였는데, 이 작품을 보자면 서풍은 이미 크게 변하였다. 용필은 장봉(長鋒)에 양호(羊毫)를 사용한 듯하고 필법은 이미 완백과 비슷해졌다. 여기에 왼손으로 운필하다 보니 섬세하지 않은 듯하면서도 섬세하고 거친 가운데 정교함이 보이며 필력이 굳세고도 돈후하며 기운이 넘쳐난다. 이 가운데 고대 동기(銅器) 명문(銘文)으로부터 받아들인 일부 고졸하고 굳세며 돈후한 기세, 풍격, 운치를 엿볼 수 있는데, 그의 만년 전서는 상당히 참신하다.

059

전점(錢坫) 전서 횡피(橫披)

청대(淸代) 종이
세로 35cm 가로 119.5cm
검인(鈐印): 십난(十蘭)

瘦行淸坐林和靖,
翠袖紅旌白樂天.
錢坫.

청대 전서 예술을 최고봉으로 이끈 이는 등석여(鄧石如)지만 전점 역시 청대 전서 발전사에 있어 주목할 만한 역할을 하였다. 이 작품은 선이 깔끔하고 두꺼우며 힘차고 시원한 것이 탄력 있어 보인다. 엄정하고 균일한 가운데 변화가 보이고 수려하고 전아(典雅)한 가운데 차분함이 엿보이는 것은 청대는 물론 다른 시대 전서 작품에서도 보기 힘든 부분이다.

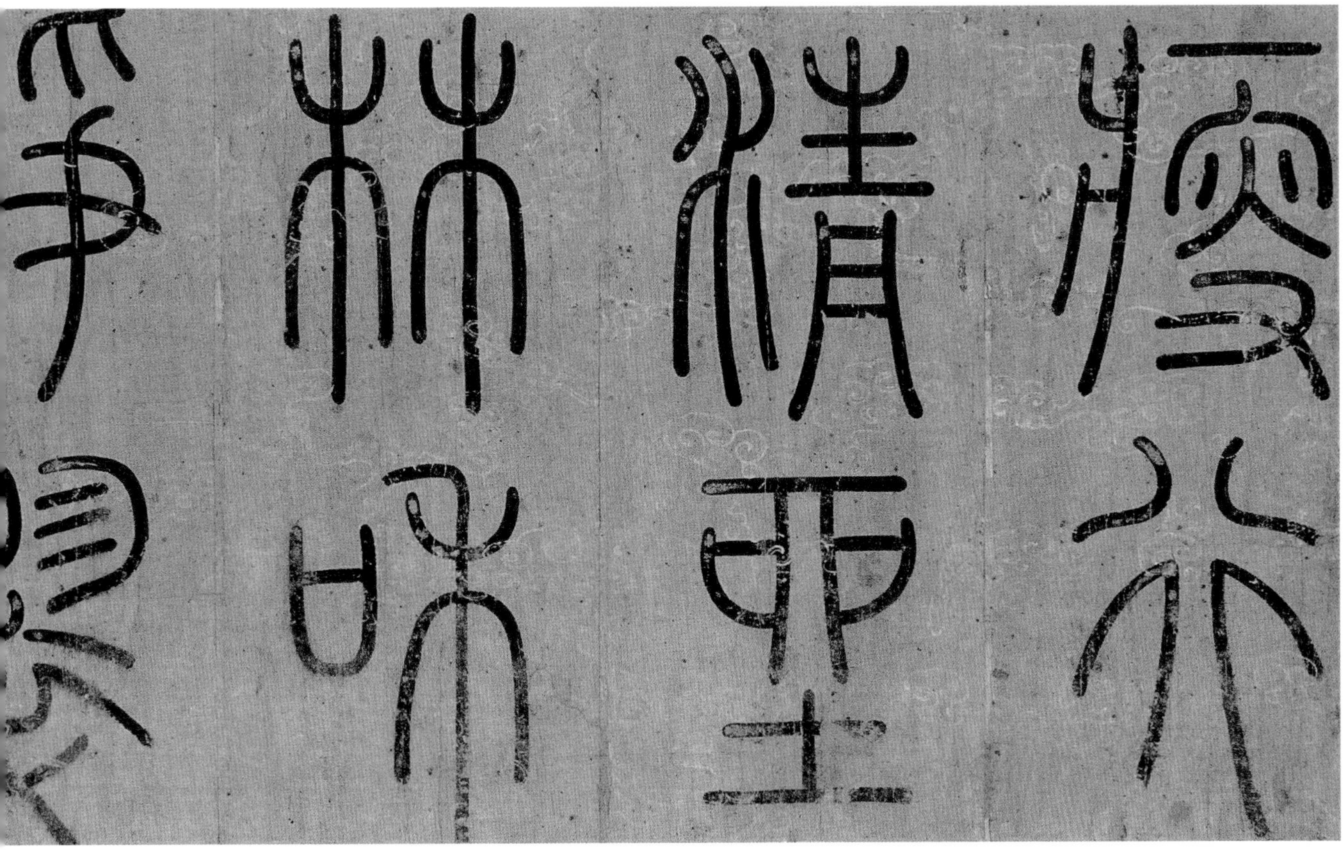

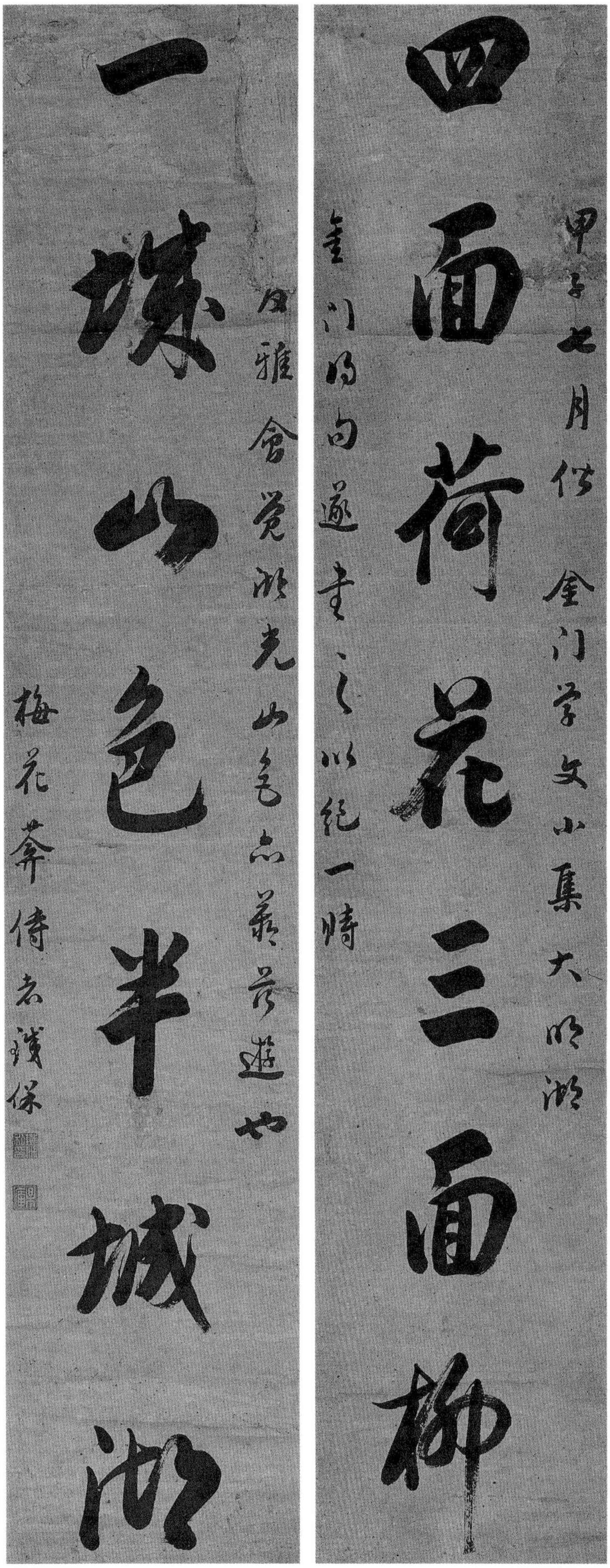

060

철보(鐵保) 행서 7언시 주련(柱聯)

청(淸) 가경(嘉慶) 9년(1804년) 종이
세로 121.7cm 가로 24cm
검인(鈐印): 철보지인(鐵保之印), 매암(梅庵)

四面荷花三面柳，一城山色半城湖.

甲子七月偕金門學文小集大明湖.

金門得句，遂書之以紀一時□友雅會，覺湖光山色亦羨玆遊也.

梅花菴侍者鐵保.

철보(1752~1824년), 만주족, 자는 치정(治亭), 호는 매암(梅菴), 철경(鐵卿)이며 건륭(乾隆) 37년(1772년) 진사가 되어 관직은 양강총독(兩江總督), 이부상서에 이르렀다. 서화에 능하였는데 해서는 안진경(顔眞卿)을 따르고 행초는 왕희지(王羲之), 회소(懷素), 손과정(孫過庭)의 기법을 따랐다.

이 작품은 제남(濟南) 대명호(大明湖) 역하정(歷下亭)에서 가장 이름난 주련으로 철보 나이 52세에 제작하고 친히 쓴 것이다. 풍경을 묘사한 것이 정묘하고 적절하며 대구가 잘 짜여 수백 년간 문인들의 칭송을 받았다. 오늘날 다시 원작을 보아도 정신이 왕성하고 기가 충족하며 수미가 일관되었다. 또한 용필이 노련하고 힘 있으며 원만하고 돈후한 것이 진정 산과 호수의 정기를 받았나 싶다.

061

철보(鐵保) 초서 축(軸)

청(清) 가경(嘉慶) 11년(1806년) 종이
세로 70.5cm 가로 32cm
검인(鈐印): 철경(鐵卿), 철보지인(鐵保之印)

外物不移方是學，俗人猶愛未爲詩.
放翁亦不免此病.
丙寅十月望前二日，鐵保.

이 족자는 철보의 나이 54세 때 작품이다. 편폭이 작은 편이지만 정묘하고 자연스러우며 수미가 일관된 것이 '일필휘지'의 의취(意趣)가 엿보인다. 또한 왕헌지(王獻之)의 〈압두환첩(鴨頭丸帖)〉과 양응식(楊凝式)의 〈신선기거법첩(神仙起居法帖)〉의 영향을 받았음을 알 수 있는바, 점획이 원만하고 옹골진 가운데 생동한 돌림과 꺾음을 더하여 기운이 이어지면서 전체를 관통하였다. 이 족자에서 작가의 끝없는 노력을 엿볼 수 있다.

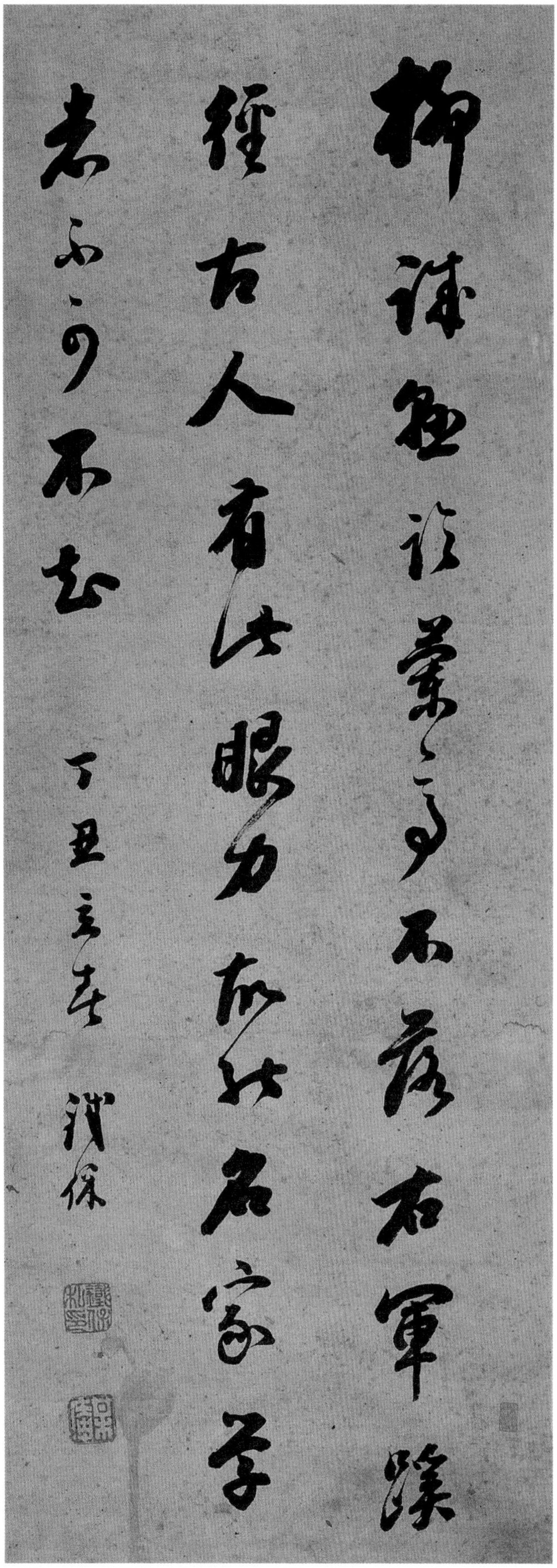

062

철보(鐵保) 행초서 논서(論書) 축(軸)

청(淸) 가경(嘉慶) 22년(1817년) 종이
세로 98cm 가로 35.5cm
검인(鈐印): 철보지인(鐵保之印), 매암(梅庵)

柳城縣臨蘭亭不落右軍蹊徑, 古人有此眼力, 故能名家. 學者不可不知.

丁丑年春, 鐵保.

이 행서 작품은 웅장하고 힘 있으며 중후하다. 글자와 글자 사이에 견사영대(牽絲映帶)가 적지만 상호 호응하고 기운이 전체를 관통하였다. 당시 사람들이 "서법에 들인 노력은 천하에 따를 자가 없다"라고 한 말이 허언은 아닌 듯싶다.

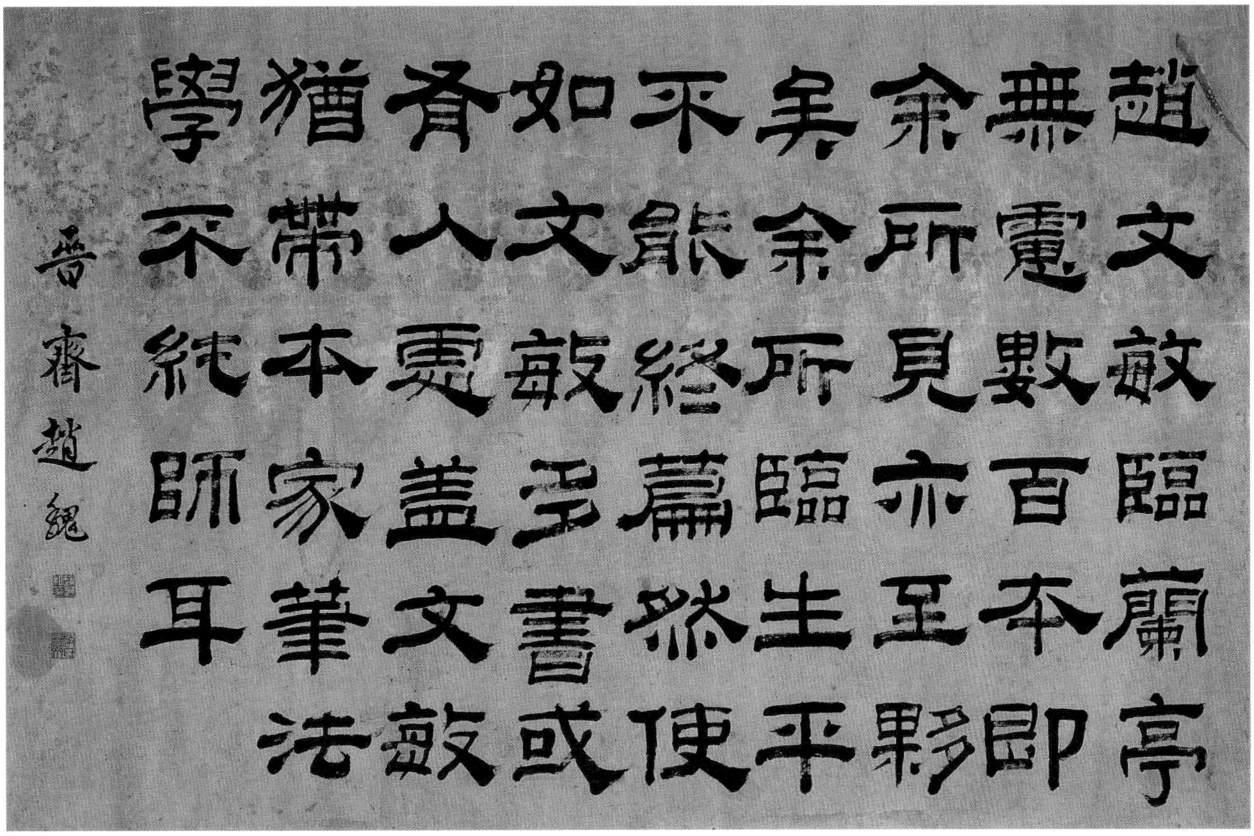

063

조위(趙魏) 예서 조맹부(趙孟頫)의 난정(蘭亭) 임모(臨摸)를 평함 횡피(橫披)

청대(淸代) 종이
세로 61cm 가로 94.5cm
검인(鈐印): 조위사인(趙魏私印), 조씨진재(趙氏晉齋)

趙文敏臨蘭亭無慮數百本, 即余所見亦至夥矣, 余所臨生平不能終篇, 然使如文敏多書或有入處, 蓋文敏猶帶本家筆法, 學不純師耳. 晉齋趙魏.

조위(1746~1825년), 자는 진재(晉齋), 호는 모삼(某森), 낙생(洛生)이며 인화[仁和, 현 항주(杭州)] 사람으로 공생(貢生)이다. 집에는 대량의 비판(碑版)이 소장되어 있었는데 비석을 위해서라면 외진 곳도, 고생도 마다하지 않았다. 전서와 예서에 능통했다. 중년이 되어 관중(關中) 필원(畢沅)의 막료로 일하면서 손성연(孫星衍), 전점(錢坫), 신조정(申兆定)과 교우하고 함께 연마하여 견식도 더욱더 넓어졌다. 황역(黃易)은 조위를 극히 추존하였고 해강(奚岡)은 예서 쓰기를 즐겼는데 때때로 그의 집에 들러 이것저것 물었다. 간혹 그림도 그렸는데 세속에 영합하지 않았다. 저서로는 『고금법첩회목(古今法帖匯目)』, 『죽엄암비목(竹崦庵碑目)』, 『죽엄암금석록(竹崦庵金石錄)』이 있다.

이 작품의 서풍은 단아하고 질서 정연하며 기품 있고 엄정하고 온건한 것이 한예(漢隷)의 운치가 엿보인다.

064

전영(錢泳) 예서 허신(許愼) 약전(略傳) 병풍

청대(淸代) 종이
세로 113.3cm 가로 39.9cm
검인(鈐印): 전영지인(錢泳之印)

許愼, 字叔重, 汝南召陵人也. 性淳篤, 少博學經籍, 馬融常推敬之, 時人爲之語曰: "五經無雙, 許叔重爲郡功曹擧孝廉".

楳華溪錢泳.

전영(1759~1844년), 초명은 학(鶴), 자는 입군(立群), 호는 대선(臺仙), 매계(梅溪), 매화계거사(梅華溪居士)이며 강소(江蘇) 금궤[金匱, 현 무석(無錫)] 사람이다. 시문, 전서 · 예서, 전각(篆刻)에 두루 능통하고 특히 비판(碑版) 전각(鐫刻)이 뛰어났다. 일찍 필원(畢沅)을 위해 〈경훈당첩(經訓堂帖)〉을, 영리(永理)를 위해 〈예진재법첩(詒晉齋法帖)〉을 새겼고, 소산(蕭山) 왕소란(王紹蘭)을 위해 〈석고(石鼓)〉, 〈한석경(漢石經)〉 등을 축소하여 새겼는데 그 수량이 수십 가지에 달한다. 작게 임모한 막비(漠碑), 각종 당비(唐碑) 석각들이 널리 전

해지며 자칭 오(吳) 월왕(越王) 전(錢)씨의 후예라 하여 '월국세가(越國世家)'란 상아 도장을 새겨 사용하기도 하였다. 또한 산수화에 능한데 그중에서도 고즈넉한 수촌(水村) 정경은 시원하고 고졸하며 심원하다. 도광(道光) 15년(1835년) 각인에 관한 『이원인선(履園印選)』을 엮었다. 그 외 저서로는 『이원총화(履園叢話)』, 『매계시초(梅溪詩鈔)』, 『난림집(蘭林集)』, 『설문식소록(說文識小錄)』, 『이원금석목(履園金石目)』, 『수망신서(守望新書)』 등이 있다.

이 예서 작품은 엄정하면서도 온건하고 선이 깔끔하고 힘 있으며 원숙하고 매끄러워 전체적으로 수려하고 함축적이다. 청대 장보령(蔣寶齡)이 『묵림금화(墨林今話)』에서 "영(=전영)은 여덟 가지 서법에 모두 능하였는데 특히 예서가 빼어났다"라고 한 말은 허언이 아님을 알 수 있다.

065

전영(錢泳) 행해서 소식(蘇軾) 황주빈강첩(黃州濱江帖) 임모(臨摸) 축(軸)

청대(清代) 종이
세로 47cm 가로 30.5cm
검인(鈐印): 전영사인(錢泳私印)

청대 서단(書壇)에서 전영은 창작으로 이름난 것이 아니나 서학(書學)이론에서는 일가견이 있었다. 그의 서풍은 자태가 수려한데 첩학풍격을 주로 하였다. 제학구(齊學裘)는 『견문수필(見聞隨筆)』에서 "전매계(錢梅溪)는 시와 서법에 능하며 당첩(唐帖)을 축소 임모하였다. 그의 예서를 말할라치면 줄곧 수려함만 추구하고 고아함은 추구하지 않아 이름은 널리 알려졌지만 종국에는 옛것에 근접하지 못했다"라고 하였다. 이 행해(行楷) 작품은 소식의 첩을 임모한 것으로 조맹부(趙孟頫)와 동기창(董其昌)의 필의가 있어 그의 전형적인 행해 서풍을 띠었다.

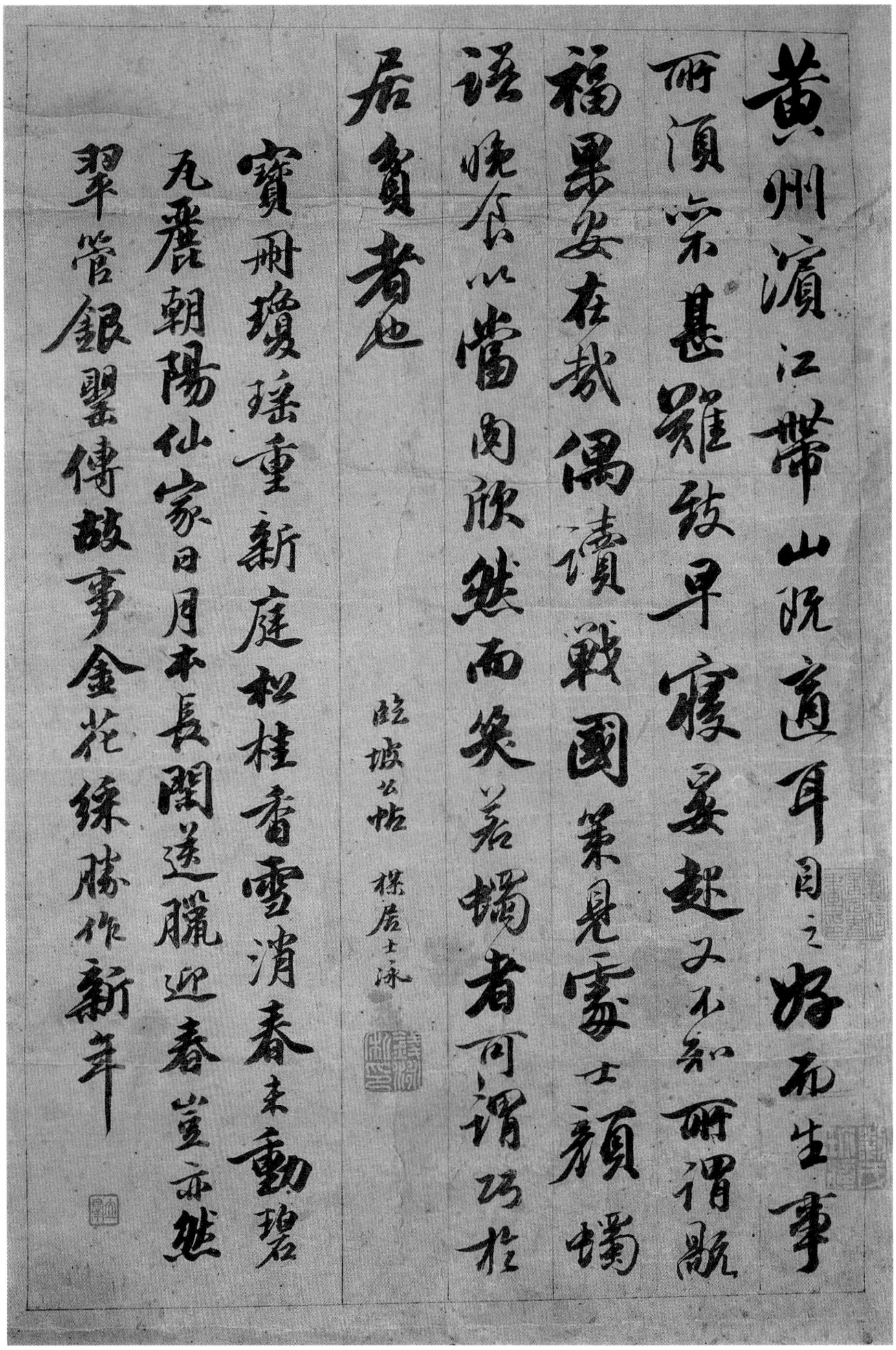

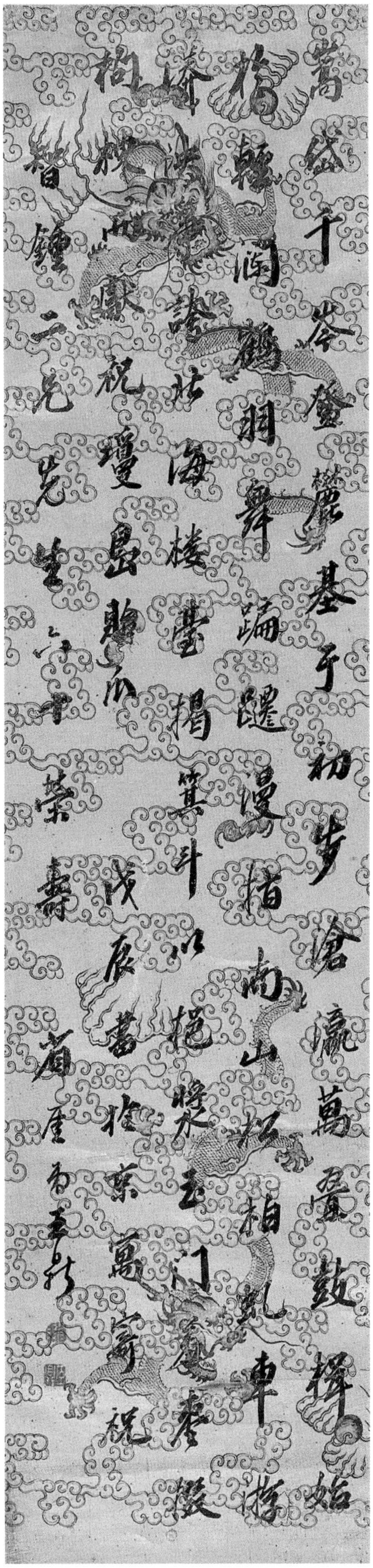

066

왕정(王鼎) 행서 지종(智鍾) 선생 60 헌수시(獻壽詩) 축(軸)

청대(清代) 종이
세로 132cm 가로 32cm
검인(鈐印): 성애(省厓), 신정(臣鼎)

왕정(1768~1842년), 자는 정구(定九), 호는 성애(省厓)이며 섬서(陝西) 포성(蒲城) 사람이다. 어려서 집이 가난했지만 열심히 공부하여 가경(嘉慶) 원년(1796년) 이갑(二甲) 3등으로 진사에 합격하였다. 직예총독(直隸總督), 군기대신, 동각대학사(東閣大學士) 등 요직을 역임한 애국 재상이었으며 서화에 능하였다. 현재 섬서성 포성에는 왕정기념관이 세워져 있다. 아편전쟁 때 왕정은 주전파(主戰派)로서 도광(道光) 황제에게 울면서 소를 올려 평화 담판과 투항, 홍콩 할양 및 임칙서(林則徐)의 파면 등을 극구 반대하였다. 얼마 안 되어 그는 가슴속에 "조약을 쉽게 허해서는 안 되고 나쁜 선례가 쉽게 행해져서는 안 되며 목장아(穆彰阿)를 임용해서는 안 되고 임칙서를 버려서는 안 되나이다"라는 유서 형식의 소를 품고 원명원(圓明園)에서 스스로 목을 매었다. 임칙서는 부름을 받고 북경(北京)에 돌아온 후 포성에 가서 왕정의 옛집을 찾아보고 친히 그의 무덤에 제사를 올렸다. 1864년 섬서순무(巡撫)로 있을 당시 임칙서는 왕정을 위해 3개월 심상(心喪)을 치렀다.

이 작품은 안진경(顔眞卿)을 본받았으나 기울임체를 취하였으며 용필이 원만하고 중후하며 함축적이고 듬직하다.

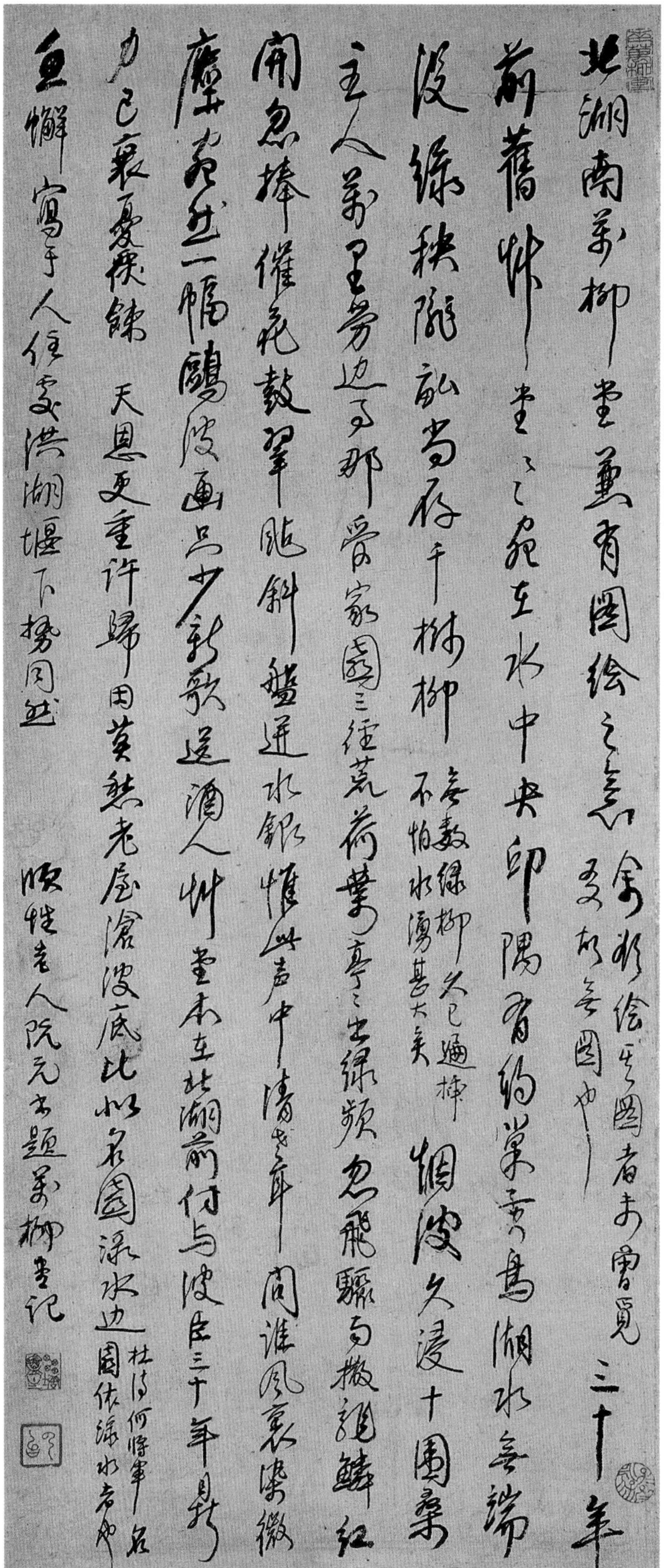

067

완원(阮元) 행서 남만유당기(南萬柳堂記) 축(軸)

청대(淸代) 종이
세로 101cm 가로 42cm
검인(鈐印): 남만유당(南萬柳堂), 뇌당암주(雷塘庵主), 운대(雲臺), 자자손손영보(子子孫孫永保)

완원(1764~1849년), 자는 백원(伯元), 양백(良伯, 梁伯), 호는 운대(芸臺, 雲臺), 별호는 뇌당암주(雷塘庵主), 창산화선(蒼山畫仙), 이성노인(怡性老人)이며 실명(室名)은 문선루(文選樓), 뇌당암(雷塘庵), 남만유당(南萬柳堂) 등을 사용하였다. 강소(江蘇) 의정(儀征) 사람이다. 건륭(乾隆) 54년(1789년)에 진사에 합격하여 산동(山東)·절강(浙江) 학정(學政)을 감독하고 병부·예부·호부 시랑, 절강순무(巡撫), 호광(湖廣)·양광(兩廣)·운귀(雲貴) 총독을 역임하고 도광(道光) 시기에 체인각대학사(體仁閣大學士)에서 태부(太傅)로 진급하였다. 시호는 문달(文達)이다. 박학다식하고 경전·훈고학에 능통하며 박학(朴學)을 제창하고 절강에는 고경정사(詁經精舍)를, 광동에는 학해당(學海堂)을 설립하여 인재 양성에 힘을 쏟았다. 장서(藏書)를 즐기고 금석학과 시문에 능하며 화훼·나무·돌도 잘 그렸다. 평생 저술한 책이 풍부하며 편집을 주관하고 핵각(核刻)·회각(匯刻)한 서적만도 180여 종에 달한다. 그 가운데서『연경실집(揅經室集)』중의『남북서파론(南北書派論)』및『북비남첩론(北碑南帖論)』은 한때 커다란 영향을 미쳤다. 북조의 비판(碑版)·석각을 힘써 제창하였는데 그 목적은 서법의 근원을 밝혀내어 배우는 자들로 하여금 '근본을 알고', '옛 법을 따르게 하며', 비첩의 형식, 기능, 분류를 분별하게 하고 원·명(元·明) 이래 오로지 진(晉), 왕희지(王羲之)를 배우던 편협함을 바로잡기 위해서였다. 후에 포세신(包世臣), 강유위(康有爲) 등이 더욱 상세히 밝혀내고 널리 선양함으로써 청대 서법 발전사에서 한차례 거대한 변혁을 일으켰다.

이 행서 족자는 용필이 수려하고 힘 있으며 유연하고 필획구조가 성기고도 늘씬하며 자형은 대부분 종적 기세를 취하였다. 필을 드리움에 과장되게 늘어뜨려 긴밀한 자간에 간격이 생김으로써 전체적인 리듬감을 더하였다. 행간은 성긴 편으로 가느다란 버드나무가 바람에 나부끼는 듯하고 갈매기가 물에서 노니는 듯하다. 자유자재로 꾸며낸 곳이 없으며 곳곳에 자신의 필의대로 자연스럽게 쓰여 참신하고 품위 있으며 운치가 빼어나다.

이 외에 서예가 임산지(林散之)의 서법을 고찰함에 있어서 이 작품에서 그 실마리를 찾을 수 있다. 용필, 필획구조나 전체 분위기로 볼 때 임산지가 이를 본받지 않았다고 말할 수 없다. 따라서 임 씨 서풍의 뿌리를 알 수 있는 유력한 증거로 식자들은 이 작품을 찾아볼 필요가 있다.

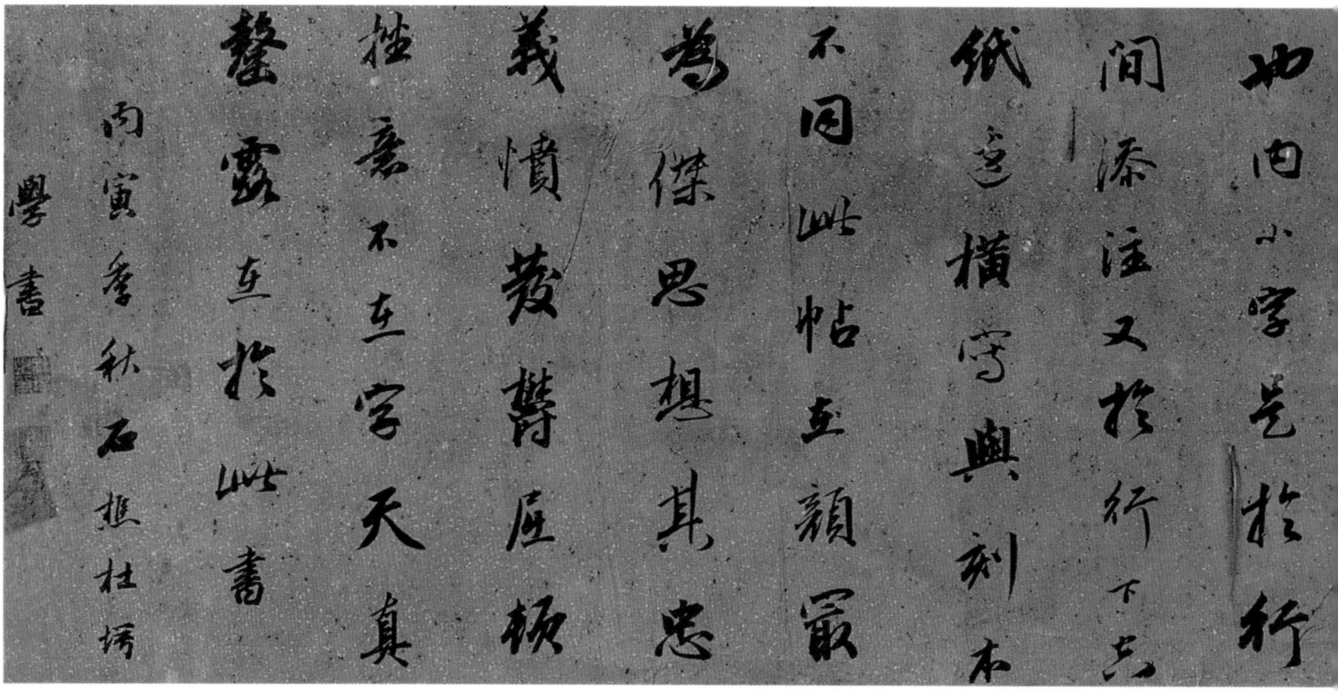

068

두악(杜堮) 행서 횡피(橫披)

청대(清代) 종이
세로 39.4cm 가로 162cm
검인(鈐印): 두악지인(杜堮之印), 옥당청가(玉堂清暇), 다반향초(茶半香初)

두악(1764~1859년), 자는 석초(石樵), 산동(山東) 빈주[濱州, 현 산동 빈현(濱縣)] 사람으로 가경(嘉慶) 6년(1801년)에 진사가 되었다. 한림원 편수에서 시작하여 예부시랑이 되었고 중연녹명[重宴鹿鳴, 청대 과거제도의 일종으로 과거급제 60주년이 되어 다시 새로운 거인(擧人)들과 함께 녹명연에 참석하는 일]하여 대학사에 태자소보(太子少保)까지 더하였으며 96세에 졸한 뒤 태부로 추증받았고, 시호는 문단(文端)이다. 산수화에 능하고 서법이 뛰어났으며 저서로는 『수초초려집(遂初草廬集)』 등이 있다.

선지에 쓴 이 논서첩은 두악이 가경 11년(1806년)에 쓴 것으로 당시 나이 43세이므로 조기 작품에 속한다. 점획, 필획구조, 기세, 풍격, 구도 모두 동기창(董其昌)을 따랐는데 용필의 방정함, 힘참, 시원함은 동기창을 넘어선 듯하다. 필법이 완숙하고 필획구조가 짜임새 있고 기세 높으며 묵색이 검고 깔끔하며 구도가 성기고 시원하며 수려하고 심원하다. 동기창의 운치를 습득한 것이 한두 해의 솜씨가 아니고 깨달음이 큰 듯하다.

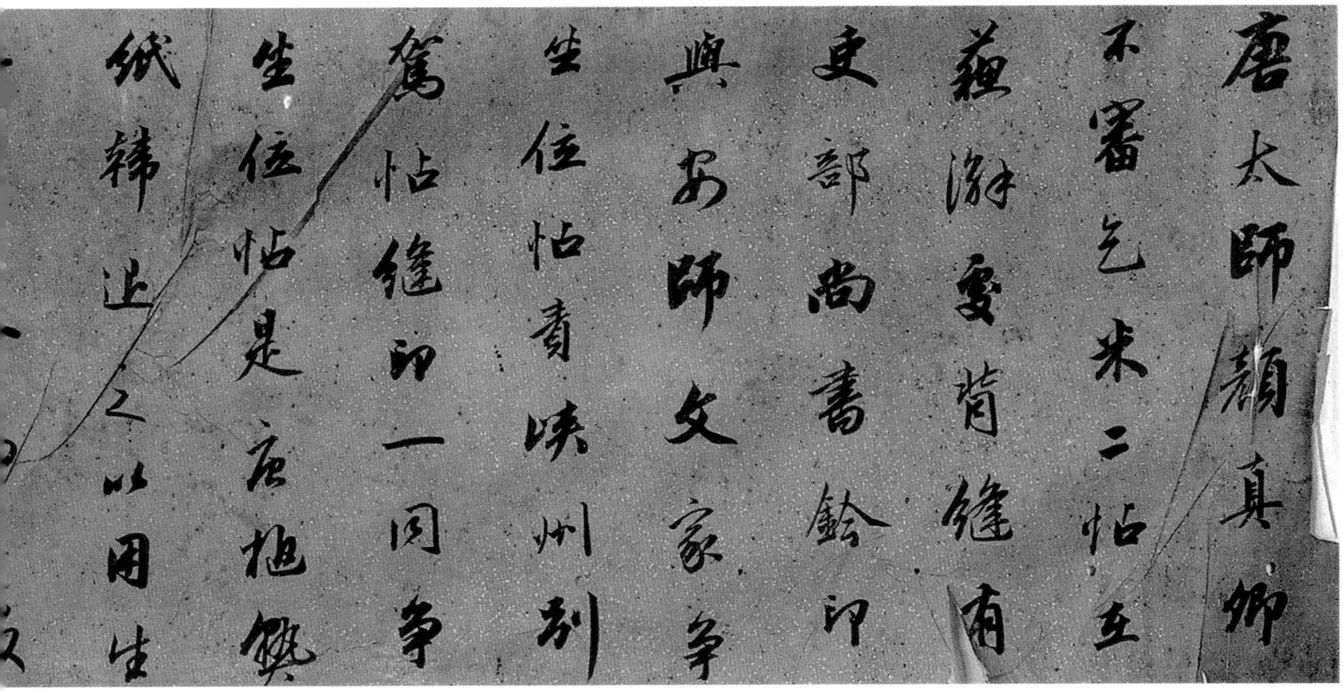
唐太師顏真卿
不審乞米二帖在
蘇澥家背縫有
吏部尚書銓印
與安師文家爭
坐位帖青牋州別
駕帖縫印一同爭
坐位帖是唐抱鐵
紙褙近之以用生

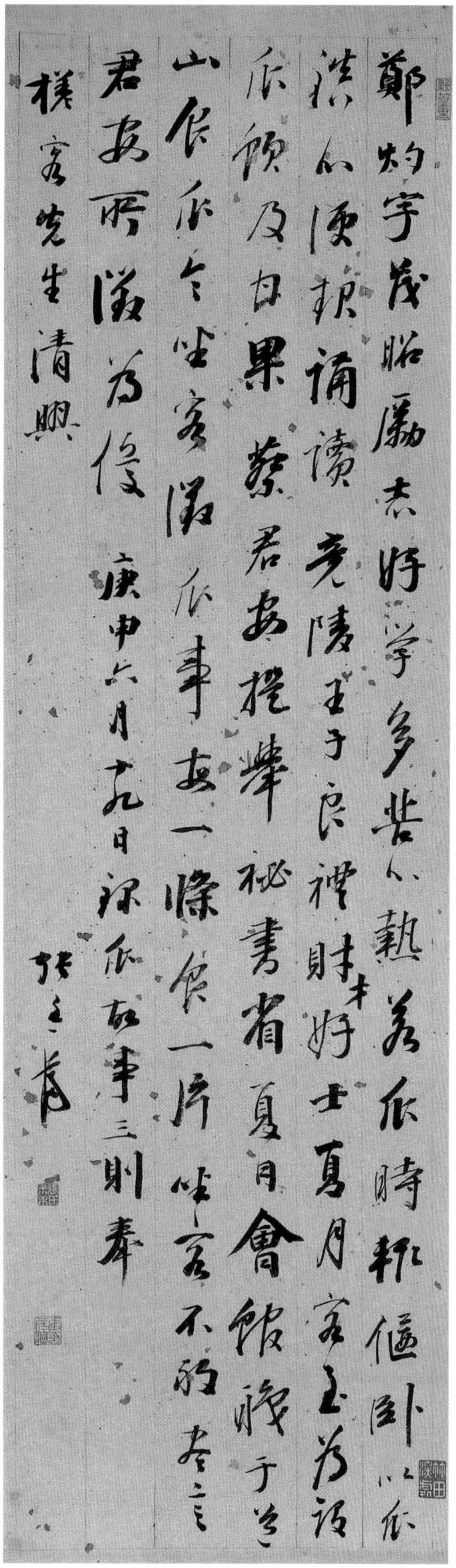

069

장정제(張廷濟) 행서 오이[瓜] 고사(故事) 축(軸)

청대(淸代) 종이
세로 103cm 가로 30.5cm
검인(鈐印): 장씨숙미(張氏叔未), 장정제인(張廷濟印), 신황리(新篁里), 죽전심처(竹田深處)

장정제(1768~1848년), 본명은 여림(汝霖), 자는 순안(順安), 호는 숙미(叔未), 죽전(竹田), 미정정장(未亭亭長), 해악문하제자(海岳門下弟子), 미수노인(眉壽老人)이고 실명(室名)은 청의각(淸儀閣), 계형당(桂馨堂), 팔전정사(八磚精舍), 미수당(眉壽堂), 모당(慕堂)이며 절강(浙江) 가흥(嘉興) 사람이다. 가경(嘉慶) 3년(1798년) 절강 향시 장원이었으나 회시(會試)를 통과하지 못해 고향으로 돌아와 은거하며 홀로 서화와 금석학을 즐겼다. 서적, 비판(碑版), 서화, 정이(鼎彝) 등 소장품이 풍부하여 금석고증학, 시사(詩詞), 서화에 두루 능하였다. 서법은 미불(米芾)을 추종하고 전서 · 예서에 능하였으며 행해(行楷)가 빼어났다. 그림에서는 매화, 참대에 능하였고 특히 나한이 뛰어났다. 저서로는 『청의각금석제식(淸儀閣金石題識)』, 『청의각장기목(淸儀閣藏器目)』, 『청의각소장고기물문(淸儀閣所藏古器物文)』, 『청의각제발(淸儀閣題跋)』, 『계형당집(桂馨堂集)』 등이 있다.

이 두루마리는 가경 5년(1800년), 장정제 나이 33세 때 작품으로 윈편에는 양관광(楊觀光)의 다음과 같은 제발이 적혀 있다. "선생은 이 시기에 동파를 본받아 조예가 깊었다(先生此時正規撫東坡功夫深矣)." 이 작품은 용필이 대부분 미불을 따랐는데 측필(側筆)에서 과장된 구조를 취하고 필력에 힘이 있고 수려하며 이음새가 연결되고 필봉(筆鋒)과 필세를 모두 갖추었다. 필획구조에서는 이왕(二王)의 풍모가 보이고 행서 사이에 해서가 섞여 있다. 꺾임, 세로, 갈고리 부분에서는 안진경(顔眞卿)의 해서필법이 엿보이며 가냘프면서도 힘찬 것은 저수량(褚遂良)을 본받은 듯하다. 전체적으로 필의와 필세가 들쑥날쑥하고 행이 있으나 열이 없으며 점획이 굵거나 가늘고 묵색 역시 마르거나 윤이 나 변화무쌍한 것이 마음 가는 대로 휘둘러 법도에서 벗어나려 한 것 같다. 이 작품은 장정제의 서법 초기 대표작이라 할 만하다.

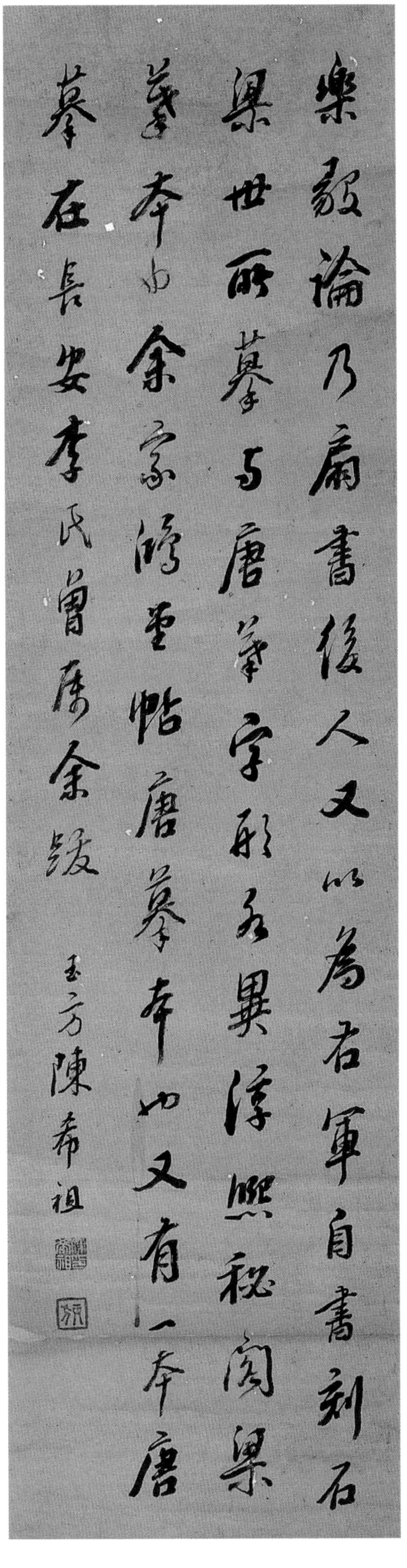

070

진희조(陳希祖) 행서 악의논발(樂毅論跋) 축(軸)

청대(淸代) 종이
세로 131cm 가로 34.6cm
검인(鈐印): 진희조인(陳希祖印), 옥방(玉方)

진희조(1765~1820년), 자는 돈일(敦一), 치손(稚孫), 호는 옥향(玉香), 옥방(玉方)이며 강서(江西) 신성[新城, 현 강서 여천(黎川)] 사람이다. 건륭(乾隆) 55년(1790년) 진사로 어사(御使)에 임하였다. 시, 서법, 사, 성명학(星命學) 등 능통하지 않은 것이 없으며 그중 서법이 가장 빼어났다. 그의 서법은 장즉지(張卽之)를 따랐으며 겸하여 동기창(董其昌)의 정수도 습득하였다. 장조(張照), 유용(劉墉)을 제외하고 당시 비견할 자가 없었으며 56세에 졸하였다. 저서로는 『운재헌고(雲在軒稿)』 등이 있다.

이 족자는 용필이 유연하고 중후하며 운필이 유창하지 않고 떨림이 있으며 필세는 동기창을 따라 필획구조를 느슨하게 하여 질박함을 추구하고 거친 것으로 차분함을 추구하였다. 또한 구도가 성기고 운치 있으며 점획, 필획구조가 변화무궁하고 기세가 전체를 관통하였다. 묵색은 마르고 수려하면서도 부드럽고 두꺼우며 농담이 자연스럽고 격조가 청아하여 동기창의 '담(淡)', '윤(潤)' 운치가 있다. 다만 필력이 미치지 못한 점이 애석하다.

071

장문도(張問陶) 행서 7언시 축(軸)

청대(清代) 종이
세로 78cm 가로 37cm
검인(鈐印): 장문도인(張問陶印), 선산(船山), 내주태수(萊州太守)
관령삼신산(管領三神山)

新雨迎秋欲滿塘, 綠槐風過午陰涼.
水亭幾日無人到, 讓與蓮花自在香.
船山.

장문도(1764~1814년), 자는 중야(仲冶), 악조(樂祖), 호는 선산(船山), 치관선사(豸冠仙史), 보련정주(寶蓮亭主), 군선지불욕승고자(群仙之不欲昇高者)이며 사천(四川) 수녕(遂寧) 사람이다. 건륭(乾隆) 55년(1790년) 진사로 관직은 검토(檢討)에서 내주지부(萊州知府)에까지 이르렀다. 병을 이유로 관직을 버리고 오문[吳門, 현 강소(江蘇) 소주(蘇州)]에 거주하면서 거처를 '낙천천수옥(樂天天隨屋)'이라 부르고 호를 '약암퇴수(藥庵退守)', '촉산노원(蜀山老猿)' 또는 '노선(老船)'이라 하였다.

선산은 팔방미인인데 사서에서는 그의 시만 언급하고 서화에 대해서는 언급하지 않았다. 그의 그림은 사생이 서위(徐渭)에 가까운데 무심한 듯하면서도 운치가 넘친다. 산수화를 전문적으로 그린 것은 아니지만 세속에 물들지 않았으며 화조화, 인물화는 필이 가는 대로 그려도 멋있고 소탈하며 말, 매 그림은 특히 웅건하고 용맹해 보인다. 서법에 있어서 호방함은 미불(米芾)에 가깝다. 건륭 시기에 열두 명을 불러들여 양심전(養心殿)의 병풍에 글을 쓰게 하였는데 문도도 응하여 참가하였으며 그중에서 첫 자리를 차지하였으니 당시에 서예가로서의 명성이 드높았음을 알 수 있다.

이 두루마리는 기년(紀年)이 없지만 '내주태수(萊州太守)', '관령삼신산(管領三神山)' 두 도장으로 추정해보면 내주지부로 있을 때 쓴 것으로 중년시기 작품에 속한다. 동시대 유용(劉墉)의 필법과 필획구조의 영향을 받았음이 뚜렷하게 나타나지만 '당(塘)', '녹(綠)', '괴(槐)' 등 글자에는 여전히 미불의 행서를 바탕으로 한 흔적이 남아 있다. 미불과 유용을 하나로 녹여내어 일가를 이룬 것으로 이 작품으로부터 장문도의 노력과 자기만의 필묵 풍격을 엿볼 수 있다.

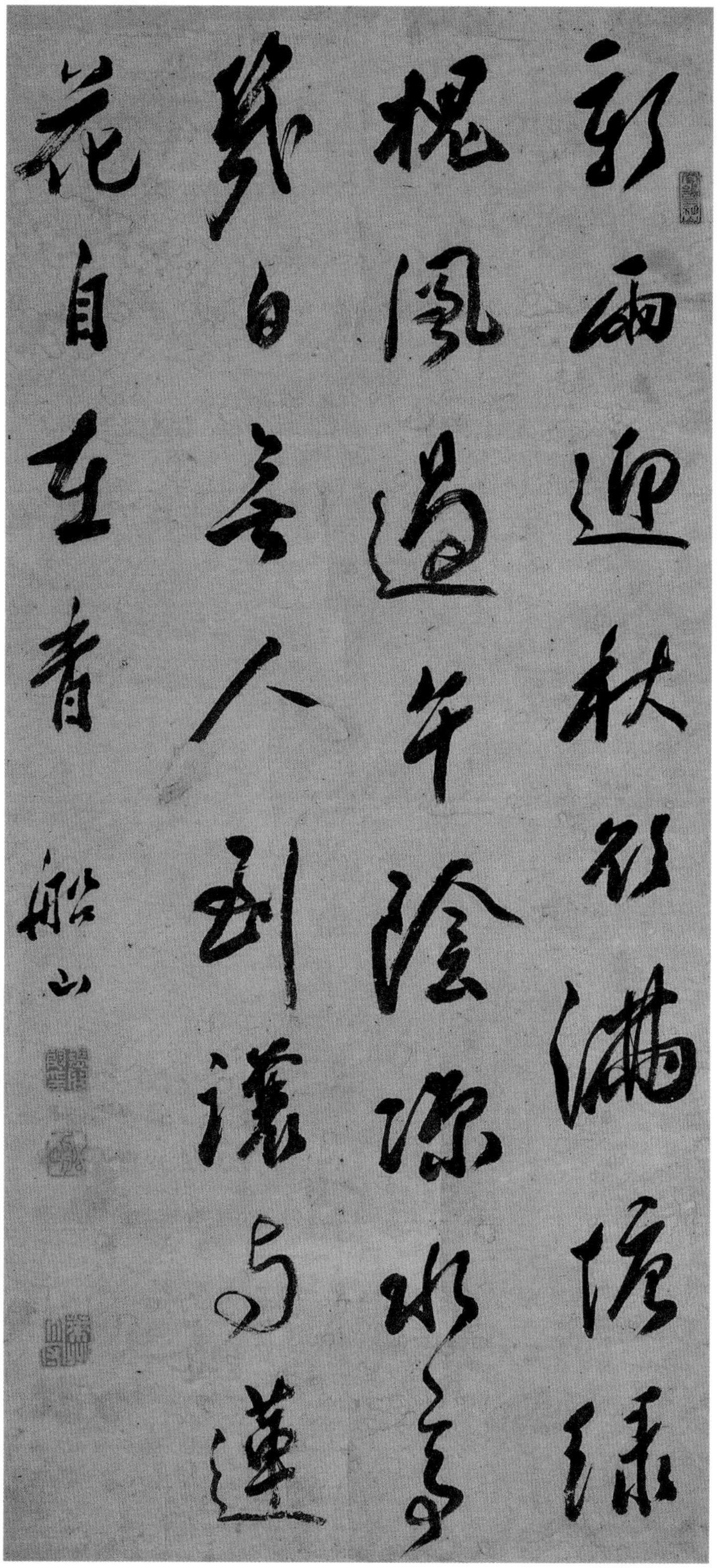

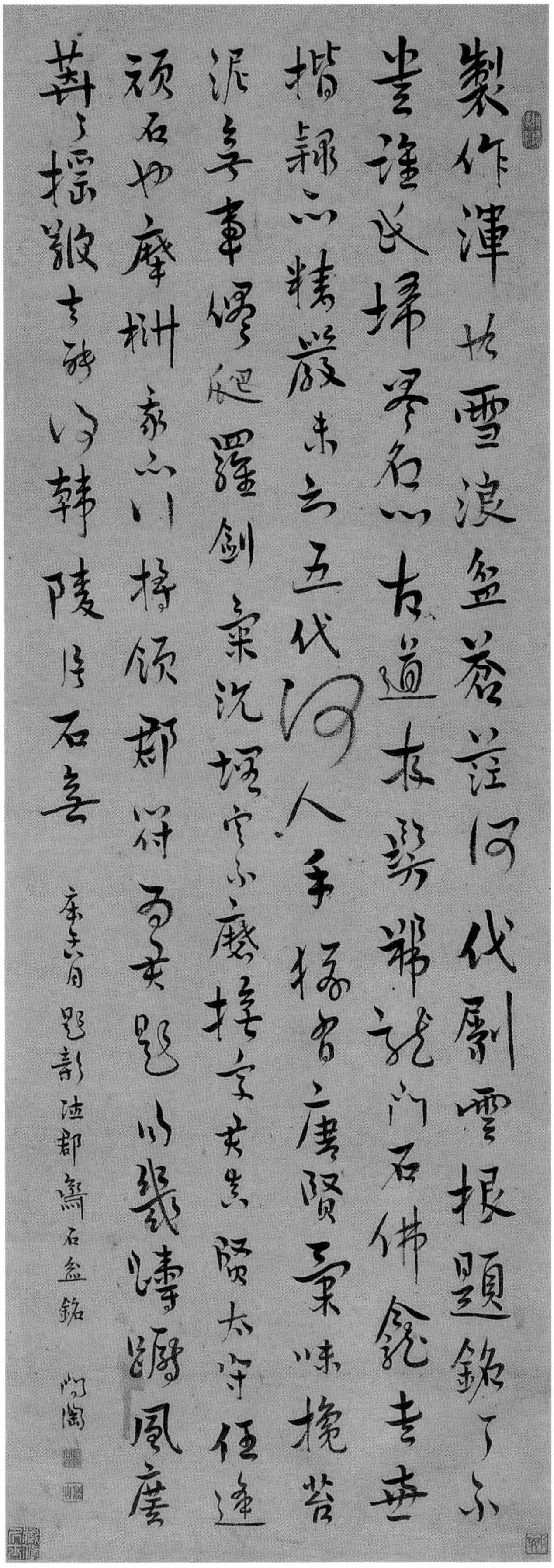

072

장문도(張問陶) 행초서 창덕군(彰德郡) 재석분명(齋石盆銘) 제발(題跋) 축(軸)

청(淸) 가경(嘉慶) 15년(1810년) 종이
세로 135.5cm 가로 48.5cm
검인(鈐印): 장문도인(張問陶印), 선산(船山), 경독전가(耕讀傳家)

製作渾如雪浪盆, 蒼茫何代劚雲根,
題銘了不書誰氏, 掃盡名心古道存,
仿佛龍門石佛龕, 書兼楷隶亦精嚴,
未云五代何人手, 猶有唐賢氣味攙,
苔泥無事僅爬蘿, 劍氣沉埋寒不磨,
撫字君眞賢太守, 任逢頑石也摩挱,
我亦行將領郡符, 爲君題句幾躊躕,
風塵莽莽搖鞭去, 能得韓陵片石無.
庚午八月題彰德郡齋石盆銘, 問陶.

장문도는 50세인 가경 19년(1814년)에 졸하였다. 이 작품 제발에는 경오(庚午)라고 쓰여 있으므로 가경 15년, 즉 작가 나이 46세 때 작품이다. "나도 머지않아 마패를 받을진대"라고 적혀 있는 것으로 보아 병을 이유로 은퇴하기 전, 즉 졸하기 4년 전으로 만년에 사람과 서법 모두 완숙하였을 때의 작품으로 보아도 무방하다. 이전의 미불(米芾)을 따르고 유석암(劉石庵)의 영향을 받았던 작품에서 의도적으로 거칠고 돈후하며 멋있는 것을 추구하던 것과 달리 이 작품에서는 장초(章草)에서 풍격을 취함으로써 담담한 의지와 취향이 넘쳐난다. 또한 정교함을 추구하지 않고 영활하고 자연스러워 묘미가 저절로 생겨나니 작품 가운데서도 수위에 둘 만하다.

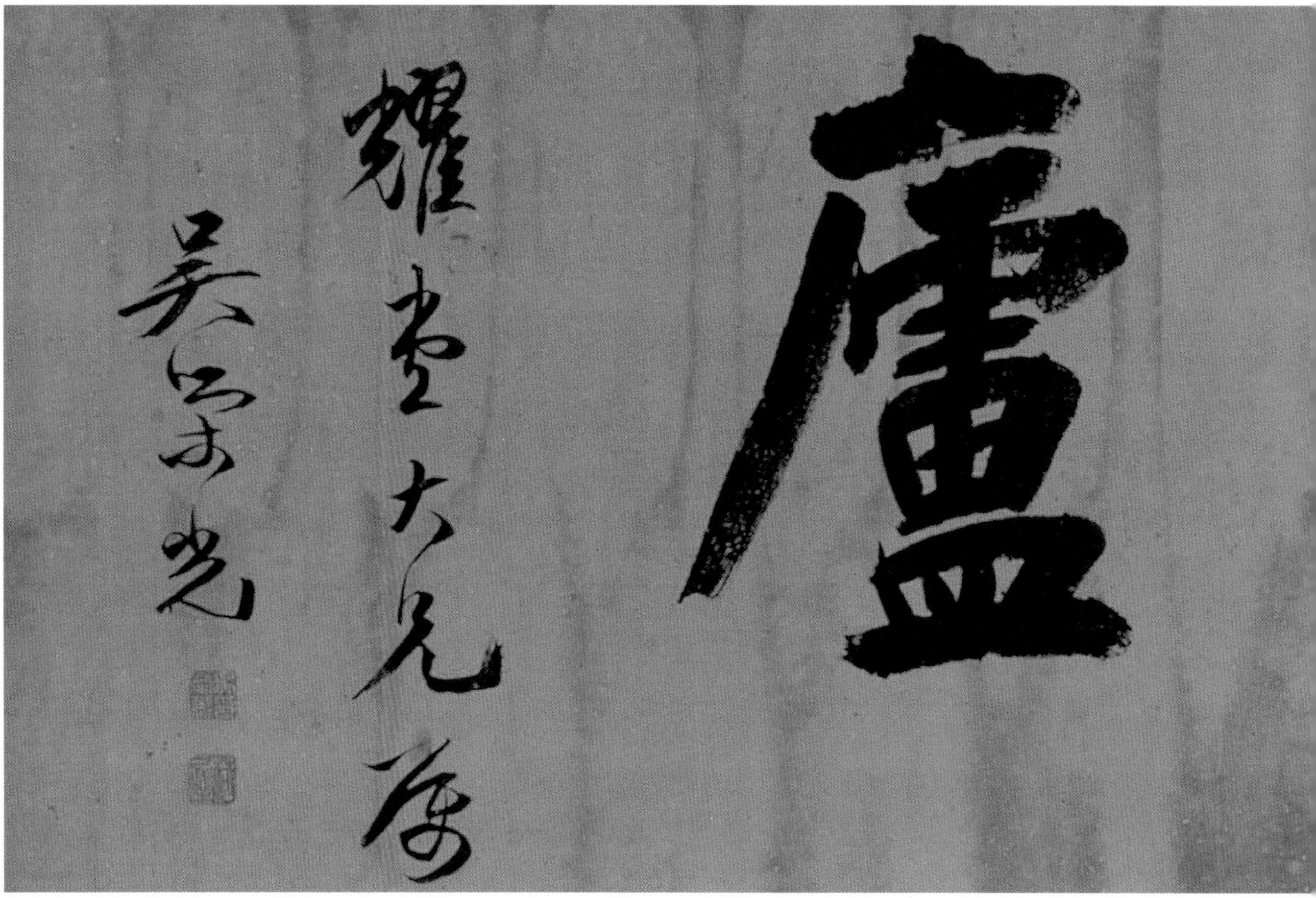

073

오영광(吳榮光) 편액(扁額) 애오려(愛吳廬) 횡피(橫披)

청대(淸代) 비단
세로 41cm 가로 128.5cm
검인(鈐印): 오영광인(吳榮光印), 하옥(荷屋), 어사□□재(御賜□□齋)

오영광(1173~1843년), 자는 전단(殿壇), 백영(伯榮), 호는 하옥(荷屋), 석운산인(石雲山人)이며 광동(廣東) 남해[南海, 현 광주(廣州)] 사람이다. 가경(嘉慶) 14년(1809년) 진사가 되어 관직은 섬서순무(陝西巡撫), 호광총독(湖廣總督) 등에 이르렀다. 염상(鹽商) 출신으로 경제력이 충분한 까닭에 소장품이 많았다. 서법은 구양순(歐陽詢)에 소식(蘇軾)까지 겸하여 추종하였고 그림은 오진(吳鎭)을 종으로 하였다. 검번(黔藩)에서 관리로 있을 때 〈망운도(望雲圖)〉를 자주 그렸으며 명인들이 발문을 붙여 읊은 것도 적지 않다. 간혹 채색 화훼를 그렸는데 운수평(惲壽平)의 별다른 의지와 취향을 터득하였다. 성정이 산수를 좋아해 밖에서 관리로 있으면서 명승을 만날 때마다 종일토록 떠나기 아쉬워하였다. 나성교(羅星橋)를 청해 〈유종도책(游踪圖冊)〉을 그려 소장하기도 하였다. 저서로는 『역대명인연보(歷代名人年譜)』, 『오학록(吾學錄)』, 『녹가남관시고(綠伽楠館詩稿)』, 『첩경(帖鏡)』, 『신축소하기(辛丑銷夏記)』 등이 있다. 이 해서 편액은 단정하고 짜임새가 있으며 시원하면서도 웅건하다. 안진경을 따르는 동시에 소동파의 필의도 엿보이며 낙관은 완숙한 가운데 자기만의 면모를 지니고 있다.

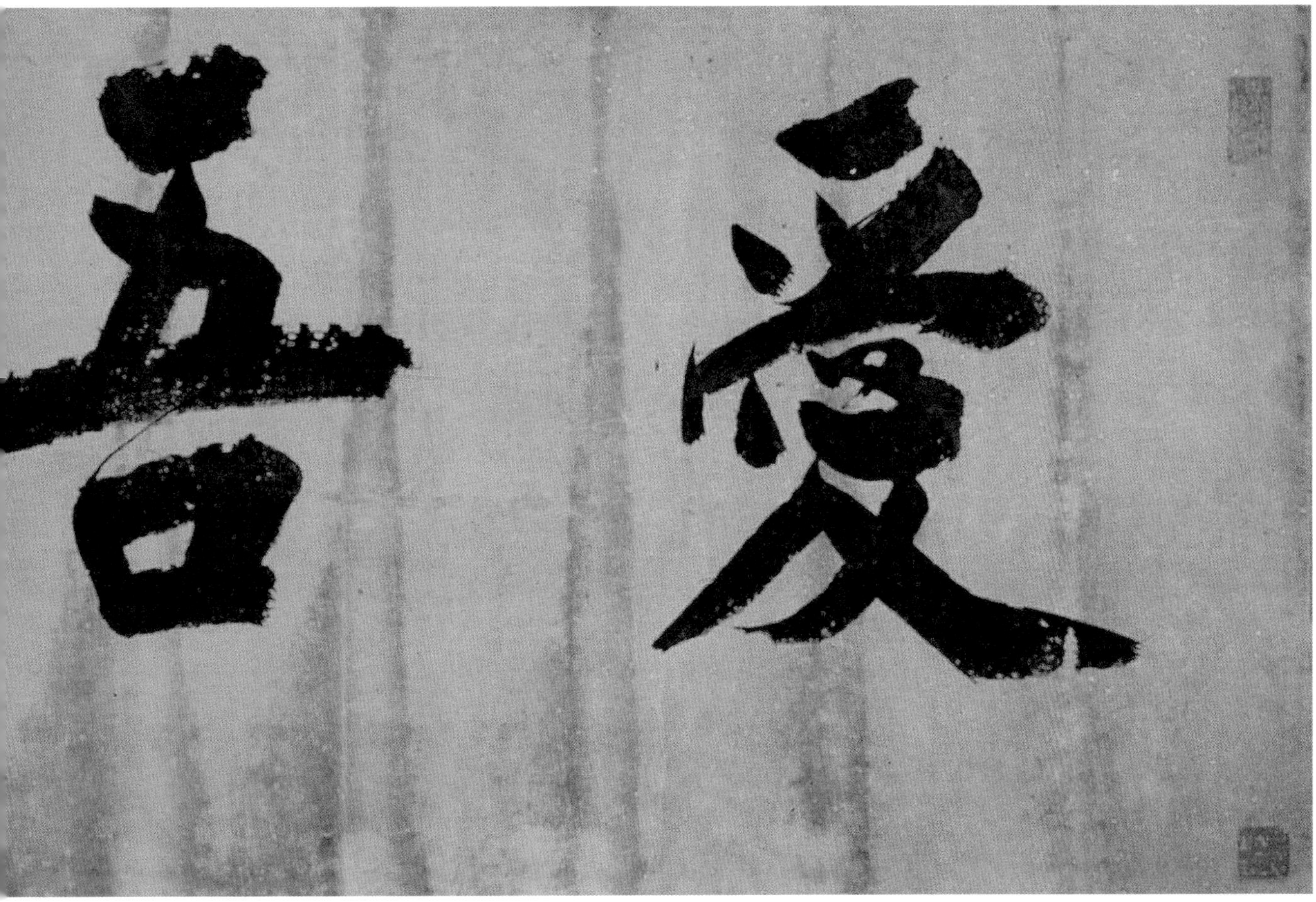
愛
吾

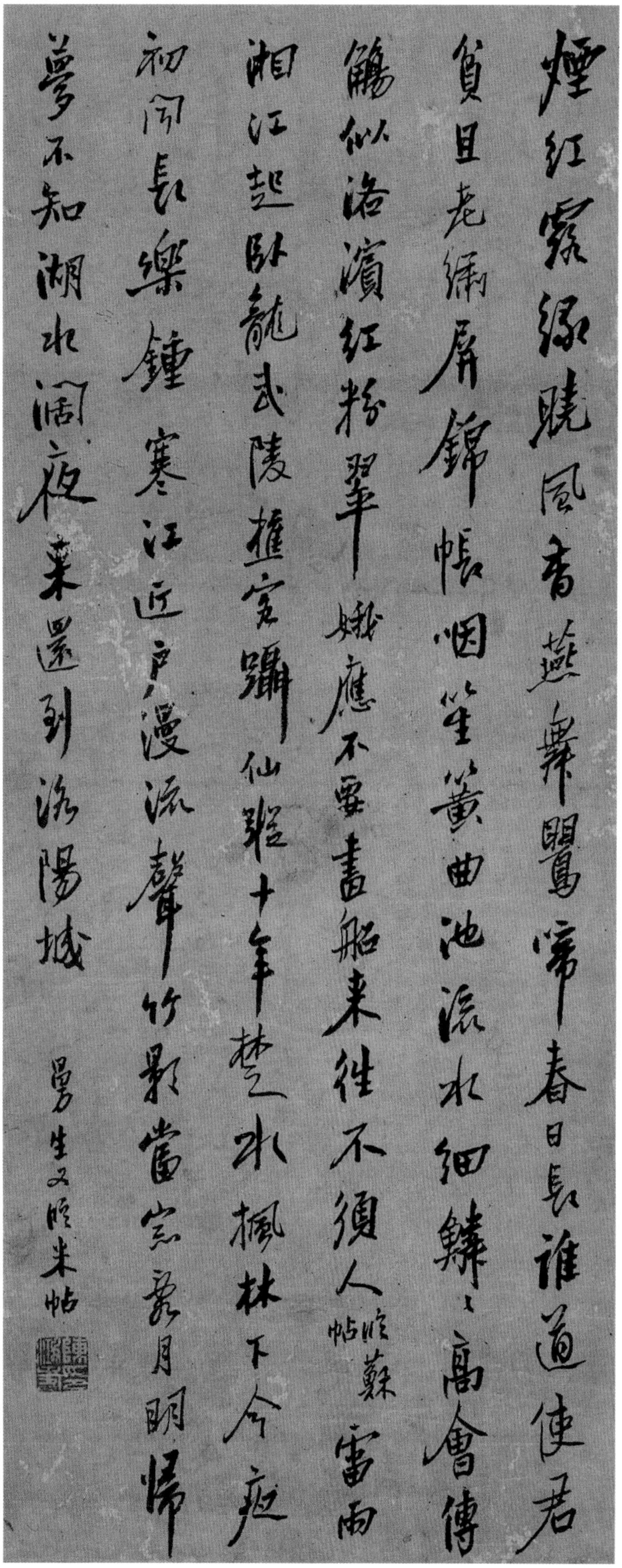

074

진홍수(陳鴻壽) 미불첩(米芾帖) 임모(臨摸) 축(軸)

청대(淸代) 종이
세로 47.5cm 가로 19.3cm
검인(鈐印): 진홍수인(陳鴻壽印)

진홍수(1768~1822년), 자는 자공(子恭), 호는 만생(曼生), 만수(曼壽), 공수(恭壽), 만공(曼龔), 노만(老曼), 종유도인(種楡道人), 협곡정장(夾谷亭長), 서계어은(胥溪漁隱) 등이며 절강(浙江) 전당[錢塘, 현 항주(杭州)] 사람이다. 가경(嘉慶) 6년(1801년) 발공(拔貢)으로 율양지현(溧陽知縣), 남하해방동지(南河海防同知) 등의 관직을 맡았다. 박학하고 다방면의 재능을 지닌 인재로 시문, 서법, 전각에 능하였을 뿐만 아니라 겸하여 호(壺)도 제작하고 참대도 새겼다. 마애비판(摩崖碑版)을 특별히 좋아하였으며 서법은 행서, 초서, 전서, 예서가 모두 뛰어났다. 행서는 청아하고 탈속적이며, 특히 예서 고팔분서(古八分書)는 간소하고 고아하며 초탈하여 틀에서 벗어났으며, 전서는 초서풍이 섞여 있다. 그는 '서냉팔가(西冷八家)' 중 한 명으로 전각할 때 절도(切刀)를 즐겨 사용하였는데 가없고 질박하며 자연스럽다. 매화와 대나무 그림이 빼어났으며 소장품 또한 풍부하였다. 의흥(宜興)의 자사호(紫砂壺)를 좋아하여 직접 만들기도 하였으며 명문과 그림을 새겨 넣고 '만생호(曼生壺)'라 불렀다. 저서로는 『상연리관시집(桑連理館詩集)』, 『종유선관인보(種楡仙館印譜)』가 있다.

이 작품은 미불첩을 임모한 것으로 분위기가 단아하면서 순수하고 차분하다. 미불과 비교할 때 격정적인 면이 다소 미흡하나 대신 자연스럽게 이루어져 자신이 말하는 "시문이나 서화는 모두 완벽할 필요 없이 운치가 있으면 된다"는 예술적 주장과 일치한다.

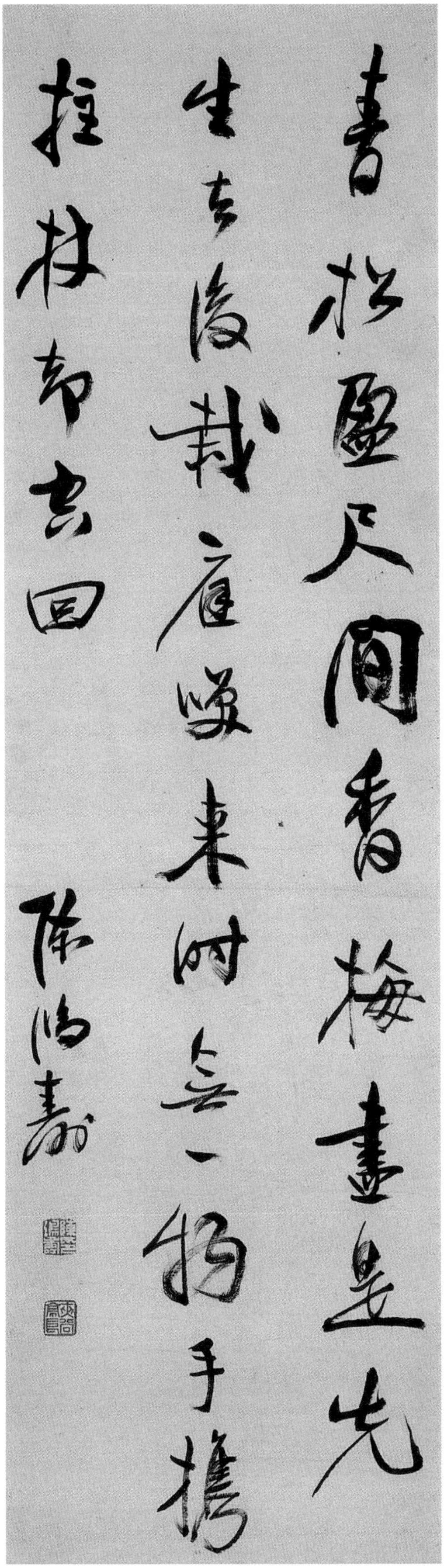

075

진홍수(陳鴻壽) 행서 7언시 축(軸)

청대(淸代) 종이
세로 111.3cm 가로 32.5cm
검인(鈐印): 진홍수인(陳鴻壽印), 협곡정장(夾谷亭長)

靑松盈尺間香梅, 盡是先生去後栽,
應咲來時無一物, 手携拄杖却空回.
陳鴻壽.

진홍수는 문장을 위하여 수신하였는데 자연스러움을 숭상하고 중용을 추구하였다. 문장이나 예술을 위해서 만약 의도적으로 추구만 한다면 극치에 도달할 수는 있겠지만 동시에 자기만의 개성을 잃기 때문에 위선적이고 경직되기보다는 차라리 마음대로 하여 별다른 운치를 얻는 것이 낫다고 여겼다. 이 행서 작품은 명쾌하고 호방하며 영활하면서도 고아하고 법도가 있는 것이 천기로 이루어진 듯하다.

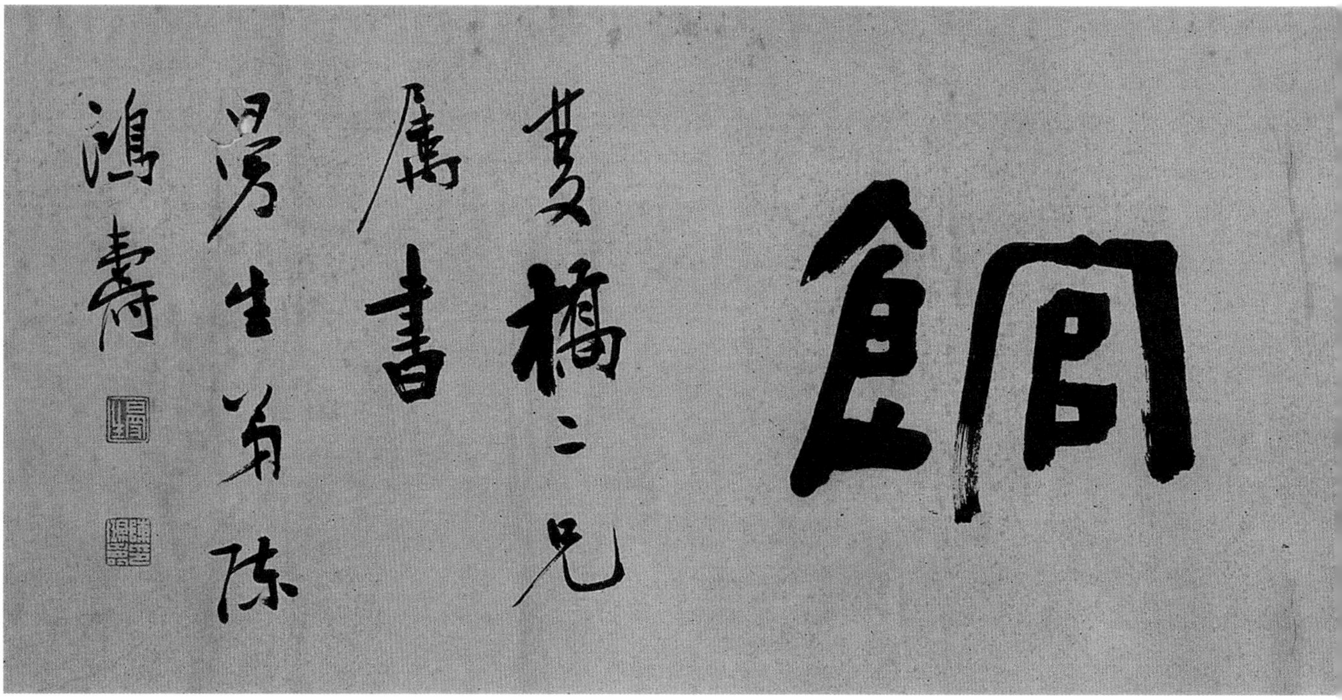

076

진홍수(陳鴻壽) 예서 조화산관(棗花山館) 횡피(橫披)

청대(淸代) 종이
세로 32cm 가로 131.5cm
검인(鈐印): 만생(曼生), 진홍수인(陳鴻壽印)

棗華山館.
雙橋二兄屬書, 曼生弟陳鴻壽.

진홍수의 예서 고팔분서(古八分書)는 특히 간소하고 고아하며 초탈하여 틀에서 벗어났다. 그의 예서는 한예(漢隸)의 '잠두연미(蠶頭燕尾)'를 따르지 않고 전서 필법으로 쓰였으며 필획구조나 조형 역시 대부분 전서풍이다. 서풍은 수려하고 운치가 있지만 세속에 영합하지 않았고 유연하지만 섬약하지 않다. 용필은 방원을 겸비하고 필세는 좌우로 펼쳐 씀으로써 시원하고 여유 있다. 이 작품에서는 작가의 이러한 특징들이 낱낱이 드러난다.

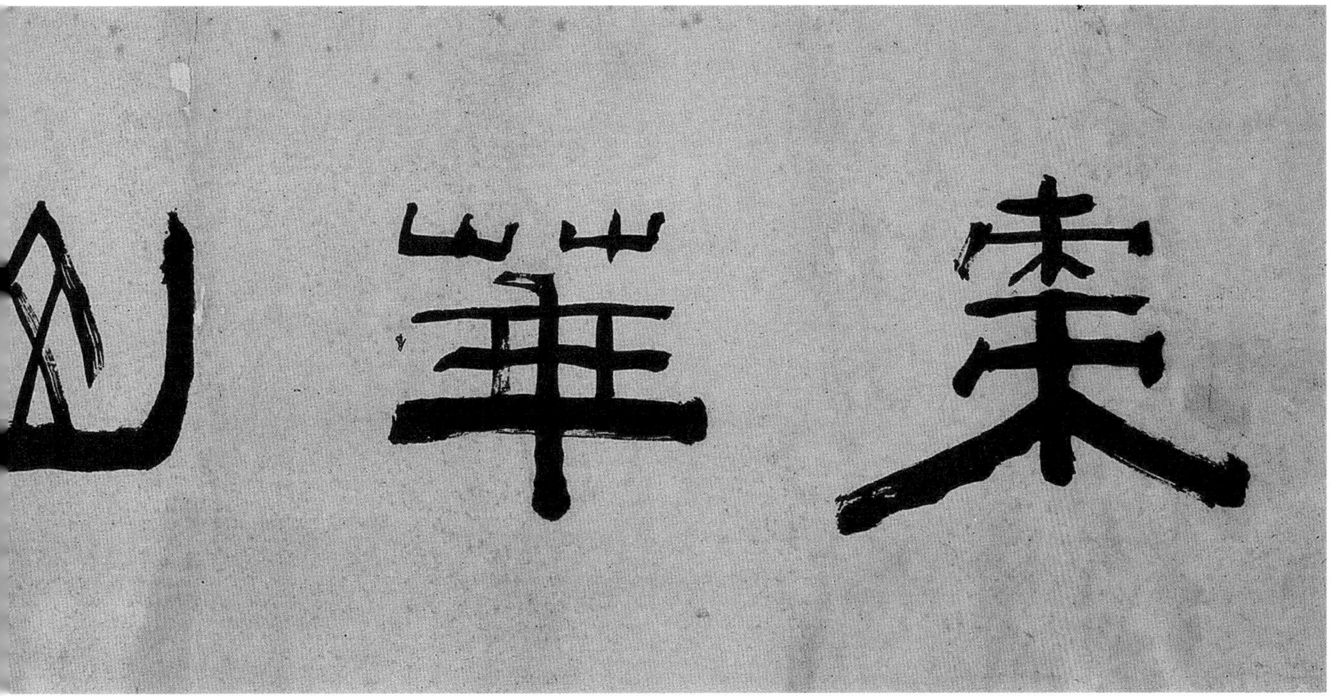

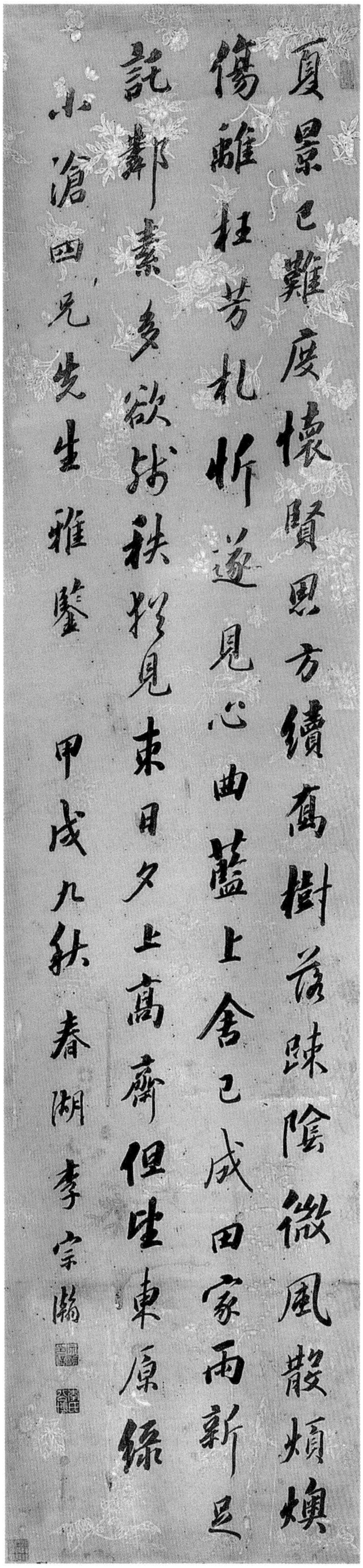

077

이종한(李宗瀚) 행서 5언시 축(軸)

청(清) 가경(嘉慶) 19년(1814년) 종이
세로 188cm 가로 45.3cm
검인(鈐印): 종한인신(宗瀚印信), 이씨공박(李氏公博), 문학시종지신(文學侍從之臣)

이종한(1770~1832년), 자는 공박(公博), 북명(北溟), 호는 춘호(春湖)이며 임천[臨川, 현 강서(江西) 무주(撫州)] 사람이다. 건륭(乾隆) 58년(1793년) 진사가 되어 관직은 공부시랑, 절강학정(浙江學政)에 이르렀다. 수장가로서 소장한 송탁(宋拓) 4부는 〈임천 4보〉로 불리며 역대 비첩 가운데 보물로 알려져 있다. 시가 뛰어났으며 서법은 왕희지(王羲之), 우세남(虞世南)을 종으로 하여 장중하고 심원하며 담박하고 조화롭다. 마종곽(馬宗霍)은 『서악루필담(棲岳樓筆談)』에서 "청대에 영흥(永興, =우세남)을 따르는 자 중 신본[信本, =구양순(歐陽詢)]을 더하여 글을 쓰지 않는 자가 없었으나 양자를 섞으면 용(庸)을 잃기가 십상이다. 오직 춘호만이 겉으로는 가냘프고 온화한 모습이지만 내적으로 활기 넘치고 힘이 있었다. 또한 차분하고 침착하며 기품 있고 화려하니 진정으로 영흥의 의경을 체득하였다 하겠다. 서법의 풍격과 조예의 고결함에 있어 어깨를 겨룰 자가 없다"라고 평하였다.

이 작품은 우세남 서법의 함축적이고 원만하며 유연한 멋과 구양순 서법의 활기차고 힘 있으며 각이 분명한 특징을 모두 구비하였다. 또한 기품이 빼어나고 전아하고 강건한 것이 심혈을 기울인 역작임이 분명하다.

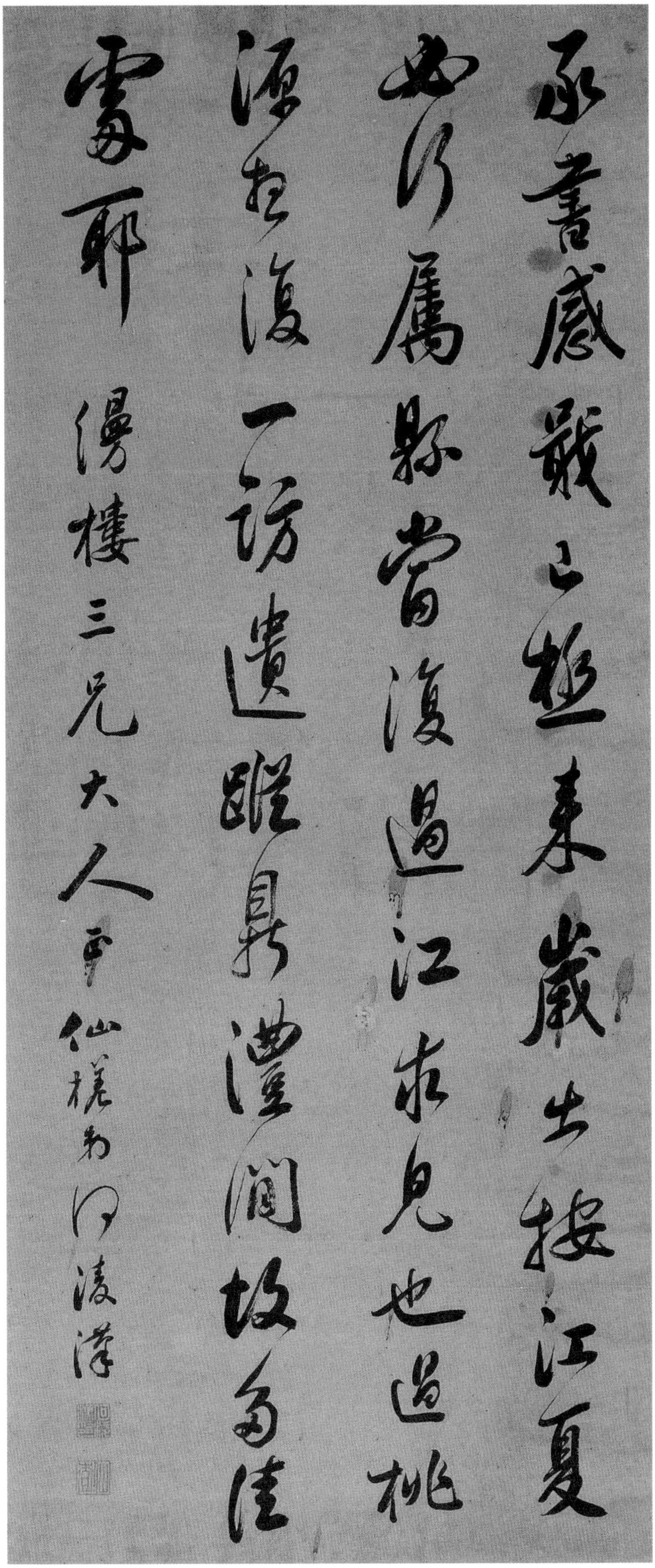

078

하능한(何凌漢) 행서 축(軸)

청대(淸代) 종이
세로 127cm 가로 55cm
검인(鈐印): 하능한인(何凌漢印), 선사(仙槎)

하능한(1772~1840년), 자는 운문(雲門), 선사(仙槎)이며 호남(湖南) 도주(道州) 사람이다. 가경(嘉慶) 10년(1805년) 진사가 되어 산동(山東)·절강(浙江) 학정(學政), 이부상서를 역임하였다. 서법은 구양순(歐陽詢)과 안진경(顔眞卿)을 넘나들며 이름이 널리 알려졌다. 하소기(何紹基)를 아들로 두었다.

만청(晩淸) 서단(書壇)에서 하소기의 행초는 점획이 무게감 있고, 필획구조와 기세가 원만하고 연속적이며 영활하고 기이하며 탈속적이어서 새로운 서풍이 나타난 듯싶었는데, 오늘날 부친의 유묵을 관찰하니 그 뿌리가 가학(家學)에 있음을 알 수 있다. 이 작품을 하소기의 〈논화(論畫)〉와 나란히 놓고 감상하면 면모에서 다소 차이가 있지만 분위기, 운치에서는 동일함을 한눈에 알아볼 수 있다. 다만 천부, 공력 면에서 아들이 아버지보다 뛰어나니 청출어람이라 하겠다.

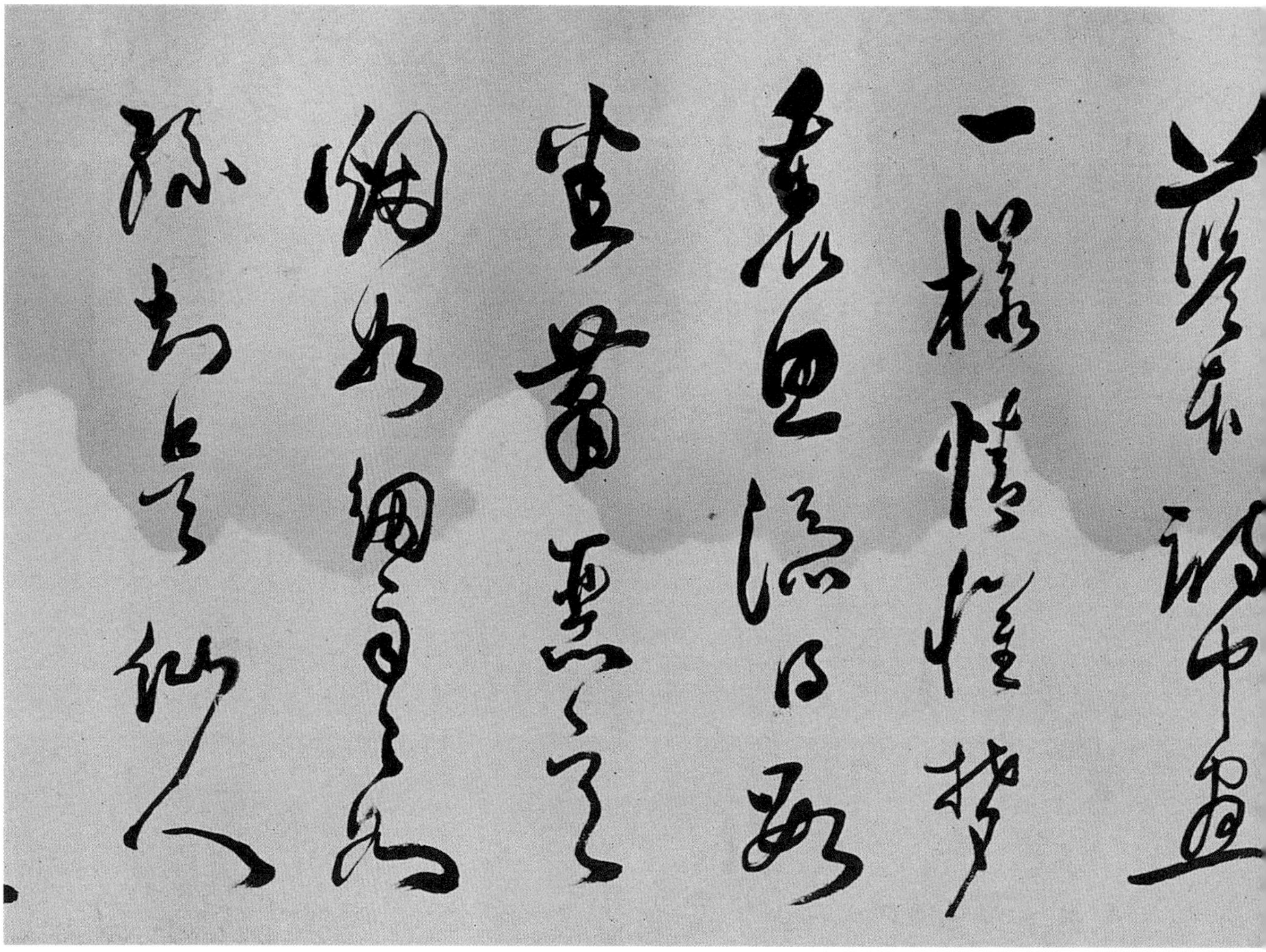

079

포세신(包世臣) 초서 7언시 횡피(橫披)

청(淸) 도광(道光) 5년(1825년) 종이
세로 21.5cm 가로 107.1cm
검인(鈐印): 포세신인(包世臣印)

寒蟬鳴斷夕陽時, 綠柳經霜紅幾枝.
張緖風流無復在, 漢皇宮闕不堪立.
三秋藍本詩中畫, 一樣情懷夢里思.
添得晏坐瀟洒意, 烟如細雨雨如絲.
知是仙人尊綠華, 玉環聲入那人家.
隔簾偸得春消息, 烟村西風日又斜.
乙酉嘉平下浣, 是日酒意微酣書此, 包世臣.

포세신(1775~1855년), 자는 신백(愼伯), 호는 권옹(倦翁), 소권유각외사(小倦游閣外史)이며 안휘(安徽) 경현(涇縣) 사람이다. 경현의 옛 이름이 안오(安吳)이므로 사람들은 '포안오'라고도 불렀다. 가경(嘉慶) 13년(1808년) 거인(擧人)이 되어 관직은 강서(江西) 신유[新喩, 현 신여(新餘)] 지현에 이르렀다. 포세신은 등석여(鄧石如)의 학생으로 처음에는 당 · 송(唐 · 宋)의 여러 서예가를 배우고 후에는 북조(北朝) 비각(碑刻)을 본받았으며 만년에는 왕희지(王羲之), 왕헌지(王獻之) 부자에 심취하였다. 저서 『예주쌍집(藝舟雙楫)』은 근현대 서단에서 그 영향이 지대한데 원래는 『안오사종(安吳四種)』 가운데 하나로 문장과 서법 두 부분으로 나뉘었다. 그리고 서법을 논함에 있어서 청대에서 조맹부(趙孟頫), 동기창(董其昌)만 편애하던 기풍에 맞서 그들에 대한 적절한 평가를 내렸다. 동시에 완원(阮元)에 이어 공개적으로 북비(北碑)를 제창함으로써 청대 서풍을 개변시키는 데 중요한 영향을 미쳤다.

이 횡피는 북비 용필을 첩학에 더함으로써 그 자신이 말한 바와 같이 "용묵(用墨)은 거치나 기세가 호방"하다. 그리하여 거친 것으로써 과장된 구조를 표현하여 유연하고 돈후하며 구상 및 구도가 뛰어나다. 필치와 기세가 유창하고 기맥이 전체를 관통하였으며 필

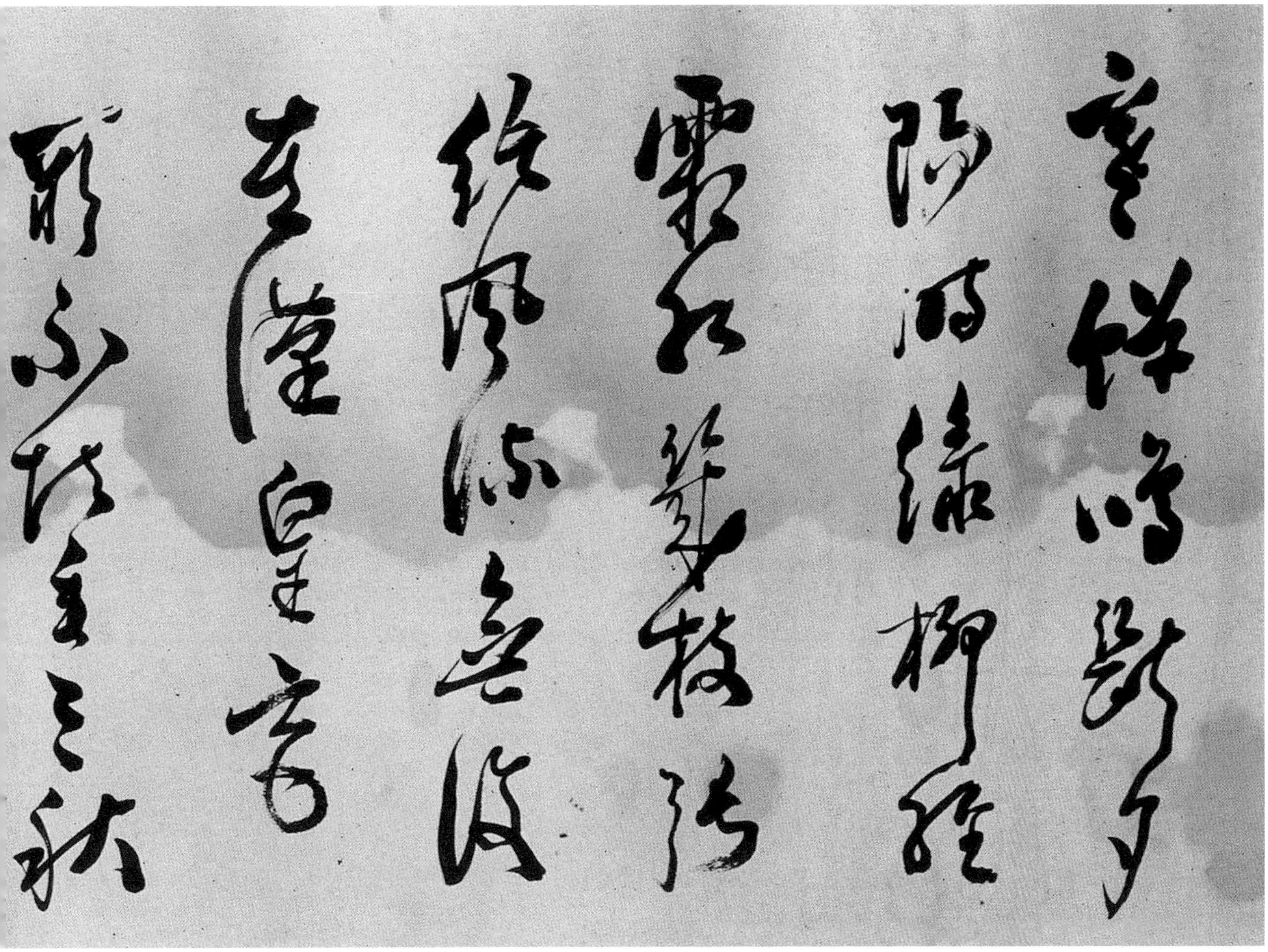

획구조가 표일하고 힘 있으며 웅건하다. 특별히 심혈을 기울여 쓴 듯하면서 한편으로 무의식간에 이루어진 듯한 것이 법도에 부합하면서도 그 밖의 멋이 그윽하다. 아마 술 취한 뒤 정서가 격앙된 상태에서 만들어진 작품이 아닌가 싶다.

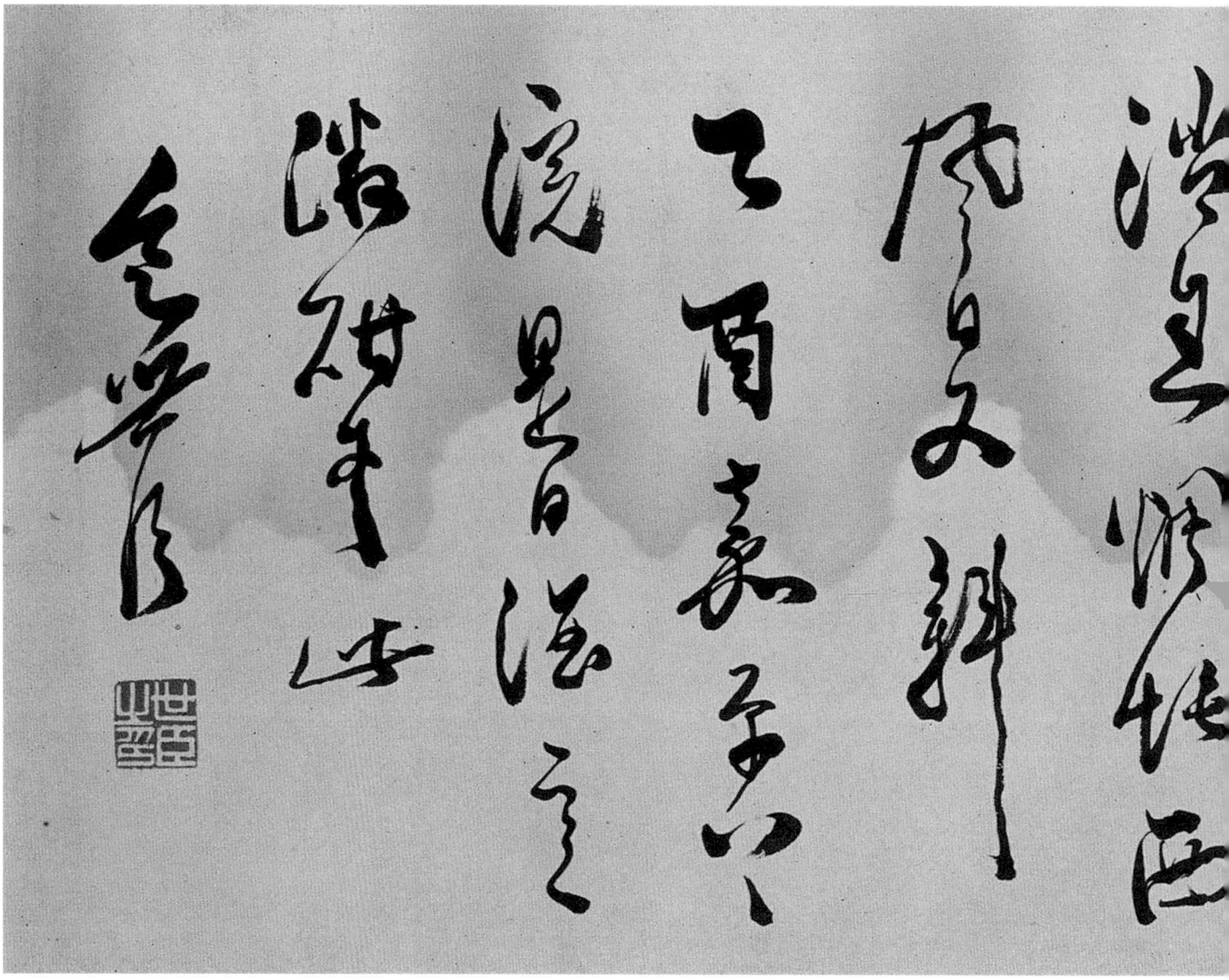

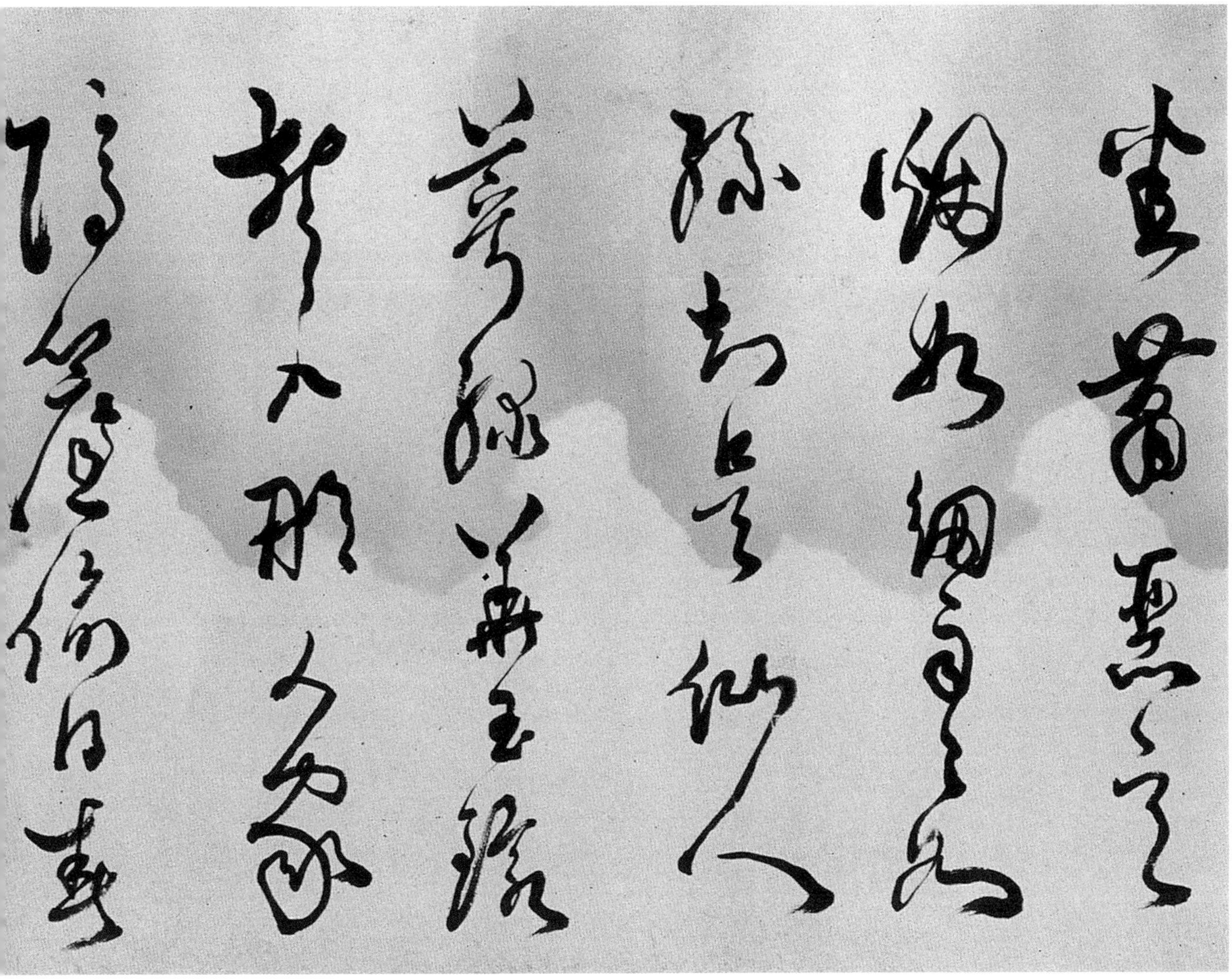

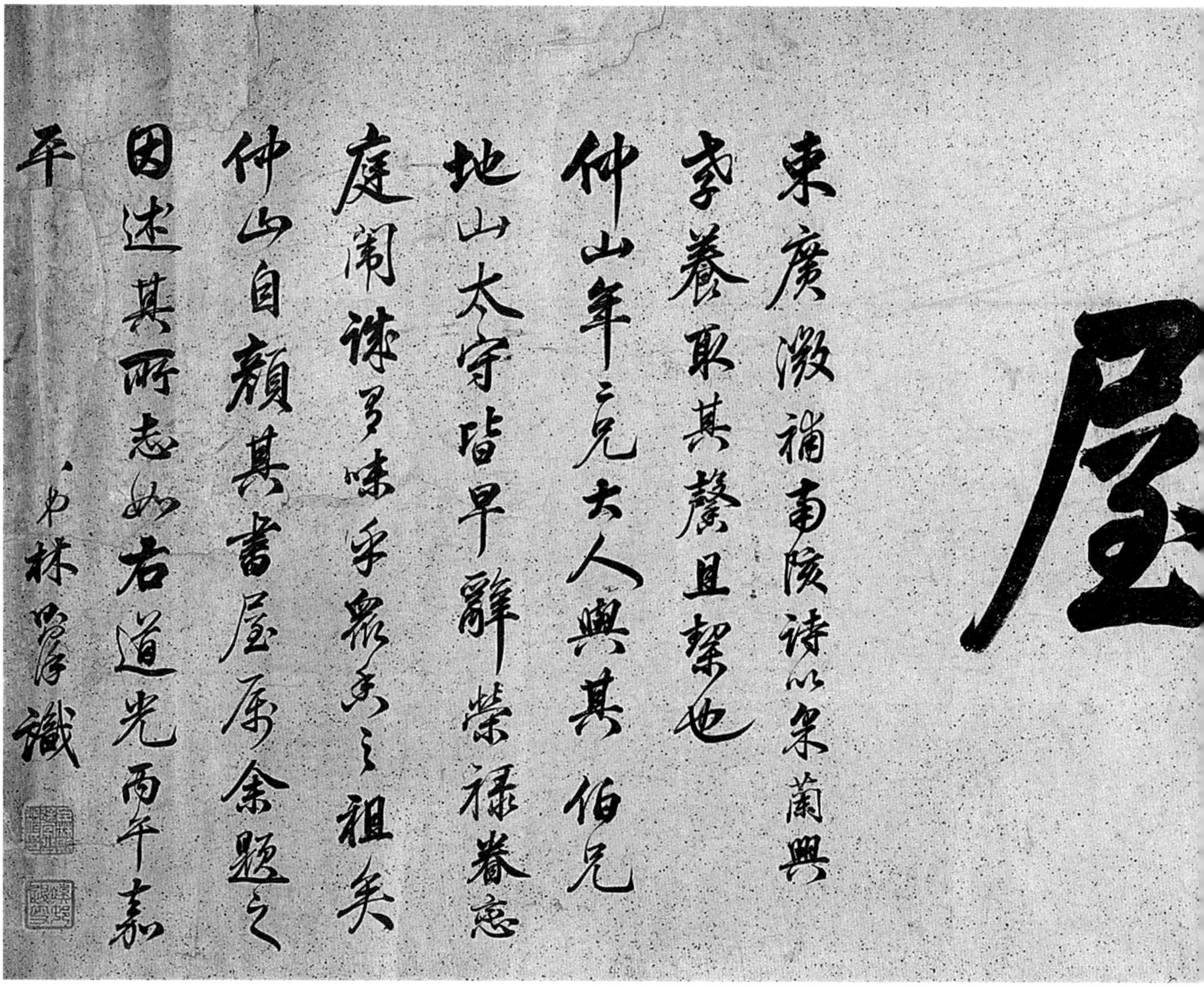

080

임칙서(林則徐) 행서 미란서옥(味蘭書屋) 횡피(橫披)

청(淸) 도광(道光) 26년(1846년) 종이
세로 62.7cm 가로 162.5cm
검인(鈐印): 신임칙서자소목인(臣林則徐字少穆印), 사촌퇴수(俟村退叟)

임칙서(1785~1850년), 자는 원무(元撫), 소목(少穆)이며 복건(福建) 후관[侯官, 현 복주(福州)] 사람이다. 가경(嘉慶)시기에 진사가 되었으며 도광 18년(1838년) 흠차대신(欽差大臣)에 임명되고 그 이듬해 호문(虎門)에서 아편을 불태웠다. 그의 서법은 해서 · 행서를 주로 하였는데 정춘해(程春海)가 보낸 주련에서는 "일을 행함에 해서를 쓰듯이 빈틈이 없고, 백성을 생각함에 갓난아이를 보살피듯이 세세한 부분까지 신경 써준다"라고 적고 있다. 임칙서의 해서는 당법(唐法)을 따라서 새로운 서풍에 옛 법을 곁들여 반듯한 가운데 험준한 멋이 있고 듬직함 속에 강인함을 기탁하며 힘찬 가운데 수려함을 겸비하였다. 행서는 진대(晉代)의 운치를 추구하여 미려하고 힘차며 조화롭고 차분하다

이 작품은 만년에 쓴 대자(大字) 방서(榜書)로 법도가 엄정하고 글자체가 정밀하며 굵기와 농도가 적당하고 거침없는 휘호 가운데 순박하고 정직한 기운이 배어 있다.

味蘭書

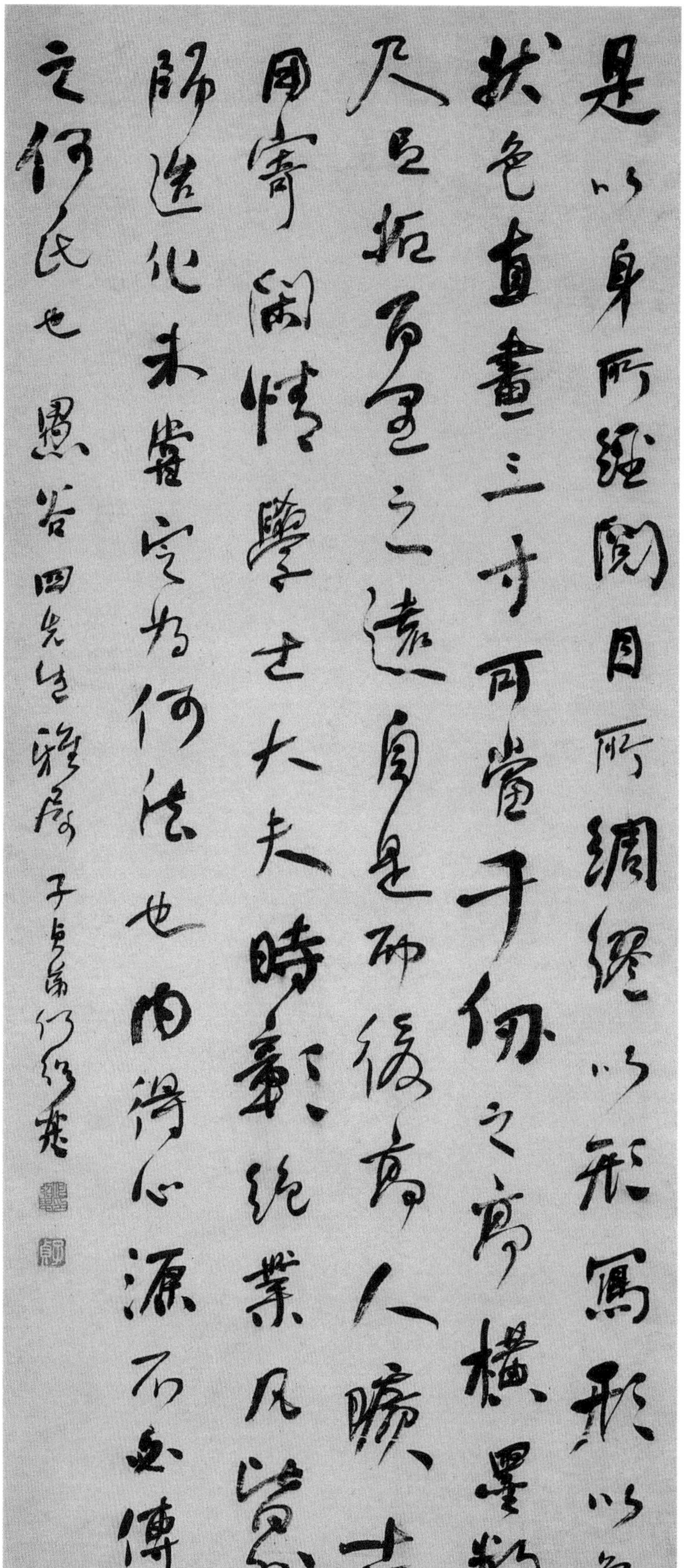
是以身所經閱目所綢繆以形寫形以色
貌色直畫三寸可當千仞之高橫墨數
尺已抵百里之遠自是而後高人曠士
因寄閑情學士大夫時彰絕業凡
師造化未發空為何法也由得心源不無傳
之何氏也
愚谷田先生雅屬
子貞弟何紹基

081

하소기(何紹基) 행서 논화(論畫) 축(軸)

청대(淸代) 종이
세로 138cm 가로 60cm
검인(鈐印): 하소기인(何紹基印), 자정(子貞)

是以身所經閱, 目所綢繆, 以形寫形, 以色狀色, 直畫三寸, 可當千仞之高, 橫墨數尺, 足拓百里之遠, 自是而後, 高人曠士, 用寄閑情, 學士大夫, 時彰絶業, 凡皆外師造化, 未嘗定爲何法也, 內得心源, 不必傳之何氏也.

愚谷四先生雅屬, 子貞弟何紹基.

하소기(1799~1873년), 자는 자정(子貞), 호는 동주(東洲), 원수(蝯叟)이며 호남(湖南) 도주[道州, 현 도현(道縣)] 사람이다. 학자 가문 출신으로 부친 하능한(何凌漢)은 관직이 호부상서에 이르렀으며 시문, 서화가 뛰어났다. 하소기는 도광(道光) 16년(1836년) 진사에 합격하였으며 일찍이 사천학정(四川學政)에 임하였다. 파면당한 후 선후하여 제남(濟南) 낙원(濼源)서원, 장사(長沙) 성남(城南)서원에서 강학하였다. 경사(經史), 소학(小學)에 능통하고 시에서는 소식(蘇軾)과 황정견(黃庭堅)을 추종하였다. 서법에서는 안진경(顔眞卿)을 계승하고 북위(北魏) 〈장현묘지(張玄墓志)〉 등 비판(碑版)의 의취를 더함으로써 힘차고 기이하며 변화무쌍하여 일가를 이루었다. 만년에는 전서 · 예서에 공을 들였는데 중후하고 웅위하며 힘 있는 것이 일정한 성취가 있었다. 『식가잡저(息柯雜著)』에서는 그에 대해 "안진경에서 시작하여 수십 년의 공력을 쌓고 전서 · 예서의 근원을 연구하여 신의 경지에 올랐다. 만년에는 특히 심혈을 기울여 〈형흥조(衡興祖)〉, 〈장공방(張公方)〉 여러 권을 임모하면서 예술적 구상을 실천에 옮김으로써 수백 년의 서법이 이로써 흥성하게 되었다"라고 적고 있다. 집필법에서 독특한 회완법(回腕法)을 사용하였다. 저서로는 『동주초당금석발(東洲草堂金石跋)』, 『동주초당시집(東洲草堂詩集)』, 『동주초당문초(東洲草堂文鈔)』 등이 있다.

하소기는 서법에서 일대 대가일 뿐만 아니라 회화 조예 또한 깊었다. 그림에 금석서법의 필의를 사용함으로써 산수화나 화조화 어느 하나 정교하지 않은 것이 없어 황빈홍(黃賓鴻)의 높은 평가를 받았다. 따라서 전해지는 필적 가운데 그림에 대한 논의가 많이 보이는데 모두 정확하고 적절하며 회화 기본 원리가 관통되어 있다. 이 작품은 하소기 만년 작품의 전형적인 면모를 띠었는데 금석 필의를 행초 가운데 녹여내어 추하고 거친 듯하면서도 수려하고 사랑스러우며 흩어진 듯하면서도 기운이 관통되었고 변화무쌍하면서도 조화를 이루고 있어, 진정 만청(晩淸) 이래 가장 조예 깊은 서예가임을 알 수 있다.

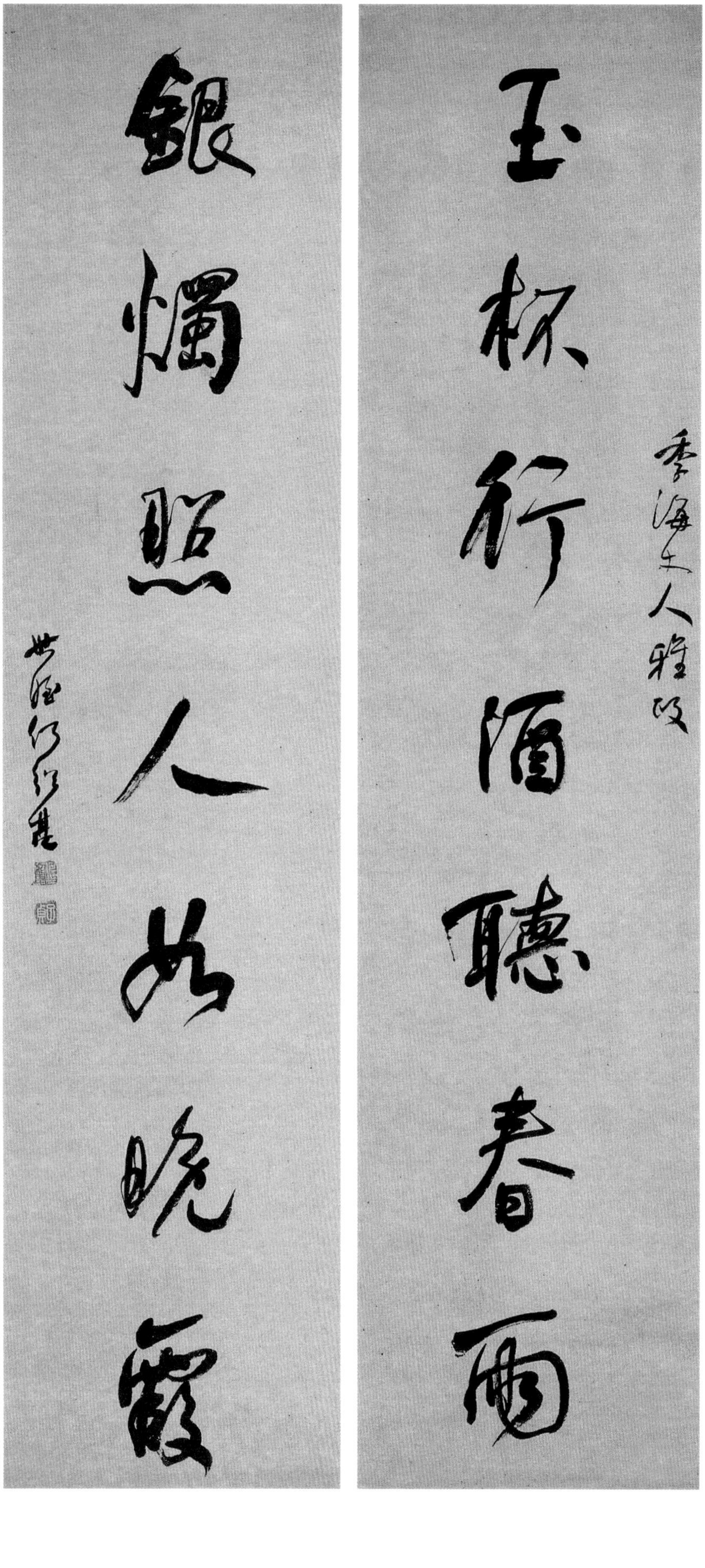

082

하소기(何紹基) 행서 7언시 주련(柱聯)

청대(淸代) 종이
세로 169.6cm 가로 40cm
검인(鈐印): 하소기인(何紹基印), 자정(子貞)

중국 서법가 중에서 주련 창작이 가장 활발할 뿐만 아니라 전해지는 작품 수량이 가장 많은 서예가는 아마 하소기일 듯싶다. 기록에 의하면 그는 하루에 주련 100여 개를 쓸 수 있었는데 모두 즉석 창작으로 중복되는 구절이 없으며 또한 그 뜻마저 받는 사람의 신분 및 그 상황에 부합되었다 한다. 물론 더욱 중요한 것은 만년에 그의 서법이 경지에 올라 진서 · 행서 · 전서 · 예서 등 여러 서체에 모두 능하고 자유자재로 변화 가능하며 의취 · 자태가 기이하고 변화무쌍하여 모두를 매료시켰다. 이 작품은 한색 계열의 옅은 회색 종이에 쓰인 것으로 의경이 드넓고 심원하며 분위기가 온후하고 담박하며 점획 또한 정교하여 우수한 작품에 속한다.

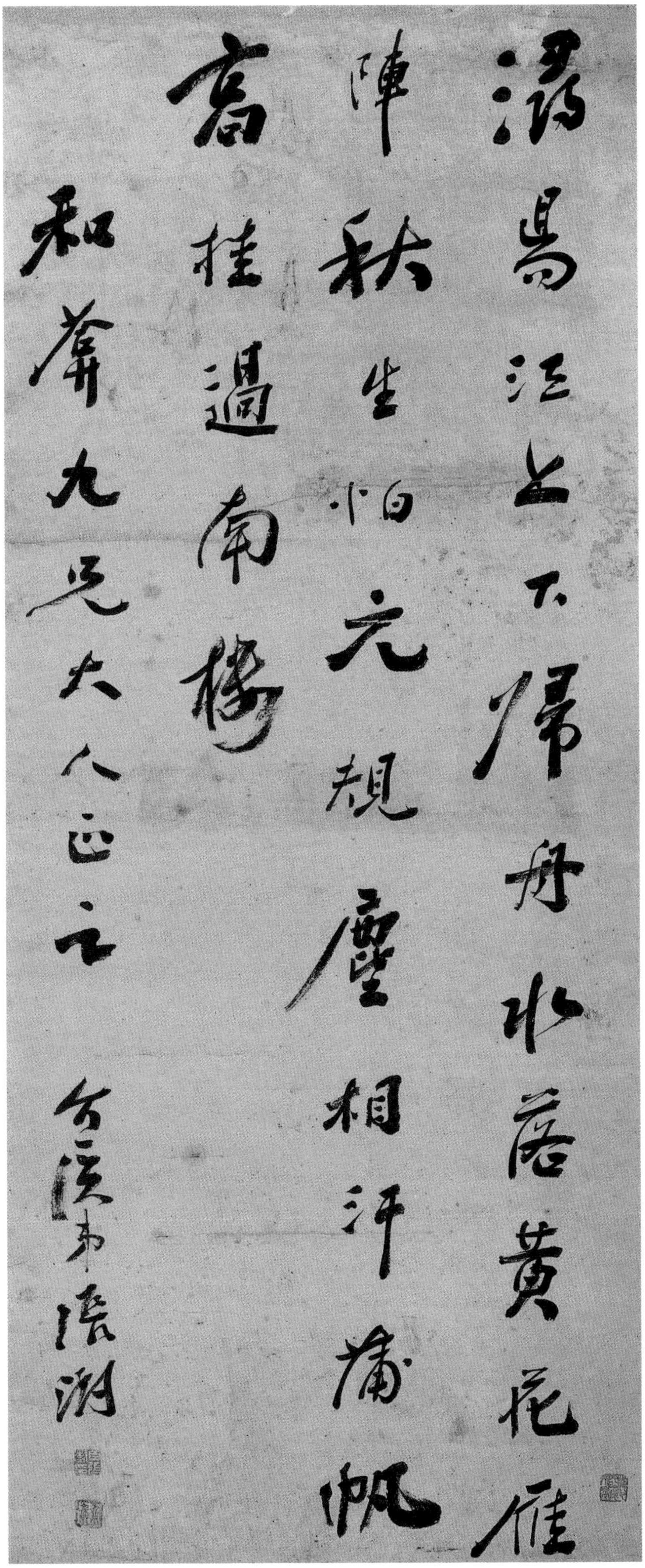

083

장주(張澍) 행서 7언시 축(軸)

청대(淸代) 종이
세로 132cm 가로 56.3cm
검인(鈐印): 신장주인(臣張澍印), 개후(介侯)

潯易江上下歸舟, 水落黃花雁陣秋.
生怕元規塵相汙, 蒲帆高挂過南樓.
和莽九兄大人正之, 介侯弟張澍.

장주(1781~1847년), 자는 백약(伯瀹), 호는 개후(介侯)이며 감숙(甘肅) 무위(武威) 사람이다. 가경(嘉慶) 4년(1799년) 진사로 가장 성공한 사람 중 한 명이다. 서길사(庶吉士)에 선택되어 실록관(實錄館) 찬수(纂修)에 임하였고 선후하여 귀주(貴州) 옥병(玉屛), 사천(四川) 병산(屛山), 강서(江西) 노계(瀘溪) 등 현의 지현으로 임직하였다. 성정이 강직하여 가는 곳마다 성망이 높았다. 여행하기를 즐겼는데 산서(山西), 산동(山東), 하남(河南), 강소(江蘇), 절강(浙江) 등 여러 성을 돌아다니다가 서안(西安)에 정착하였다. 경사(經史)를 두루 섭렵하고 시문이 빼어났으며 특히 관롱(關隴)문헌에 관심이 많아 간각(刊刻)을 수집하였다. 『오량구문(五涼舊聞)』, 『삼고인물원(三姑人物苑)』, 『성씨오서(姓氏五書)』, 『진음(秦音)』, 『촉전(蜀典)』 등을 편찬하고 시문 외에 『시소서익(詩小序翼)』, 『설문인경고증(說文引經考證)』 등 저서도 있다.

이 작품은 용필이 웅건하고 절필(折筆)이 시원시원하며 전봉(轉鋒)이 힘 있다. 방원(方圓)한 가운데 힘차고 꿋꿋함을 기탁하고 느린 속도 가운데 돈후함을 녹여내어 한 점 한 획이 봉(鋒)에 따라 편하고 자연스럽게 쓰였다. 묵색은 변화가 다양하고 자형 또한 크기가 들쑥날쑥하여 아래위로 서로 어우러지며, 필획구조는 겉보기에 흩어진 듯하나 실은 기운이 응집되어 글자마다 자태가 빼어났으며 전체 조합은 조화를 이루고 있다. 구도에 있어 자간, 행간이 모두 커 흰색이 검은색보다 많아 글자마다 독립적이다. 호방하고 초일한 동시에 담박하고 쓸쓸하면서도 소박한 멋이 있어 사람들로 하여금 낙엽이 떨어지고, 기러기들이 줄을 지어 남쪽으로 날아가는 가을을 보는 듯한 정취를 줌으로써 서법의 풍격과 시의 의경이 조화를 이룬다.

084

증국번(曾國藩) 행서 서찰 합권(合卷)

청대(淸代) 종이
1. 세로 25.5cm 가로 56.5cm
2. 세로 22cm 가로 92cm
3. 세로 22.6cm 가로 11.9cm

증국번(1811~1872년), 초명은 자성(子城), 자는 백함(伯函), 호는 척생(滌生)이며 호남성(湖南省) 쌍봉현[雙峰縣, 원래 상향(湘鄉)에 속함] 하엽진(荷葉鎭) 사람이다. 도광(道光) 18년(1838년) 진사에 합격하여 한림원에 들어가고 군기대신 목창아(穆彰阿)의 문생이 되었다. 관직은 내각학사(內閣學士), 예부시랑, 병부 · 공부 · 형부 · 이부 시랑에 이르렀다. 평생 이학(理學)으로 세상을 다스리기를 주장하였다. 대학사 왜인(倭仁), 휘녕도(徽寧道) 하계진(何桂珍)과 함께 '실학'으로 서로를 격려하였다. 모친상으로 인해 고향에 머무르는 동안 태평천국운동이 일어나 상군을 지휘하여 청을 위해 이 운동을 진압하는 데 큰 공을 세웠다. 그로 인하여 1등 용의후(勇毅侯)

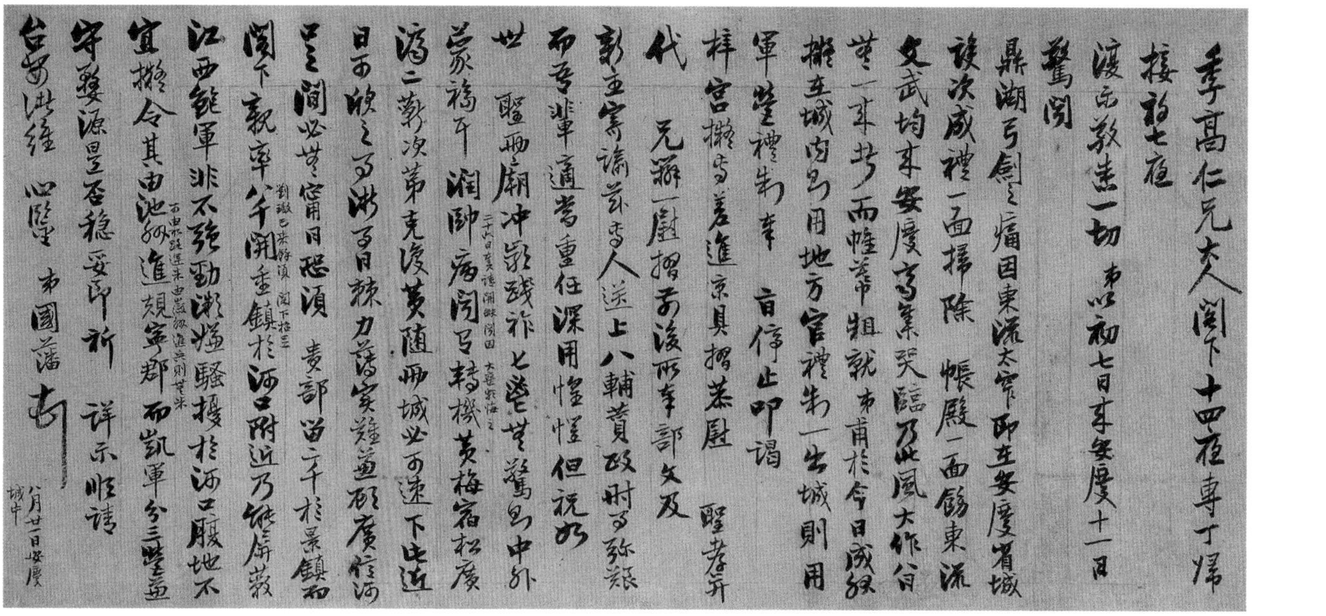

1

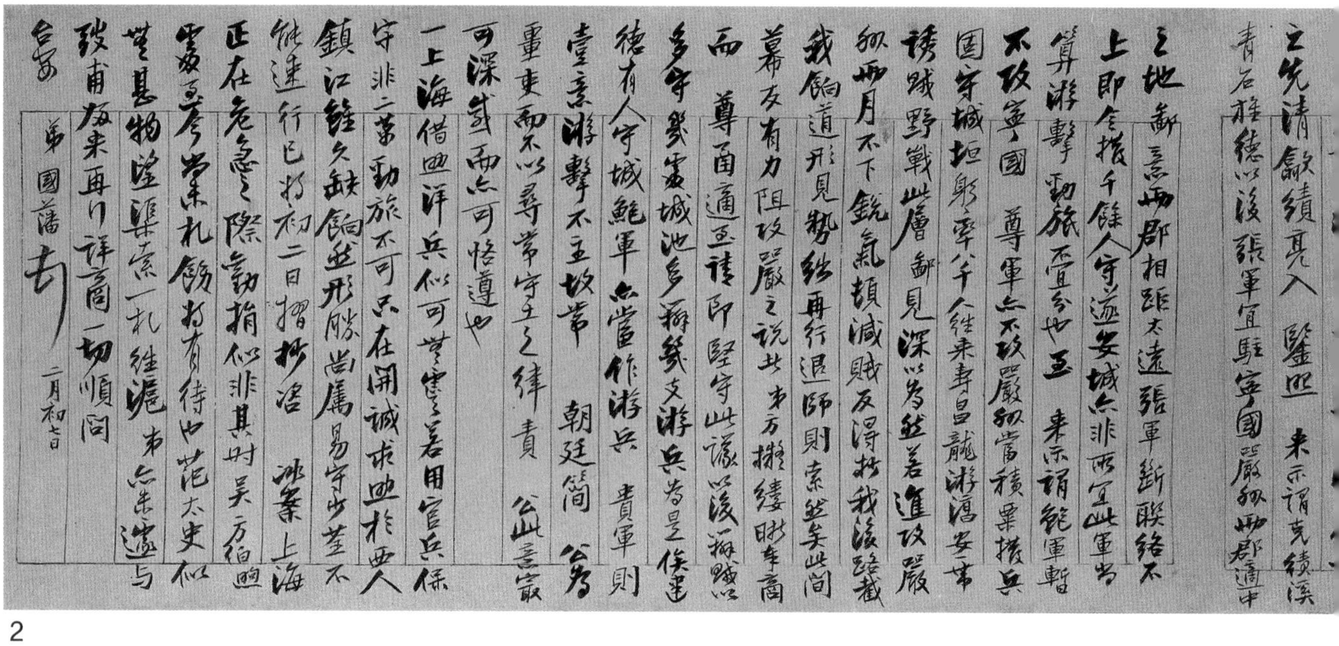

2

로 봉해졌는데 이는 청대에서 문인이 무후(武侯)로 봉해진 첫 번째 사례이다. 후에 양강총독(兩江總督), 직예총독(直隸總督)을 역임하는 등 1품관에 이르렀다. 또한 양무운동(洋務運動)의 추진자로 학문을 위해 평생 정주이학(程朱理學)을 연구하고 겸하여 여러 학문을 두루 섭렵하였으며 서법, 고문에 조예가 매우 깊어 동성파(桐城派) 후기 영도자로 받들렸다. 후대에 그의 시문, 주장(奏章), 비독(批牘) 등을 모아 『증문정공전집(曾文正公全集)』으로 엮었다. 시호는 문정(文正)이다.

이 두루마리는 서찰 세 편을 표구하여 만든 것으로 모두 네 개 부분으로 나뉜다. 첫 단락이 한 부분이고, 중간 두 단락이 한 부분으로 모두 증국번이 함풍(咸豐) 초년에 군대와 국방 사무 상담을 위해 좌종당(左宗棠)에게 보낸 서찰이고, 마지막 작은 단락은 사돈인 원수육(袁漱六)에게 보낸 서찰이다. 첫 두 부분에서 '계고(季高)'는 좌종당을 가리킨다. 좌종당(1812~1885년), 자는 계고, 박존(朴存), 호는 상농인(上農人)이며 호남(湖南) 상음[湘陰, 현 호남 상음현 계두포진(界頭鋪鎮)] 사람이다. 절강순무(浙江巡撫), 민절총독(閩浙總督), 섬감순무(陝甘巡撫) 등 직을 역임하였다. 함풍 2년(1852년) 모친상 때문에 호남으로 돌아갔다가 호남완무(婉撫) 장량기(張亮基) 막료로 있으면서 '상군(湘軍)'을 조직하였다. 증국번이 좌종당에게 보낸 이 두 서찰은 바로 이 시기에 쓴 것으로 당시 증국번의 나이 42세였다. 세 번째 부분에서 '온보(溫甫)'는 증국번의 동생 증국화(曾國華)를 가리키는 것으로 호는 온보이며 항렬에서는 여섯째이고 증린서(曾麟書)의 셋째 아들이기도 하다. 그래서 증국번은 그를 '온제(溫弟)' 또는 '여섯째 동생', '셋째 동생'이라고 불렀다. 같은 부분에서 '수육친가(漱六親家)'는 증국번의 장녀 증기정(曾紀靜)의 시아버지 원수육을 가리키는데 호는 방영(芳瑛)이다. 서찰 셋 가운데 앞의 두 개와 나머지 한 개는 풍격이나 분위기상에서 조금 차이가 나지만 기본적으로 동일한 시기에 속하는 것으로 모두 증국번의 중년시기 서법의 전형적인 풍모를 띠었다.

증국번은 중년에 서법을 시작하여 여러 대가의 장점을 널리, 깊이 받아들였다. 함풍, 동치(同治) 연간의 일기에서 알 수 있다시피 그의 서법은 왕희지(王羲之), 왕헌지(王獻之) 부자에서 입문하여 다시 당·송(唐·宋) 제현들을 두루 따랐다. 그리고 "두릉언(杜陵言)의 '서법은 굳으면서 가냘픈 것이 중요하다'는 말은 천고에 반박의 여지가 없는 견해"라면서 항상 자간·행간의 기운과 자태에 심혈을 기울였다. 이를 실천함에 있어 유공권(柳公權)과 조맹부(趙孟頫)의 서법을 하나로 녹여내어 '점은 구슬 같고 획은 옥 같으며 체(體)는 매 같고 기세는 용 같아, 내적으로는 자유분방하나 외적으로는 고지식해 보이는 효과와 아전경(鵝轉頸), 옥루흔(屋漏痕) 등'을 추구하였다. 여기에 증국번이 평생 이학의 '용경(用敬)'에 힘썼으므로 '숙연함 속에 묵직함과 웅장함을 기탁하여 깊은 뜻'을 추구하였는데 이 서찰을 보노라면 이 모든 것이 사실임을 알 수 있다. 이 두루마리를 보면 기운과 자태가 점잖고 무게가 있는데 마치 누에가 실을 토하듯, 옥이 벽으로 만들어지듯 각양각색이어서 조맹부의 맵시 있고 고졸하며 수려한 모습과 유공권의 가냘프지만 힘찬 모습이 공존한다. 비록 예봉(銳鋒)이 날카롭지만 서슬이 푸르지 않아 강건하고 씩씩한 기백과 부드럽고 섬세한 운치를 동시에 갖추고 있다. 구도가 소박하고 필획구조에 기울기와 바름의 변화가 있으며 용필이 유연하고 돈후하여 증문정 공이 일찍 옛 법을 배우던 본심을 읽을 수 있다.

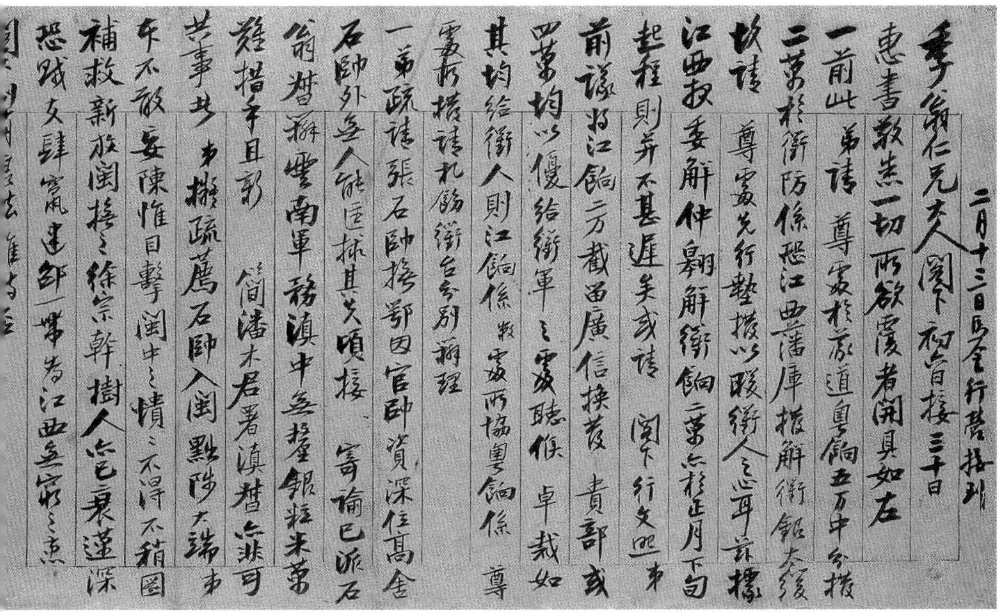

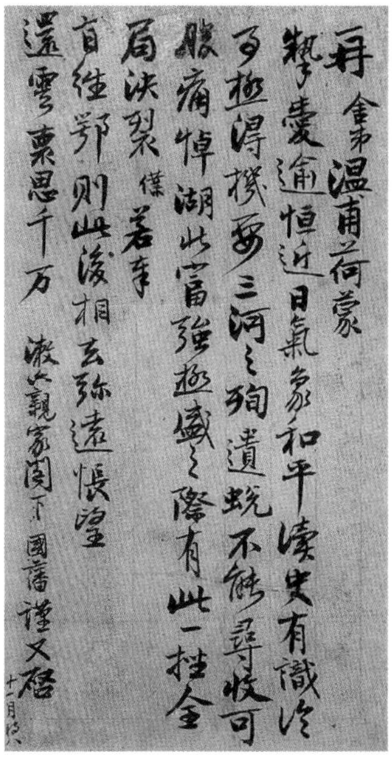

3

085

증국번(曾國藩) 행서 7언시 주련(柱聯)

청대(淸代) 종이
세로 129.3cm 가로 29.5cm
검인(鈐印): 국번인신(國藩印信), 척생(滌生)

증국번은 서법을 논함에 있어서 두릉언의 “서법은 굳으면서 가냘픈 것이 중요하다”라는 말이 천고에 반박할 여지가 없는 견해로 여겼다. 용필에 있어서는 “글을 쓰는 것은 사술(射術)을 배우는 것과 마찬가지로 활력을 써야지 만력을 써서는 안 된다”라고 주장하였다. 필획구조, 용묵에 있어서는 “필획구조는 구양솔경법(歐陽率更法)을 따르면서 이북해(李北海)를 곁들이고, 풍모와 분위기는 우세남(虞世南)을 따르면서 황정견(黃庭堅)을 곁들이며, 용묵의 느슨하고 수려한 점은 서계해[徐季海, =서호(徐浩)]가 쓴 〈주거천고신(朱巨川告身)〉을 따르면서 조맹부(趙孟頫)의 천관산(天冠山) 여러 가지를 곁들여야 진정한 서법을 이룬 것이다”라고 하였다. 또한 ‘글을 쓰는 데 있어서는 섬세미와 강건미의 양극단’이 있다고 여기면서, 숙연함 속에 묵직하고 웅장한 기운과 풍격, 멋을 추구하였다. 그는 평생 ‘용경(用敬)’을 배우고 수행하였으며 사람을 대하고 일을 처리함에 있어 ‘중(重)’을 추구하였는데 그의 서법 역시 사람과 마찬가지로 숙연함 속에 웅장하고 묵직한 기운이 있다. 이 주련 작품은 바로 이러한 그의 서론(書論)에 대한 좋은 해석이다. 채색 선지에 쓰였으며 묵색이 검푸르고 용필이 시원하면서도 깔끔하고 웅건하여 유공권(柳公權)의 곧고 굳센 정수를 얻은 듯하다. 여기에 황정견의 힘찬 기세를 더하여 기운차고 숙연하며 웅장한 것이 마치 군자와 가인이 함께 있듯이 온윤하고 돈후하며 질박한 가운데 운치가 있다. 이는 그가 추구하던 ‘점은 구슬 같고 획은 옥 같으며 체(體)는 매 같고 기세는 용 같아 내적으로는 자유분방하나 외적으로는 고지식해 보이는’ 모습을 갖춘 것으로 중년 시기 서법의 전형적인 모습으로 심혈을 기울인 작품이다..

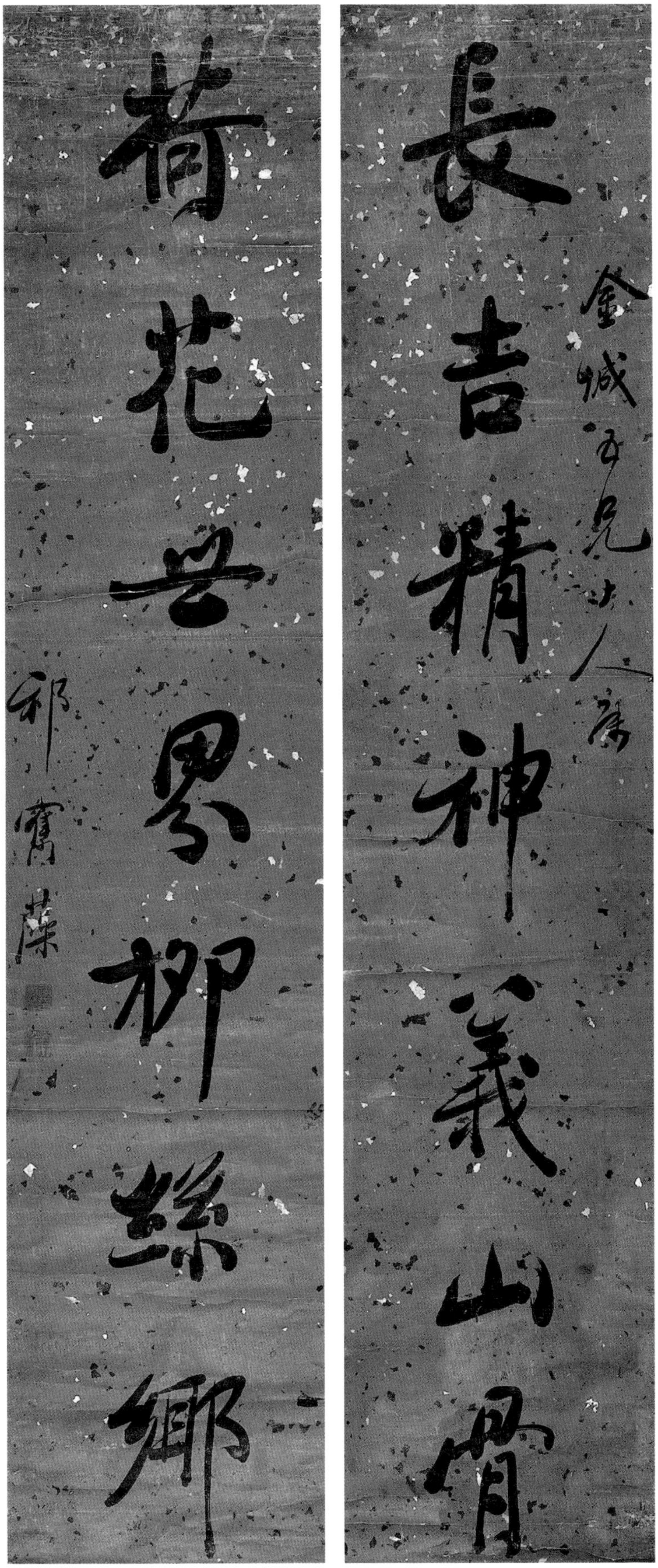

086

기준조(祁寯藻) 행서 7언시 주련(柱聯)

청대(淸代) 종이
세로 167cm 가로 38cm
검인(鈐印): 기준조인(祁寯藻印), 순보(淳甫)

기준조(1793~1866년), 자는 숙영(叔穎), 춘포(春圃), 호는 순보(淳甫)였으나 만년에 동치(同治) 황제의 이름 재순(載淳)과 비슷한 까닭에 실보(實甫)라 고쳤으며 또 다른 호로 관재식옹(觀齋息翁)이 있다. 수양(首陽) 평서촌(平舒村) 사람으로 건륭(乾隆)연간 사학가이자 지리학자인 기운사(祁韻士)의 다섯째 아들이다. 관직은 병부상서에 이르렀고 동치 5년에 졸하였으며 향년 74세였다. 사후에 태보(太保)로 추증되었으며 시호는 문단(文端)이다.

기준조는 평생 일을 행함에 신중하고 면밀하였다. 함풍(咸豐)·동치 연간에 학술을 제창하였고 시문은 사람들의 칭송을 받았다. 저서로는 『정시집(亭詩集)』, 『마수농언(馬首農言)』, 『근학재필기(勤學齋筆記)』 등이 있다.

서법이 뛰어났는데 소전에서 시작하여 점차 진서·행서에 이르렀고 안진경(顔眞卿)·유공권(柳公權)을 넘나들며 황정견(黃庭堅)의 필법을 섞어 일가를 이루었다. 후세 사람들은 그의 서법에 대해 "필력이 멀리 나아가지 못해 미려함이 넘치나 깊이와 웅장함이 모자라다"고 논하였다.

이 작품은 용필에 방원(方圓)을 겸용함으로써 틀에 얽매이지 않고 운필이 늦고 거칠며 진중하고 기운과 자태가 탈속적이며 선의 변화에 운치가 있어 하소기(何紹基)의 서법과 필의 상에서 같은 부분이 있다. 동시대 서예가로서 상호간에 영향을 받은 듯하다.

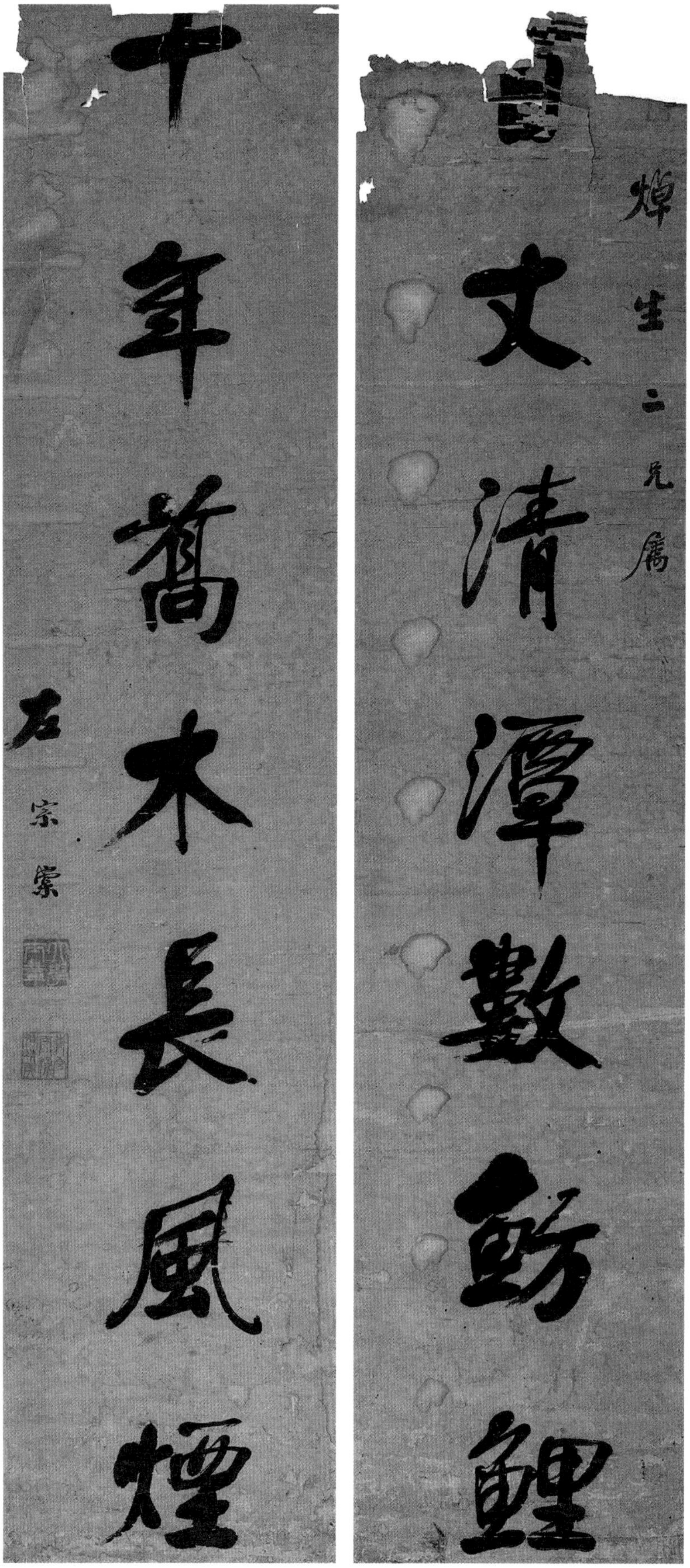

087

좌종당(左宗棠) 행서 작생(焯生)에게 보내는 7언시 주련(柱聯)

청대(淸代) 종이
세로 173cm 가로 39cm
검인(鈐印): 대학사장(大學士章)

좌종당(1812~1885년), 자는 계고(季高), 박존(朴存), 호는 상상농인(湘上農人)이며 호남(湖南) 상음(湘陰) 사람이다. 도광(道光) 13년(1833년) 거인(擧人)이 되어 만청(晩淸)시기 군정(軍政)의 중요한 대신이며 상군(湘軍) 통수 중 한 명이자 양무파(洋務派) 지도자였다. 저서로는 『초군영제(楚軍營制)』가 있고 그 외 주고(奏稿)와 공문을 엮어 만든 『좌문양공전집(左文襄公全集)』이 있다.

이 주련은 침착하면서도 호매하고 또한 필력이 강건하고 도도한 기운이 있어 마치 바른 선비가 엄정하게 법을 집행하듯이 백 년이 지난 지금도 여전히 혁혁한 위력이 남아 있다.

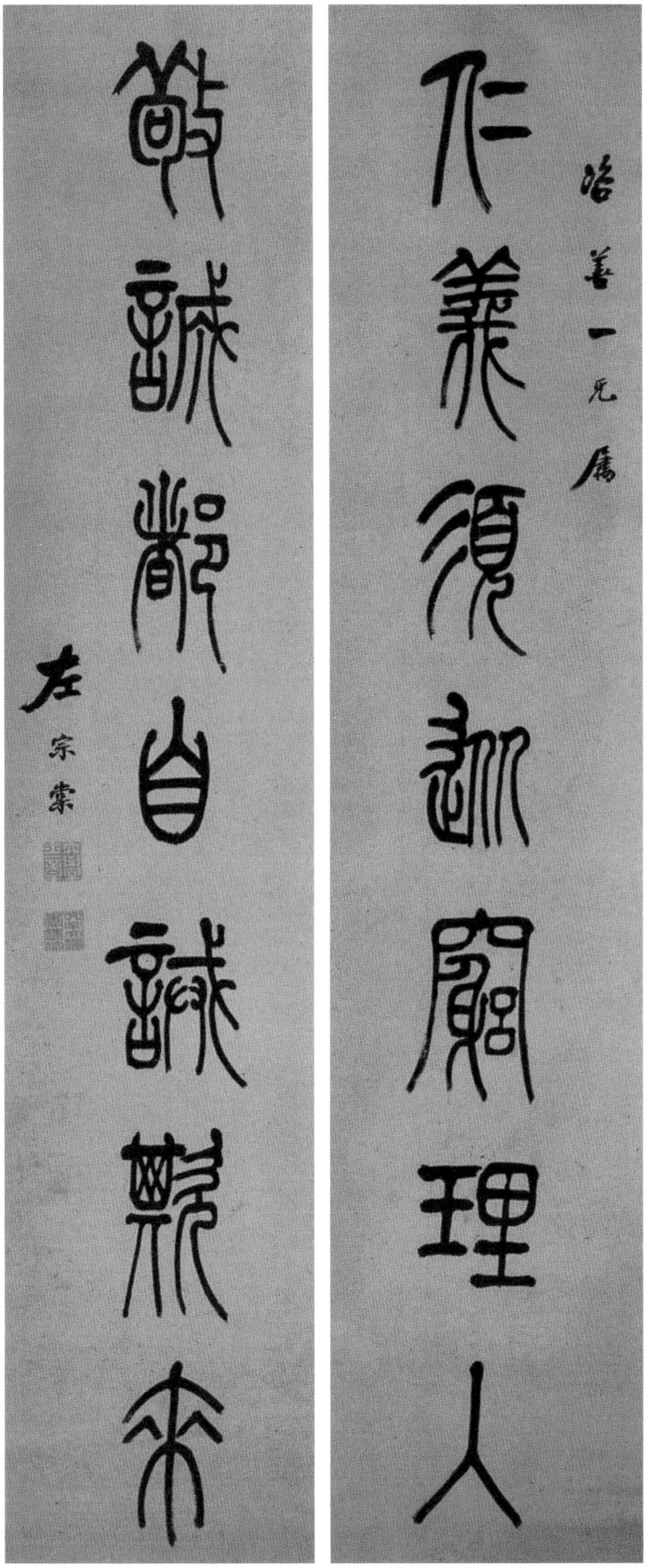

088

좌종당(左宗棠) 전서 자선(咨善)에게 보내는 7언시 주련(柱聯)

청대(淸代) 종이
세로 173.3cm 가로 41cm
검인(鈐印): 대학사장(大學士章), 태자태보(太子太保)

仁義須從窮理入, 敬誠都自誠欺來.
咨善一兄屬, 左宗棠.

주련에서는 '인의'와 '경성'의 도리를 말하고 있는데 용필이 정중하고 운필이 신중하며 필획마다 심혈을 기울임으로써 글자마다 공경하는 마음이 배어 있다. 전체적으로 숙연하고 차분한 분위기이다.

089

하서린(賀瑞麟) 행서 논학(論學) 횡피(橫披)

청대(淸代) 종이
세로 30.3cm 가로 156.3cm
검인(鈐印): 하서린인(賀瑞麟印), 복재(復齋)

하서린(1824~1893년), 자는 각생(角生), 호는 복재(復齋)이며 섬서(陝西) 삼원(三原) 사람이다. 젊어서 여러 차례 과거에 낙방하다 보니 점차 미련을 버리고 '거경궁리(居敬窮理)'의 정신으로 정주이학(程朱理學)의 연구와 선양에 힘을 쏟았다. 일찍 많은 정주이학 저서를 정리 및 간각(刊刻)하고 선후하여 학고(學古)·정의(正誼) 서원에서 강학하였다. 청대 관중(關中) 이학의 마지막 학자이다. 서법은 안진경(顔眞卿)을 계승하여 호쾌하고 강건하며 청신하다. 저서로는 『청록문집(淸麓文集)』, 『청록총서(淸麓叢書)』 등이 있다.

이 작품은 안진경을 따라 명쾌하게 시작되었으며 용필이 휼날리는 듯하면서도 무게감 있어 약동하는 자태를 띠었다. 옛사람들은 기예를 논함에 있어서 예품(藝品)과 인품(人品)을 기준으로 하며 그중 인품을 첫 자리에 놓았다. 소동파(蘇東坡)는 "고대에 서법을 논함에 있어서 겸하여 그 사람의 평생도 함께 논하였다. 사람은 능동적이고 서법은 정적인 것인데 된 사람이면 서법도 빼어나고, 못된 사람이면 서법도 그저 그렇다"라고 하였다. 하서린의 서법을 보고 있자면 글자마다 생각이 일게 하는데 기예로부터 사람을 미루어 보아 그의 됨됨이도 노공의 고상함을 따르는 듯하다.

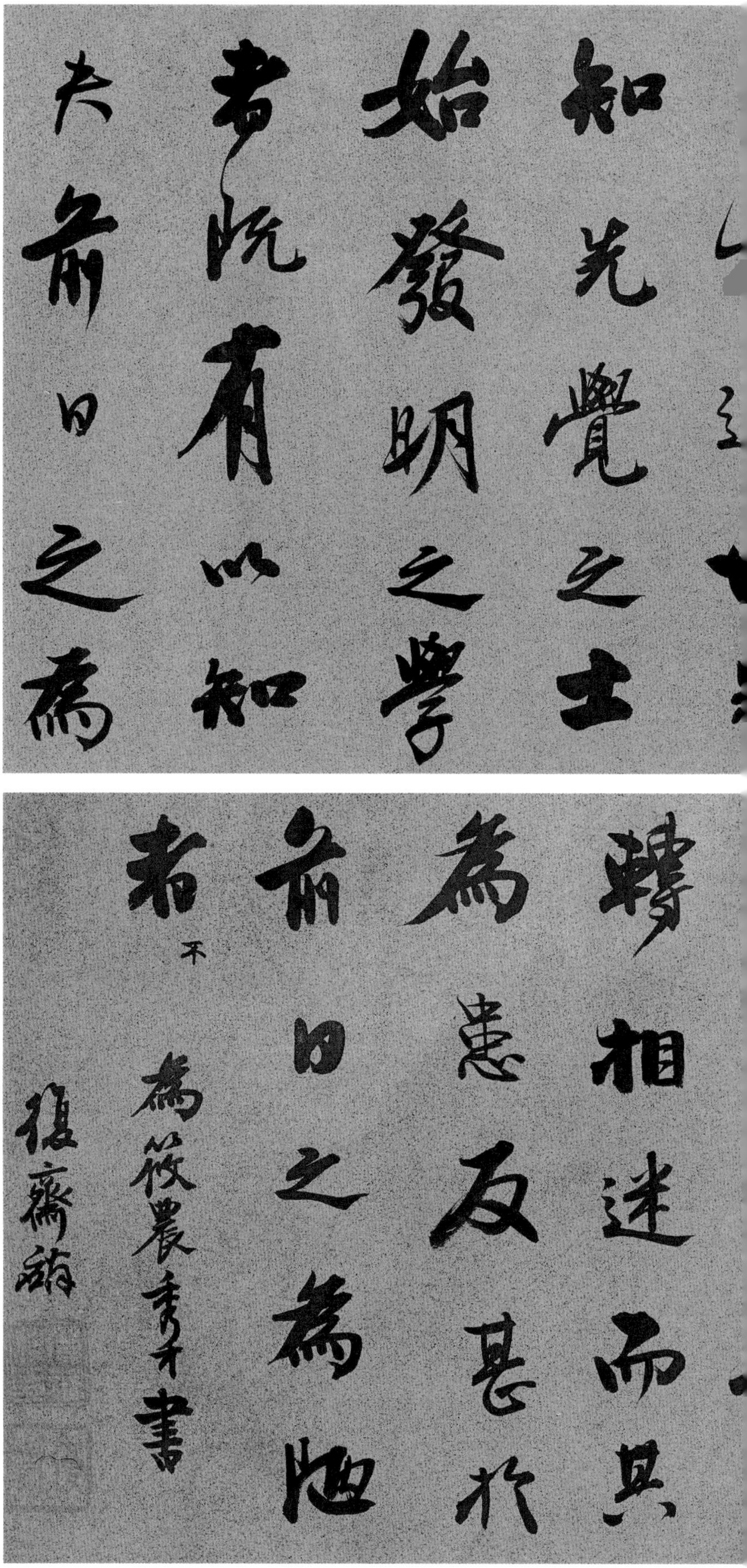

秦漢以來聖
學不明儒者
唯知章句訓
詁之爲事而
復求聖人之
意以明夫性
命道德之歸

夫前日之爲
陋矣然或徒
誦其言以爲
高而不深求
其意甚者遂
至於脫略章
句陵藉訓詁

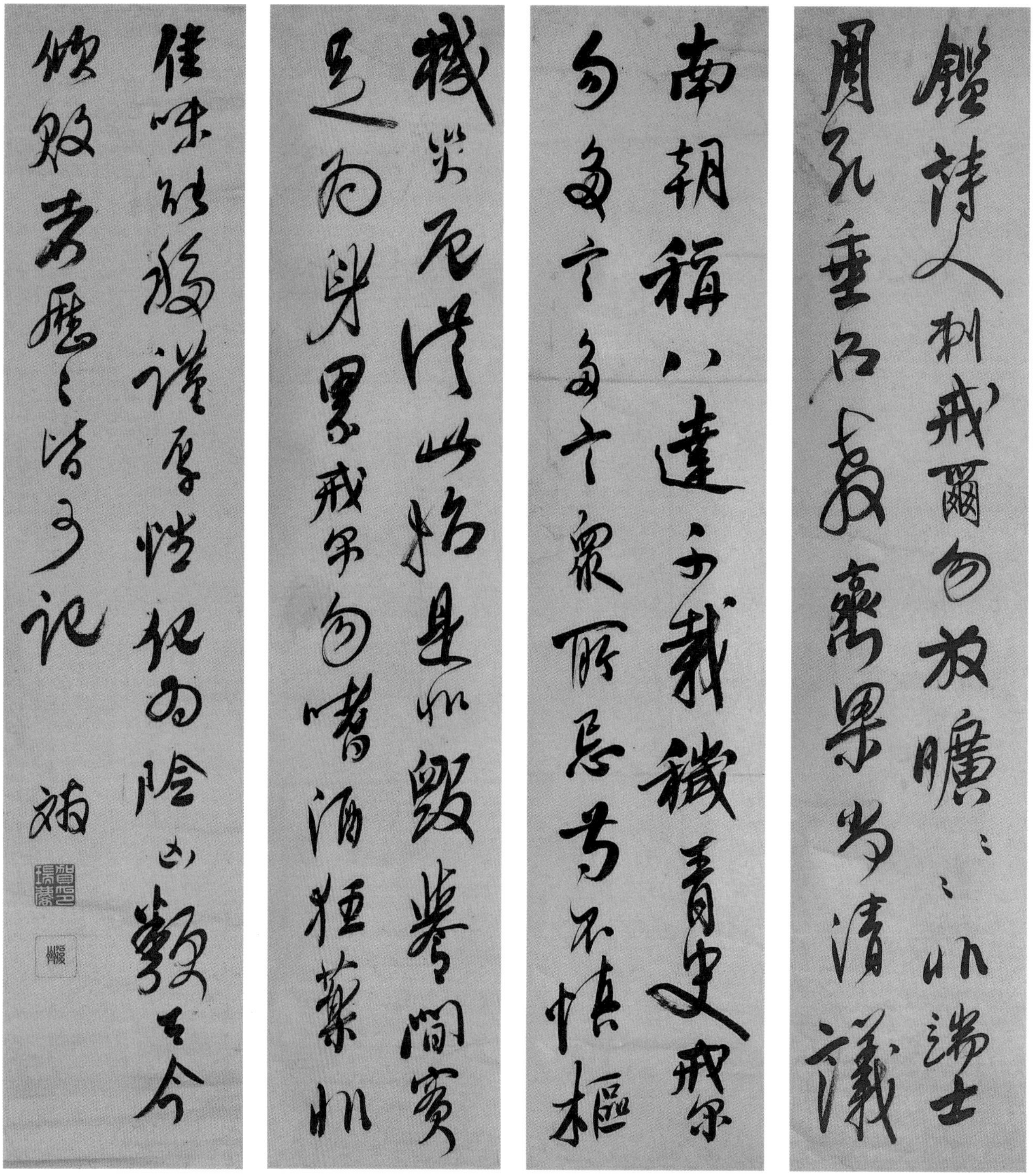

090

하서린(賀瑞麟) 행서 잠언(箴言) 병풍

청대(淸代) 종이
세로 127cm 가로 27.1cm
검인(鈐印): 하서린인(賀瑞麟印), 복재(復齋)

戒爾學立身, 莫若先孝弟.
怡怡奉親長, 不敢生驕易,
戰戰復兢兢, 造次必於是.
戒爾學干祿, 莫若勤道藝,
常聞諸格言, 學而優則仕,
不患人不知, 惟患學不至.
戒爾遠恥辱, 恭則近乎禮,
自卑而尊人, 先彼而後己.
相鼠與茅鴟, 宜鑒詩人刺,
戒爾勿放曠, 放曠非端士.
周孔垂名教, 齊梁尙淸議,

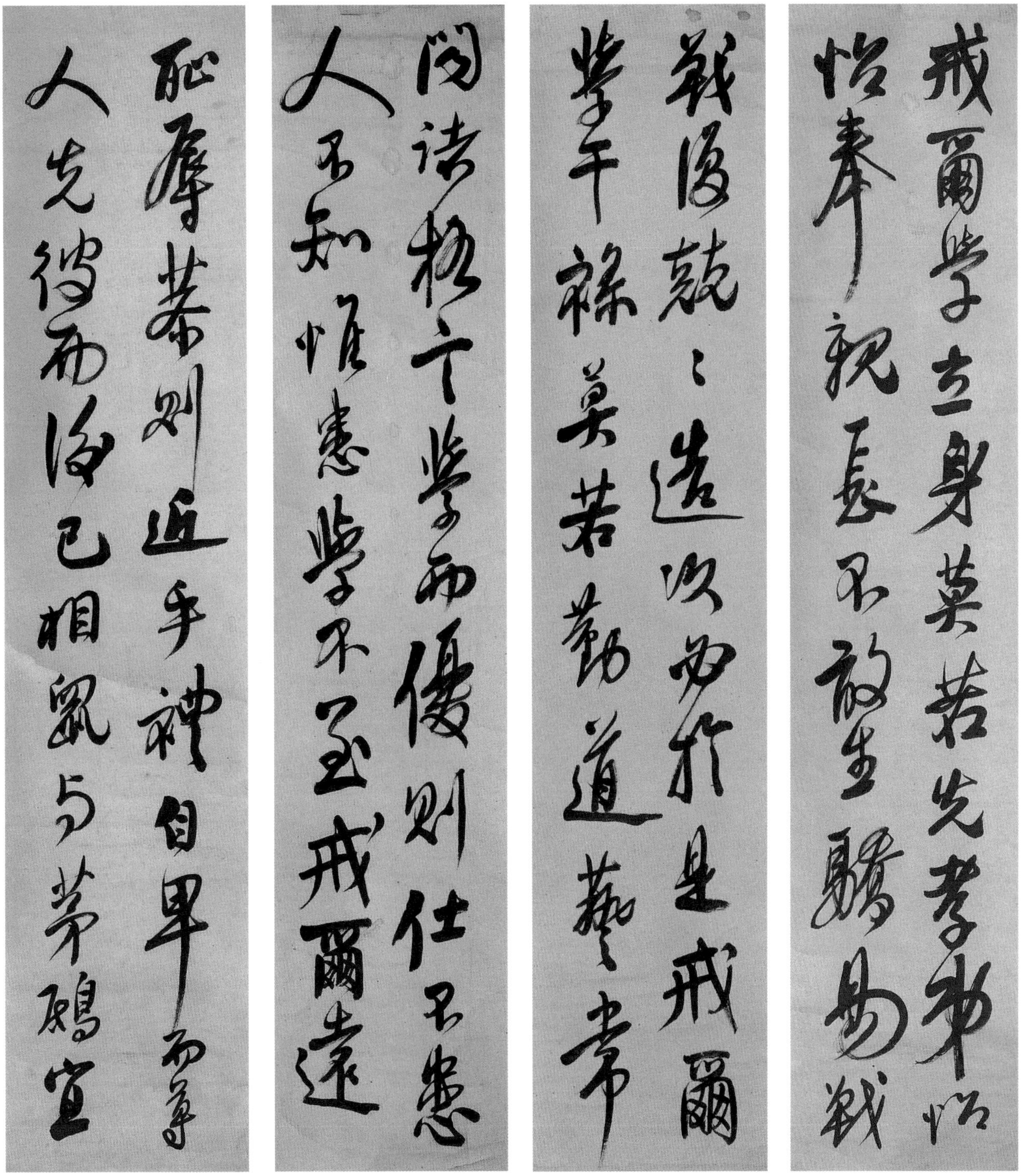

南朝稱八達, 千載穢青史.
戒爾勿多言, 多言衆所忌,
苟不愼樞机, 灾厄從此始,
是非毁譽間, 實足爲身累.
戒爾勿嗜酒, 狂藥非佳味,
能移謹厚性, 化爲險凶類.
古今傾敗者, 歷歷皆可記. 麟.

하서린은 "음이 양을 범해서는 안 되고, 삿된 것이 정도를 막아서는 안 되며, 소인이 군자를 해하여서는 안 되고, 외적이 중국을 업신여겨서는 안 된다"고 말하였다. 이 작품은 안진경(顔眞卿)의 〈쟁좌위첩(爭座位帖)〉을 본받은 것으로 호쾌하고 거리낌이 없으며 청아하고 탈속적이며 강건한 동시에 올곧은 기운이 감도는 것이 자신의 됨됨이와 닮아 있다. 양자운[揚子雲, =양웅(揚雄)]이 "글은 마음속 그림"이라고 하였는데 지당한 말인 것 같다.

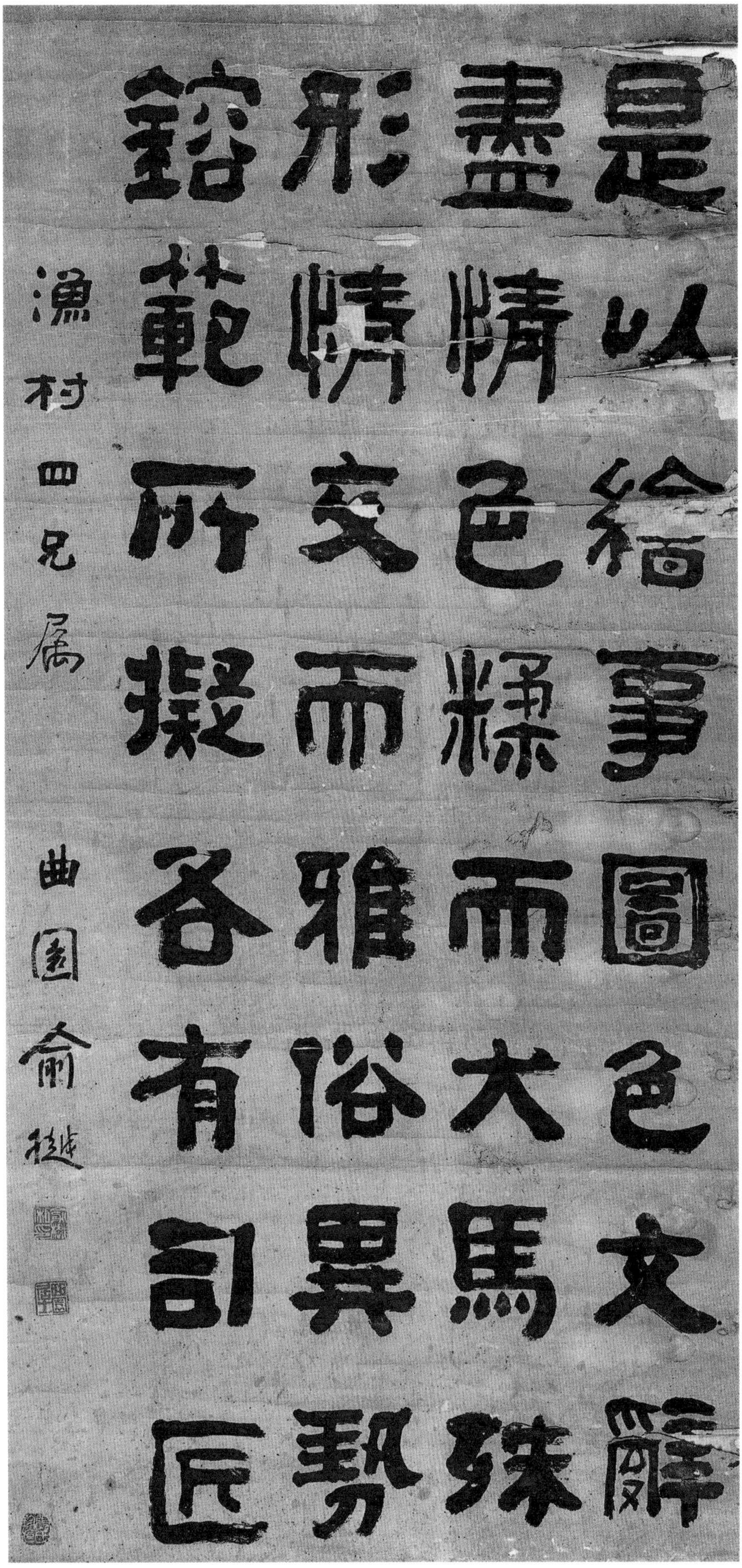

091

유월(俞樾) 예서 어촌(漁村)에게 보내는 시 축(軸)

청대(淸代) 종이
세로 126.5cm 가로 62.6cm
검인(鈐印): 유월사인(俞樾私印), 곡원거사(曲園居士)

是以繪事圖色, 文辭盡情, 色糅而犬馬殊形, 情交而雅俗異勢, 鎔范所擬, 各有司匠.

漁村四兄屬, 曲園兪樾.

유월(1821~1906년), 자는 음보(蔭甫), 호는 곡원(曲園)이며 절강(浙江) 덕청(德淸) 사람이다. 도광(道光) 30년(1850년) 진사로 관직은 한림편수(翰林編修)이며 만청(晩淸)의 유명한 학자이다. 훗날 강남(江南)에 기거하면서 저술하고 강학하였는데 전력을 다했으며, 저서로는 500권에 달하는 학술적 거작『춘재당전집(春在堂全集)』이 있다. 예서에 능하였는데 그 뿌리는 〈호대왕비(好大王碑)〉, 한대(漢代) 〈장천비(張遷碑)〉, 〈형방비(衡方碑)〉 등에 두고 있다. 전서와 예서체로 진서를 썼는데 자기만의 면모가 있었다.

유곡원은 학문대가이자 서예가이기도 하다. 이 작품을 보면 용필이 무게감 있고 온건하며 전서 필의로 예서를 썼다. 글은 중후하고 짜임새가 있으면서 기품 있다.

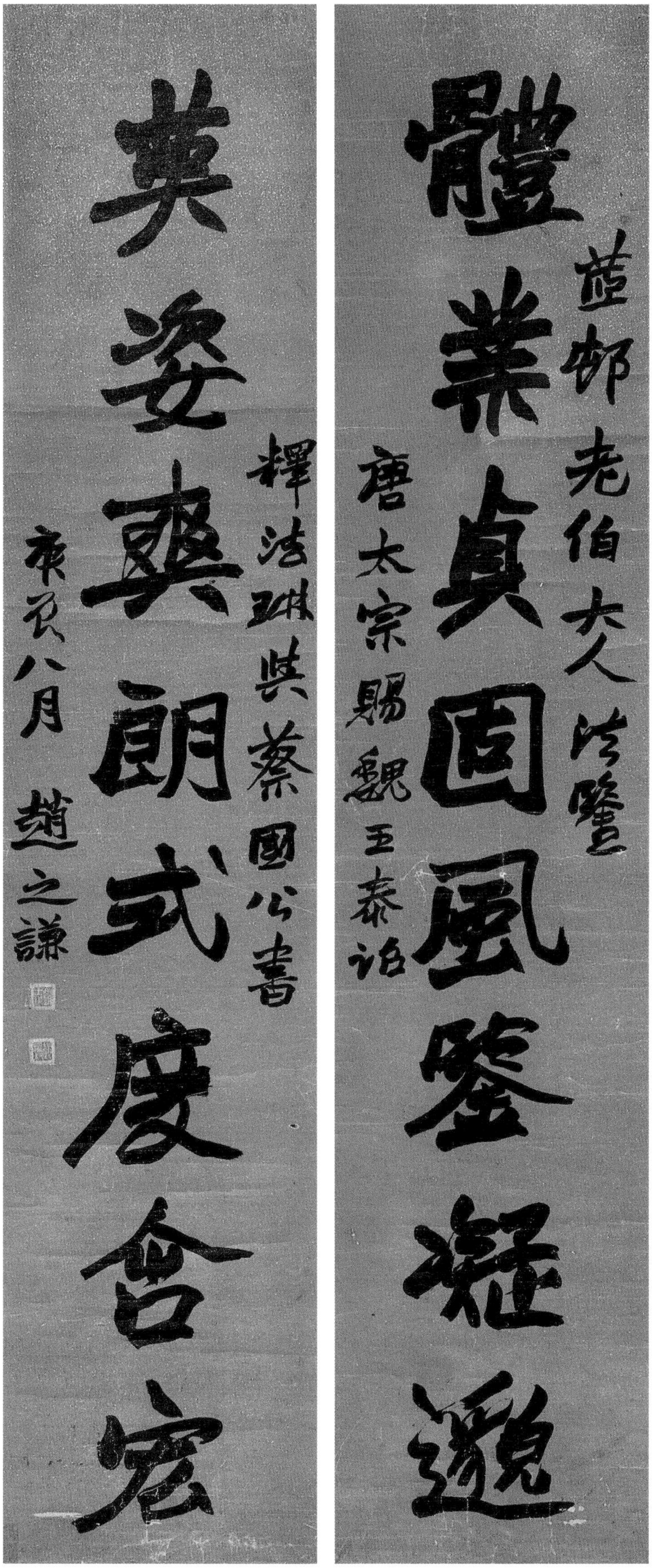

092

조지겸(趙之謙) 해서 신촌(莔村)에게 보내는 8언시 주련(柱聯)

청(淸) 광서(光緖) 6년(1880년) 종이
세로 169.2cm 가로 35.5cm
검인(鈐印): 조지겸(趙之謙), 조위숙(趙撝叔)

조지겸(1829~1884년), 처음 자는 익보(益甫), 호는 냉군(冷君)이며 후에 자는 위숙(撝叔), 호는 비암(悲盦), 무민(無悶) 등으로 고쳤다. 절강(浙江) 회계[會稽, 현 소흥(紹興)] 사람으로 함풍(咸豐) 9년(1859년) 거인(擧人)이며 강서(江西) 파양(鄱陽), 봉신(奉新), 남성(南城) 등지의 지현을 역임하였다. 학식이 풍부하고 전각이 뛰어났다. 서법은 안진경(顔眞卿)을 따르다가 후에는 전적으로 육조(六朝) 비판(碑版)을 연구하여 부드럽고 수려한 풍격을 형성하였으며, 비학(碑學)이 성행했던 청대 말기에 색다른 풍경을 이루었다. 전서와 예서는 등석여(鄧石如)를 스승으로 하고 북비(北碑)의 필의를 더함으로써 일가를 이루었다. 화훼화에 능하였는데 필법이 유창하고 먹빛이 풍성하며 수묵이 혼연일체를 이루고 색상이 농염하며 분위기가 질박하고 돈후하여 청대 말기 사의(寫意) 화훼화에 새로운 바람을 불어넣었다. 금석문자에도 연구가 깊었다. 저서로는 『보환우방비록(補寰宇訪碑錄)』, 『육조별자기(六朝別字記)』, 『비암거사시잉(悲庵居士詩剩)』, 『금접당인존(金蝶堂印存)』 등이 있다. 항주(杭州) 서령인사(西泠印社)에서 그의 서화를 『비암잉묵(悲庵剩墨)』이란 이름으로 10책을 엮어 내었다.

이 작품은 반질반질한 붉은색 종이 위에 쓰였는데 조지겸의 나이 51세 때 쓴 것으로 만년 작품 가운데서 가장 대표적인 작품이다. 백여 년이 지났지만 전체적으로 기개가 높아 웅준(雄俊)하고 호매한 기상이 있으며 외로이 우뚝한 모습은 벅찬 감동이 일게 한다. 북비(北碑)의 웅대함과 강인함을 녹여내어 강함과 부드러움의 조화를 이루어냄으로써 풍성하고 수려하다. 필법은 해서에 행서를 섞었다. 장청천(張淸泉)은 제발에서 "기세가 드높고 변화무쌍하여 세상에 둘도 없는 기세당당한 신룡(神龍)과 같으니 그야말로 보배로다"라고 칭찬하였다.

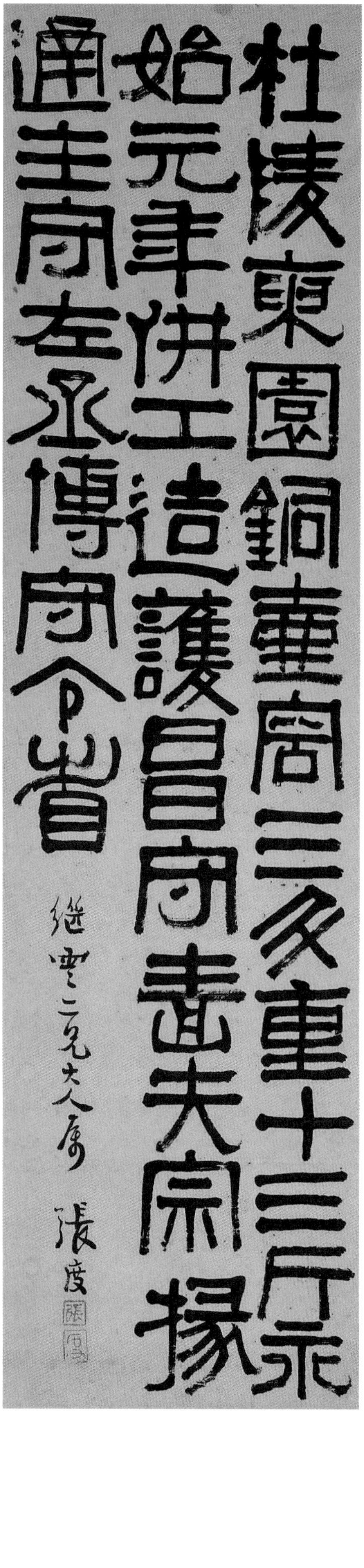

093

장도(張度) 한(漢) 두릉(杜陵) 동호명(銅壺銘) 임모(臨摸) 축(軸)

청대(淸代) 종이
세로 129cm 가로 33cm
검인(鈐印): 장(張), 도(度)

杜陵東園銅壺容三升重十三斤永始元年併工造護昌守嗇夫宗掾通主守左丞博守令省.

繼雲二兄大人屬, 張度.

장도(1830~1895년), 자는 길인(吉人), 호는 숙헌(叔憲), 벽비(辟非), 벽비노인(辟非老人), 포촉노인(抱蜀老人), 송은선생(松隱先生), 무의식계노납(無意識界老衲)이며 절강(浙江) 장흥(長興) 또는 인화[仁和, 현 항주(杭州)] 사람이며 관직은 하남지부(河南知府)에 이르렀다. 가문에 소장품이 많고 늘 반백인[潘伯寅, =반조음(潘祖蔭)], 진수경[陳壽卿, =진개기(陳介祺)]과 함께 금석학을 연구하였다. 소학을 즐겨 연구하고 전서 · 예서에 능하였다. 50세를 넘겨서 회화를 시작하였는데 산수화는 필의가 침착하고 색상이 고졸하고 돈후하며, 인물화는 한대(漢代) 그림의 풍모가 있었다. 서화마다 아래쪽에 '장(張)', '도(度)' 두 개의 고인(古印)이 찍혀 있다.

이 예서작품은 한대 두릉 동원의 동호 명문을 임모한 것으로 정적인 모습으로 동적인 활기를 추구함으로써 웅건함과 차분함이 함축적 · 유기적으로 결합되었고 유창함과 거칢, 정교함과 질박함이 어우러져 기이하고 고졸하며 힘차 보인다. 이러한 개성을 지닌 이 작품은 보기 드문 고문(古文)을 임모한 수작이다.

094

장도(張度) 해서 7언율시 축(軸)

청대(淸代) 종이
세로 101.5cm 가로 30.5cm
검인(鈐印): 장(張), 도(度)

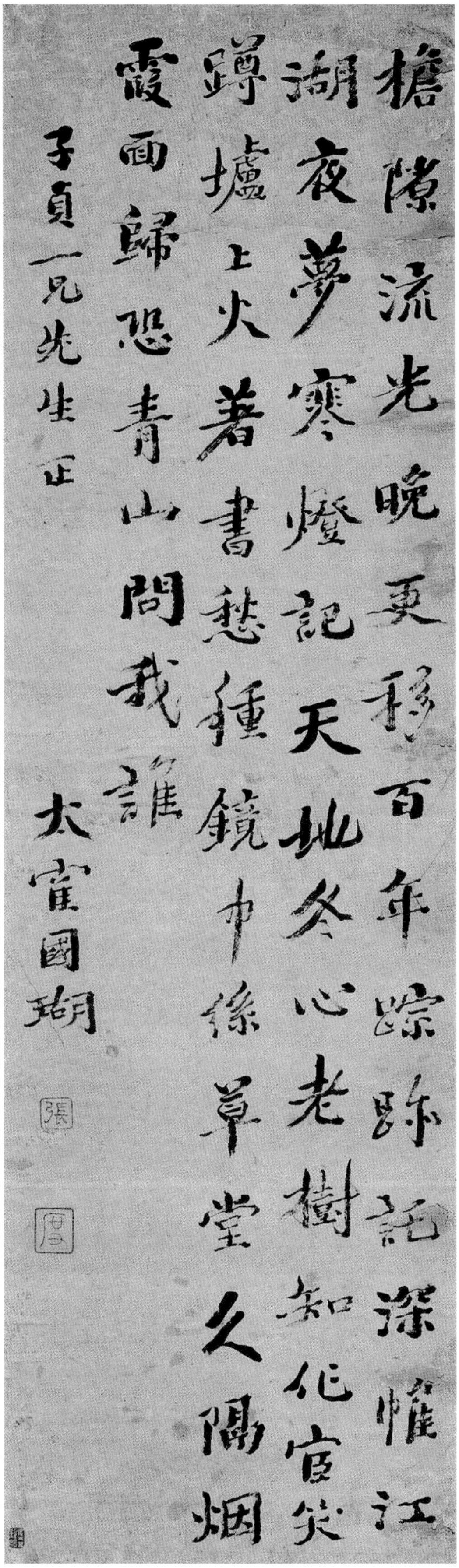

이 해서 작품은 장도의 만년 작품이다. 완만하고 차분하며 특별히 정교함을 추구하지 않아 장년 시기 웅혼함, 힘참, 질박함 및 넘치던 기운은 없지만 대신 나이에 따른 완숙함과 담박하고 자연스러운 멋이 있다.

095

옹동화(翁同龢) 안진경(顏眞卿) 녹포첩(鹿脯帖) 임모(臨摸) 축(軸)

청(淸) 광서(光緖) 13년(1887년) 비단
세로 134.5cm 가로 65.3cm
검인(鈐印): 옹동화인(翁同龢印), 숙평(叔平)

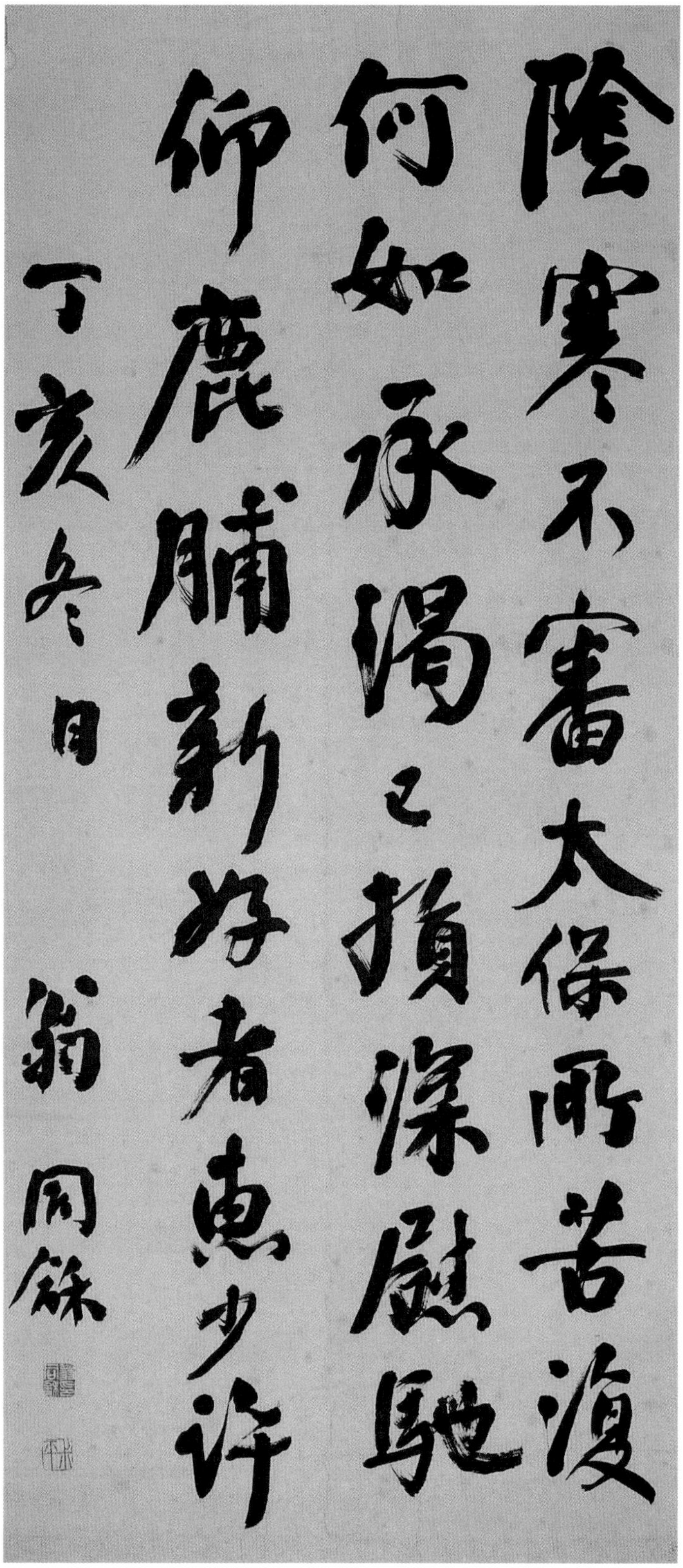

옹동화(1830~1904년), 자는 성보(聲甫), 호는 숙평(叔平), 송선(松禪), 병려거사(甁廬居士)이며 강소(江蘇) 상숙(常熟) 사람이다. 함풍(咸豊) 6년(1856년) 장원급제하여 한림원 수찬(修撰)에 임명되고 선후하여 동치(同治), 광서 황제의 스승으로 지내면서 형부 · 공부 · 호부 상서, 협판대학사(協辦大學士), 군기대신, 총리각국사무대신(總理各國事務大臣) 등 직을 역임하였다. 중국 · 프랑스 전쟁, 중일갑오전쟁 시기에 외적에 대항하여 항전할 것을 주장하였다. 훗날 강유위(康有爲)를 추천하고 유신변법을 지지한 관계로 광서 24년(1898년) 자희태후(慈禧太後)에 의해 면직당하고 고향에 내려갔다. 10월 또다시 명에 따라 파직당하고 다시는 관직에 오를 수 없게 된 동시에 지방관리에게 감시를 당하게 된다. 고향에 돌아온 후 우산(虞山) 서쪽 발합봉(鵓鴿峰) 묘 옆에서 은거하며 7년간 고달픔에 시달리다 졸하였다. 저서로는 『옹문공공일기(翁文恭公日記)』, 『병려시고(甁廬詩稿)』가 있다. 서법이 빼어났는데 마종곽(馬宗霍)은 "송선은 젊어서는 사백[思白, =동기창(董其昌)]을 따르면서 양양[襄陽, =미불(米芾)]을 넘나들고 중년에 이르러서는 남원[南園, =전풍(錢灃)]을 따르면서 노공[魯公, =안진경(顏眞卿)]을 넘나들었다. 고향으로 돌아온 후, 아무런 구애 없이 자유자재로 휘호하며 거기에 북비(北碑)의 정화를 더함으로써 일가를 이루었다. 그런 가운데 분위기가 순박하고 중후하며 필획구조가 시원하여 노공을 더 깊이 체득한 듯하다. 간혹 팔분(八分)을 썼는데 옛 법에 미치지는 못했지만 세속에서는 많이 벗어났다"라고 하였다. 옹동화의 서법은 용필이 힘 있고 침착하면서도 기이하고 분방하며 필획구조가 시원하여 만청(晩淸)시기 안진경을 따른 여러 서예가들 중에서는 새로운 풍모를 지녔다.

이 작품은 작가 나이 57세 때 안진경의 〈녹포첩〉을 임모한 것으로 원본 석각과 비교해볼 때 용필이 웅건하고 침착하고 기이하고 분방하다. 또한 전체적으로 필치, 기세가 일관적이고 구도가 소박하고 조화로워 평이함 속에서 웅건함이 보이는데 안진경 서법 공부에 심혈을 기울였음을 알 수 있다. 비록 임모한 것이지만 점획, 필획구조가 모두 본 모습을 갖춘 동시에 자유자재로 변화시키고 자신의 의취를 더하여 옛 법을 따르면서도 자기 것으로 만들었으니 당연히 옹동화의 중년 수작이다.

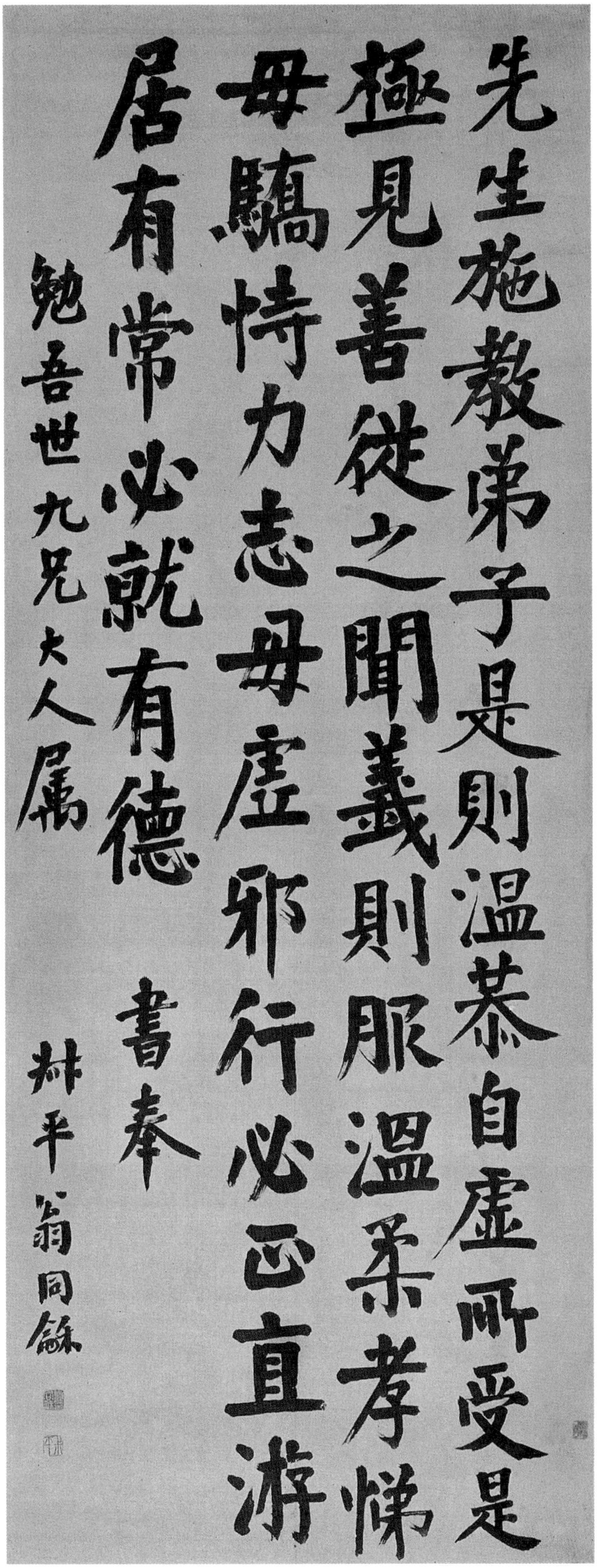
先生施敎弟子是則溫恭自虛所受是
極見善從之聞義則服溫柔孝悌
毋驕恃力志毋虛邪行必正直游
居有常必就有德 書奉
勉吾世九兄大人屬
叔平翁同龢

096

옹동화(翁同龢) 해서 제자직(弟子職) 축(軸)

청대(淸代) 비단
세로 217cm 가로 83cm
검인(鈐印): 옹동화인(翁同龢印), 숙평(叔平)

이 큰 폭의 정서[正書, =해서(楷書)] 족자는 안진경(顔眞卿)의 기법을 취하는 동시에 북비(北碑) 필법을 더함으로써 거칠고 진중한 가운데 때때로 웅위하고 힘차며 굳센 운치가 엿보인다. 따라서 얼핏 보면 거칠고 둔중해 보이지만 마음을 가라앉히고 자세히 보면 진기(眞氣)가 그윽하고 고요한 기운이 넘친다. 또한 허와 실이 합리적이고 앞서거니 뒤서거니 운치가 있어 거칠고 난잡한 가운데 차분하고 안정적이며 기품 있는 분위기가 있다. 마치 바른 선비가 엄정하게 법을 집행하는 듯한 기상이 있으며 필력이 힘 있고 함축적이어서 음미하고 연구할 가치가 있는 것이 절대로 멋만 부리는 속된 글과는 비교할 바가 아니다.

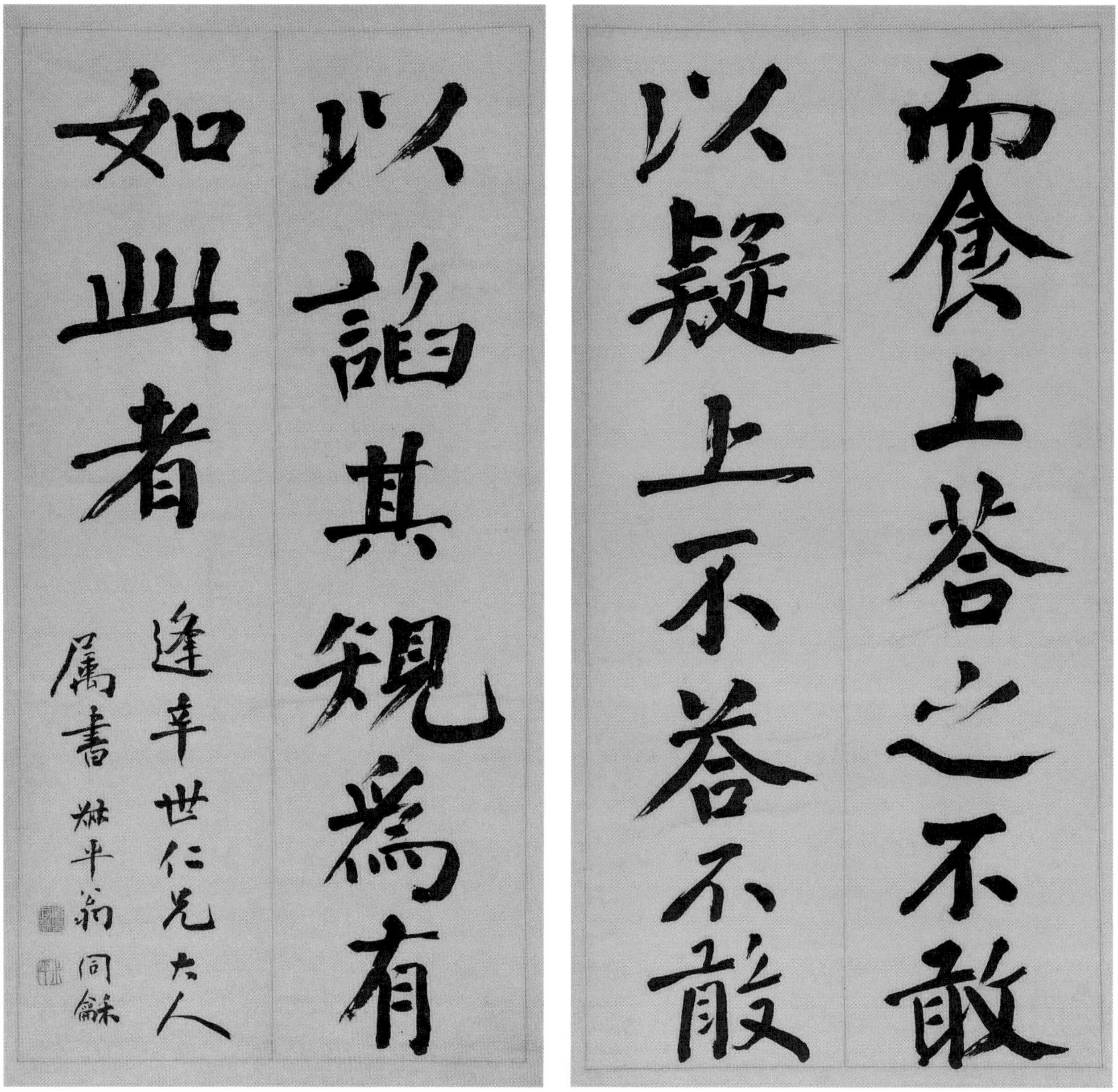

097

옹동화(翁同龢) 해서 병풍

청대(淸代) 종이
세로 126.5cm 가로 62.6cm
검인(鈐印): 옹동화인(翁同龢印), 숙평(叔平)

소식(蘇軾)이 이르기를 "세상에서 귀한 것은 반드시 그것의 어려운 점이 있기 때문이다. 진서는 흩날리기 어렵고 초서는 진중하기 어려우며 큰 글자는 치밀하기 어렵고 작은 글자는 여유롭기가 어렵다"라고 하였다. 옹송선(翁松禪)의 〈해서병풍〉은 글의 크기가 사발 입만 하고 점획이 약동적이며 필치, 기세, 구도가 변화무쌍하여 글자마다 진면모를 나타낸다. 이 작품은 기년(紀年)이 없지만 차분한 기운과 넘치는 기품 가운데 수려함이 있어 중년의 작품으로 추정된다. 동파(東坡)의 '흩날림', '치밀함' 등을 좇았으나 아직 경지에 오른 것은 아니다. 하지만 도달할 날이 멀지 않은 듯하다.

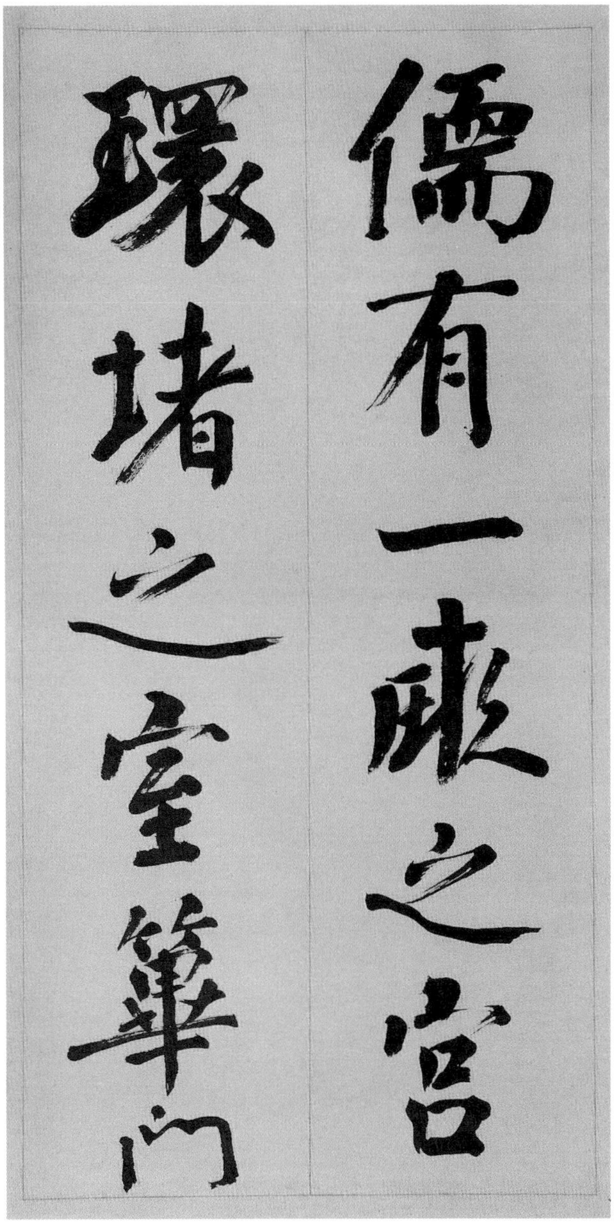
儒有一畝之宮
環堵之室篳門

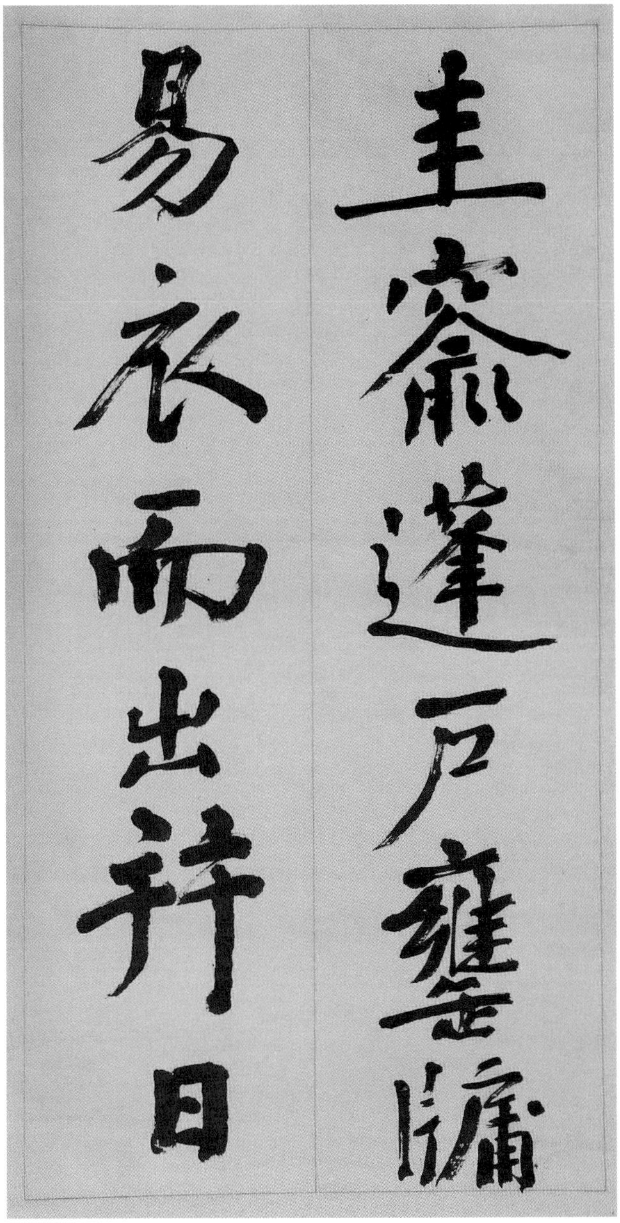
圭窬蓬戶甕牖
易衣而出幷日

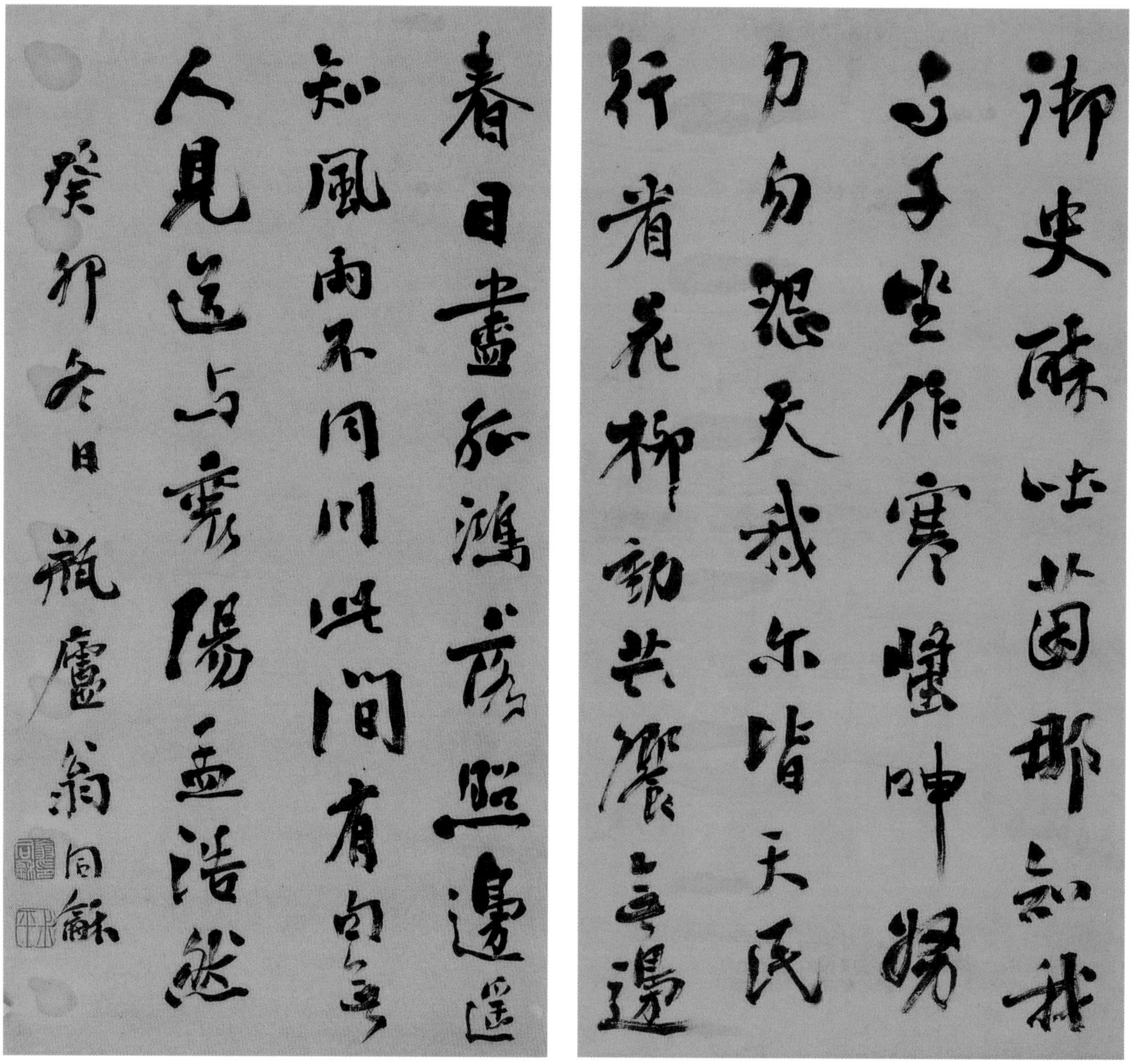

098

옹동화(翁同龢) 행서 병풍

청(淸) 광서(光緖) 29년(1903년) 종이
세로 74.5cm 가로 40.5cm
검인(鈐印): 옹동화인(翁同龢印), 숙평(叔平)

春雨如細塵, 春風吹倒人.
東坡數間屋, 巢子誰與隣.
空床斂敗絮, 破竈鬱生薪.
相對不言寒, 哀哉知我貧.
我有一樽酒, 獨飮良不仁.
未能頳我頰, 聊復濡子脣.
故人千鍾祿, 御使醉吐茵.
那知我與子, 坐作寒蟹呻.
努力勿怨天, 我爾皆天民.
行看花柳動, 共饗無邊春.
目盡孤鴻落照邊, 遙知風雨不同川.
此間有句無人見, 送與襄陽孟浩然.
癸卯冬日瓶廬翁同龢.

이 행서 병풍은 옹송선(翁松禪)이 세상 뜨기 1년 전 겨울에 쓴 것으로 당시 나이 73세였다. 따라서 이 작품은 그의 가장 늦은 시기 작품으로 귀하디귀한 것이다. 그의 서법은 젊어서는 사백[思白, =동기창(董其昌)]을 따르면서 양양[襄陽, =미불(米芾)]을 넘나들었고 중년에 이르러서는 남원[南園, =전풍(錢灃)]을 따르면서 노공[魯公, =안진경(顏眞卿)]을 넘나들었다. 은거한 뒤로는 북비(北碑)의 정화를

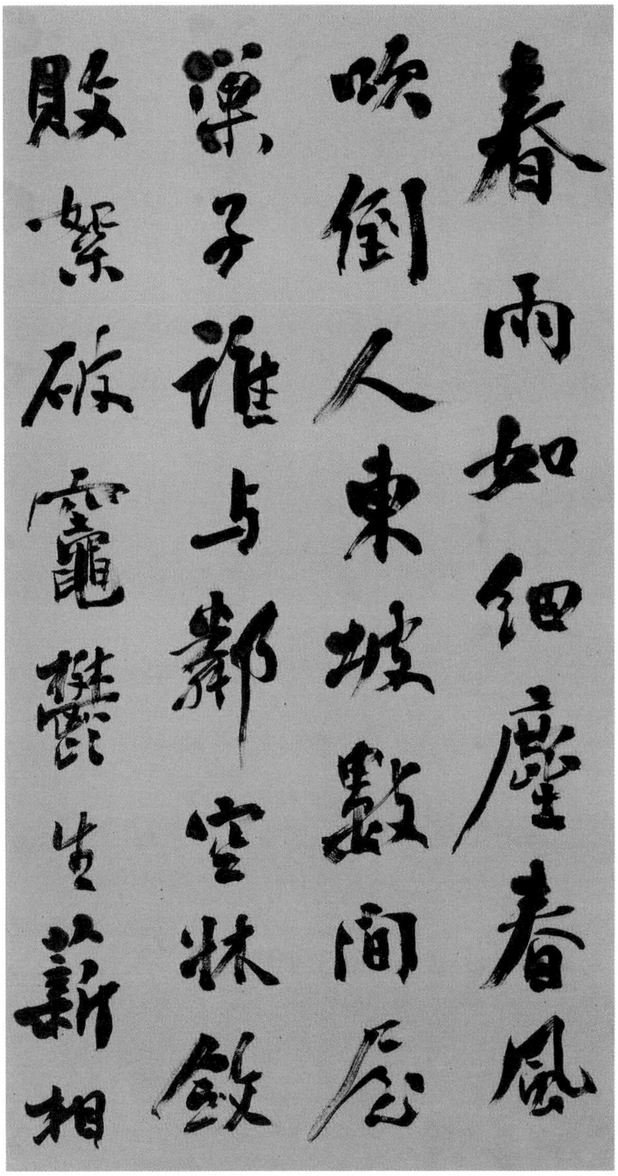

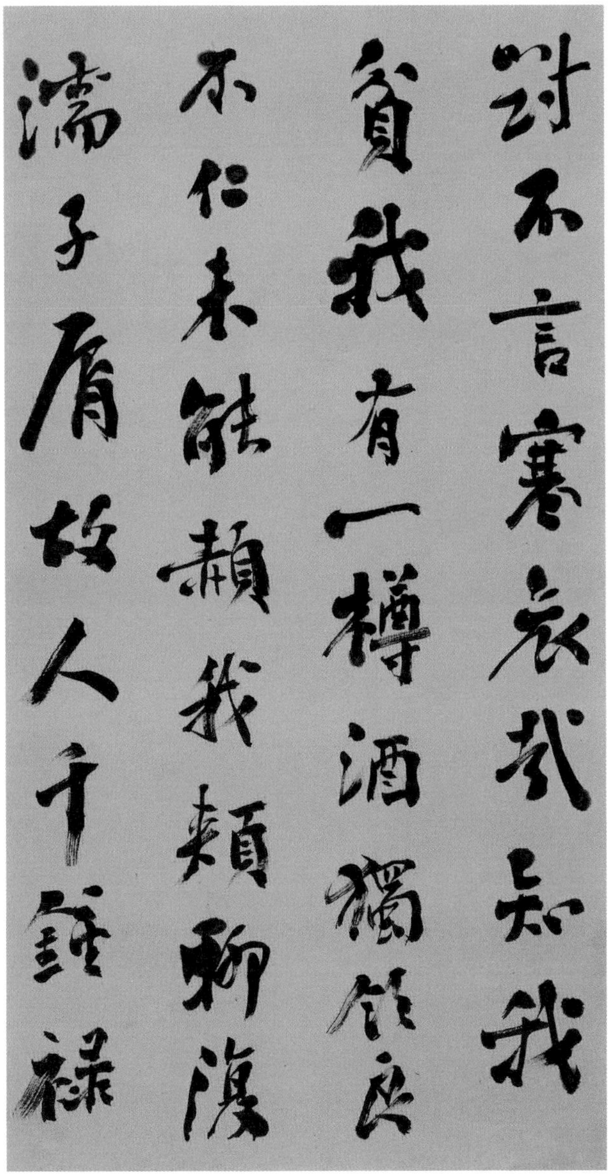

취하는 동시에 한예(漢隸)의 기운을 녹여내면서 전심전력으로 서법에 정진하였다. 따라서 이 작품을 감상하다 보면 여러 번 훑어보아도 혼연일체를 이룬 것이 그 뿌리를 찾기 힘들다. 기운은 크고 깊으면서도 담백하고 온화하며 필력은 중후하면서도 강건하고 묵색은 윤이 난다. 몽당붓으로 써 중봉(中鋒)이 흩어지고 형태에 신경쓰지 않음으로써 정교함을 추구하지 않았으나 신중하고 침착하며 법도가 엄정한 것이 경탄할 만하다. 금석 필법, 필의로 행해(行楷)를 쓴 것으로 옹동화 서법의 절정이라 할 만하다.

099

오대징(吳大澂) 금문(金文) 임모(臨摹) 병풍

청대(淸代) 종이
세로 167cm 가로 43.5cm
검인(鈐印): 오대징인(吳大澂印), 각재(愙齋)

隹(惟)王九月乙亥, 晉姜曰: 餘隹嗣朕先姑君晉邦, 餘不暇妄寧, 巠雝明德, 宣邲我猷, 用召匹臺辟, 每揚厥光烈, 虔不墜. 魯覃京師, 辪(乂)我萬民. 嘉遣我, 易(錫)鹵積千兩, 勿灋(廢)文侯顯令(命). 卑串, 通, 弘, 征繁湯鑢, 取厥吉金, 用作寶尊鼎, 用康柔綏懷遠藝君子. 晉姜用祈綽綰眉壽, 作疐爲亟. 萬年無疆, 用亨用德, 畯保其孫子, 三壽是利.

博古圖, 考古圖, 薛氏款識幷作晉姜鼎, 集古作韓城鼎. 惟四月初吉, 王才(在)屖(夷)宮, 宰屖父右害, 立. 王冊命害曰: 錫汝𠦪, 朱, 芾, 玄衣, 黹屯(純), 旂鋚勒. 易戈琱㦸, 彤矢, 用𩞁乃且(祖)考事官𤔲夷僕, 小射底□. 害稽首對揚王休命, 用作文考寶𣪘(簋), 其子子孫孫永寶用. 博古, 薛書載此敦器, 蓋各三, 考古載一器, 篆法間有不同, 此從博古第二器摹入.

幼梅仁兄觀察大人雅屬, 吳大澂書於湘水校經堂.

오대징(1835~1902년), 근대 석학, 수장가, 서예가, 전각가로 본명은 대순(大淳)이나 동치(同治) 황제 재순(載淳)과 비슷한 까닭에 개명하였다. 자는 청경(淸卿), 호는 항헌(恒軒), 백운산초(白雲山樵), 헌재(憲齋)이며 강소(江蘇) 오현[吳縣, 현 소주(蘇州)] 사람이다. 동치 7년(1868년) 진사로 관직은 광동(廣東) · 호남(湖南) 순무(巡撫)에 이르렀다. 광서(光緖) 12년(1886년) 도찰원좌부도어사(都察院左副都御史) 직함으로 러시아 사자(使者)와 함께 중 · 러 국경을 탐측하고 동주명(銅柱銘)을 세웠다. 20년 중일갑오전쟁 당시 동북전선에서 패한 책임을 물어 파직당하고 용문(龍門)서원에서 강학하게 되었다. 어려서 진환(陳奐)을 스승으로 모시고 전서를 배웠으며 중년에는 고주(古籀)를 더함으로써 짜임새 있고 엄정하여 등석여(鄧石如) 일파와는 다른 풍모를 지녔다. 행해(行楷)는 방정하고 유려하다. 전각에도 능하였으며 산수화 · 화훼화에도 능통하였는데 수려하고 표일하다. 또한 감별에도 뛰어났으며 금석 · 비각 · 서화 · 서적 소장이 극히 풍부하였다. 금석학자 진개기(陳介祺)와 가까이 지냈다. 저서로는 『설문고주보(說文古籀補)』, 『고자설(古字說)』, 『고옥도고(古玉圖考)』, 『항헌길금록(恒軒吉金錄)』, 『헌재집고록(憲齋集古錄)』, 『헌재시문집(憲齋詩文集)』, 『주진양한명인인고(周秦兩漢名人印考)』 등이 있다.

금문서법(金文書法)에 있어서 오대징의 연구와 실천은 높은 평가를 받고 있다. 이 임모 작은 엄정하고 힘이 있는데 이것만 봐도 단순한 임모가 아님을 알 수 있다. 작가는 금문 자형을 규범화하고 통일시키는 데서 한 걸음 나아가 두서없이 복잡한 것을 질서정연하게 정돈하고 흠집이 가득한 것을 깔끔하게 정리함으로써 학자로서의 엄숙하고 냉정한 학문 태도를 보여주고 있다. 작가는 예서 낙관을 즐겨 썼는데 한비(漢碑)의 분위기가 있어 남다르다.

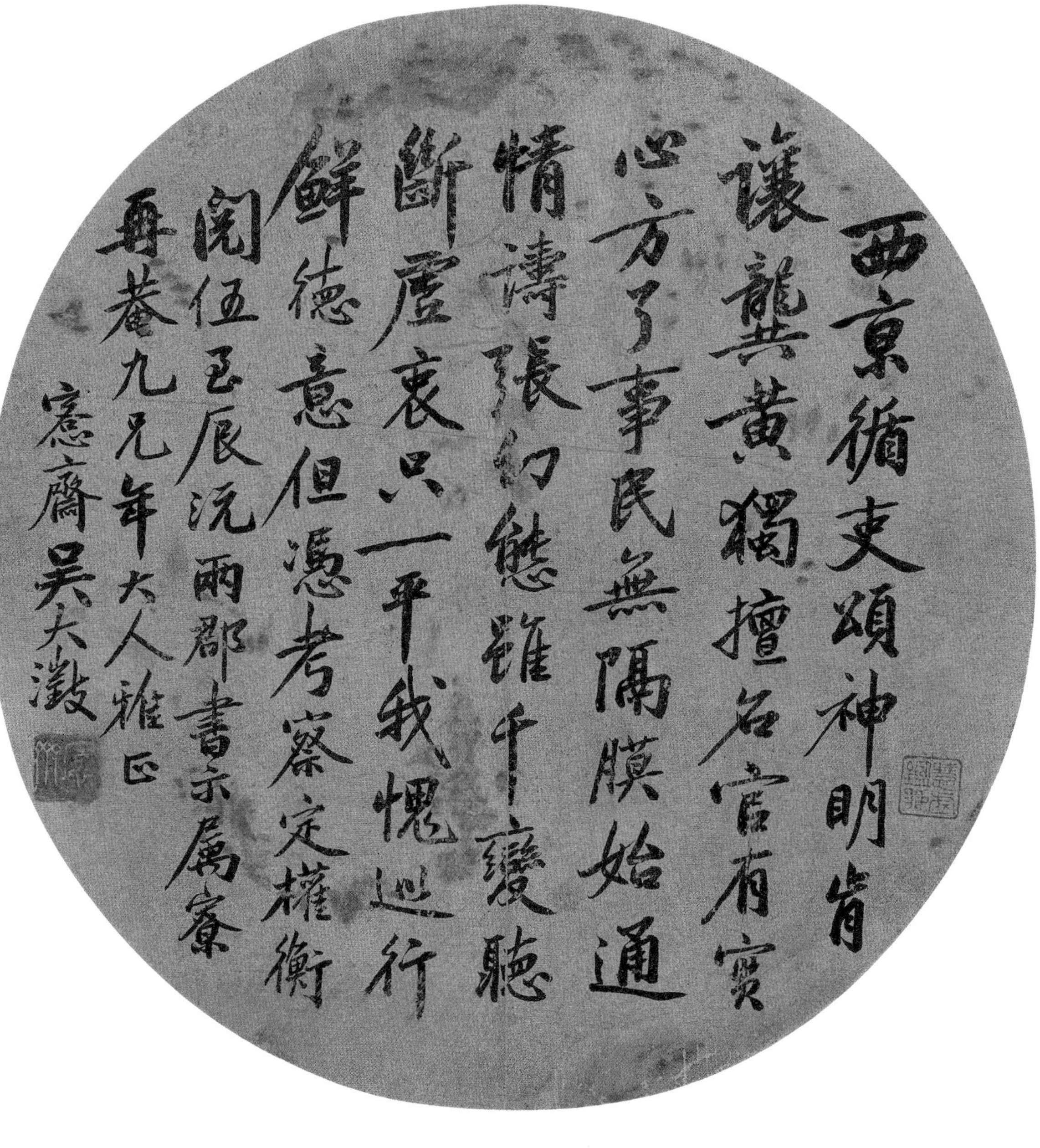

100

오대징(吳大澂) 행해 선면(扇面)

청대(淸代) 종이
지름 25cm
검인(鈐印): 각재(愙齋)

오대징의 행서는 증문정공[曾文正公, =증국번(曾國藩)]을 스승으로 하였으나 황산곡[黃山谷, =황정견(黃庭堅)]의 분위기도 다분하여 용필이 온건하고 가냘프면서도 힘 있고 정교하며 엄정하다. 이 작품은 거울 뒷면에 넣는 소품으로 매우 정교하고 아름다운바 서예가의 행서 서풍을 엿볼 수 있다.

101

하유박(何維朴) 행서 7언시 선면(扇面)

청대(淸代) 비단
지름 26.4cm
검인(鈐印): 시손(詩孫)

하유박(1844~1925년), 자는 시손(詩孫), 호는 반지(盤止), 반수(盤叟), 추화거사(秋華居士), 만수노인(晚遂老人)이며 호남(湖南) 도현(道縣) 사람으로 하소기(何紹基)의 손자이기도 하다. 동치(同治) 6년(1867년) 부공(副貢)으로 관직은 내각중서(內閣中書)에 이르렀으며 청대 말기에는 상해 준포국총판(浚浦局總辦)으로 있었다. 서화가 뛰어났는데 만년에 상해 반재산방(盤梓山房)에 기거하면서 이를 수단으로 생계를 꾸려갔다. 산수화로 이름났는데 누동사가[婁東四家, 왕시민(王時敏), 왕감(王鑒), 왕휘(王翬), 왕원기(王原祁)]를 계승하여 아름답고 심원하며 절묘하였으며 세속적인 오만함과 세밀하지 못한 습성이 없었다. 고대 서화 감별에 능통하였고 서법은 조부 하소기의 뒤를 이었다. 전각에도 능하였는데 고대 인장을 많이 소장하고 있었으며 저서로는 『이소재인경(頤素齋印景)』 6권이 있다.

이 비단 선면은 필의나 필획구조 모두 하소기의 기법을 따랐다. 분위기가 차분하고 심원하며 고아하고 기품 있다. 본서에 수록된 하소기의 작품과 함께 놓고 감상할 때, 웅건하고 무게감 있으며 거친 면이 보다 적고 대신 수려하고 참신하며 교묘하고 숙련된 멋이 보다 많다. 고대 문물의 소장에는 변수가 많아 추측하기 어려운데 이렇게 하능한, 하소기, 하유박 하 씨 3대의 서법작품을 한 곳에 두고 한 책에 낼 수 있는 것은 모름지기 행운이다.

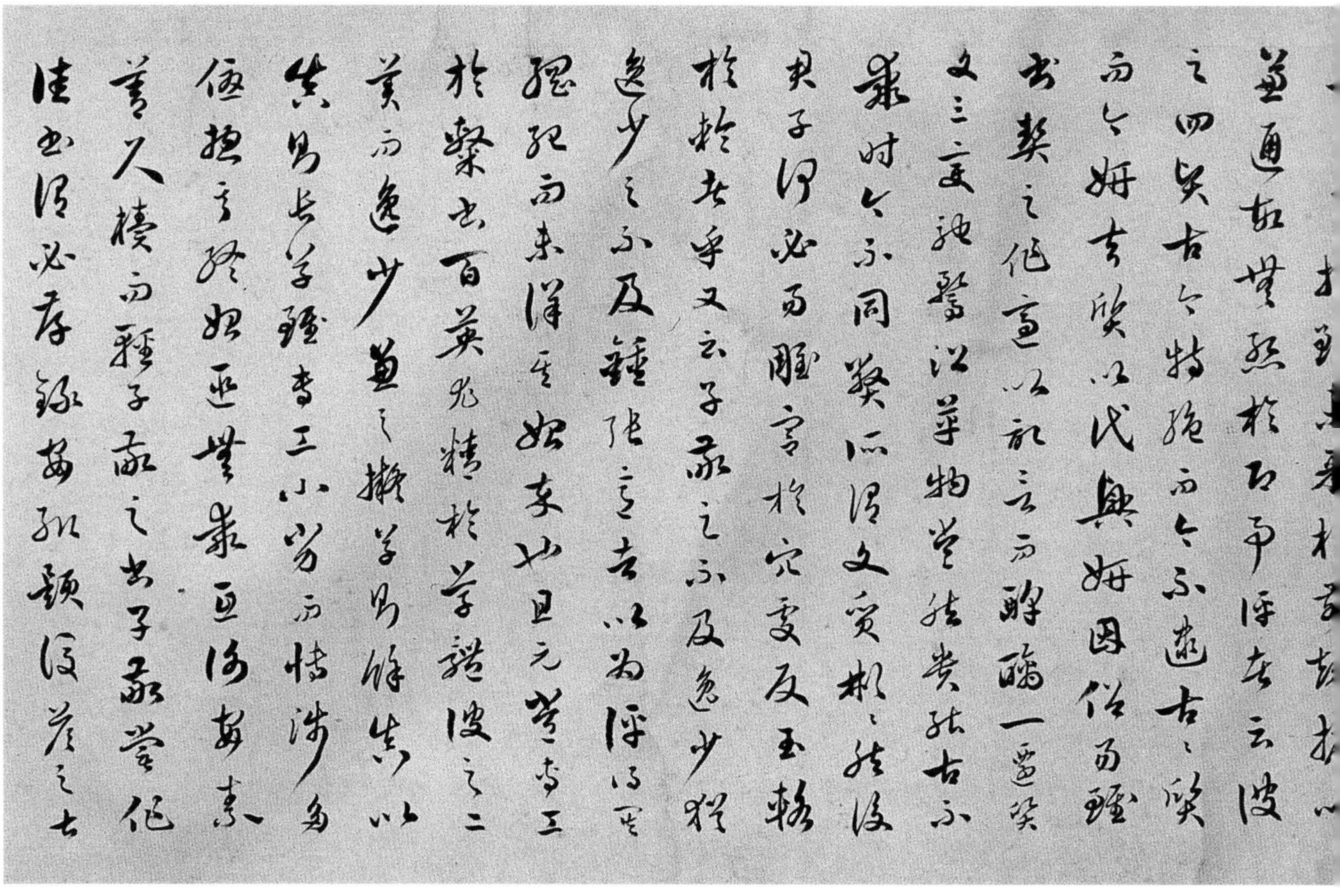

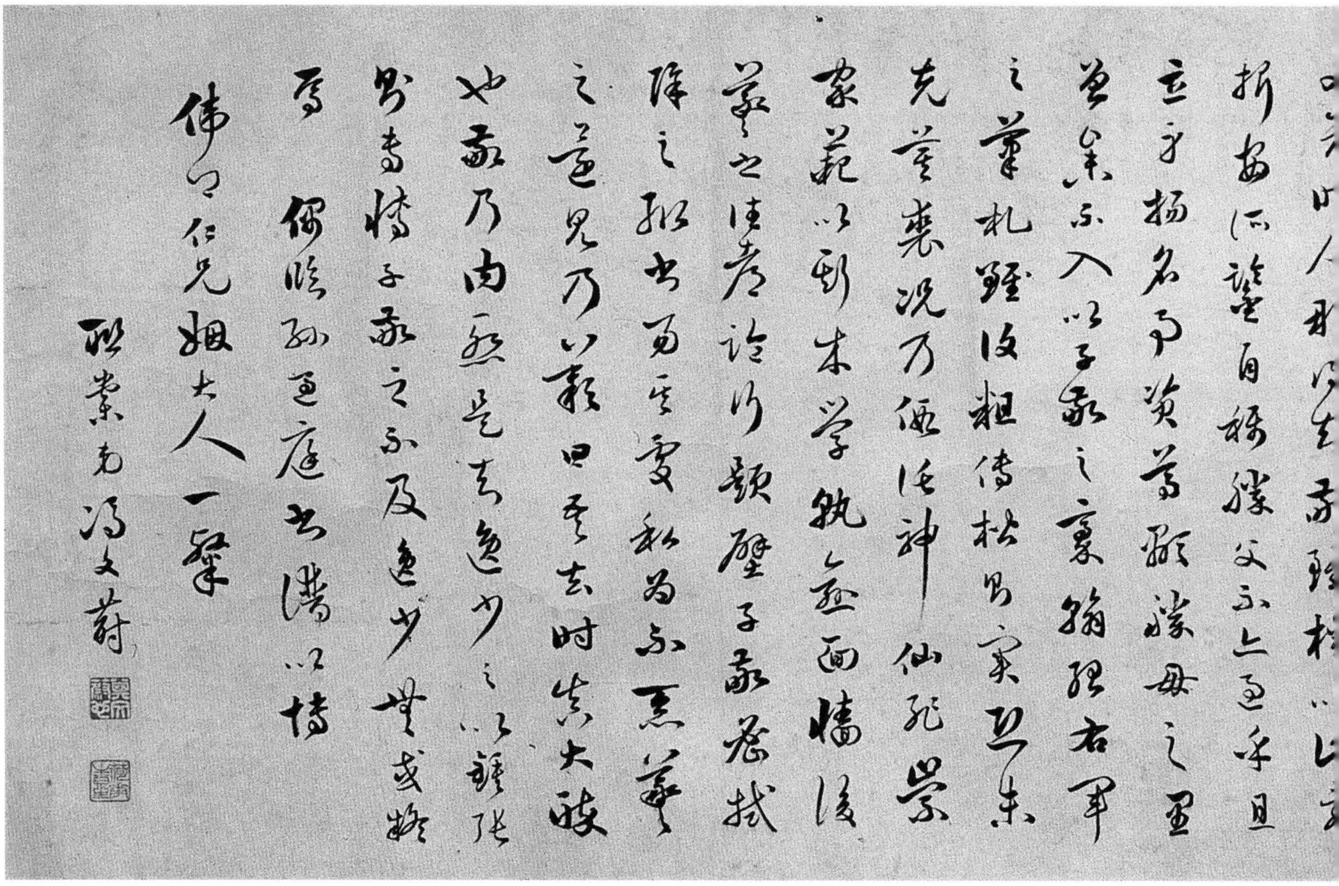

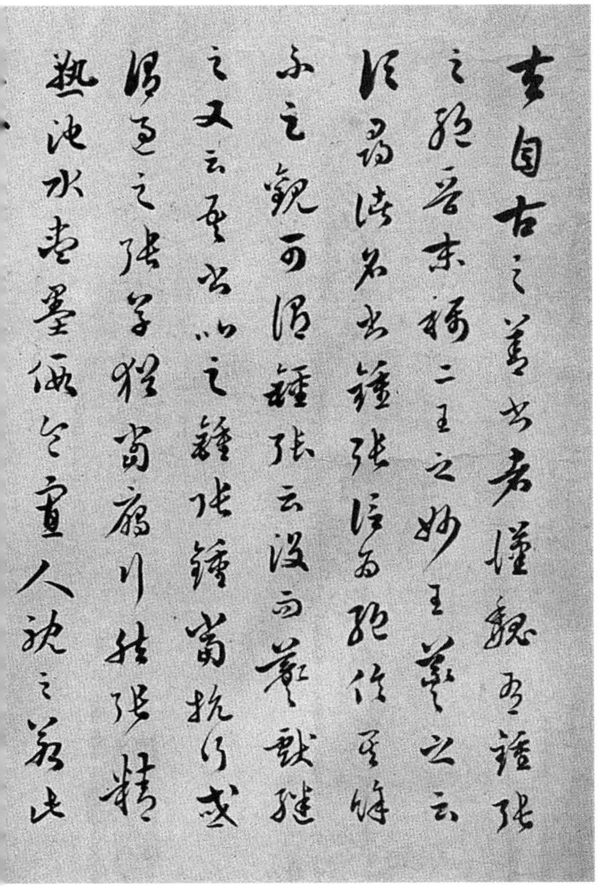

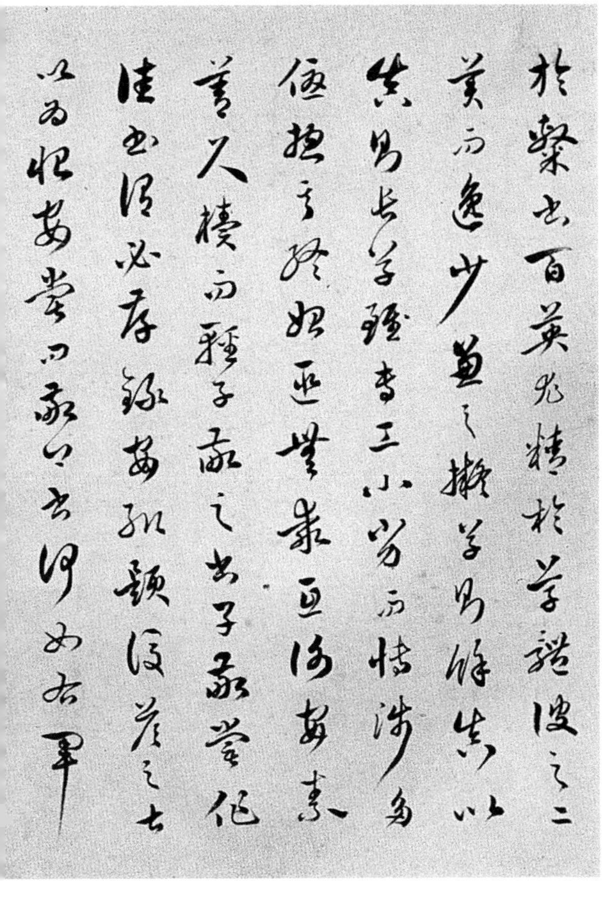

102

풍문위(馮文蔚) 서보(書譜) 임모(臨摹) 횡피(橫披)

청대(淸代) 종이
세로 33cm 가로 136.5cm
검인(鈐印): 기문위야(其文蔚也), 하화생일생(荷花生日生)

풍문위(1841~1896년), 자는 연당(聯棠, 連塘), 호는 암(庵)이며 오정[烏程, 현 절강(浙江) 호주(湖州)] 사람이다. 광서(光緖) 2년(1876년) 탐화(探花)로 관직은 내각학사(內閣學士)에 이르렀다. 서법이 뛰어났는데 미불(米芾), 동기창(董其昌)을 본떠 필의가 호방하고 운치 있다.

『서보』는 초당(初唐) 수공(垂拱)연간 서예가이자 서론가인 손과정(孫過庭)이 쓴 서론서(書論書)로 서법과 문장이 모두 뛰어나 중국 서법사에서 문학적 · 예술적으로 가치가 높은 작품이다. 풍문위는 임모과정에서 손과정 원서의 운치를 체득하여 용필이 힘 있고 시원하며 방(方)에 기탁하였고 법도가 엄정하여 획마다 부합한다. 구도는 원첩과 비교할 때 보다 시원하고 표일하며 필치와 기세는 전체적으로 통일되고 대범하여 상당히 기품 있다.

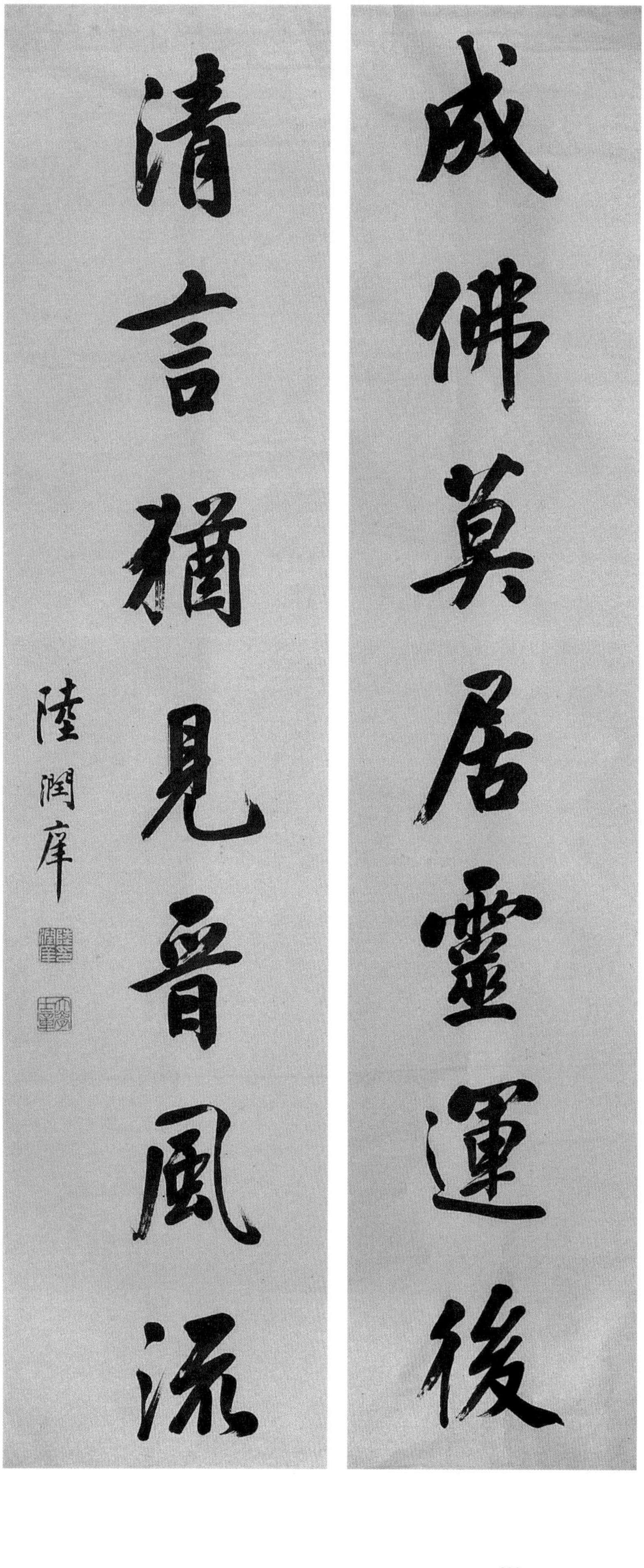

103

육윤상(陸潤庠) 해서 7언시 주련(柱聯)

청대(淸代) 종이
세로 123.5cm 가로 28cm
검인(鈐印): 육윤상인(陸潤庠印), 대학사장(大學士章)

육윤상(1841~1915년), 자는 봉석(鳳石)이며 원화[元和, 현 강소(江蘇) 소주(蘇州)] 사람이다. 동치(同治) 13년(1874년) 장원으로 관직은 도찰원좌독어사(都察院左督御史)에 이르렀다. 광서(光緖)연간에는 관직이 태보(太保), 동각대학사(東閣大學士)에 이르렀고 일찍 상해(上海) 예주(蘂珠)서원에서 강학하였다. 시호는 문단(文端)이다.

육윤상의 서법은 수려하고 윤이 나며 단정하고 반듯한 것이 구양순(歐陽詢)·우세남(虞世南)의 서법에 가깝다. 다만 관각체(館閣體) 기운이 짙어 청대 관각체 서법의 전형적인 면모를 보인다.

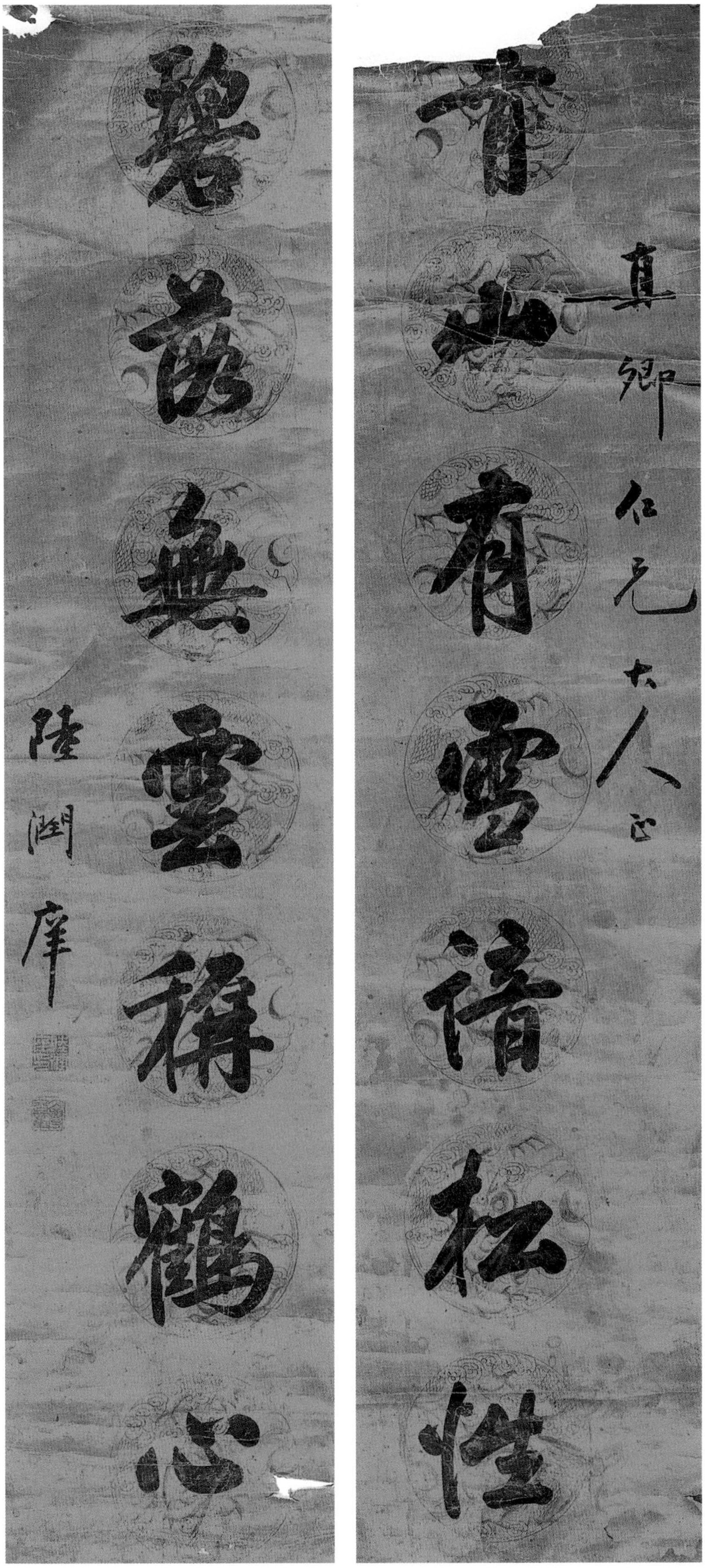

104

육윤상(陸潤庠) 행서 7언시 주련(柱聯)

청대(淸代) 종이
세로 123.5cm 가로 33cm
검인(鈐印): 육윤상인(陸潤庠印), 대학사장(大學士章)

육윤상은 주련, 편액을 쓰는 데 능통하였는데 만청(晚淸) 황실 거처 및 고향 소주(蘇州) 원림(園林)에는 많은 유묵이 남겨져 있다.

이 주련은 그의 서법에서 흔히 볼 수 있는 면모로 용필이 풍성하고 중후하며 필을 둥글게 하였으나 글자체는 네모지다. 외유내강하고 예봉을 감추었으며 수려하고 강건하며 유창하여 차분하고 완만한 운치가 있다.

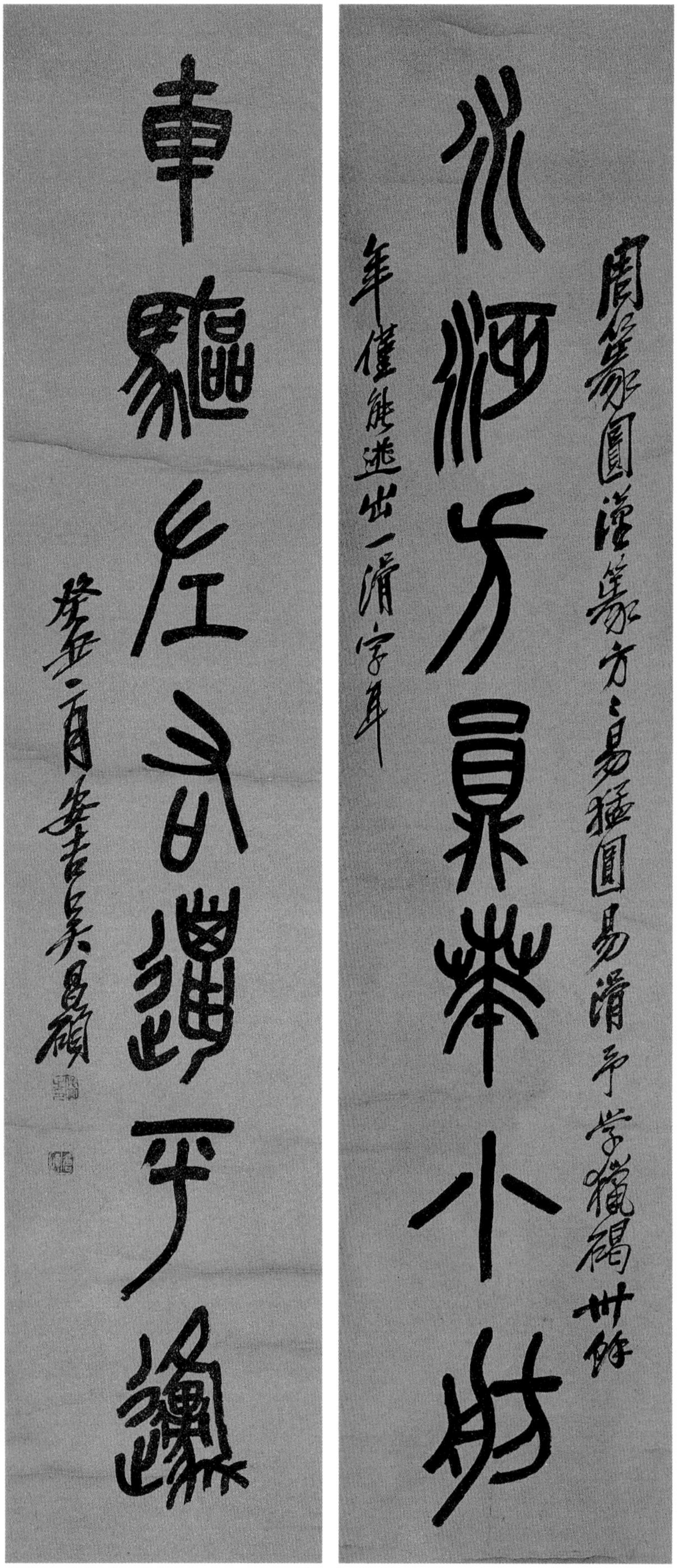

105

오창석(吳昌碩) 전서 7언시 주련(柱聯)

1913년 종이
세로 133cm 가로 32cm
검인(鈐印): 준경지인(俊卿之印), 창석(倉碩)

水沔方圓拜小舫,
車驅左右獵平原.

이 주련은 오창석의 나이 69세 때 창작한 수작이다. 용필이 튼실하고 유창하며 변화무쌍하고 묵색이 검고도 윤이 난다. 또한 조급하고 경박한 기운을 털어내고 수려하고 함축적이며 기품 있는 자태를 드러내고 있다. 낙관에는 "주대(周代)의 전서는 둥글고, 한대(漢代)의 전서는 네모진데 네모지면 쉽게 과하고 둥글면 쉽게 미끄러진다. 내가 갈(碣)을 배운 지 어언 30여 년이 되었지만 다만 미끄러짐 하나만을 모면하였다"라고 적고 있다. 이는 서예가가 전서를 쓰면서 얻은 논서 체득으로 겸손함, 자부심 등 여러 감정이 배어 있다.

106

오창석(吳昌碩) 전서 7언시 주련(柱聯)

1917년 종이
세로 144.7cm 가로 33cm
검인(鈐印): 준경지인(俊卿之印), 창석(倉碩), 부무구(缶無咎)

橫矢射虎出有中, 大罟載魚碩而鮮.
集石鼓字, 黃作橫, 又作有, 見侃叔釋.
丁巳冬仲吳昌碩.

이 주련은 석고(石鼓) 문자를 쓴 것으로 오창석의 나이 73세 때 작품이다. 제발은 전형적인 오창석의 행서이다. 그는 전서 중에서 특히 석고문이 빼어났는데 용필은 처음에는 등석여(鄧石如), 조지겸(趙之謙)의 영향을 받았고 후에 〈석고〉를 임모하면서 여러 필법을 집대성하여 변화시키고 3대 종정(鐘鼎) · 도자기 문자의 필획구조, 기세와 풍격까지 더하여 하나로 녹여내었다. 행서는 황정견(黃庭堅), 왕택(王鐸) 필세의 기울기와 황도주(黃道周)의 구도를 취하고 북비(北碑) 서풍 및 전주(篆籒) 용필의 영향을 받아 기세가 드높고 힘 있으며 웅건하다. 오창석의 서법은 모두 근본이 있고 또한 그것을 체득하여 자신의 것으로 만듦으로써 일대 거장이 될 수 있었다.

107

오창석(吳昌碩) 석고문(石鼓文) 임모(臨摸) 축(軸)

1916년 종이
세로 132.5cm 가로 64cm
검인(鈐印): 준경지인(俊卿之印), 창석(倉碩), 귀인이씨(歸仁里氏)

獻乍原乍導遄我𩰫除帥皮阪草爲卌
里微墬墬迺罟栗柞棫其𣟧榕𩃎𩃎鳴亞箬
其華爲所斿游盩導言樹四皮走騎騎馬薦
䅰䅰芃芃㪔㪔雉其一之又臨獵碣
丙辰秋客海上安吉吳昌碩

오창석(1844~1927년), 근대 서화가이자 전각가이다. 초명은 준(俊), 준경(俊卿)이고 처음 자는 향보(香補), 창석(昌碩)으로 후에는 창석을 이름으로 하였다. 또 다른 자로는 창석(倉石, 蒼石), 호는 부려(缶廬), 노부(老缶), 고철(苦鐵), 대롱(大聾), 파하정장(破荷亭長) 등이며 절강(浙江) 안길(安吉) 사람이다. 청대 말기 강소(江蘇) 안동(安東) 지현으로 단 1개월을 지내다가 상해(上海)에서 기거하였다. 시(詩) · 서(書) · 화(畫) · 인(印)에 모두 능통하고 중국 근현대 서화인단(書畫印壇)의 예술풍격에 막대한 영향을 미쳤다. 예술 창작에 있어서 '자기의 뜻을 표현하고', '자기만의 개성이 있기'를 주장하여 작품마다 짙은 개성을 띠었다. 서법에 있어서는 전서 · 예서 · 행서 등 서체에 두루 능하고 특히 석고문(石鼓文)이 빼어났다. 전각에 있어서는 진 · 한(秦 · 漢)의 새인(璽印) · 봉니(封泥) · 와도(瓦陶) 등의 문자로 새겼으며 또한 독창적인 후도둔입(厚刀鈍入) 기법을 사용함으로써 웅혼하고 힘찬 것이 절강, 안휘(安徽) 일대의 기존 방식을 뒤엎고 새로운 유파를 형성하였다. 회화에 있어서는 화훼에 능했는데 가까운 데로는 임백년(任伯年)을 본받고 멀리는 진순(陳淳), 서위(徐渭), 주탑(朱耷)의 기법을 따랐으며 설색(設色)이 대담하고 독특하며 전서 필의를 곁들여 옛사람의 틀에 구애받지 않고 자신의 개성을 살렸다. 시 역시 구상이 빨라 필만 들면 시 한 수를 적을 정도였다. 저서로는 『부려집(缶廬集)』이 있고, 모음집으로는 『박소인존(朴巢印存)』, 『창석재전인(蒼石齋篆印)』, 『제운관인보(齊雲館印譜)』, 『전운헌인존(篆雲軒印存)』, 『철함산관인존(鐵函山館印存)』, 『삭고려인존(削觚廬印存)』, 『부려인정탁(缶廬印精拓)』 등이 있다.

오창석이 쓴 석고문은 매우 많은데 형식에 있어서 주련(柱聯), 병풍, 두루마리, 선면(扇面) 등이 고루 있다. 오늘날 학자들은 그의 서법에 대해 "그는 석고문에 수십 년간 묻혀 살면서 날마다 새로운 경지에 이르렀다. 초년, 중년, 만년에 각각 당시만의 면모, 필획구조, 기세, 풍격이 따로 있었다. 4, 50세에는 법도가 엄정하고 점획이 거의 똑같았으며 대략 중년 이후에는 필획구조가 점차 원형(原形)에서 멀어지고 60세 전후에는 자기만의 면모를 확립하였으며 7, 80세에는 더욱더 자유자재로 호방하였다"라고 평하고 있다. 이 작품은 작가 나이 72세에 임모한 것으로 옛 법을 따랐지만 임모란 틀에 구애받지 않은 독창적인 새로운 풍격이다.

108

번증상(樊增祥) 행서 단오교(端吾橋) 중승(中丞)에게 선면(扇面)

청(淸) 광서(光緖) 28년(1902년) 비단
지름 25.8cm
검인(鈐印): 가(嘉)

번증상(1846~1931년), 자는 가부(嘉父), 호는 운문(雲門), 번산(樊山), 천금노인(天琴老人)이다. 호북(湖北) 은시(恩施) 사람으로 동치(同治) 6년(1867년) 거인(擧人)이 광서 3년(1877년) 진사가 되었다. 일찍 섬서(陝西) 의천(宜川), 위남(渭南) 등지의 지사(知事)로 임직하였다. 근대 만당(晩唐) 시파(詩派)의 대표인물로 "평생 시를 먹을거리로 하여 때나 장소를 가리지 않고 항상 손에서 놓지 않았다"고 한다. 젊어서는 원매(袁枚), 조익(趙翼)의 시를 좋아하고 훗날에는 온정균(溫庭筠), 이상은(李商隱)을 계승하였으며 거슬러 유우석(劉禹錫), 백거이(白居易)도 따랐다. 병문(騈文)에도 능통하였다. 시집으로는 『운문초집(雲門初集)』, 『북유집(北游集)』, 『동귀집(東歸集)』 등이 있는데 모두 『번산전서(樊山全書)』에 수록되었다. 서법은 구양순(歐陽詢), 안진경(顔眞卿)을 따라서 거칠고 우아한 멋이 있다.

번산은 시로 유명한데 서법은 특별히 빼어난 것이 아니지만 구양순, 안진경을 본받아 거칠고 중후한 것이 자기만의 면모를 가지고 있으며 기품이 있다.

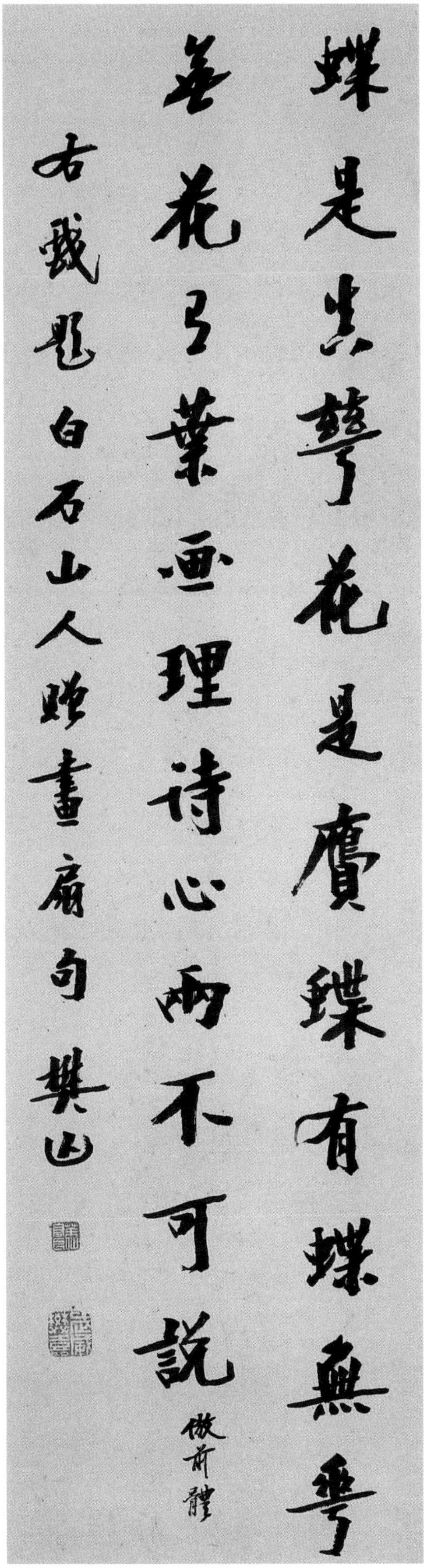

109

번증상(樊增祥) 행서 백석산인(白石山人) 그림 제발(題跋) 축(軸)

청대(淸代) 종이
세로 101cm 가로 28.6cm
검인(鈐印): 다선정장(茶仙亭長), 무위번가(武威樊嘉)

蝶是眞花, 花是贗蝶, 有蝶無花, 無花有蝶, 畫理詩心兩不可說.
仿前體右戲題白石山人贈畫扇句, 樊山.

이 족자는 백석산인[白石山人, =제백석(齊白石)]이 선물한 그림을 위해 쓴 제발로 전체 시는 총 24자인데 중복되는 글자가 많다. 그중 '접(蝶)', '화(花)'는 네 차례, '시(是)', '유(有)', '무(無)'는 각각 두 차례씩 보이는데 똑같은 것을 피면하기 위해 여러 가지 서법으로 변화를 주었다. 공력을 들인 작품이다.

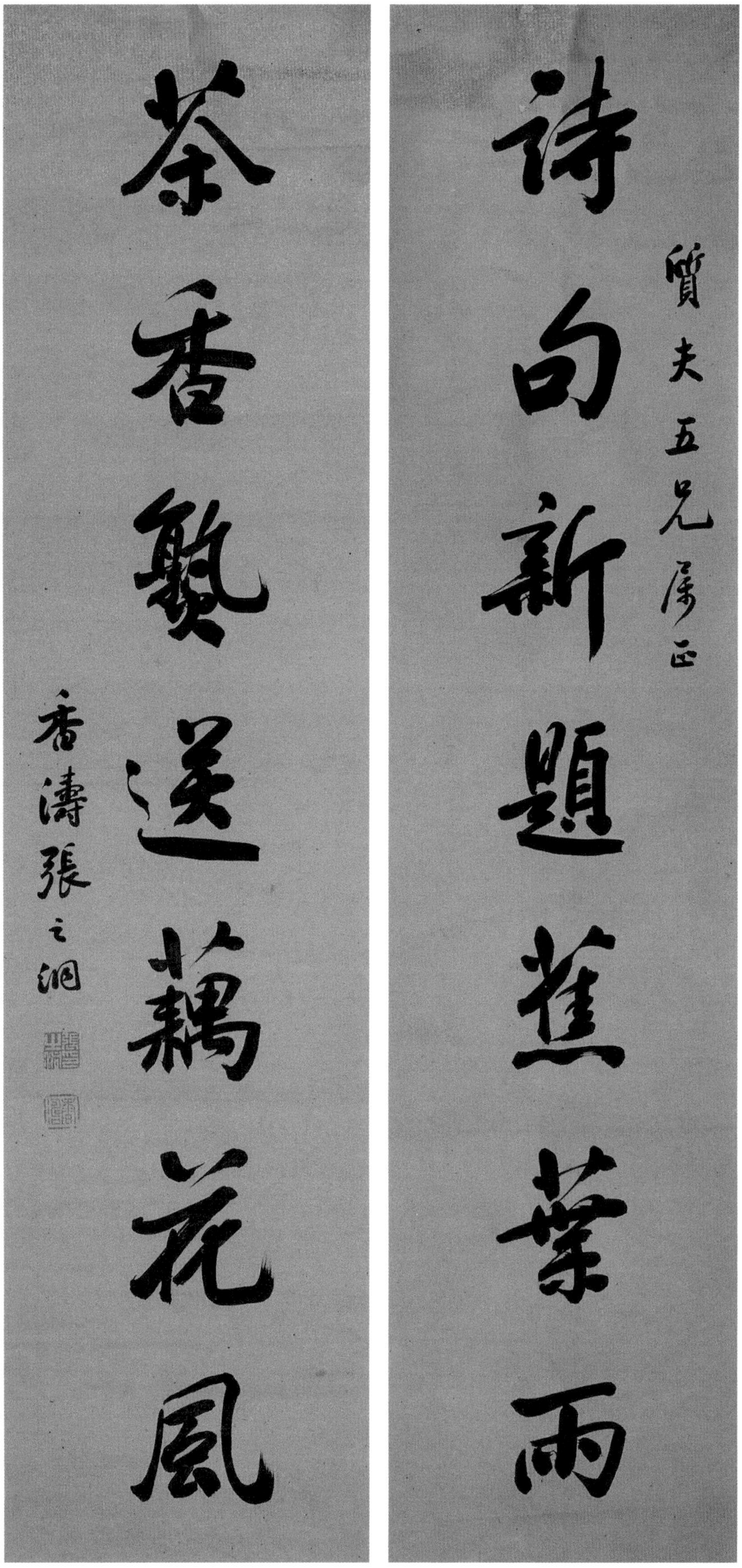
詩句新題蕉葉雨
質夫五兄屬正
茶香亂送藕花風
香濤張之洞

110

장지동(張之洞) 행서 7언시 주련(柱聯)

청대(淸代) 종이
세로 125cm 가로 30.9cm
검인(鈐印): 장지동인(張之洞印), 향도(香濤)

장지동(1837~1909년), 청대 말기 양무파(洋務派)의 대표인물로 자는 효달(孝達), 호는 향도(香濤), 향암(香岩), 일공(壹公), 무경거사(無競居士), 포빙(抱氷)이다. 직예(直隸) 남피[南皮, 현 하북(河北) 남피] 사람이다. 사환(士宦) 집안에서 태어났는데 아버지 장영(張瑛)은 귀주(貴州) 흥의화(興義和) 지부(知府)였으며 어려서부터 훌륭한 봉건교육을 받고 자랐다. 소싯적부터 큰 뜻을 품고 다독하였으며 사장(詞章) 암기가 뛰어났다. 동치(同治) 2년(1863년) 26세 나이로 진사가 되었고 조정에서도 특별하게 세 명의 일갑[一甲, 전시(殿試)에서 1등 · 2등 · 3등으로 합격한 세 사람] 모두를 한림원 편수로 임명하였다. 동치 6년 절강(浙江) 향시 부고관(副考官)이 되어 호북(湖北) 향시를 감독하였으며 동치 12년에 사천학정(四川學政)에 임명되어 재임기간 서원을 꾸려 인재를 육성하였다. 1907년 조정의 부름을 받고 입경하여 실록관(實錄館) 총재 등을 역임하였다. 1909년 10월 병으로 졸하였는데 향년 73세이며 시호는 문양(文襄)이다. 저서로는 『장문양공집(張文襄公集)』 229권이 있다.

장지동은 유능한 관리로서 이름났지만 이사(吏事) 외에 예술적인 면에서도 뛰어났다. 서법은 소식(蘇軾)을 본받아 명성을 떨쳤으며 '미체[米體, 미불(米芾)의 서체]'도 빼어났다. 필력이 힘 있고 웅건하며 또한 호방하고 기운 넘치며 운치가 있었다. 일찍 사적으로 장패륜(張佩綸)에게 '서법 비결'을 "두 가지만 추구하면 되는데 필획구조는 풍성함을, 용필은 온윤함을 추구하면 된다"고 전수하였다 한다. 장지동 서법의 기본 풍격은 자연스럽고 풍성하며 윤이 나고 필의가 드넓은 것이다. 장지동은 박학다식하고 정이(鼎彝) 문자, 금석 비판(碑版), 정본(精本) 구참서(舊槧書)를 몹시 즐겨 양수경(楊守敬), 심증식(沈曾植)과 두텁게 교제하기도 하였다.

이 행서 주련은 불그레한 용지에 쓴 것으로 느긋하고 풍성하며 윤이 나고 면모가 자연스러우며 필의가 쾌적하지만 엄숙하고 장중한 운치도 있다. 또한 필력이 힘 있고 온윤하며 필획구조가 소밀이 적당하고 알맞다. 전체적으로 주련 문구의 의경(意境)과 어우러져 작품을 보고 있노라면 비 오는 날 연꽃을 바라보며 차를 마시고 시를 읊는 듯한 정취를 주어 시적 감흥을 일으킨다.

蘊珊仁兄大人雅正
庚辰八月
弟張祖翼

111

장조익(張祖翼) 전서 논학(論學) 병풍

청대(淸代) 종이
세로 131cm 가로 29.5cm
검인(鈐印): 장조익인(張祖翼印), 적선(逖先), 역겁불□(歷劫不□)

相古先民, 學以爲己, 今也不然, 爲人而已.
爲己之學, 先誠其身, 君臣之義, 父子之仁,
聚辨居行, 無怠無忽, 至足之餘, 澤及萬物;
爲人之學, 燦然春華, 誦數是力, 纂組是夸,
結駟懷金, 煌煌煒煒, 世俗之榮, 君子之鄙.
維是二者, 其端則微, 眇綿不察, 胡越其歸,
卓哉周侯, 克承先志, 日新此齋, 以迪來裔,
此齋何有, 有圖有書, 厥裔伊何, 衣冠進趨,
夜思晝行, 諮詢謀度, 先難後獲, 匪亟匪徐,
我則銘之, 以警厥初.
蘊珊仁兄大人雅正, 庚辰八月, 弟張祖翼.

장조익(1849~1917년), 근대 서예가 · 전각가로 자는 적선(逖先), 호는 뇌합(磊盦)이며 안휘(安徽) 동성(桐城) 사람이다. 강소(江蘇)에서 지부로 임한 적 있으며 일본에서 신정(新政)을 고찰한 후 돌아와 단방(端方)의 막료로 일하였다. 어려서부터 전서 · 예서 · 금석학을 좋아하였는데 전서는 석고종정(石鼓鐘鼎)을 종으로 하고 예서는 한비(漢碑)를 따랐다. 행해(行楷)는 유창하고 수려하며 힘찼다. 각인은 등석여(鄧石如)를 종으로 하고 특히 오창석(吳昌碩)을 흠모하였다. 서령인사(西泠印社)의 조기 사원으로 인사의 석패방(石牌坊)에 쓰여 있는 '서령인사'는 그의 필적이다. 금석과 인보(印譜)를 소장하기 즐기고 때때로 즉흥적으로 제기(題記)를 적기도 하였다. 가끔 난죽을 그렸는데 운치가 있었다. 모음집으로는『장적선각인(張逖先刻印)』이 있고 이외 저서로『뇌합금석발미(磊盦金石跋尾)』,『한비범(漢碑范)』등이 있다.

이 작품은 서삼경(徐三庚)을 따른 것으로 가로획은 종으로, 세로획은 횡으로 쓰고 필획 중간 부분은 살짝 끌고 붓을 거둘 때에는 출봉(出鋒)하였으며 필획구조에서 중궁(中宮)으로 긴밀하게 모았다. 따라서 소밀 대비가 강렬하고 자연스럽게 펼쳐졌으며 아름답고 유창하다.

112

조홍훈(曹鴻勛) 행서 축(軸)

청대(淸代) 종이
세로 63.5cm 가로 41cm
검인(鈐印): 조홍훈인(曹鴻勛印), 중명(仲銘), 어사다수복지(御賜多受福祉)

조홍훈(1846~1910년), 자는 중명(仲銘), 죽명(竹銘), 호는 난생(蘭生)이며 산동(山東) 유현(濰縣) 사람이다. 어려서 가난하였지만 배우기를 즐겨 청대 대수장가 진개기(陳介祺)의 제자가 되었다. 광서(光緖) 2년(1876년)에 장원 급제하여 한림원에 들어갔다. 운남(雲南), 귀주(貴州), 섬서(陝西) 등지에서 관리로 있었으며 관직은 섬서순무(巡撫)에까지 이르렀고 선정(善政)으로 이름이 났다.

서법은 구양순(歐陽詢), 동기창(董其昌)을 따랐는데 나이가 들수록 웅혼하고 질박하였으며 한예(漢隸)가 빼어났다.

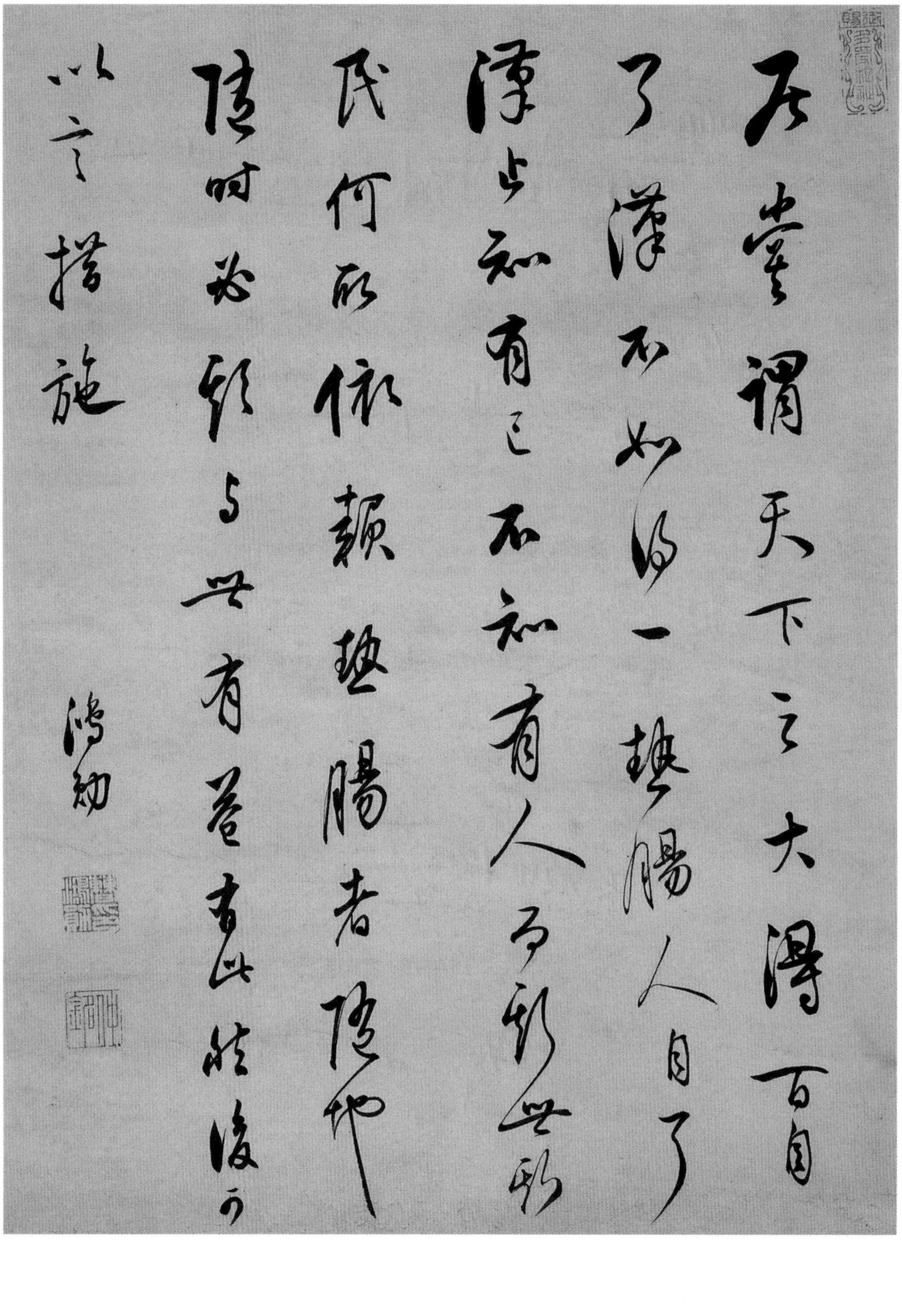

113

송백로(宋伯魯) 해서 7언시 주련(柱聯)

근대 종이
세로 126cm 가로 30.5cm
검인(鈐印): 송백로(宋伯魯), 지전(芝田)

송백로(1854~1932년), 자는 지동(芝棟), 지전(芝田), 지둔(芝鈍)이며 섬서(陝西) 예천(禮泉) 사람이다. 광서(光緖) 12년(1886년) 진사로 한림원 편수에 임하였으며 뒤이어 산동(山東) 도감찰어사(道監察御史)에 임하였다. 양심수(楊深秀)와 함께 소를 올려 허응준(許應駿)을 탄핵하고 신정(新政) 실시를 방해하였다. 무술변법이 실패한 후 파면당하고 섬서로 돌아와 시(詩)·사(詞)·서(書)·화(畫) 창작에 전력을 다하였는데 산수화는 왕시민(王時敏)을 추종하여 힘차고 윤택한 가운데 수려한 기운이 있으며 화훼화는 진순(陳淳)과 서위(徐渭)의 운치가 있었다. 서법은 유공권(柳公權)과 조맹부(趙孟頫)의 기법을 두루 섞었다. 시력이 대단히 좋아 70세가 넘어서도 승두소해(蠅頭小楷)를 쓸 수 있었다. 저서로는 『심태평헌론서론화(心太平軒論書論畫)』, 『해당선관시집(海棠仙館詩集)』, 『환독헌잡술(還讀軒雜述)』, 『속수섬서통지고(續修陝西通志稿)』 등이 있다.

이 작품은 은재(恩齋) 선생에게 보낸 7언시로 용필이 완숙하고 풍성하며 방원(方圓)을 겸용하고 사전(使轉, 서법 전문용어로 운필의 방향 전환 호응을 가리킨다)이 부드럽고 매끄럽다. 필획구조가 우미하고 균일하여 기품 있고 표일하며 화려한 느낌을 준다.

114

송백로(宋伯魯) 초서 두시(杜詩) 병풍

1931년 종이
세로 130.8cm 가로 32cm
검인(鈐印): 종양노인(嵕陽老人), 둔암(鈍庵)

處處淸江帶白蘋，故園猶得見殘春．雪山斥堠無兵馬，錦里逢迎有主人．休怪兒童延俗客，不敎鵝鴨惱比隣．習池未覺風流盡，況復荊州當更新．子美歸成都五首之一，癸丑冬仲翰卿大兄先生屬，弟宋伯魯．

이 행서 작품은 돈후하고 질박하면서도 기품 있어 태연자약한 느낌을 준다.

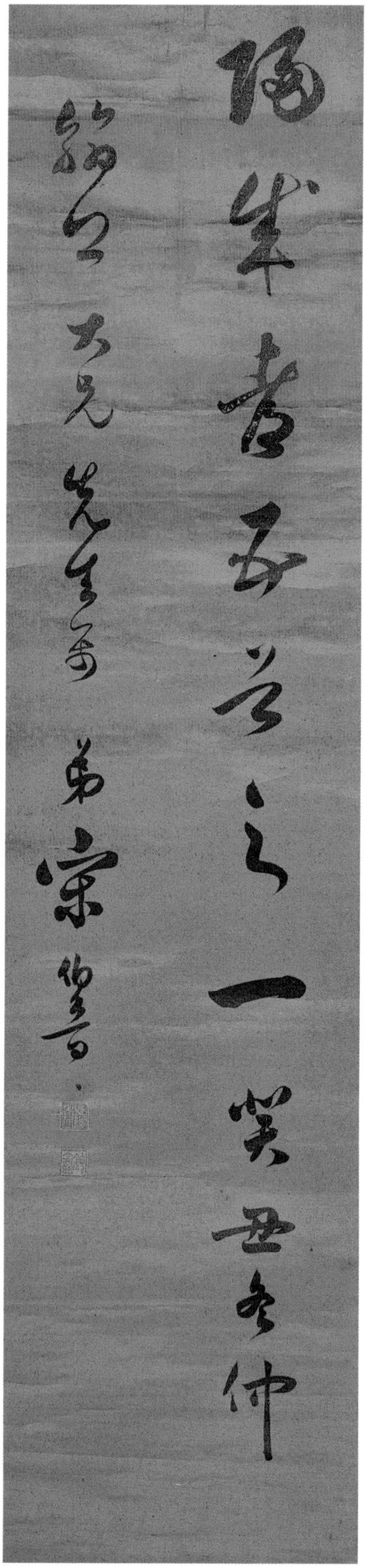

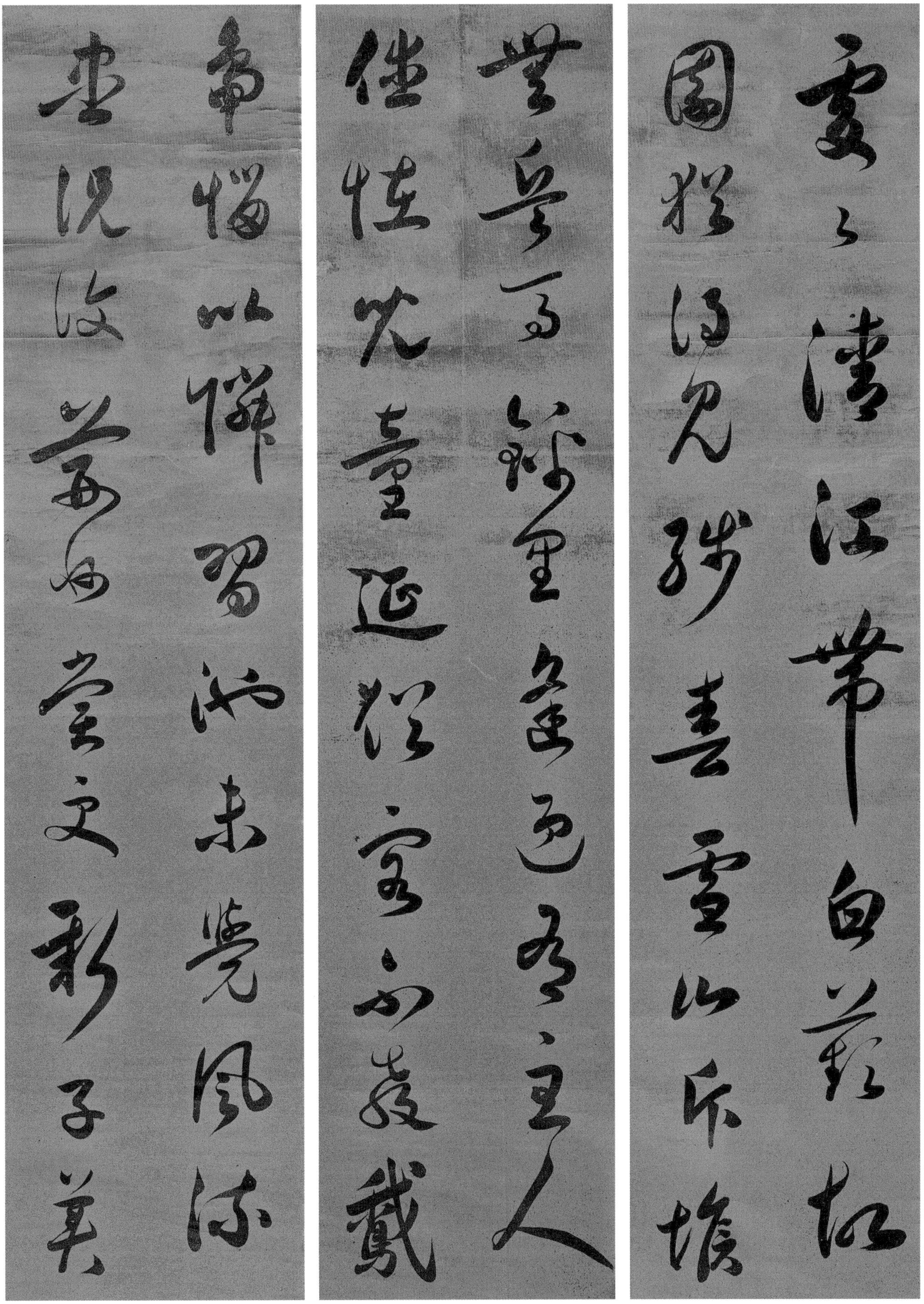

115

이립훈(伊立勛) 회계각석(會稽刻石) 임모(臨摸) 축(軸)

근대 종이
세로 145cm 가로 39cm
검인(鈐印): 정주이립훈장수인신(汀州伊立勛長壽印信), 준재금석문자(峻齋金石文字), 석금음관(石琴吟館)

親軔天下，周覽遠方.
遂登會稽，宣省習俗.
黔首齊莊，群臣誦功.
本原事速，追道高明.
辛未仲春臨會稽刻石，樂初仁兄先生雅鑒，峻齋伊立勛時年七十有六.

이립훈(1855~1904년), 자는 희적(熙績), 호는 준재(峻齋), 석금노인(石琴老人), 석금관주(石琴館主)이며 복건(福建) 정주[汀州, 영화(寧化)] 사람으로 대서예가 이병수(伊秉綬)의 손자이다. 어려서 학시(學試), 현시(縣試), 원시(院試)의 장원을 하였고 무석(無錫) 현령으로 임하면서 백성을 위해 멸사봉공하였다. 훗날 상해(上海)에서 수십 년간 글을 팔았는데 서법은 조부의 유풍을 이었고 서체에 있어서 전서·예서·행서·초서 모두 능하였다. 휘호는 심원하고 고아하며 예스럽고 분위기와 자태는 차분하였는데, 특히 예서는 '이파(伊派)'의 운치가 감돌았다. 그는 면식이 있든 없든 값을 지불하지 않으면 절대로 써주지 않았는데 이는 다른 서화가들과 다른 점이다. 시·서법·금석학이 뛰어나『석금음관인존(石琴吟館印存)』등을 엮었다. 소엽산방(掃葉山房)에서 일찍『석금관법첩4종(石琴館法帖四種)』을 출판하였다.

이 작품은 〈회계각석(會稽刻石)〉을 임모한 것으로 법도에 대한 이해가 무척 깊음을 알 수 있다. 용필은 중봉(中鋒)을 사용하였고 법도가 엄정하여 단정하고 온건하며 운필은 유창하고 빠르다. 선은 금같이 유연하고 옥같이 윤이 나는 것이 균일하고 반듯하면서도 탄력 있어 보인다. 이로부터 서예가의 비범한 공력을 엿볼 수 있는바 볼 때마다 찬탄을 금할 수 없다.

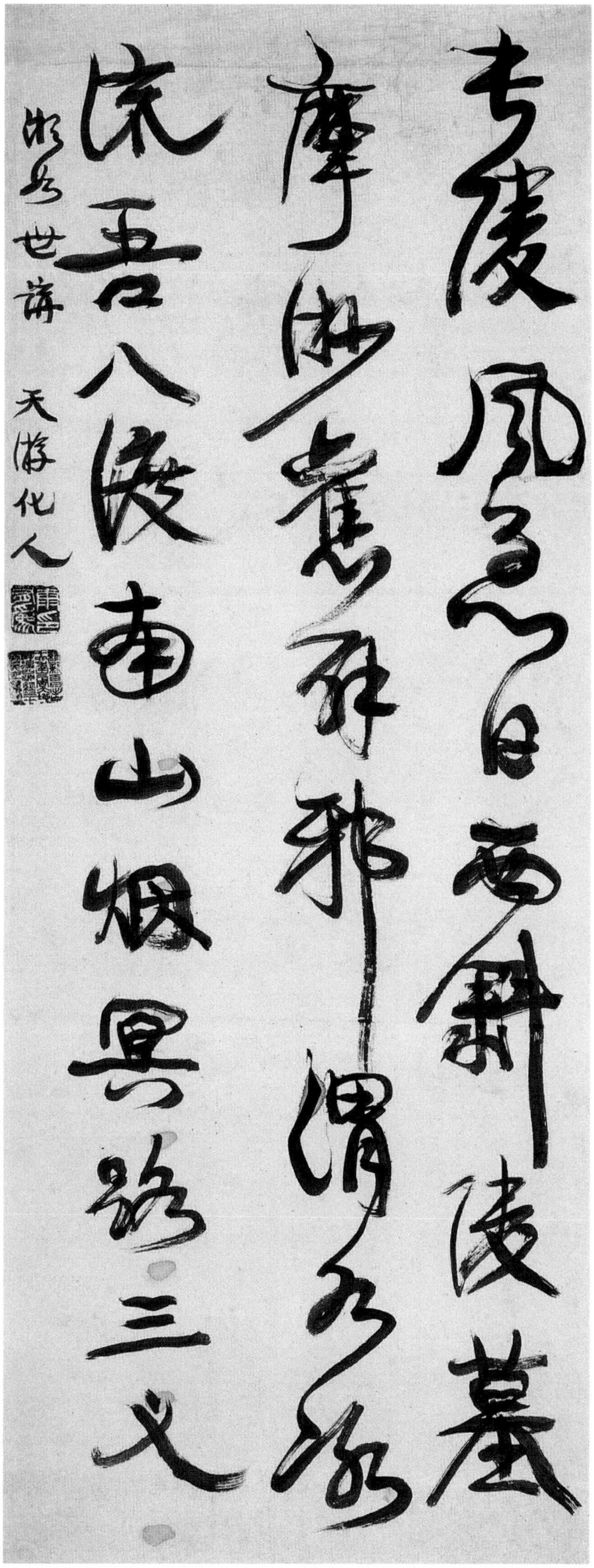

116

강유위(康有爲) 행서 상여(湘如)에게 보내는 7언시 축(軸)

근대 종이
세로 100cm 가로 37.5cm
검인(鈐印): 강유위인(康有爲印), 유신백일출망십사년삼주대지유편사주경삼십일국행육십만리(維新百日出亡十四年三周大地游遍四洲經三十一國行六十萬里)

長陵風急日西斜, 陵墓摩挲舊辟邪.
渭水冰流吾入渡, 南山烟冥路三叉.
湘如世講, 天游化人.

강유위(1858~1927년), 본명은 조이(祖詒), 자는 광하(廣厦), 호는 장소(長素), 갱생(更生), 남해선생(南海先生)이며 광동(廣東) 남해(南海) 사람이다. 광서(光緖)연간 진사로 '무술변법(戊戌變法)'의 주요인물이다. 서법은 처음에 북비(北碑)로 입문하였는데, 특히 〈석문명(石門銘)〉을 전력으로 따르고 〈경석욕(經石峪)〉, 〈운봉각석(雲峰刻石)〉 및 전대(前代)의 필법을 융합시켜 자신의 고졸하고 웅혼하며 기세가 넘치는 서풍을 형성하였다. 그의 서법은 원필(圓筆)이 주를 이루었는데 중궁(中宮)을 가다듬고 사방으로 거침없이 뻗음으로써 호쾌하고 노련하며 질박하고 중후한 경지를 추구하였다. 다만 혼탁하고 거친 면이 없지 않지만 여전히 청대(淸代) 비파(碑派) 서법의 대표적인 서예가로서 이론을 집대성하였다. 저서 중 『광예주쌍집(廣藝舟雙楫)』은 서학(書學) 명작이고 이 외에 『신학위경고(新學僞經考)』, 『공자개제고(孔子改制考)』, 『대동서(大同書)』 등이 있다.

이 7언시 작품은 남해선생의 '겉모습에 연연하지 않은' 작품으로 기운이 전체를 관통하며 일사천리의 기세를 갖추고 있다. 용필이 유창하고 웅건하며 거두고 발함에 법칙이 있어 질박하고 웅위하다. 늦은 운필속도, 거친 붓놀림, 기다란 삐침, 커다란 파임 등은 모두 서예가의 마음의 발로로 혼탁하고 거친 습성은 모면하지 못했지만 거침없이 유창한 것이 작가의 재능과 기질을 엿볼 수 있다.

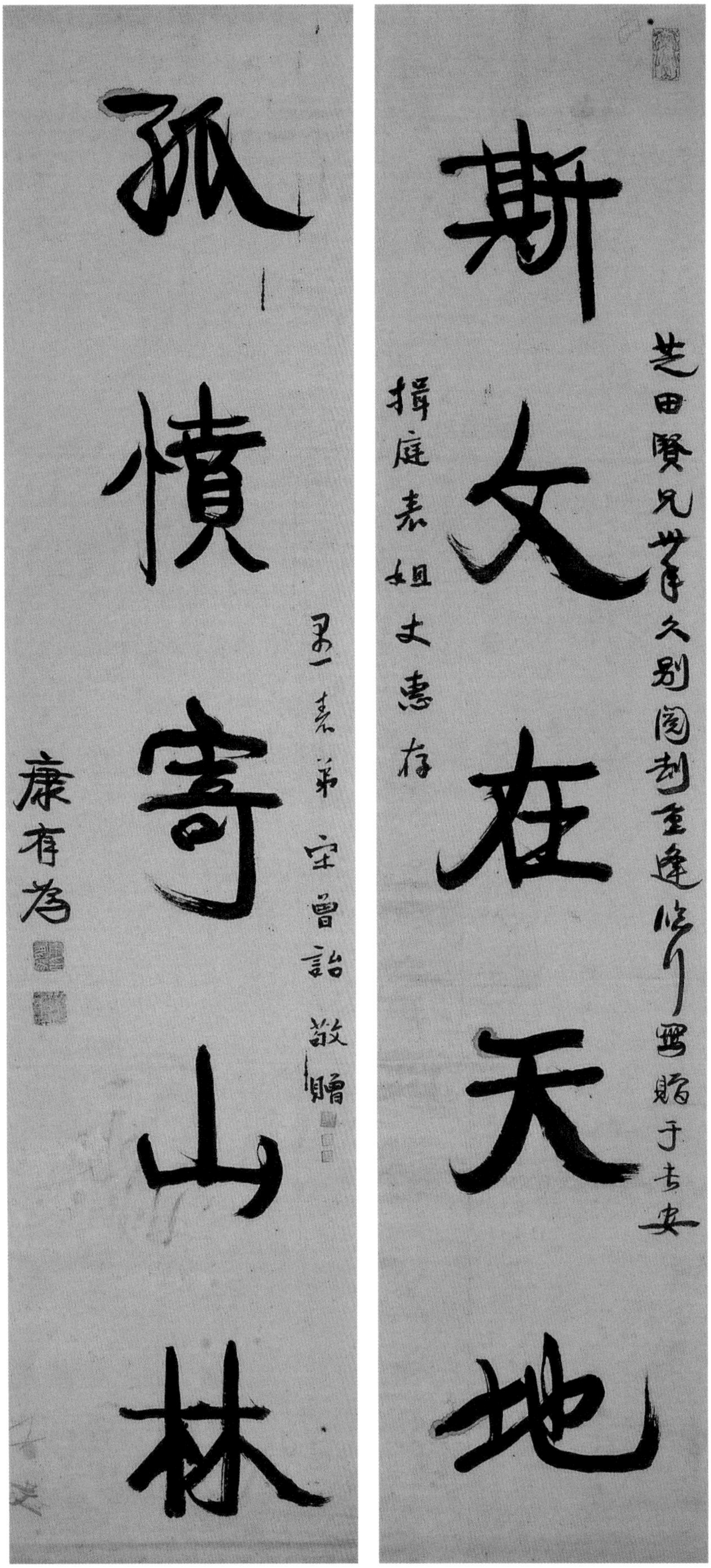

117

강유위(康有爲) 행서 송백로(宋伯魯)에게 보내는 5언시 주련(柱聯)

근대 종이
세로 158cm 가로 37cm
검인(鈐印): 강유위인(康有爲印), 유신백일출망십사년삼주대지유편사주경삼십일국행육십만리(維新百日出亡十四年三周大地游遍四洲經三十一國行六十萬里)

이 작품은 남해선생(南海先生)이 서안(西安)에서 강학할 때 친구 송백로에게 선물한 것으로 만년의 수작인 동시에 서예가의 심경을 진실하게 반영한 작품이기도 하다. 전체적으로 중궁(中宮)을 가다듬고 외적으로 펼쳐졌으며 운필이 진중한 것이 서법을 빌려 뜻을 전하는 듯하다. 따라서 일반적인 교제용 작품과는 달리 아담하고 반듯하며 함축적인 것이 기운이 무겁고 고요하며 더하여 가느다란 슬픔마저 느껴져 서예가의 마음속 독백이 아닌가 싶다.

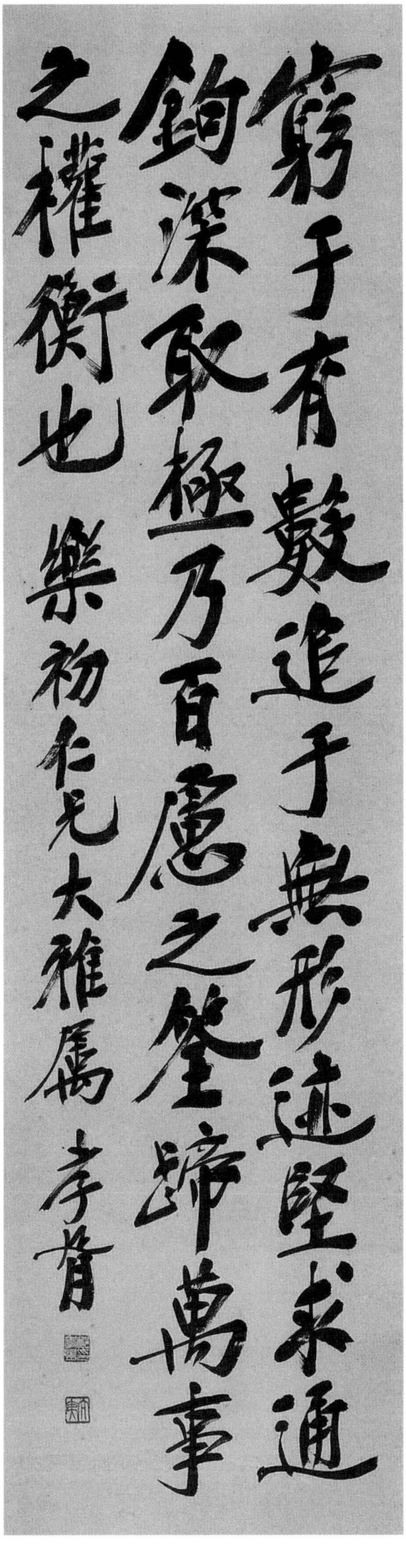

118

정효서(鄭孝胥) 행서 낙초(樂初)에게 보내는 경구 축(軸)

근대 종이
세로 145cm 가로 39cm
검인(鈐印): 정효서인(鄭孝胥印), 태이(太夷)

窮於有數, 追於無形, 迹堅求通, 鉤深取极, 乃百慮之筌蹄, 萬事之權衡也.
樂初仁兄大雅屬, 孝胥.

정효서(1860~1938년), 자는 태이(太夷), 호는 소감(蘇戡), 해장(海藏)이며 복건(福建) 민현[閩縣, 현 복주(福州)] 사람이다. 광서(光緖) 8년(1882년) 해원(解元)으로 청(淸)왕조의 개혁파 정치가이지만 위만주국(僞滿洲國) 건국의 참여자로서 오점을 남기기도 하였다. 한때 서법으로 이름을 날려 우우임(于右任)과 함께 '북우남정(北于南鄭)'으로 불렸고 시도 능통하였다. 또한 고졸하고 힘 있으며 질박한 소나무를 잘 그려 진보침(陳寶琛)과 어깨를 나란히 하기도 하였다. 서법은 호매한 기개로 이름났다. 저서로는『해장루시집(海藏樓詩集)』,『참승일기(驂乘日記)』등이 있다.

정효서는 민국(民國)시기 일대 서예가로서 서단에서 상당한 영향력이 있었지만 훗날 따르는 자가 적었으니 오로지 인품 때문만은 아니다. 그의 서법의 문제점은 재간과 예기가 겉으로 드러나고 기세가 급하며 함축성이 부족하고 나쁜 습관이 배었으며 매력적이지 않은 것이 근본 원인으로 추정된다. 이 작품은 그의 전형적인 풍격과 면모를 보이고 있는데 기세가 웅위하고 힘 있으며 필획구조가 웅건한 것이 소식(蘇軾), 황정견(黃庭堅)의 기법을 따르면서 예서 필의를 더하였다. 정효서는 민국시기 상해(上海)에 거처하면서 오창석(吳昌碩) 등과 상호 왕래하였는데 두 사람의 행서를 보면 필획구조, 기세, 풍격이 비슷함을 알 수 있다. 모두 솟고 비스듬한 필세를 취하고 웅위하고 호방한 것을 특색으로 하는데, 다른 점이라면 정효서는 예서 필법이 많고 오창석은 석고문 필의가 많다.

賓虹
賓虹

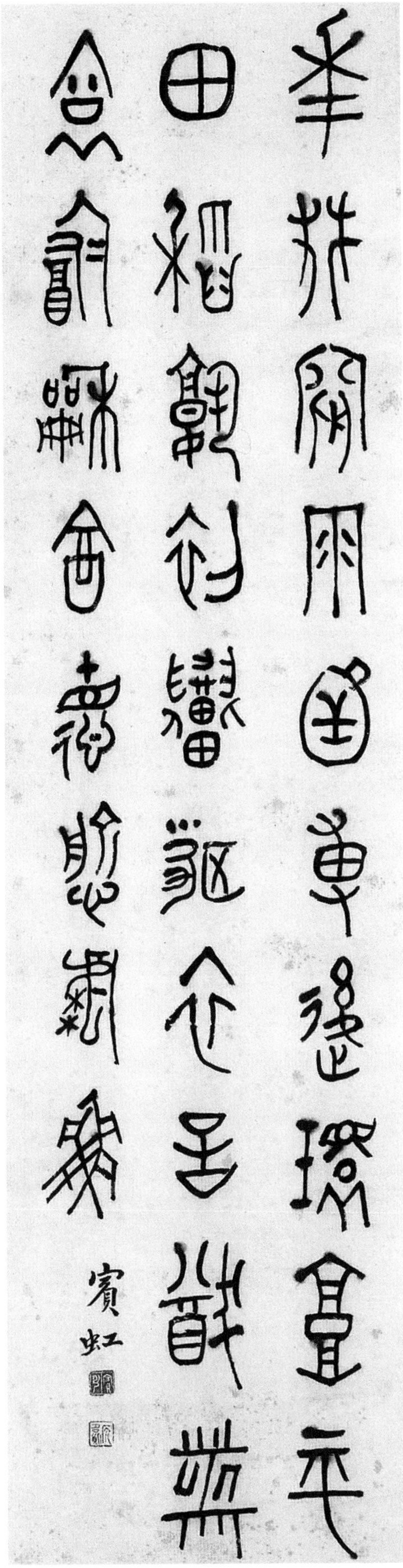

119

황빈홍(黃賓虹) 전서 7언시 3수 병풍

근대 종이
세로 144cm 가로 38.5cm
검인(鈐印): 빈홍(賓虹), 원명질(原名質)

花林宿雨函尃後, 環郭平田稻熟初.
召聞衣言猶嵩衮, 飲和享德愈虎魚. 賓虹.
參天老去將軍樹, 平野新稱處士家.
夾岸微陽熏杜若, 散林宿雨濕桐花. 賓虹.
幽期日永來鳧鳥, 高咏宵淸進虎熏.
秋水文章學莊子, 名山遺逸憶桐君. 賓虹.

황빈홍(1864~1955년), 본명은 질(質), 자는 박존(朴存), 박승(朴丞), 호는 홍려(虹廬), 중년에 빈홍(賓虹)으로 고쳤으며 이름으로도 사용하였다. 실명(室名)은 빈홍초당(濱虹草堂)이다. 원적은 안휘(安徽) 흡현(歙縣)이나 절강(浙江) 금화(金華)에서 태어나 항주(杭州)에서 생활하였다. 젊어서 신해혁명을 지지하고 후에 상해, 북경, 항주 등지의 미술학원에서 교직을 담당하였다. 일찍 신주국광사(神州國光社)를 주관하였고 상무인서관(商務印書館) 미술부 편집 심사에 다년간 종사하였다. 중화인민공화국 수립 이후 중국미술가협회 화동(華東)분회 부주석, 중앙미술학원 민족미술연구소 소장 등을 역임하였다. 그림에 뛰어났는데 산수화는 원기가 넘치고 돈후하며 수려하고 의경이 심원하였고 간혹 그리는 화조화(花鳥畫), 초충화(草蟲畫)는 기이하고 운치 있었다. 시도 빼어났으나 그림 명성 때문에 묻혀 버렸다. 서법뿐만 아니라 금석학 · 전각에 능통하였으며 화론(畫論)에도 일가견이 있었다. 저서로는 『황산화가원류고(黃山畫家源流考)』, 『홍려화담(虹廬畫談)』, 『고화미(古畫微)』, 『중국화학사대강(中國畫學史大綱)』, 『빈홍시초(賓虹詩草)』 등이 있다. 그 외 독자적으로 엮은 『빈홍초당장고새인(濱虹草堂藏古璽印)』과 등실(鄧實)과 함께 엮은 『미술총서(美術叢書)』가 있고 『황빈홍문집(黃賓虹文集)』도 세상에 널리 알려져 있다.

이 세 편의 두루마리를 자세히 보면 구도, 규격, 풍격, 분위기가 통일된 것으로 병풍 네 폭 가운데 세 폭으로 보인다. 전기(傳記), 연보(年譜), 전해지는 필적, 친구와의 서찰에서 알 수 있다시피 황빈홍은 금문 서법에 심취되어 있었는데, 특히 동주(東周) 금문의 정수를 체득하였다. 여소송(餘紹宋) 등은 "근세에 많은 사람들이 금문을 즐겨 쓰지만 진정으로 신리(神理)를 얻은 자는 선생밖에 없으며 동시대뿐만 아니라 근 수백 년간에도 선생뿐"이라고 여겨 특히 추앙하였다. 황빈홍은 금석학에 능통하여 많은 고대 글자를 읽었는데 매번 주련(柱聯), 시가(詩歌) 병풍으로 만들어 친구들에게 선물하기를 즐겼다. 이 병풍이 누굴 위해 쓴 것인지는 확실치 않다. 용필, 필획구조, 필치, 기세, 구도를 곰곰이 살피고 시구의 의경을 음미하다 보면 참신하고 시원한 것이 마치 비 온 뒤 텅 빈 수림 속에 석양이 비쳐 들어 눈부신 것 같으니 이로부터 작가의 고상하고 원대한 흉금과 정취를 엿볼 수 있다. 특히 찬탄을 자아내는 것은 고아하고 질박한 필법과 가냘프고 긴 선이다. 또한 기력이 중후하고 필력이 힘 있고 날렵하며 변화가 자연스럽다. 자신의 서법에 대한 총정리이자 평생 지켜온 5자 필법 '평(平, 힘을 고르게 쓸 것), 원(圓, 운필이 둥글고 두꺼울 것), 유(留, 운필이 온건하고 함축적일 것), 중(重, 필획이 진중할 것), 변(變, 필획에 변화가 있을 것)'을 가장 완벽하게 구현한 작품이기도 하다. 작가는 용묵에도 능한데 이 작품은 검고 걸쭉한 고체 먹에 물을 조금 묻혀 웅건한 필력으로 전지(轉指) · 염관(捻管) 기법을 이용해 씀으로써 웅혼하고 윤이 나며 강건하면서도 우미하여 감탄을 자아낸다.

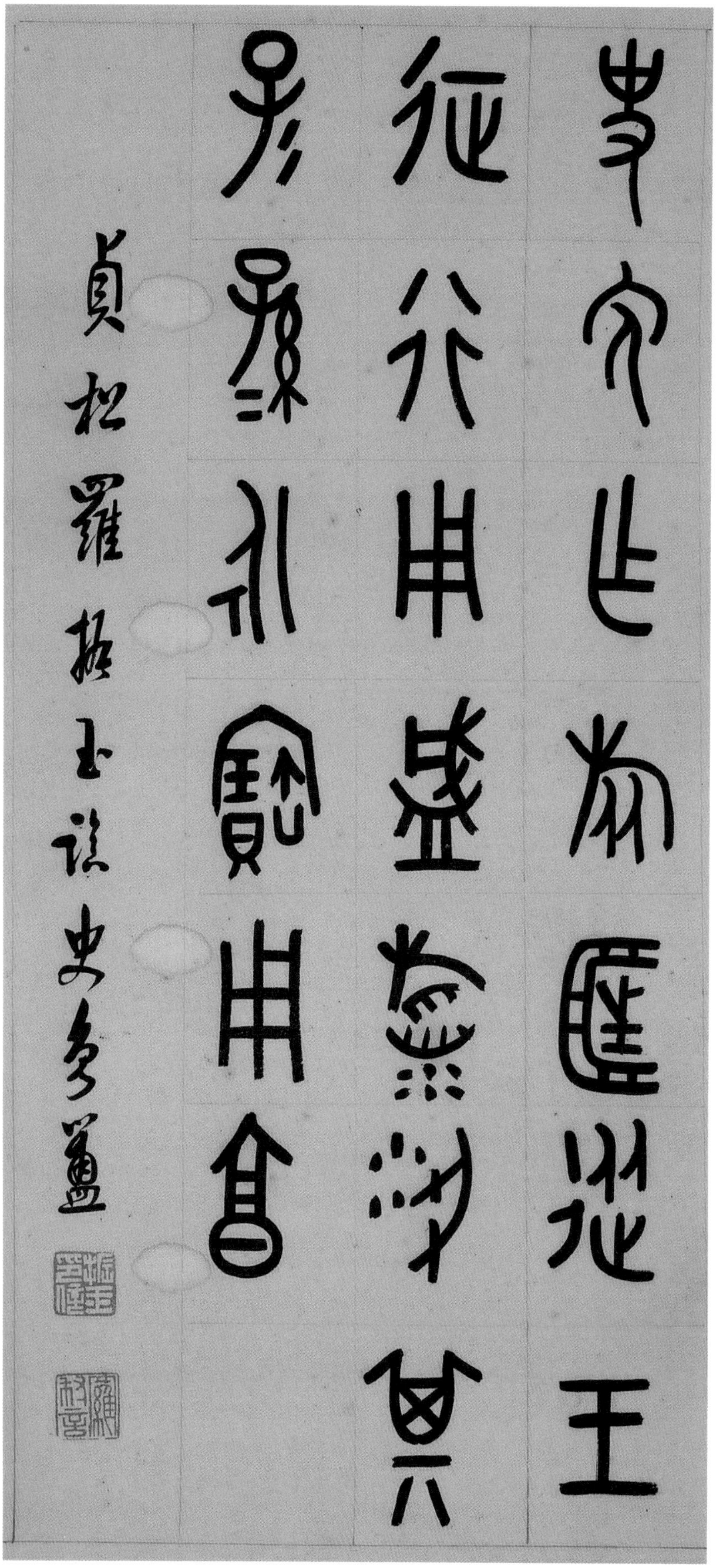

120

나진옥(羅振玉) 사빈보(史賓簠) 임모(臨摸) 축(軸)

근대 종이
세로 65cm 가로 31cm
검인(鈐印): 진옥인신(振玉印信), 나숙언(羅叔言)

史賓作旅簠, 從王徵行, 用盛稻粱, 其子孫永寶用享.

貞松羅振玉臨史賓簠.

나진옥(1866~1940년), 자는 숙언(叔言), 숙온(叔蘊), 호는 설당(雪堂)에서 만년에 정송노인(貞松老人)으로 고쳤으며 원적은 절강(浙江) 상우(上虞)이다. 청대(淸代) 말기 부름을 받고 입경하여 학부 2등 자의관(諮議官)에 임하고 후에 참사관(參事官) 겸 경사대학당(京師大學堂) 농과감독(農科監督)으로 되었다. 신해혁명 후 일본으로 망명하였으며 훗날 위만주국 활동에도 참가하였다. 전서 · 예서 · 해서 · 행서에 모두 능하고 소해로 쓴 제발은 정교하고 엄정하며 짜임새가 있다. 갑골문, 동기(銅器), 간독(簡牘), 와당(瓦當), 인장 등 문물자료들을 다량 수집 · 정리하여 전집(專集)을 낸 걸출한 금석학자이자 수장가이기도 하다. 엮어낸 저서로는 『정송당역대명인법서(貞松堂歷代名人法書)』, 『남창벽화정화(南昌壁畫精華)』, 『은허서계정화(殷墟書契精華)』, 『삼대길금문존(三代吉金文存)』 등이 있다.

이 작품은 나진옥이 금문을 임모한 것으로 용필이 깔끔하고 수려하며 힘이 있다. 애써 예스러움과 변화를 추구하지 않았으나 자연적으로 함축적인 분위기, 의미심장한 멋, 참신하고 심원한 격조를 형성하여 음미할 가치가 있다. 특별한 개성을 추구하지 않았지만, 작품만의 뚜렷한 면모를 지닌 것은 후세들에게 많은 것을 계시한다.

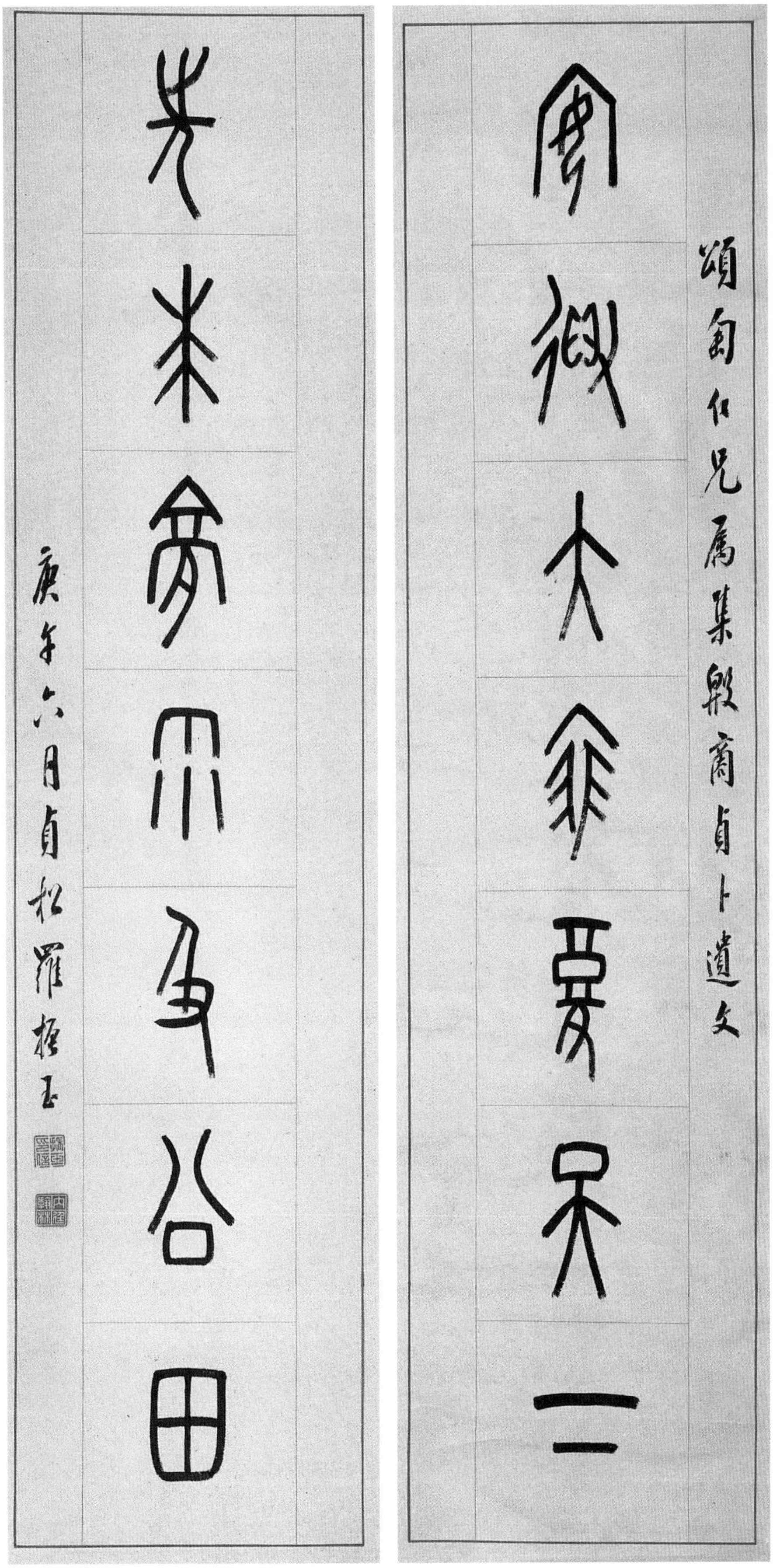

121

나진옥(羅振玉) 갑골문(甲骨文) 7언시 주련(柱聯)

1930년 종이
세로 131cm 가로 32cm
검인(鈐印): 진옥인신(振玉印信), 내정한림(內廷翰林)

安得大裘覆天下, 先求膏雨及公田.
頌匋仁兄屬集殷商貞卜遺文.
庚午六月貞松羅振玉.

나진옥은 향년 75세였다. 이 작품은 경오년, 즉 1903년 6월 작으로 당시 나이 64세였으므로 만년 서법의 풍격과 면모를 엿볼 수 있다. 근대 이래 갑골문을 배우는 데는 두 가지 방법이 있었다. 그중 한 가지는 붓을 이용해 칼로 새긴 효과를 내는 것으로 용필이 가늘고 예리하다. 다른 한 가지는 그 글자체를 사용하되 용필은 전서기법을 더하는 것이다. 나진옥의 갑골문 서법은 후자에 속하는 것으로 자체의 금문 필법을 사용함으로써 용필이 원만하고 고르며 구도가 완벽하고 정교하며 분위기가 고아하고 함축적인 멋이 있어 서예가로서 일가를 이루었다.

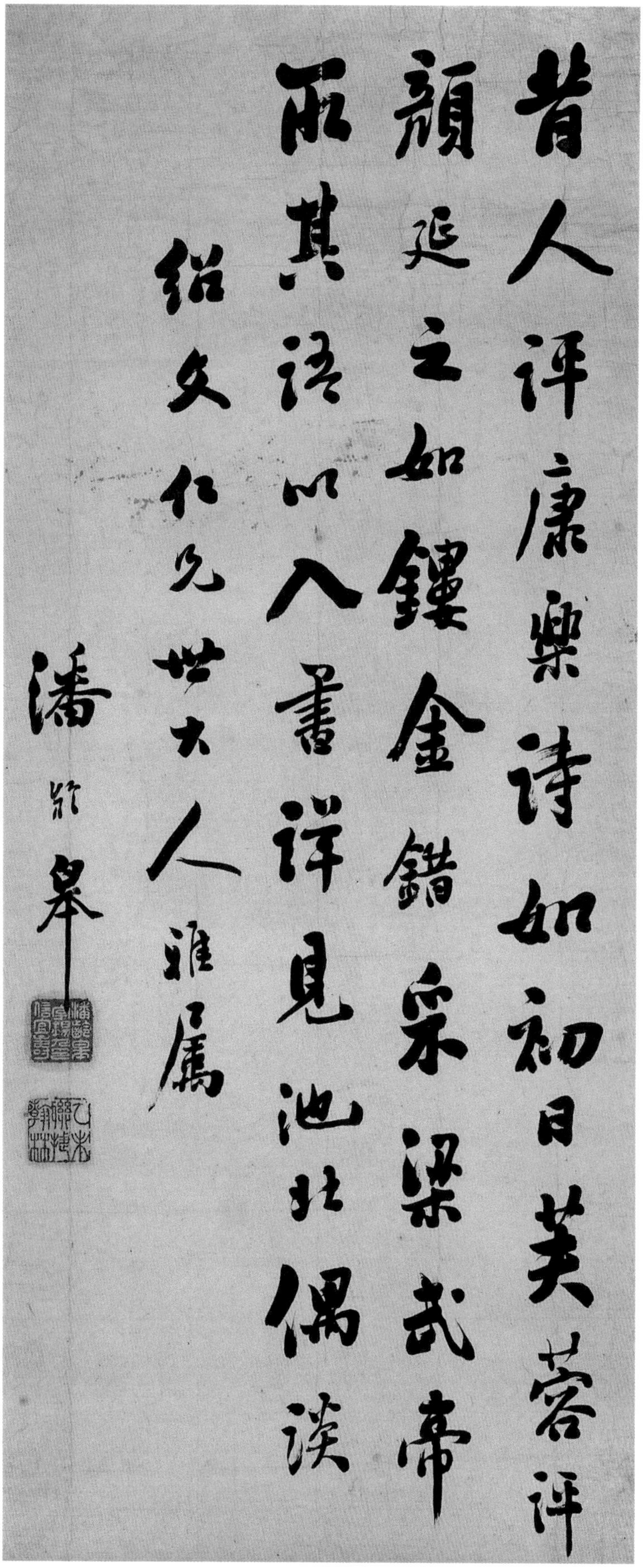

122

반령고(潘齡皐) 행서 논서(論書) 축(軸)

근대 종이
세로 82.5cm 가로 35cm
검인(鈐印): 반령고자석구인신의수(潘齡皐字錫九印信宜壽), 을미연첩한림(乙未聯捷翰林)

반령고(1867~1953년), 자는 석구(錫九)이며 하북(河北) 안신(安新) 사람이다. 광서(光緖) 20년(1894년) 거인(擧人), 갑진은과(甲辰恩科) 진사로 한림원 길사(吉士)에 나아갔으며 관직은 감숙포정사(甘肅布政使), 직예지주(直隷知州)에 이르렀다. 1921년 감숙성 성장(省長)에 임하였으나 부패한 관료생활에 염증을 느껴 다음 해 8월에 사직하고 글을 팔아 생활하였다. 행서·해서 모두 능한데 필의가 중후하고 강건하다. 행서가 강점인데 그중 특히 작은 글자가 정교하여 당시 천진(天津), 북경(北京)의 상가, 가게는 모두 그가 쓴 편액을 거는 것을 영광으로 생각하였다. 중화인민공화국이 수립된 후 중앙문사(文史)연구관 관원에 초빙되었다.

반령고는 서법을 논함에 있어서 "서법 자형(字形)의 미와 실용성은 상부상조의 관계로 어느 한쪽으로 치우쳐서는 안 된다. 생동하게 묘사하고 뜻을 정확히 표현하는 것은 서법의 직책이다"라고 하였다.

이 행서 족자는 용필이 침착하고 점획이 풍성하고 돈후한데, 마치 솜에 싸인 쇠처럼 힘차고 함축적이며 유창하고 기품이 있다. 필획구조는 숙달되어 자연스럽고 크기, 장단, 소밀이 적당하고 필법이 고졸하여 첩(帖)의 수려함과 비(碑)의 중후함을 동시에 겸비하였다. 묵색은 검고도 짙어 마치 어린아이 눈망울처럼 반짝반짝 빛이 난다. 자간, 행간을 늘리는 데 치우치지 않고 점획과 자형으로 조절함으로써 구도가 자연스럽고 알맞다. 전체적으로 분위기가 차분하고 돈후하며 느긋하고 기품 있는 것이 작가의 서법에 대한 깊은 깨달음을 엿볼 수 있다.

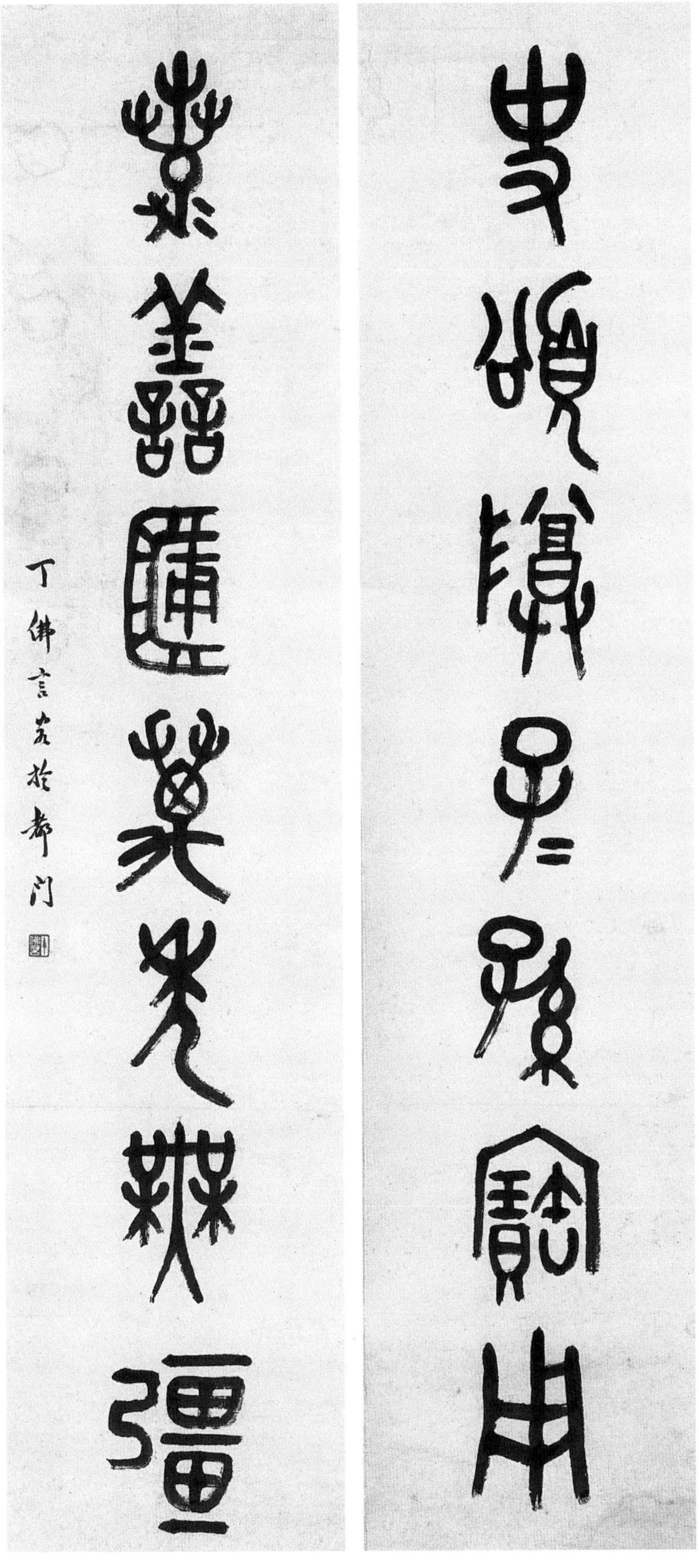

123

정불언(丁佛言) 전서 7언시 주련(柱聯)

근대 종이
세로 118cm 가로 27.5cm
검인(鈐印): 정불언(丁佛言)

史頌尊子孫寶用,
□善簠萬年無疆.
丁佛言客於都門.

정불언(1878~1930년), 근대 금석학자, 전각가로 본명은 세역(世嶧), 자는 불언(佛言, 이름으로 사용), 송유(松游), 호는 매둔(邁鈍)이며 산동(山東) 황현[黃縣, 현 용구(龍口)] 사람이다. 일찍이 일본으로 유학하여 법정(法政)을 배웠으며 1913년 참의원에 선출되어 북경여자사범대학 교장으로 부임하였다. 또한 여원홍(黎元洪)이 총통으로 있을 당시 참의원 겸 총통부 비서장 직을 역임하였다. 훗날 고향으로 돌아와 고문자학(古文字學)에 전력을 쏟았는데 선진(先秦)·동서한(東西漢) 동기(銅器) 감별과 연구뿐만 아니라 전주(篆籒)·각인에도 능하였다. 저서로는 『설문고주보보(說文古籒補補)』, 『속자설(續字說)』, 『환창술임자설(還倉述林字說)』, 『설문결미(說文抉微)』, 『금석제발(金石題跋)』, 『송유인존(松游印存)』, 『송유집련(松游集聯)』, 『삼대진한금석문구본(三代秦漢金石文鉤本)』 등이 있다.

이 주련은 금문을 쓴 것으로 분위기가 고졸하고 법도가 엄정하며 짜임새가 있고 심원하면서도 고아하고 질박하며 자연스럽다.

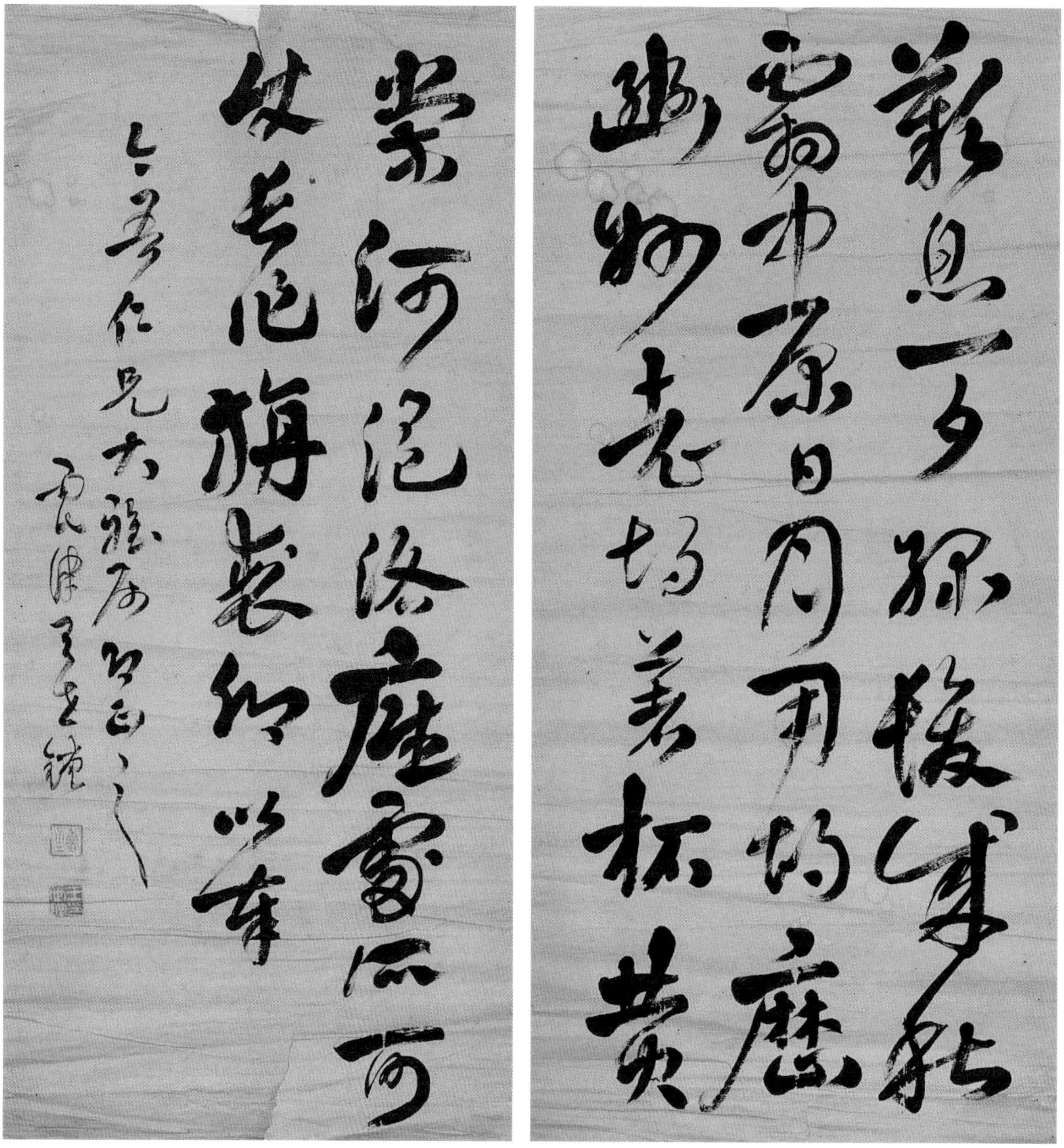

124

왕세당(王世鏜) 초서 병풍

근대 종이
세로 94cm 가로 45cm
검인(鈐印): 노생(魯生), 왕세당인(王世鏜印)

成都城中秋夜長, 灯籠蜡紙明空堂.
高月白, 繞飛鵲, 衰草露濕啼寒螿.
堂上書生讀書罷, 欲眠未, 偏斷腸.
起行百匝幾嘆息, 一夕綠髮成秋霜.
中原日月用胡歷, 幽州老胡著杯黃.
滎河溫洛底處所, 可使長作旃(毡)裘聊以奉.
今吾仁兄大雅屬即正之. 雲津王世鏜.

왕세당(1868~1933년), 자는 노생(魯生), 호는 적철(積鐵)이며 천진(天津) 장무(章武) 사람이다. 중화민국 초기 포성(褒城), 진파(鎮巴), 서향(西鄉) 세 개 현의 지사로 임직하였다.

왕세당은 젊어서 용문(龍門)의 여러 각문(刻文)을 본보기로 하여 서법을 습득하였다. 따라서 해서는 위 · 진(魏 · 晉)과 〈찬보자비(爨寶子碑)〉의 서풍을 융합시켜 용필이 각지고 힘 있으며 짜임새가 단정하고 엄정하며 형체가 넓고 짧으며 법도에 따르면서도 변화를

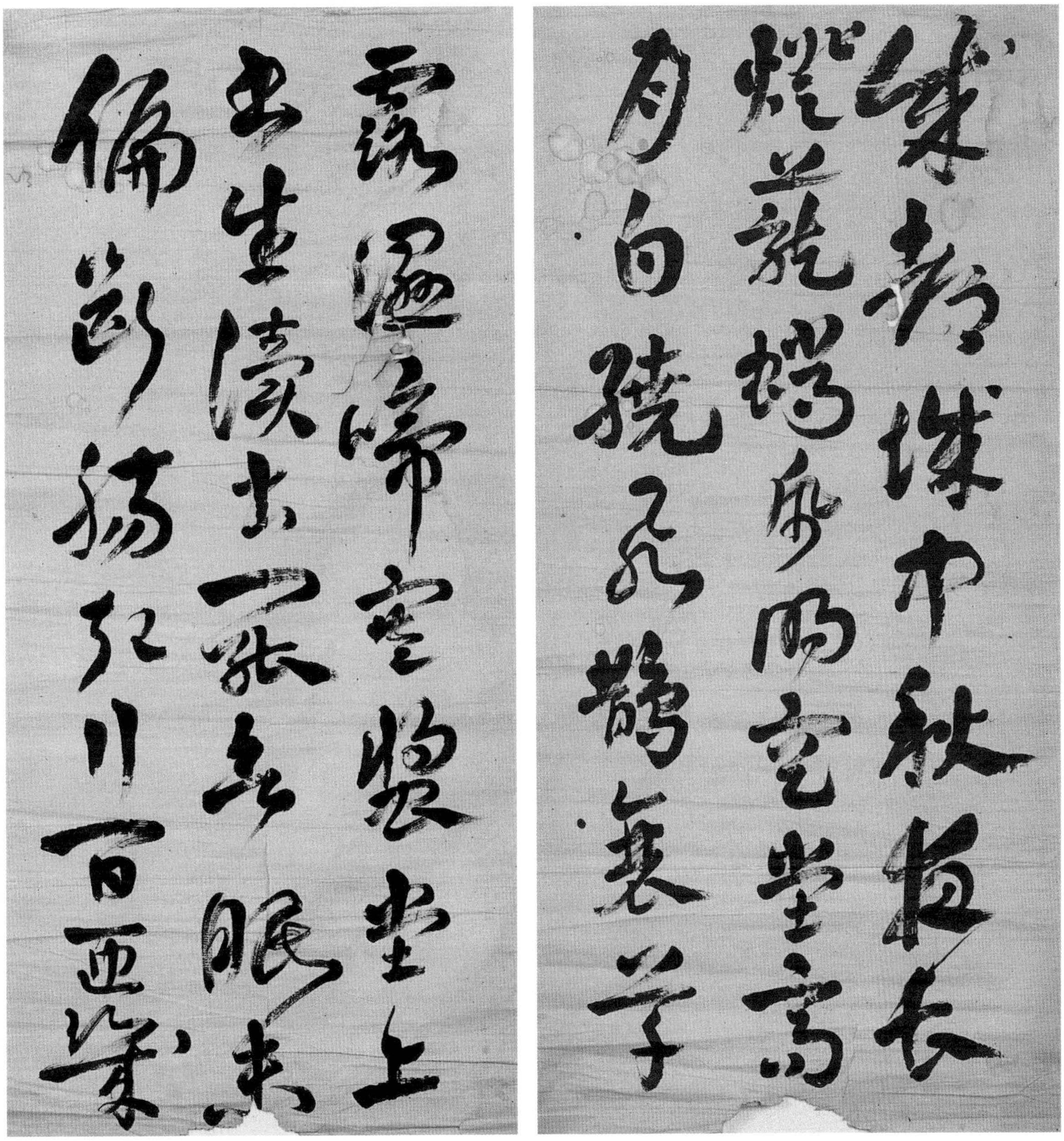

추구하였다. 장초(章草)는 한예(漢隷)를 따름으로써 용필이 독특하다. 예서 · 행서 · 초서를 하나로 녹여내고 여기에 황가(皇家) 및 색정(索靖)의 기법을 더함으로써 웅혼하고 질박하며 거침없는 운필로 옛 법을 새롭게 하였다.

왕세당의 『가결(歌訣)』 3부(『증개초결가(增改草訣歌)』, 『고결집자(稿訣集字)』, 『개정장초초결가(改定章草草訣歌)』) 및 논문 「논초서장금지고(論草書章今之故)」, 「급취고증(急就考證)」 등은 근현대 서법사에서 비교적 큰 영향을 미쳤다.

이 작품은 왕세당 장초의 전형적인 모습이다. 용필이 대담하고 박력 있으며 글자마다 독립적이지만 기세가 전체를 관통하였다. 속도의 강약을 조절하고 필획구조는 보다 수려함을 추구하기 위해 크기가 들쑥날쑥하고 길고 짧음이 섞여 침착하면서도 통쾌한 느낌을 준다. 작가는 이로써 짙은 시대적 분위기와 옛 법을 따르면서도 새로운 것을 창조하는 기개를 보여주었다.

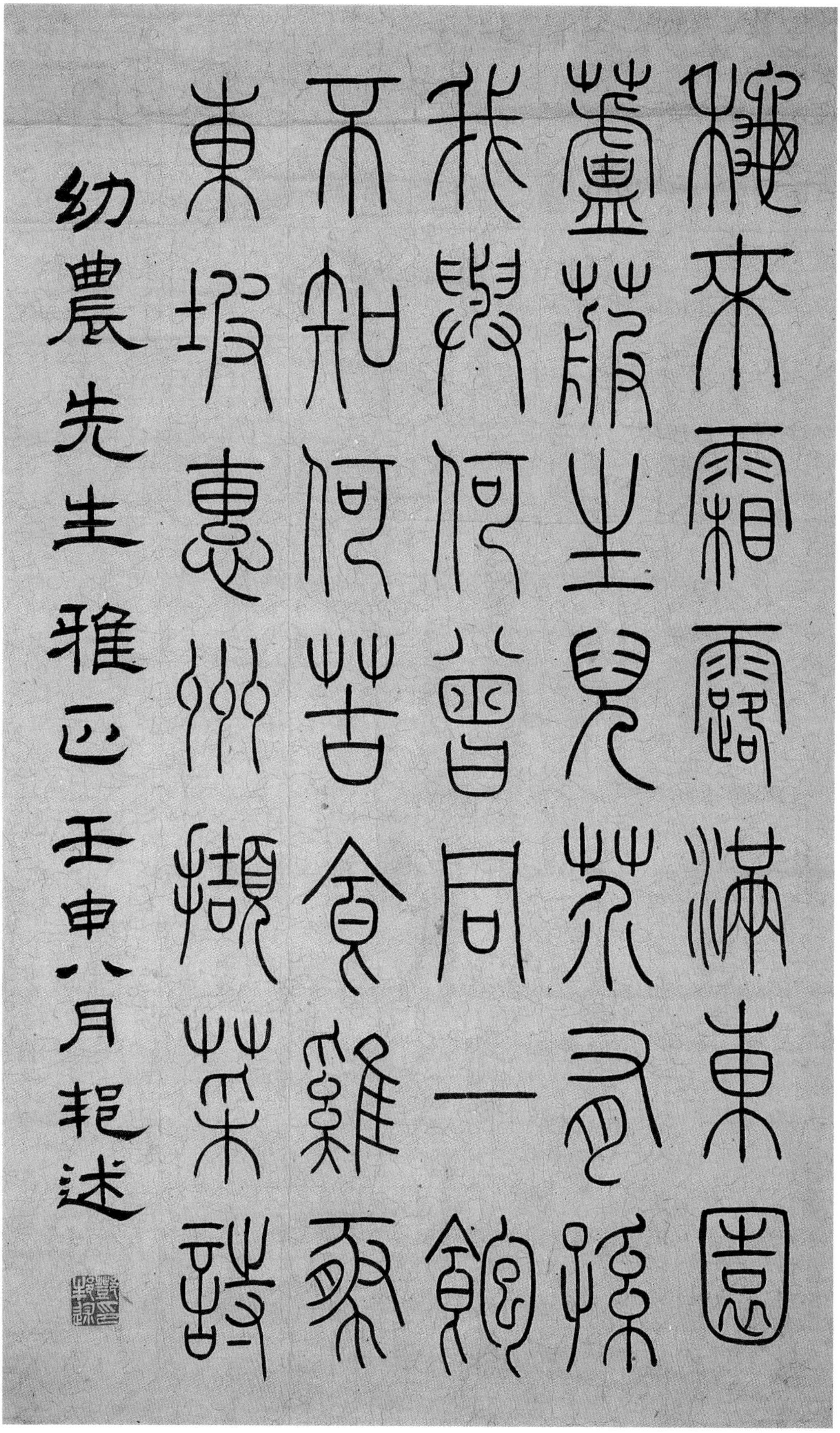
龝來霜露滿東園
蘆菔生兒芥有孫
我與何曾同一飽
不知何苦食雞豚
東坡惠州擷菜詩
幼農先生雅正 壬申八月耜述

125

등방술(鄧邦述) 전서 소식(蘇軾) 혜주힐채시(惠州擷菜詩) 축(軸)

근대 종이
세로 103.5cm 가로 58.4cm
검인(鈐印): 등방술인(鄧邦述印)

秋來霜露滿東園, 蘆菔生兒芥有孫.
我與何曾同一飽, 不知何苦食鷄豚.
東坡 〈惠州擷菜詩〉, 幼農先生雅正, 壬申八月, 邦述.

등방술(1868~1939년), 자는 효선(孝先), 호는 질재(質齋), 군벽옹(群碧翁), 구몽노인(漚夢老人)이며 오현[吳縣, 현 강소(江蘇) 소주(蘇州)] 사람으로 후에 강녕[江寧, 현 남경(南京)]으로 옮겼다. 광서(光緖) 17년(1891년) 거인(擧人), 24년(1898년) 진사이며 길림민정청(吉林民政廳)에서 임직하였다. 장서(藏書)를 즐겼으며 사(詞)를 잘 지어 당시에 이름을 날렸다. 서법에 능하였는데 특히 옥저전(玉箸篆)에 능하였으며 풍격은 손성연(孫星衍), 홍량길(洪亮吉)에 가깝다. 만년에 소주에 기거하면서 글을 가르치는 동시에 그림을 그렸다. 산수화는 색상이 고아하고 정교함을 추구하지 않았지만 송 · 원(宋 · 元)의 의경이 배어 있었다. 어느 인장에는 "사십에 서법을, 오십에 시를, 육십에 사(詞)를, 칠십에 그림을 배웠다"고 새겨져 있다.

이 소전(小篆)은 그의 나이 64세 때 작품이다. 글 내용은 소동파(蘇東坡)의 〈혜주힐채시〉이고 글자는 멀리 이사(李斯), 이양빙(李陽冰)을 사숙하여 깔끔하고 심원하며 고아하고 힘 있다. 특히 주목할 부분은 용지가 고려지로 뒷면 좌측 아래쪽에는 "건륭 30년 조선국 사신 김명 삼가 올림(乾隆三十年朝鮮國使臣金明恭進)"이라는 주문(朱文)으로 된 긴 막대기 모양의 방송체(倣宋體) 해서 검인이 있다. 종이와 먹의 어우러짐은 서예가에게 있어서 가장 기쁜 일로 오늘날에 보아도 당시 작가가 이 글을 쓸 때의 만족감을 느낄 수 있다.

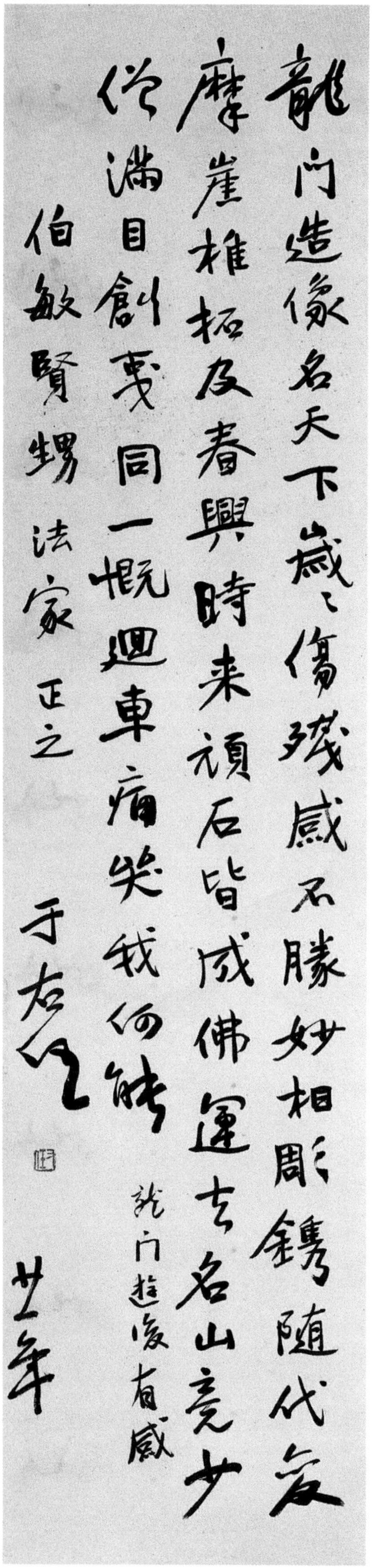

126

우우임(于右任) 행서 용문(龍門)을 둘러보고 시

1932년 종이
세로 129cm 가로 31.1cm
검인(鈐印): 우임(右任)

龍門造像名天下, 歲歲傷殘感不勝.
妙相雕鐫隨代變, 摩崖椎拓及春興.
時來頑石皆成佛, 運去名山競少僧.
滿目創夷同一慨, 迴車痛哭我何能.
龍門游後有感, 伯敏賢甥法家正之, 于右任, 廿一年.

우우임(1878~1964년), 본명은 백순(伯循), 자는 소심(騷心), 호는 염옹(髥翁), 태평노인(太平老人)이며 섬서(陝西) 삼원(三原) 사람이다. 광서(光緖) 29년(1903년) 거인(擧人)이 되었고 젊어서 혁명에 참가하였으며 상해(上海)에서 『민호보(民呼報)』, 『민우보(民吁報)』를 꾸렸다. 남경(南京) 임시정부 교통부 차장, 정국군(靖國軍)총사령을 역임하기도 하였다. 훗날 장기간 국민당 정부감찰원 원장으로 있었으며 대만(臺灣)에서 병으로 별세하였다. 특히 서법이 뛰어났는데 〈정희비(鄭羲碑)〉, 〈석문명(石門銘)〉에서 기법을 체득하였다. 그가 쓴 행초는 운치가 초일하고 방서(榜書), 촌해(寸楷)를 능수능란하게 썼다. 필법이 완숙하여 순박하고 간략하며 자연스럽고 포백(布白, 구도와 구상)에 심혈을 기울여 드넓고 멋스러운 가운데 운치가 있다. 일찍 초서연구사를 꾸려 『초서월간(草書月刊)』을 출판하고 『표준초서(標準草書)』를 편집하였으며 저서로는 『우임문존(右任文存)』, 『우임시존(右任詩存)』 등이 있다.

이 작품은 염옹이 용문을 거닌 후 지은 7언시를 글로 써 외조카 주백민(周伯敏)에게 선물한 것이다. '시에 마음을 담는다'고 전체 시는 용문이 훼손된 모습을 보면서도 어찌할 방법이 없는 자신을 개탄하는 마음을 담고 있다. 붓놀림이 장중하고 행간마다 비관적 정서가 보이는 것이 억누를 수 없는 감정을 지묵에 투영한 듯하다. 따라서 글자마다 무게감 있고 필획마다 정이 넘쳐 보는 이로 하여금 공감하게 한다. 시와 서법의 의경(意境)이 혼연일체가 됨으로써 진정 '보이는 상처 모두 하나같이 안타까운' 느낌을 준다.

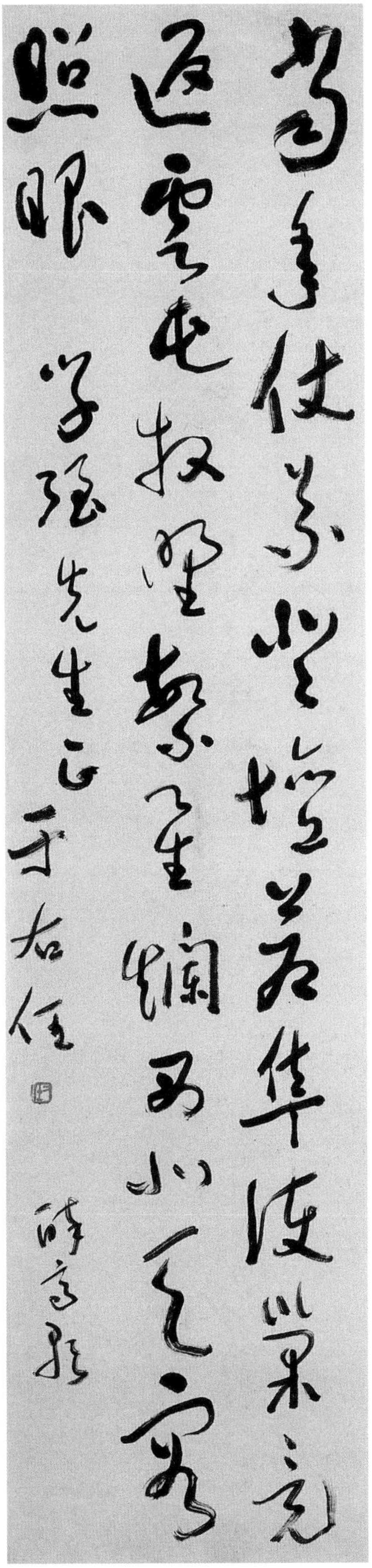

127

우우임(于右任) 초서 취고가(醉高歌) 축(軸)

근대 종이
세로 131.8cm 가로 31.4cm
검인(鈐印): 우임(右任)

當年仗義登壇, 蒼隼護巢竟返.
雲屯牧野繁星爛, 西北天容照眼.
學强先生正, 于右任, 醉高歌.

염옹(髥翁)은 초서에 많은 힘을 쏟았으며 특히 회소(懷素)의 소초(小草) 천자문에 심취하였는데 이 작품에서는 그 공력을 엿볼 수 있다. 글자체가 웅건함, 수려함, 청신함, 기묘함, 멋스러움, 초일함, 간결함, 질박함 등 다양한 면모를 지녀 전체적으로 빼어난 느낌을 준다. 필획구조의 중심이 낮은 편이며 용필이 함축적이고 기세를 모은 듯하며 포백(布白)이 드넓고 시원하며 깊은 운치까지 고루 갖추었다. 글자마다 독립적이지만 기운이 전체를 관통하였으며 묵색이 참신한 것이 작가의 웅대한 필력을 느낄 수 있다. 특별히 법도에 얽매이지 않았지만 하나같이 법도에 부합하고 성정을 필에 녹여냄으로써 기운이 흘러넘치는 것이 염옹의 초서 가운데 수작으로 뽑힌다.

128

우우임(于右任) 행서 선면(扇面)

근대 종이
세로 20cm 가로 54.2cm
검인(鈐印): 우임(右任)

記得場南折杏花, 西郊棗熟射林鴉.
天荒地變孤兒老, 雪涕歸來省外家.
愁裡殘陽更亂蟬, 遺山南寺感當年.
頹垣荒草農神廟, 過我書堂一泫然.
楊府村省房氏外家詩之二, 伯敏賢甥存之, 于右任.

이 선면은 우우임이 눈앞의 정경에 감정이 일어 쓴 것이다. 전체적으로 유치하지만 사랑스러운 면모도 보이는데, 위비(魏碑)의 필의가 있다. 용필이 거칠면서도 고졸하고 글자 크기가 들쭉날쭉하고 소밀이 알맞아 자연스럽고 순박한 운치가 드러난다.

129

여욕립(茹欲立) 초서 족자

1940년 종이
세로 109.5cm 가로 33cm
검인(鈐印): 여욕립(茹欲立)

夫邊郡之士, 聞烽擧燧燔, 皆攝弓而馳, 荷戈而走, 流汗相屬, 唯恐居後, 觸白刃, 冒流矢, 儀不反顧, 計不旋踵, 人懷怒心, 如報私讎, 彼豈樂死惡生, 非編列之民, 而與巴蜀異主哉? 計深慮遠, 急國家之難, 而樂盡人臣之道也, 故有剖符之封, 析珪僭爵, 位爲通侯, 居列東第, 終則遺顯號於後世, 傳土地於子孫, 行事甚忠敬, 居位甚安, 逸名聲施於無窮, 功烈著而不滅.

介生先生法家政之, 廿九年, 茹欲立.

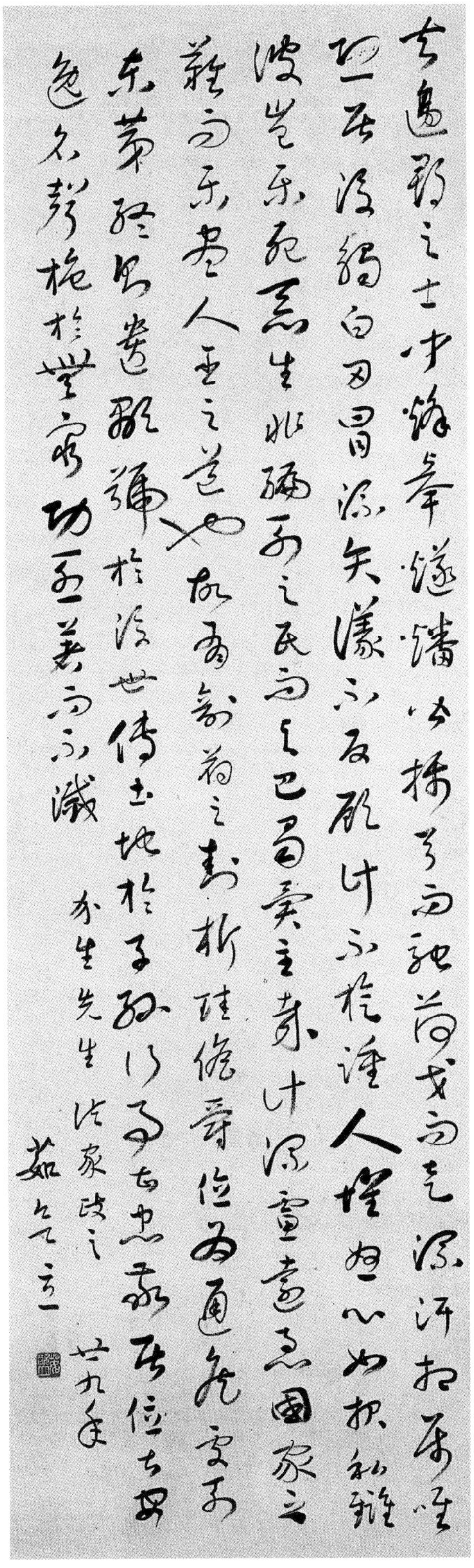

여욕립(1883~1972년), 자는 탁정(卓亭)이며 섬서(陝西) 삼원현(三原縣) 노교진(魯橋鎭) 사람이다. 젊어서 경양(涇陽) 숭실(崇實)서원, 삼원 굉도(宏道)서원에서 공부하며 우우임(于右任)과 막역지교, 한묵연(翰墨緣)을 맺게 되었다. 1905년 가을, 처음으로 일본에 파견된 섬서 관비 유학생 중 한 명으로서 일본 진무학당(振武學堂)에서 군사를 배웠다. 1906년 일본에서 중국동맹회에 가입하고 다음 해 2월 재일 유학생들과 함께 혁명잡지 『하성(夏聲)』을 창간하였다. 1908년 귀국한 후 섬서 정국군(靖國軍) 총참모장, 중화민국이 들어서서는 서북군정위원회 위원, 서북검찰서 부서장 등 직을 역임하였다. '문화대혁명' 기간에 핍박을 받았으며 1972년 서안(西安)에서 병으로 졸하였다.

여욕립은 여러 서체에 모두 능하였으며 위비(魏碑)에 묻혀 산 세월이 많다 보니 공력 또한 대단했다. 이 작품은 두터운 위비 필력을 근저로 하여 용필이 힘 있고 준엄하며 필세가 웅장하고 함축적이다. 글자마다 독립적이고 기세가 축약되어 있으며 견사영대(牽絲映帶)는 없지만 필치와 기세가 일관적이다. 묵색의 변화가 자연스럽고 간혹 메마른 듯한 붓놀림은 정교함을 더해준다. 필획구조와 용필은 장초(章草)기법이 녹아 있어 고아하고 돈후하며 필획구조에서는 손과정(孫過庭)의 〈서보(書譜)〉의 요지를 따르고 있다. 이 작품의 전체 서법관은 우우임의 표준 초서의 영향을 받은 것으로 보인다. 우우임은 3, 40년대에 '식별하기 쉽고, 쓰기 쉬우며, 정확하고, 수려해야' 한다는 표준 초서 준칙을 제창하였는데 동향이면서 막역지교인 여욕립이 우우임의 명성과 전해오던 풍속에 영향을 받았음이 확연해 보인다.

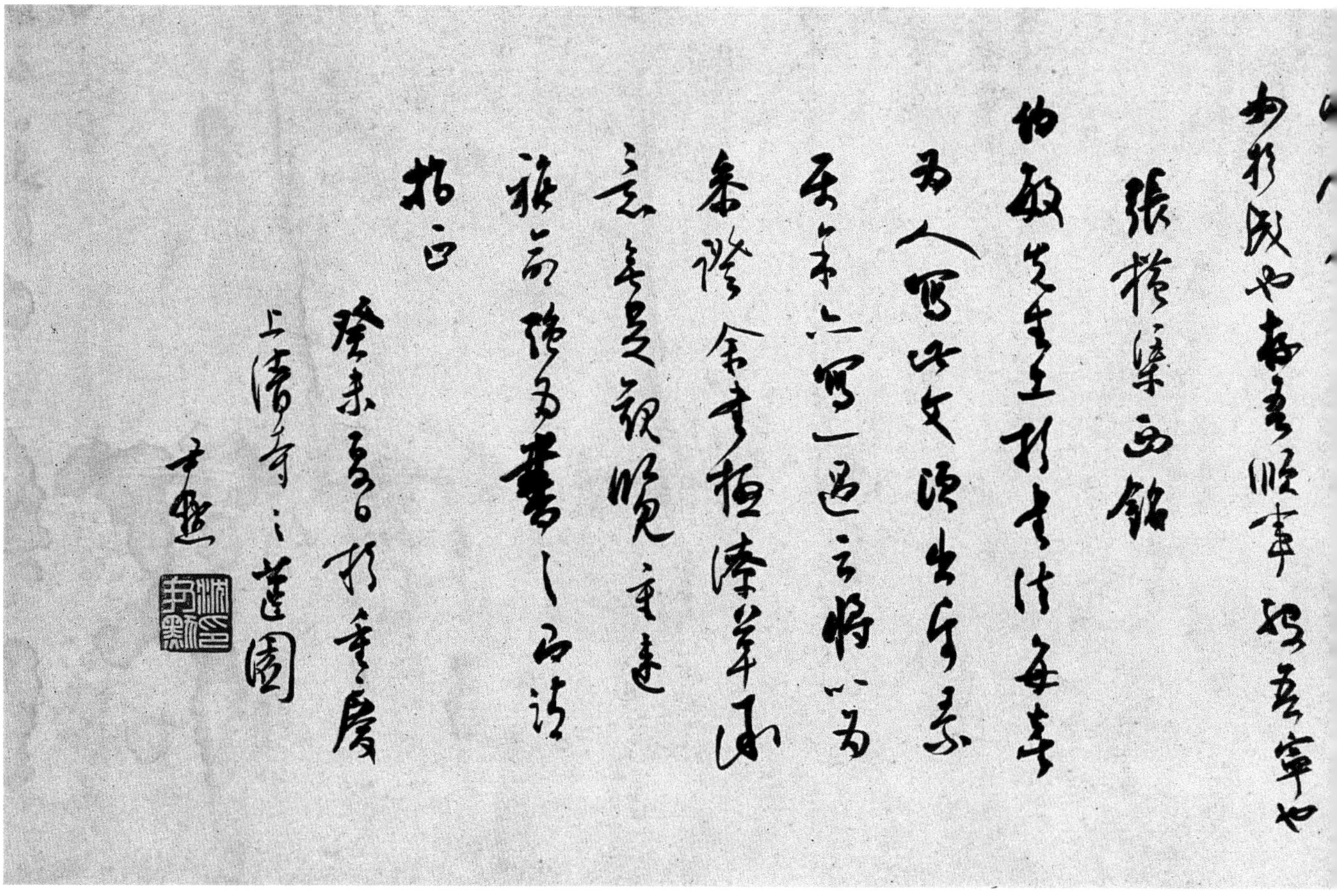

130

심윤묵(沈尹默) 행초서 횡피(橫披)

근대 종이
세로 28cm 가로 90cm
검인(鈐印): 심윤묵인(沈尹默印)

乾稱父, 坤稱母; 予玆藐焉, 乃渾然中處. 故天地之塞, 吾其體; 天地之帥, 吾其性. 民吾同胞; 物吾與也. 大君者, 吾父母宗子; 其大臣, 宗子之家相也. 尊高年所以長其長, 慈孤弱所以幼其幼. 聖其合德, 賢其秀也. 凡天下疲癃殘疾, 惸獨鰥寡, 皆吾兄弟之顚連而無告者也. 於時保之, 子之翼也, 樂且不憂, 純乎孝者也. 違德曰悖, 害仁曰賊, 濟惡者不才, 其踐形, 惟肖者也. 知化則善述其事, 窮神則善繼其志. 不愧屋漏爲無忝, 存心養性爲匪懈. 惡旨酒, 崇伯子之顧養; 育英才, 潁封人之錫類. 不弛勞而底豫, 舜其功也; 無所逃而待烹, 申生其恭也. 體其受而全歸者, 參乎; 勇於從而順令者, 伯奇也. 富貴福澤, 將厚吾之生也; 貧賤憂戚, 庸玉女於成也. 存吾順事, 沒吾寧也.

張橫渠西銘

伯敏先生工於書法, 每喜爲人寫此文頃出素屬余亦寫一過, 云將以爲參證, 余書极潦草, 率意無足觀覽, 重違雅命, 强爲書之, 即請指正.

癸未夏日於重慶上淸寺之莔園, 尹默.

심윤묵(1883~1971년), 본명은 군묵(君默), 자는 중(中), 호는 추명(秋明), 포과(匏瓜)이다. 원적은 절강(浙江) 오흥(吳興)이고 섬서(陝西) 한음(漢陰)에서 태어났으며 상해(上海)에서 졸하였다. 젊어서 일본 동경제국대학에서 유학하였으며 '5 · 4신문화운동'의 선구자이기도 하다. 『신청년(新青年)』 편집위원을 맡았고 1913년 북경대학 교장으로 초빙되었으며 중국 · 프랑스 문화교환출판위원회 주임 겸 공덕국서관(孔德國書館) 관장을 역임하였다. 1940년대 감찰원 감찰위원으로도 있었으며 중일전쟁이 끝난 후 사직하고 상해에 기거하면서 글을 팔아 생활하였다. 중화인민공화국 수립 후 전국인민정치협상회의 위원, 중앙문사관 부관장 등을 역임하였다. 저서로는 『추명집(秋明集)』 등 시집 여러 권이 있고 서법을 논한 문장은 마국권(馬國權)이 『심윤묵논서총석(沈尹默論書叢釋)』으로 엮었으며 그 외 『심윤묵서진왕우군제필진도후(沈尹默書晉王右軍題筆陣圖後)』, 『심윤묵서법집(沈尹默書法集)』 등이 널리 전해지고 있다.

심윤묵은 서법을 배움에 있어서 당대(唐代) 저수량(褚遂良)으로 입문하여 동시대에는 우세남(虞世南), 회소(懷素), 지영(智永) 등 여

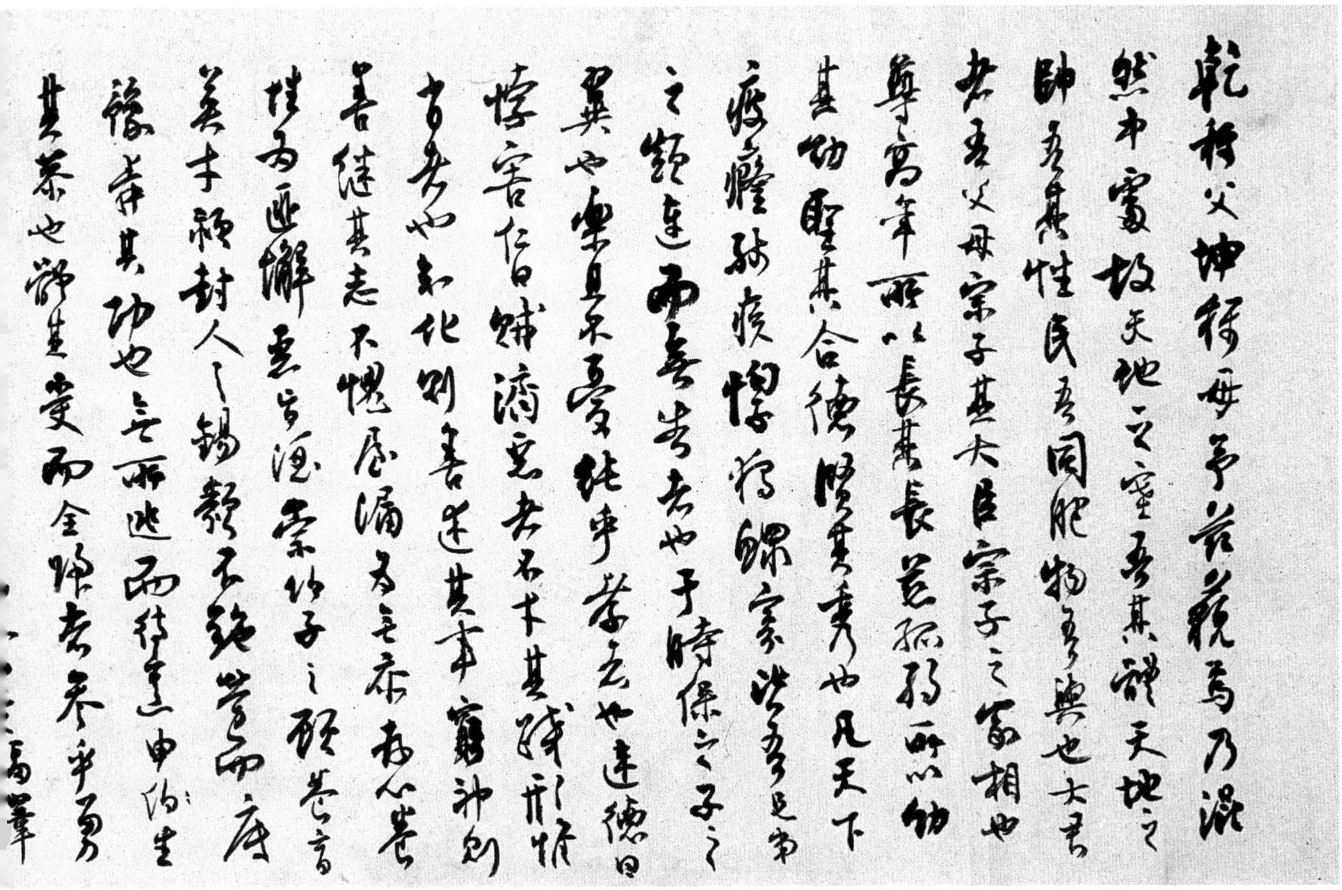

러 선현들에게 미치고 위로는 왕희지(王羲之), 왕헌지(王獻之) 부자에까지 거슬러 올라가며 아래로는 구양수(歐陽脩), 미불(米芾), 문징명(文徵明) 등에까지 더듬어 내려갔다. 여기에 한 · 위 · 수 · 당(漢 · 魏 · 隋 · 唐) 비판(碑版)까지 더하여 하나로 녹여내었다. 이 횡피에 적은 내용은 북송(北宋) 관학(關學) 대가 장재(張載)의 명작 『서명(西銘)』이며 섬서 주백민(周伯敏, 1893~1965년)에게 선물한 것이다. 용필이 웅건하고 표일하며 수려하여 강함과 부드러움이 어우러져 있으며 진대(晉代)의 운치, 당대의 기법을 모두 갖추었다. 팔목으로 운필하여 서체가 굵으면서도 둔해 보이지 않고 가느면서도 약해 보이지 않으며 완만하고 미려하며 부드러우면서도 탄력이 있어 보인다. 필획구조 또한 아름답고 풍성하며 조화롭고 시원하여 수려한 외모에 균형 잡힌 몸매를 가진, 행동거지가 대범한 미소년 같다. 필세, 필법이 돈반(頓盼)하고 영대(映帶)가 시원하고 세련되었으며 부앙(俯仰)의 자태가 있고 아름다움 속에 개성과 힘이 배어 있다. 일관된 분위기 속에서 아담하고 차분하며 소밀이 적당한 것이 이왕(二王)의 정수를 진정으로 터득한 듯하다.

인명

서법은 중국문화를 풀이하는 암호이다. 그러나 산시(陝西)의 고대 서법문물을 얘기할라치면 대부분은 산시 경내에 흔히 보이는 주 · 진(周 · 秦)의 길금(吉金), 한 · 당(漢 · 唐)의 비판(碑版)만 언급한다. 당대(唐代) 이후의 산시는 고대 전통서법의 맥이 끊겨 내놓을 것이 없는 것처럼 말이다. 그러나 시안고고학연구소에는 잘 알려지지 않은 고대, 근현대 서법작품 근 4천여 점이 소장되어 있다. 그중에는 명 · 청대(明 · 淸代) 산시 본지의 학자, 대신, 산시에서 관직에 있던 외성(外省) 관리(그들 중 많은 사람이 서예가이기도 함)들의 필적뿐만 아니라 문징명(文徵明), 동기창(董其昌), 왕택(王鐸), 부산(傅山)처럼 명말 청초의 서법 발전을 주도하였던 서단 거장들의 작품도 있다. 본서는 정위린(鄭育林)과 쑨푸시(孫福喜)가 공동기획한 『시안문물정화』 총서 중 한 권으로 소장품 중 130여 점을 폭을 간추려 독자들에게 선보인다. 산시의 유구한 문화전통에 대한 한층 깊은 이해에 도움이 되었으면 한다.

본서는 쑨푸시 박사가 편찬과 조직을 담당하였으며 쑨푸시, 왕펑쥔(王鋒鈞), 왕페이(王非), 천건위안(陳根遠)이 공동으로 체계를 수립하고 리신(力心), 바이린보(白林波), 장옌(張岩), 치샤오량(戚小亮), 타이쯔린(邰紫琳)까지 더하여 공동으로 문자 설명을 하였다. 고맙게도 중밍산(鍾明善) 선생이 머리말과 책이름을, 왕페이 선생이 전언을 써주셨다. 서안시 문물국의 둥리췬(董立群), 샹더(向德), 리싱전(李興振)도 본서의 출판에 힘을 보태었다.

엮은이

2006년 6월